PREFACE 머리말

스포츠와 체육 활동은 현대 사회에서 건강 증진뿐 아니라, 전인적 성장과 공동체 의식을 함양하는 중요한 수단이므로 이러한 역할을 담당하는 스포츠지도자는 개인의 신체적, 정신적 발달을 돕는 지도자로서 그 책임이 막중합니다. 생활스포츠지도사 2급 자격증은 체계적인 지식과 전문성을 바탕으로, 다양한 체육 활동에서 지도자의 역량을 발휘할 수 있도록 요구되는 기본 자격입니다.

본 수험서는 생활스포츠지도사 2급 시험을 준비하는 수험생들이 이론을 효율적으로 학습할 수 있도록 구성되었습니다. 각 분야의 최신 이론과, 최신 기출문제를 바탕으로 체계적인 학습 내용을 제공하며, 시험에서 요구하는 필수적인 지식과 실전 감각을 익히는 데 중점을 두었습니다.

특히, 필수적인 기초 이론과 더불어, 실제 지도 현장에서 적용할 수 있는 실전 팁과 전략을 제시하여 수험생 여러분이 스포츠지도자로서의 첫 발걸음을 내딛는 데 도움이 되고자 합니다. 앞으로 여러분이 스포츠 현장에서 전문성과 윤리 의식을 갖춘 지도자로 성장하여, 건강한 사회를 만드는 데 기여할 수 있기를 기대합니다.

마지막으로, 이 수험서를 통해 학습하는 모든 수험생 여러분의 합격을 진심으로 기원합니다.

GUIDE 스포츠지도사 시험정보

1 자격증 정의와 종류

[전문/생활 스포츠지도사]
[장애인 스포츠지도사]

[유소년 스포츠지도사]

[노인 스포츠지도사]

"스포츠지도사"란 학교·직장·지역사회 또는 체육단체 등에서 체육을 지도할 수 있도록 국민체육진흥법에 따라 해당 자격을 취득한 사람을 말한다.

» 자격 종목에 대하여 전문 체육이나 생활 체육을 지도하는 사람
» 장애 유형에 따른 운동 방법 등에 대한 지식을 갖추고, 자격 종목에 대하여 장애인들을 대상으로 전문 체육이나 생활 체육을 지도하는 사람
» 유소년(만 3세부터 중학교 취학 전)의 행동 양식, 신체 발달 등에 대한 지식을 갖추고 자격 종목에 대하여 유소년을 대상으로 체육을 지도하는 사람
» 노인의 신체적·정신적 변화 등에 대한 지식을 갖추고 자격 종목에 대하여 노인을 대상으로 생활 체육을 지도하는 사람

2 자격취득 과정

필기시험	실기 및 구술	연수
필기검정기관	실기 및 구술검정기관	연수기관
국민체육진흥공단	대한체육회, 국기원(태권도 단일종목)	경기대 포함 20개 대학

3 생활스포츠지도사 2급 자격 종목 (총 65개 종목)

- 동계(설상): 스키
- 하계, 동계(빙상): 검도, 게이트볼, 골프, 국학기공, 궁도, 농구, 당구, 댄스스포츠, 등산, 라켓볼, 럭비, 레슬링, 레크리에이션, 배구, 배드민턴, 보디빌딩, 복싱, 볼링, 빙상, 사격, 세팍타크로, 소프트볼, 소프트테니스, 수상스키, 수영, 스쿼시, 스킨스쿠버, 승마, 씨름, 아이스하키, 야구, 양궁, 에어로빅, 오리엔티어링, 요트, 우슈, 윈드서핑, 유도, 육상, 인라인스케이트, 자전거, 조정, 족구, 주짓수, 줄넘기, 철인3종경기, 체조, 축구, 치어리딩, 카누, 탁구, 태권도, 택견, 테니스, 파크골프, 패러글라이딩, 펜싱, 풋살, 플로어볼, 하키, 합기도, 핸드볼, 행글라이딩, 힙합

4 자격 취득 시 유의사항

- 동일 자격 등급에 한하여 **연간 1인 1종목**만 취득 가능 (동, 하계 중복 응시 불가)
- 하계 필기시험 또는 동계 실기구술시험에 합격한 사람은 다음 해에 실시하는 **해당 자격 검정 1회 면제**
- 필기시험에 합격한 해의 12월 31일부터 **3년 이내**에 연수과정을 이수해야 함 (병역 복무를 위해 군에 입대한 경우 의무복무 기간은 포함하지 않음)

5 자격검정 합격 및 연수 이수기준

- **필기시험**: 과목마다 만점의 40% 이상 득점하고 전 과목 총점 60% 이상 득점
- **실기·구술시험**: 실기시험과 구술시험 각각 만점의 70% 이상 득점
- **연수**: 연수과정의 100분의 90 이상을 참여하고, 연수태도·체육 지도·현장실습에 대한 평가점수 각각 만점의 100분의 60 이상

6 필기시험과목 (7과목 중 5과목 선택)

스포츠교육학 | 스포츠사회학 | 스포츠심리학 | 스포츠윤리 | 운동생리학 | 운동역학 | 한국체육사

7 필기시험 개요

[시험 방법]

[시험 시간]

객관식 4지 선다형, 100문항 (5과목, 과목당 20문항)

구분	시간	주요 내용	비고
입실 완료	08:30~09:30	시험장 입실	시험 종료 후, 답안지 전량 회수
시험 안내	09:30~10:00	유의 사항 안내, 문제지 배부	
시험	10:00~11:40	시험 진행	

[시험 과목]

● 선택과목
★ 필수과목

시험 과목	전문 스포츠지도사 1급 (필수 4과목)	전문 스포츠지도사 2급 (선택 5과목)	생활 스포츠지도사 1급 (필수 4과목)	생활 스포츠지도사 2급 (선택 5과목)	장애인 스포츠지도사 1급 (필수 4과목)	장애인 스포츠지도사 2급 (선택 4과목 +필수 1과목)	노인 스포츠지도사 (선택 4과목 +필수 1과목)	유소년 스포츠지도사 (선택 4과목 +필수 1과목)
스포츠심리학	●	●	●	●	●	●	●	●
운동생리학	●	●	●	●	●	●	●	●
스포츠사회학	●	●	●	●	●	●	●	●
운동역학	●	●	●	●	●	●	●	●
스포츠교육학	●	●	●	●	●	●	●	●
스포츠윤리	●	●	●	●	●	●	●	●
한국체육사	●	●	●	●	●	●	●	●
특수체육론						★		
노인체육론							★	
유아체육론								★

GUIDE 구성과 특징

✅ 핵심이론의 심화학습

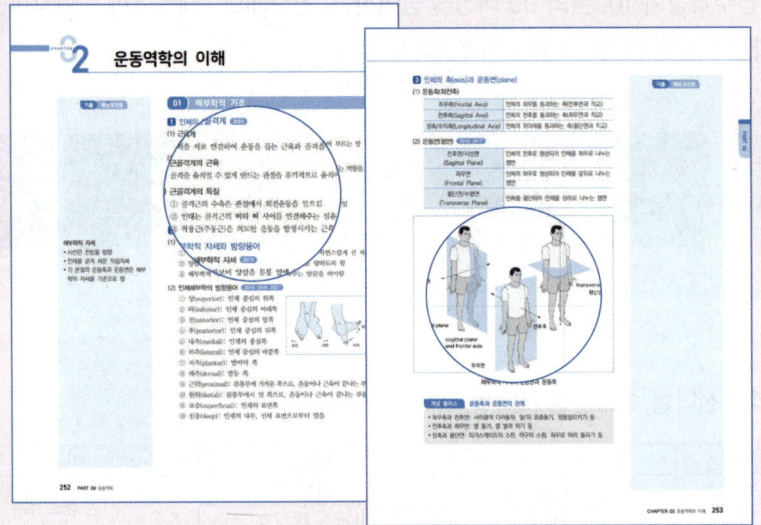

Point 1

전문 교수진이 최신 시험에 출제된 핵심적인 내용을 엄선하였습니다. 개념을 쉽게 설명하여 효과적으로 학습할 수 있습니다.

Point 2

학습 내용에 대한 이해를 돕기 위해 관련 삽화를 다양하게 수록하였습니다.

✅ 기출핵심과 출제경향의 파악

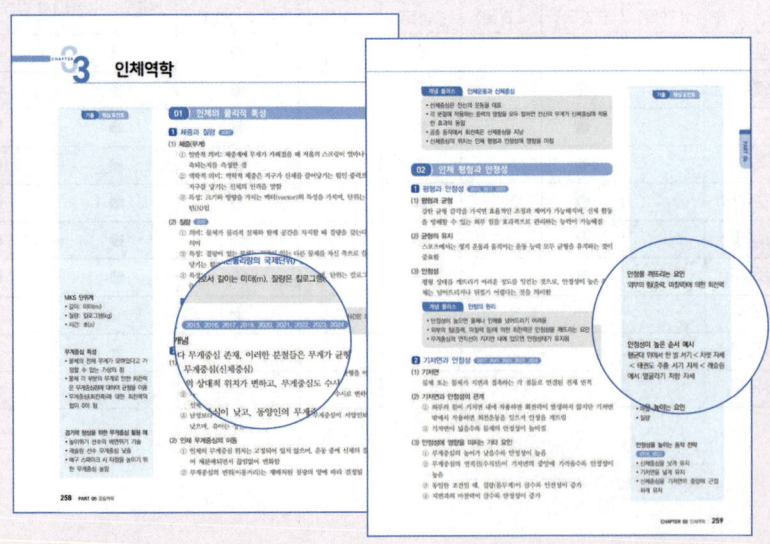

Point 1

기출연도를 표시하여 자주 출제된 이론 내용만 중점적으로 학습할 수 있습니다.

Point 2

시험에 출제되었던 핵심 키워드는 '기출 핵심포인트'로 따로 분리하여 기출경향을 함께 파악할 수 있습니다.

✅ 핵심내용의 완벽 이해

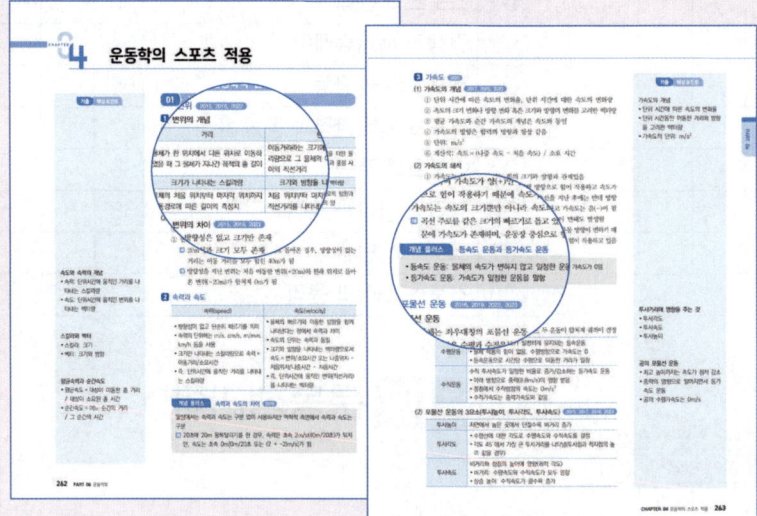

Point 1

핵심이론을 간단하고 깔끔하게 표로 정리하여 가독성을 높였습니다.

Point 2

이론과 관련된 추가 개념을 첨부하여 핵심 내용의 이해와 암기에 도움이 됩니다.

✅ 과목별 대표 문제로 최종점검

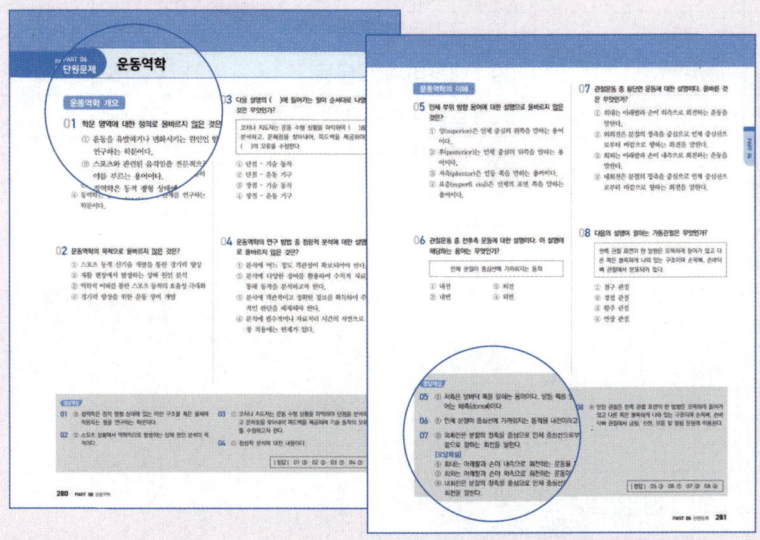

Point 1

각 과목의 마지막에 수록된 단원문제를 통해 학습 내용을 점검할 수 있습니다.

Point 2

문제 해결을 위한 포인트만 콕 집어 쉽고 명확한 해설을 제공합니다.

CONTENTS 목차

Study check 표 활용법
스스로 학습 계획을 세워서 체크하는 과정을 통해 학습자의 학습능률을 향상시키기 위해 구성하였습니다.
각 단원의 학습을 완료할 때마다 날짜를 기입하고 체크하여, 자신만의 3회독 플래너를 완성시켜보세요.

PART 01 스포츠교육학

			Study Day		
			1st	2nd	3rd
01	스포츠교육의 배경과 개념	10			
02	스포츠교육의 정책과 제도	12			
03	스포츠교육의 참여자 이해론	28			
04	스포츠교육의 프로그램론	30			
05	스포츠교육의 지도방법론	34			
06	스포츠교육의 평가론	50			
07	스포츠교육자의 전문적 성장	53			

PART 02 스포츠사회학

			Study Day		
			1st	2nd	3rd
01	스포츠사회학의 이해	66			
02	스포츠와 정치	69			
03	스포츠와 경제	73			
04	스포츠와 교육	76			
05	스포츠와 미디어	78			
06	스포츠와 사회계급 · 계층	81			
07	스포츠와 사회화	85			
08	스포츠와 일탈	88			
09	미래 사회의 스포츠	92			

PART 03 스포츠심리학

			Study Day		
			1st	2nd	3rd
01	스포츠심리학의 개관	106			
02	인간 운동 행동의 이해	107			
03	스포츠 수행의 심리적 요인	114			
04	스포츠 수행의 사회 심리적 요인	128			
05	건강운동심리학	134			
06	스포츠심리 상담	138			

PART 04 스포츠윤리

			Study Day		
			1st	2nd	3rd
01	스포츠와 윤리	150			
02	경쟁과 페어플레이	155			
03	스포츠와 불평등	158			
04	스포츠에서 환경과 동물 윤리	162			
05	스포츠와 폭력	165			
06	경기력 향상과 공정성	168			
07	스포츠와 인권	171			
08	스포츠 조직과 윤리	173			

PART 05 운동생리학

			Study Day		
			1st	2nd	3rd
01	운동생리학의 개관	184			
02	인체 내부의 환경 조절	188			
03	에너지 대사와 운동	191			
04	운동 대사	197			
05	신경 조절과 운동	203			
06	골격근과 운동	211			
07	내분비계와 운동	216			
08	호흡 · 순환계와 운동	223			
09	환경과 운동	235			

PART 06 운동역학

Study Day

			1st	2nd	3rd
01	운동역학 개요	250			
02	운동역학의 이해	252			
03	인체역학	258			
04	운동학의 스포츠 적용	262			
05	운동역학의 스포츠 적용	266			
06	일과 에너지	275			
07	다양한 운동 기술의 분석	277			

PART 07 한국체육사

Study Day

			1st	2nd	3rd
01	체육사의 의미	288			
02	선사·삼국시대	290			
03	고려 및 조선시대	293			
04	한국 근·현대사	298			

PART 08 특수체육론

Study Day

			1st	2nd	3rd
01	특수체육의 의미	314			
02	특수체육에서 사용하는 사정과 측정 도구	319			
03	특수체육 지도전략	324			
04	장애 유형별 체육지도전략 Ⅰ	337			
05	장애 유형별 체육지도전략 Ⅱ	343			
06	장애 유형별 체육지도전략 Ⅲ	349			

PART 09 유아체육론

Study Day

			1st	2nd	3rd
01	유아체육의 이해	364			
02	유아기 운동발달 프로그램의 구성	374			
03	유아체육 프로그램 교수-학습법	378			

PART 10 노인체육론

Study Day

			1st	2nd	3rd
01	노화와 노화의 특성	390			
02	노인의 운동 효과	395			
03	노인 운동 프로그램의 설계	397			
04	질환별 프로그램 설계	402			
05	지도자의 효과적인 지도	408			

2025년 기출분석

- 스포츠교육의 지도 방법론에서 다수의 문제 출제
- 스포츠교육의 정책과 제도에서 매년 문제가 출제되고 있으며, 올해는 평소 출제되지 않은 부분이 출제되어 난이도 상승
- 이론개념을 넘어서 실제 적용 및 사례형 문제들이 출제됨에 따라 스포츠교육학에 대한 전반적인 이해가 필요

2025년 필기 출제비율

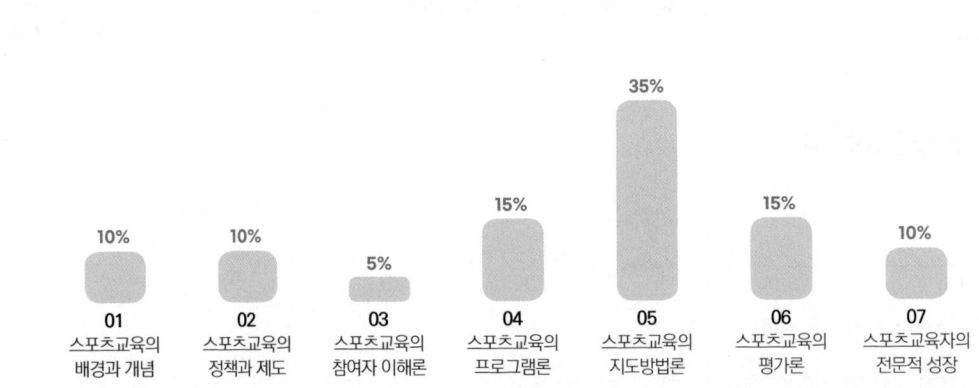

PART 01
스포츠교육학

01 스포츠교육의 배경과 개념
02 스포츠교육의 정책과 제도
03 스포츠교육의 참여자 이해론
04 스포츠교육의 프로그램론
05 스포츠교육의 지도방법론
06 스포츠교육의 평가론
07 스포츠교육자의 전문적 성장

스포츠교육의 배경과 개념

기출 핵심 포인트

01 스포츠교육의 역사

1 스포츠교육의 발전 과정 2016, 2018, 2021

(1) 19세기 초·중반
  ① 체조 중심: 체조 중심의 체육
    ㉠ 미국식: 신체적·도덕적 혜택 및 건강에 좋은 체조로 여러 프로그램을 혼합한 방식의 시스템
    ㉡ 유럽식: 민족주의적 방식으로 독일은 기구를 활용하는 프로그램, 스웨덴은 정확한 동작으로 건강 및 운동수행의 아름다움을 증진하는 프로그램
  ② 기독교 주의: 종교와 스포츠의 공생
  ③ 이상적 남성·여성상: 이상적인 남성·여성의 모습으로 성차별적 요소 존재

(2) 19세기 후반 ~ 20세기 초반
  ① 신(新)체육
    ㉠ '신체의 교육'에서 '신체를 통한 교육'으로 전환
    ㉡ 미국 진보주의 교육 운동의 대표 학자 존 듀이(John Dewey)는 교육이 지적·도덕적·신체적 결과를 제공한다고 주장
  ② 놀이, 게임, 레크리에이션 등의 의미 부각

(3) 20세기 중반 이후
  ① 휴먼 무브먼트(Human Movement)와 움직임 교육(1950년대 이후)
    ㉠ 휴먼 무브먼트 철학은 대학, 초·중·고 체육교과의 개선을 위한 기초 역할
    ㉡ 움직임 교육의 교육과정은 교육 체조, 교육 무용, 교육 게임으로 구분

  > **개념 플러스** **체육 학문화 운동**
  >
  > 1960년대 중반 미국을 중심으로 전개된 체육 학문화 운동은 스포츠교육학이 체육학의 하위 학문 분야로 성장하는데 촉매제 역할을 함

  ② 인간주의 스포츠와 인간주의 체육 교육(1960년대 이후)
    ㉠ 인간주의적 교육의 철학은 열린 교육, 정서 교육, 가치관 확립 등을 강조
    ㉡ 학교체육의 일차적 목표로 인성 발달, 자기표현력 함양, 대인관계의 향상 등을 강조

체육 학문화 운동 2021
- 1960년대 중반 미국을 중심으로 전개된 운동으로 스포츠교육학이 체육학의 하위 학문 분야로 성장하는데 촉매제 역할
- '신체를 통한 교육', '신체 교육'이라는 기존의 교육 이미지에서 이론적 연구를 주된 목적으로 하는 학문의 이미지로 변화

③ 놀이 교육과 스포츠교육(1970년대 이후)
  ㉠ 놀이 교육의 목적은 아이들이 운동 기술을 습득하고, 신체 활동에 대한 애정을 갖도록 돕는 것
  ㉡ 스포츠교육의 목적은 아이들 스스로가 스포츠를 즐기고 참여하여 건전한 스포츠 문화에 공헌하도록 돕는 것
④ 신체운동학(1990년대 이후)
  ㉠ 오늘날의 스포츠교육은 신체활동을 교육내용으로 하고 있으며, 스포츠교육의 목적과 내용을 보다 확장시킴
  ㉡ 골격근에 의한 신체의 움직임으로 일상생활에서 이루어지는 활동 및 스포츠, 운동, 게임, 무용 등을 포함

02 스포츠교육의 개념과 의미

1 스포츠교육의 개념

(1) 광의의 스포츠교육 2016, 2019
  ① 운동, 스포츠, 그리고 인간의 움직임을 포함한 상호관계
  ② 신체적, 정신적, 사회적 측면에서 전인교육 추구
  ③ 유아, 청소년, 성인, 노인, 장애인 등 다양한 학습자 대상
  ④ 교육 목표와 내용, 방법의 통합화와 다양화 추진

(2) 협의의 스포츠교육
  구체적인 규칙하에서 선의의 신체 경쟁 활동을 통해 목표를 달성하는데 초점을 두고 인간의 긍정적인 면을 이끌어내는 교육

2 스포츠교육의 의미 2015, 2018, 2019

영역	내용
스포츠교육학의 연구 영역	• 체육교사(지도자) 교육 • 체육 교수(수업) 방법 • 체육교육과정(프로그램)
스포츠교육학의 가치 영역	• 신체적 가치(심동적): 건강 및 체력, 스포츠 기능 등 • 인지적 가치(인지적): 학업 성적, 지적기능, 문해력과 수리력 등 • 정의적 가치(정의적): 심리적 건강, 사회적 기술, 도덕적 인격 등
스포츠교육학의 실천 영역	• 학교체육: 학교현장에서 청소년들을 대상으로 이루어지는 체육 활동 • 생활체육: 지역사회에서 일반인들을 대상으로 이루어지는 체육 활동 • 전문체육: 학교, 실업팀 등에서 전문선수들을 대상으로 이루어지는 체육 활동

스포츠교육의 정책과 제도

기출 핵심 포인트

01 학교체육

1 스포츠기본법 2022, 2023

제3조(정의)
이 법에서 사용하는 용어의 뜻은 다음과 같다.
1. "스포츠"란 건강한 신체를 기르고 건전한 정신을 함양하며 질 높은 삶을 위하여 자발적으로 행하는 신체활동을 기반으로 하는 사회문화적 행태를 말하며, 「국민체육진흥법」제2조 제1호에 따른 체육을 포함한다.
2. "전문스포츠"란 「국민체육진흥법」제2조 제4호에 따른 선수(이하 "선수"라 한다)가 행하는 스포츠 활동을 말한다.
3. "생활스포츠"란 건강과 체력 증진을 위하여 행하는 자발적이고 일상적인 스포츠 활동을 말한다.
4. "장애인스포츠"란 장애인이 참여하는 스포츠 활동(생활스포츠와 전문스포츠를 포함한다)을 말한다.
5. "학교스포츠"란 학교(「유아교육법」제2조 제2호에 따른 유치원, 「초·중등교육법」제2조 및 「고등교육법」제2조에 따른 학교를 말한다. 이하 같다)에서 이루어지는 스포츠 활동(학교과정 외의 스포츠 활동과 「국민체육진흥법」제2조 제8호에 따른 운동경기부의 스포츠 활동을 포함한다)을 말한다.
6. "스포츠산업"이란 스포츠와 관련된 재화와 서비스를 통하여 부가가치를 창출하는 산업을 말한다.
7. "스포츠클럽"이란 회원의 정기적인 체육활동을 위하여 「스포츠클럽법」제6조에 따라 등록을 하고 지역사회의 체육활동 진흥을 위하여 운영되는 법인 또는 단체를 말한다.

제7조(스포츠 정책 수립·시행의 기본원칙)
국가와 지방자치단체는 스포츠에 관한 정책을 수립하고 시행할 때에는 다음 각 호의 사항을 충분히 고려하여야 한다.
1. 스포츠권을 보장할 것
2. 스포츠 활동을 존중하고 사회전반에 확산되도록 할 것
3. 국민과 국가의 스포츠 역량을 높이기 위한 여건을 조성하고 지원할 것
4. 스포츠 활동 참여와 스포츠교육의 기회가 확대되도록 할 것
5. 스포츠의 가치를 존중하고 스포츠의 역동성을 높일 수 있을 것
6. 스포츠 활동과 관련한 안전사고를 방지할 것
7. 스포츠의 국제 교류·협력을 증진할 것

2 학교체육 진흥법
2016, 2017, 2018, 2019, 2020, 2021, 2022, 2024

제1조(목적)
이 법은 학생의 체육활동 강화 및 학교운동부 육성 등 학교체육 활성화에 필요한 사항을 정함으로써 학생들이 건강하고 균형 잡힌 신체와 정신을 가질 수 있도록 하는 데 기여함을 목적으로 한다.

제2조(정의)
이 법에서 사용하는 용어의 뜻은 다음과 같다.
1. "학교체육"이란 학교에서 학생을 대상으로 이루어지는 체육활동을 말한다.
2. "학교"란 「유아교육법」 제2조 제2호에 따른 유치원 및 「초·중등교육법」 제2조에 따른 학교를 말한다.
3. "학교운동부"란 학생선수로 구성된 학교 내 운동부를 말한다.
4. "학생선수"란 학교운동부에 소속되어 운동하는 학생이나 「국민체육진흥법」 제33조와 제34조에 따른 체육단체에 등록되어 선수로 활동하는 학생을 말한다.
5. "학교스포츠클럽"이란 체육활동에 취미를 가진 같은 학교의 학생으로 구성되어 학교가 운영하는 스포츠클럽을 말한다.
6. "학교운동부지도자"란 학교에 소속되어 학교운동부를 지도·감독하는 사람을 말한다.
7. "스포츠강사"란 「초·중등교육법」 제2조 제2호에 따른 초등학교에서 정규 체육수업 보조 및 학교스포츠클럽을 지도하는 체육전문강사를 말한다.
8. "학교체육진흥원"이란 학교체육 진흥을 위한 연구, 정책개발, 연수 등을 실시하는 조직을 말한다.

제3조(학교체육 진흥 시책과 권장)
국가 및 지방자치단체(교육감을 포함한다)는 학교체육 진흥에 필요한 시책을 마련하고 학생의 자발적인 체육활동을 권장·보호 및 육성하여야 한다.

제4조(기본 시책의 수립 등)
① 교육부장관은 문화체육관광부장관과 협의하여 학교 체육 진흥에 관한 기본 시책을 5년마다 수립·시행한다.
② 특별시·광역시·특별자치시·도 및 특별자치도 교육감(이하 "교육감"이라 한다)은 제1항의 기본 시책에 따라 해당 지방자치단체의 학교체육 진흥 계획을 수립·시행하여야 한다.

제5조(협조)
교육부장관과 문화체육관광부장관은 제4조에 따른 시책을 수립·시행하기 위하여 필요한 경우 지방자치단체의 장, 교육감 및 관계 기관 또는 단체의 장에게 협조를 요청할 수 있다. 이 경우 지방자치단체의 장, 교육감 및 관계 기관 또는 단체의 장은 특별한 사유가 없으면 이에 따라야 한다.

> 기출 핵심 포인트

제6조(학교체육 진흥의 조치 등)
① 학교의 장은 학생의 체력증진과 체육활동 활성화를 위하여 다음 각 호의 조치를 취하여야 한다.
  1. 체육교육과정 운영 충실 및 체육수업의 질 제고
  2. 제8조에 따른 학생건강체력평가 및 제9조에 따라 비만 판정을 받은 학생에 대한 대책
  3. 제10조에 따른 학교스포츠클럽 및 제11조에 따른 학교운동부 운영
  4. 학생선수의 학습권 보장 및 인권보호
  5. 여학생 체육활동 활성화
  6. 유아 및 장애학생의 체육활동 활성화
  7. 학교체육행사의 정기적 개최
  8. 학교 간 경기대회 등 체육 교류활동 활성화
  9. 교원의 체육 관련 직무연수 강화 및 장려
  10. 그 밖에 학교체육 활성화를 위하여 필요한 사항
② 학교의 장은 제1항에 따른 조치를 시행하기 위하여 필요한 경비를 학교 예산의 범위에서 확보하여야 한다.
③ 교육부장관과 교육감은 제1항에 따른 조치가 적절하게 취하여지고 있는지를 대통령령으로 정하는 바에 따라 주기적으로 감독하여야 한다.

제7조(학교체육시설 설치 등)
① 국가 및 지방자치단체는 학생의 체육활동에 필요한 운동장, 체육관 등 기반시설을 확충하여야 한다.
② 학교의 장은 교육부장관이 정하는 바에 따라 학생의 체육활동 진흥에 필요한 체육 교재 및 기자재, 용품 등을 확보하여야 한다.
③ 학교의 장은 대통령령으로 정하는 바에 따라 학생에 대한 폭력, 성폭력 등 인권 침해의 우려가 있는 학교체육시설 관련 주요 지점에 「개인정보 보호법」 제2조제 호에 따른 고정형 영상정보처리기기를 설치·관리할 수 있다.
④ 이 법에서 정한 사항 외에 고정형 영상정보처리기기의 설치·관리 등에 관한 사항은 「개인정보 보호법」에 따른다.
⑤ 제1항에 따른 체육활동 기반시설 확충과 제2항에 따른 체육 교재 및 기자재, 용품 등의 확보에 필요한 사항은 교육부령으로 정한다.

제8조(학생건강체력평가 실시계획의 수립 및 실시)
① 국가는 학생의 건강체력 상태를 측정하기 위하여 매년 3월 31일까지 학생건강체력평가 실시계획을 수립하고 학교의 장은 실시계획에 따라 학생건강체력평가를 실시하여야 한다.
② 제1항에 따라 학생건강체력평가를 실시한 학교의 장은 평가결과를 교육정보시스템에 등록하여야 하며, 해당 학생과 학부모에게 알려야 한다.
③ 제1항에 따른 학생건강체력평가는 「고등교육법」에 따른 대학이나 전문기관·단체 등에 위탁할 수 있다.

④ 제1항부터 제3항까지의 규정에 따라 학생건강체력평가를 실시한 경우에는 「학교보건법」 제7조에 따른 건강검사 중 신체능력검사를 실시한 것으로 본다.
⑤ 제1항부터 제3항까지의 규정에 따른 학생건강체력평가의 시기, 방법, 평가항목, 평가결과 등록 및 학생건강체력평가를 위탁받을 수 있는 대학이나 전문기관·단체 등의 자격요건 등에 필요한 사항은 교육부령으로 정한다.

제9조(건강체력교실 등 운영)
① 학교의 장은 제8조에 따른 학생건강체력평가에서 저체력 또는 비만 판정을 받은 학생을 대상으로 건강체력증진을 위하여 정규 또는 비정규 프로그램(이하 "건강체력교실"이라 한다)을 운영하여야 한다.
② 건강체력교실 등의 설치 및 운영 등에 관하여 필요한 사항은 교육부령으로 정한다.

제10조(학교스포츠클럽 운영)
① 학교의 장은 학생들이 신체활동 프로그램에 참여할 수 있도록 학교스포츠클럽을 운영하여 학생들의 체육활동 참여기회를 확대하여야 한다.
② 학교의 장은 제1항에 따라 학교스포츠클럽을 운영하는 경우 학교스포츠클럽 전담교사를 지정하여야 한다.
③ 제2항에 따른 학교스포츠클럽 전담교사에게는 학교 예산의 범위에서 소정의 지도수당을 지급한다.
④ 학교의 장은 학교스포츠클럽 활동내용을 학교생활기록부에 기록하여 상급학교 진학자료로 활용할 수 있도록 하여야 한다.
⑤ 학교의 장은 교육부령으로 정하는 바에 따라 일정 비율 이상의 학교스포츠클럽을 해당 학교의 여학생들이 선호하는 종목의 학교스포츠클럽으로 운영하여야 한다.

제11조(학교운동부 운영 등)
① 학교의 장은 학생선수가 일정 수준의 학력기준(이하 "최저학력"이라 한다)에 도달하지 못한 경우에는 교육부령으로 정하는 경기대회의 참가를 허용하여서는 아니 된다. 다만, 학생선수가 제2항에 따른 기초학력보장 프로그램을 이수한 경우에는 그 참가를 허용하여야 한다.
② 학교의 장은 최저학력에 도달하지 못한 학생선수에게 별도의 기초학력보장 프로그램을 제공하여야 한다.
③ 최저학력의 기준 및 실시 시기에 필요한 사항과 기초학력보장 프로그램의 운영 등에 필요한 사항은 교육부령으로 정한다.
④ 학교의 장은 학생선수의 학습권 보장 및 신체적·정서적 발달을 위하여 학기 중의 상시 합숙훈련이 근절될 수 있도록 노력하여야 한다. 다만, 경기대회 참가 등을 위하여 불가피하게 합숙훈련을 실시하는 경우에는 학생선수의 안전 및 인권보호를 위하여 필요한 조치를 하여야 한다.
⑤ 학교의 장은 원거리에서 통학하는 학생선수를 위하여 기숙사를 운영할 수 있다. 이 경우 필요한 사항은 교육부령으로 정한다.

기출 핵심 포인트

⑥ 학교의 장은 학교운동부 관련 후원금을 「초·중등교육법」 제30조의2에 따라 설치된 학교회계에 편입시켜 운영하여야 한다.
⑦ 국가 및 지방자치단체는 예산의 범위에서 학교운동부 운영과 관련된 경비를 지원할 수 있다.

제12조(학교운동부지도자)
① 학교의 장은 학생선수의 훈련과 지도를 위하여 학교운동부에 지도자(이하 "학교운동부지도자"라 한다)를 둘 수 있다.
② 국가는 학교운동부지도자의 자질 향상 및 전문성 강화를 위하여 연수교육 계획을 수립하고, 이를 실시하여야 한다. 이 경우 연수교육을 관련 단체에 위탁할 수 있다.
③ 국가 및 지방자치단체는 학교운동부지도자의 급여에 필요한 경비를 지원하도록 노력하여야 하며, 학교의 장은 학교운동부지도자 임용에 필요한 경비를 「초·중등교육법」 제30조의2에 따라 설치된 학교회계에 반영하여 집행하여야 한다.
④ 학교의 장은 학교운동부지도자가 학생선수의 학습권을 박탈하거나 폭력, 금품·향응 수수(授受) 등의 부적절한 행위를 하였을 경우 학교운영위원회의 심의를 거쳐 계약을 해지할 수 있다.
⑤ 교육감은 학교운동부지도자의 지도 등을 위하여 학교운동부지도자관리위원회를 설치한다.
⑥ 교육감은 제4항의 사유 이외에 학교의 장이 부당하게 학교운동부지도자를 계약 해지하였을 경우 학교운동부지도자관리위원회의 심의를 거쳐 관련 계약 해지를 철회할 수 있다.
⑦ 그 밖에 학교운동부지도자의 자격기준, 임용, 급여, 신분, 직무 등에 필요한 사항은 대통령령으로 정한다.

제12조의2(도핑 방지 교육)
① 국가와 지방자치단체는 도핑(「국민체육진흥법」 제2조 제10호의 도핑을 말한다. 이하 같다)을 방지하기 위하여 학생선수와 학교운동부지도자를 대상으로 도핑 방지 교육을 실시하여야 한다.
② 제1항에 따른 도핑 방지 교육의 방법 및 절차 등에 필요한 사항은 대통령령으로 정한다.

제12조의3(스포츠 분야 인권교육 등)
① 국가와 지방자치단체는 학생선수의 인권보호를 위하여 학생선수와 학교운동부지도자를 대상으로 스포츠 분야 인권교육을 실시하여야 한다.
② 국가와 지방자치단체는 학생선수에 대한 폭력, 성폭력 등 인권침해가 발생한 때에는 학생선수와 학교운동부지도자를 대상으로 심리치료 및 안전조치를 하여야 한다.
③ 제1항 및 제2항에 따른 스포츠 분야 인권교육, 심리치료 및 안전조치에 관하여 필요한 사항은 대통령령으로 정한다.

제13조(스포츠강사의 배치)
① 국가 및 지방자치단체는 학생의 체육수업 흥미 제고 및 체육활동 활성화를 위하여 「초·중등교육법」 제2조 제2호에 따른 초등학교에 스포츠강사를 배치할 수 있다.
② 제1항에 따른 스포츠강사의 자격기준, 임용 등에 필요한 사항은 대통령령으로 정한다.

제13조의2(여학생 체육활동 활성화 지원)
① 교육부장관은 여학생의 체육활동 활성화에 필요한 기본지침을 수립하여 교육감 및 학교의 장에게 통보하여야 하고, 학교의 장은 기본지침에 따라 매년 여학생 체육활동 활성화 계획을 수립·시행하여야 한다.
② 교육부장관은 제1항에 따른 계획의 수립·시행에 대하여 평가하고 그 평가결과를 반영하여 「지방교육재정교부금법」에 따른 교부금을 대통령령으로 정하는 바에 따라 특별지원할 수 있다.
③ 국가 및 지방자치단체는 여학생의 체육활동 활성화 지원에 필요한 시설을 갖추어야 한다.
④ 교육부장관은 여학생의 체육활동 활성화를 지원하기 위한 체육 교재, 기자재, 용품 등의 확보기준을 따로 정하여야 한다.
⑤ 제2항에 따른 평가 방법 및 항목, 그 밖에 필요한 사항은 교육부령으로 정한다.

3 학교체육 진흥법 시행령 2019, 2023

제3조(학교운동부지도자의 자격기준 등)
① 학교의 장은 법 제12조 제7항에 따라 「국민체육진흥법」 제2조 제6호에 따른 체육지도자 중에서 학교운동부지도자를 임용할 수 있다.
② 학교운동부지도자의 급여는 학교의 장이 지도경력과 실적을 고려하여 정한다.
③ 학교운동부지도자는 다음 각 호의 직무를 수행한다.
  1. 학생선수에 대한 훈련계획 작성, 지도 및 관리
  2. 학생선수의 각종 대회 출전 지원 및 인솔
  2의2. 훈련 및 각종 대회 출전 시 학생선수의 안전관리
  3. 경기력 분석 및 훈련일지 작성
  4. 훈련장의 안전관리
④ 학교의 장은 학교운동부지도자를 재임용할 때에는 다음 각 호의 사항을 평가한 후 그 결과에 따라 재임용 여부를 결정해야 한다.
  1. 제3항 각 호의 직무수행 실적
  2. 복무 태도
  3. 학교운동부 운영 성과
  4. 학생선수의 학습권 및 인권 침해 여부

기출 핵심 포인트

제4조(스포츠강사의 자격기준 등)
① 초등학교의 장은 법 제13조 제2항에 따라 「국민체육진흥법」 제2조 제6호에 따른 체육지도자 중에서 스포츠강사를 임용할 수 있다.
② 초등학교의 장은 스포츠강사를 1년 단위로 계약하여 임용할 수 있다.
③ 초등학교의 장은 스포츠강사를 재임용할 때에는 다음 각 호의 사항을 평가한 후 그 결과에 따라 재임용 여부를 결정하여야 한다.
  1. 강사로서의 자질
  2. 복무 태도
  3. 학생의 만족도

02 생활체육

1 국민체육진흥법 2024

제1조(목적)
이 법은 국민체육을 진흥하여 국민의 체력을 증진하고, 체육활동으로 연대감을 높이며, 공정한 스포츠 정신으로 체육인 인권을 보호하고, 국민의 행복과 자긍심을 높여 건강한 공동체의 실현에 이바지함을 목적으로 한다.

제2조(정의)
이 법에서 사용하는 용어의 뜻은 다음과 같다.
1. "체육"이란 운동경기·야외 운동 등 신체 활동을 통하여 건전한 신체와 정신을 기르고 여가를 선용하는 것을 말한다.
2. "전문체육"이란 선수들이 행하는 운동경기 활동을 말한다.
3. "생활체육"이란 건강과 체력 증진을 위하여 행하는 자발적이고 일상적인 체육활동을 말한다.
4. "선수"란 경기단체에 선수로 등록된 자를 말한다.
4의2. "국가대표선수"란 대한체육회, 대한장애인체육회 또는 경기단체가 국제경기대회(친선경기대회는 제외한다)에 우리나라의 대표로 파견하기 위하여 선발·확정한 사람을 말한다.
5. "학교"란 「초·중등교육법」 제2조 및 「고등교육법」 제2조에 따른 학교를 말한다.
6. "체육지도자"란 학교·직장·지역사회 또는 체육단체 등에서 체육을 지도할 수 있도록 이 법에 따라 다음 각 목의 어느 하나에 해당하는 자격을 취득한 사람을 말한다.
  가. 스포츠지도사
  나. 건강운동관리사
  다. 장애인스포츠지도사
  라. 유소년스포츠지도사
  마. 노인스포츠지도사

7. "체육동호인조직"이란 같은 생활체육 활동에 지속적으로 참여하는 자의 모임을 말한다.
8. "운동경기부"란 선수로 구성된 국가, 지방자치단체, 학교나 직장 등의 운동부를 말한다.
9. "체육단체"란 체육에 관한 활동이나 사업을 목적으로 설립된 다음 각 목의 어느 하나에 해당하는 법인이나 단체를 말한다.
    가. 제5장에 따른 대한체육회, 시·도체육회 및 시·군·구체육회(이하 "지방체육회"라 한다), 대한장애인체육회, 시·도장애인체육회 및 시·군·구장애인체육회(이하 "지방장애인체육회"라 한다), 한국도핑방지위원회, 서울올림픽기념 국민체육진흥공단
    나. 제11호에 따른 경기단체
    다. 「태권도 진흥 및 태권도공원 조성 등에 관한 법률」 제19조에 따른 국기원 및 같은 법 제20조에 따른 태권도진흥재단
    라. 「전통무예진흥법」 제5조에 따른 전통무예단체
    마. 「스포츠산업 진흥법」 제20조에 따른 사업자단체
    바. 「체육시설의 설치·이용에 관한 법률」 제34조에 따른 체육시설업협회
    사. 국내대회, 국제대회 등 대회 개최를 위하여 설립된 대회조직위원회
    아. 그 밖의 체육활동 법인 또는 단체
10. "도핑"이란 선수의 운동능력을 강화시키기 위하여 문화체육관광부장관이 고시하는 금지 목록에 포함된 약물 또는 방법을 복용하거나 사용하는 것을 말한다.
11. "경기단체"란 특정 경기 종목에 관한 활동과 사업을 목적으로 설립되고 대한체육회나 대한장애인체육회에 가맹된 법인이나 단체 또는 문화체육관광부장관이 지정하는 프로스포츠 단체를 말한다.
11의2. "스포츠비리"란 체육의 공정성을 저해하는 다음 각 목의 어느 하나에 해당하는 행위를 말한다.
    가. 체육단체의 운영 중 발생하는 회계부정, 배임, 횡령 및 뇌물수수 등 체육단체의 투명하고 민주적인 운영을 저해하는 행위
    나. 운동경기 활동 중 발생하는 승부조작, 편파판정 등 운동경기의 공정한 운영을 저해하는 행위
11의3. "체육계 인권침해"란 운동경기, 훈련, 체육단체의 운영 등과 관련하여 선수, 체육지도자, 심판, 체육단체의 임직원 등 간에 발생하는 인권침해 또는 정당한 사유 없이 성별·학력·장애·사회적 신분 등을 이유로 차별하는 행위를 말한다.
12. "체육진흥투표권"이란 운동경기 결과를 적중시킨 자에게 환급금을 내주는 표(票)로서 투표 방법과 금액, 그 밖에 대통령령으로 정하는 사항이 적혀 있는 것을 말한다.

제8조(지방 체육의 진흥)
① 지방자치단체는 지역 주민의 건강과 체력 증진을 위하여 건전한 체육활동을 생활화할 수 있도록 시설 등 여건을 조성하고 지원하여야 한다.

기출 핵심 포인트

② 지방자치단체는 그 행정구역 단위로 연 1회 이상 체육대회를 직접 개최하거나 체육단체로 하여금 이를 개최하도록 지원하여야 한다.
③ 지방자치단체는 직장인 체육대회를 연 1회 이상 개최하여야 한다.

제10조(직장 체육의 진흥)
① 국가와 지방자치단체는 직장 체육 진흥에 필요한 시책을 마련하여야 한다.
② 직장의 장은 대통령령으로 정하는 바에 따라 체육동호인조직과 체육진흥관리위원회를 설치하는 등 직장인의 체력 증진과 체육 활동 육성에 필요한 조치를 마련하여야 한다.
③ 대통령령으로 정하는 직장에는 직장인의 체력 증진과 체육 활동 지도·육성을 위하여 체육지도자를 두어야 한다.
④ 「공공기관의 운영에 관한 법률」에 따른 공공기관 중 대통령령으로 정하는 기관(이하 "공공기관"이라 한다)과 대통령령으로 정하는 직장에는 한 종목 이상의 운동경기부를 설치·운영하고 체육지도자를 두어야 한다.
⑤ 제2항부터 제4항까지의 규정에 따른 직장 체육에 관한 업무는 시장·군수·구청장(자치구의 구청장을 말한다. 이하 같다)이 지도·감독한다.

제11조(체육지도자의 양성)
① 국가는 국민체육 진흥을 위한 체육지도자의 양성과 자질 향상을 위하여 필요한 시책을 마련하여야 한다.
② 문화체육관광부장관은 대통령령으로 정하는 자격 요건을 갖춘 사람으로서 체육지도자 자격검정(이하 "자격검정"이라 한다)에 합격하고 체육지도자 연수과정(이하 "연수과정"이라 한다)을 이수한 사람에게 문화체육관광부령으로 정하는 바에 따라 체육지도자의 자격증을 발급한다. 다만, 학교체육교사 및 선수(문화체육관광부장관이 지정하는 프로스포츠단체에 등록된 프로스포츠선수를 포함한다) 등 대통령령으로 정하는 사람에게는 대통령령으로 정하는 바에 따라 자격검정이나 연수과정의 일부(제3항에 따른 스포츠윤리교육은 제외한다)를 면제할 수 있다.
③ 연수과정에는 다음 각 호의 사항으로 구성된 스포츠윤리교육 과정이 포함되어야 한다.
  1. 성폭력 등 폭력 예방교육
  2. 스포츠비리 및 체육계 인권침해 방지를 위한 예방교육
  3. 도핑 방지 교육
  4. 그 밖에 체육의 공정성 확보와 체육인의 인권보호를 위하여 문화체육관광부령으로 정하는 교육
④ 제2항에 따라 자격검정이나 연수를 받거나 자격증을 발급 또는 재발급 받으려는 사람은 문화체육관광부령으로 정하는 바에 따라 수수료를 납부하여야 한다.
⑤ 체육지도자의 종류·등급·검정 및 자격 부여 등에 필요한 사항은 대통령령으로 정한다.

제12조(체육지도자의 자격취소 등)

① 문화체육관광부장관은 체육지도자가 다음 각 호의 어느 하나에 해당하면 제12조의2에 따른 체육지도자 자격운영위원회의 의결에 따라 그 자격을 취소하거나 5년의 범위에서 자격을 정지할 수 있다. 다만, 제1호부터 제4호까지의 어느 하나에 해당하면 그 자격을 취소하여야 한다.
1. 거짓이나 그 밖의 부정한 방법으로 체육지도자의 자격을 취득한 경우
2. 자격정지 기간 중에 업무를 수행한 경우
3. 체육지도자 자격증을 타인에게 대여한 경우
4. 제11조의5 각 호의 어느 하나에 해당하는 경우
5. 선수의 신체에 폭행을 가하거나 상해를 입히는 행위를 한 경우
6. 선수에게 성희롱 또는 성폭력에 해당하는 행위를 한 경우
7. 제11조의6 제1항에 따른 재교육을 받지 아니한 경우
8. 그 밖에 직무수행 중 부정이나 비위 사실이 있는 경우

③ 자격검정을 받는 사람이 그 검정과정에서 부정행위를 한 때에는 현장에서 그 검정을 중지시키거나 무효로 한다.

④ 제1항에 따라 체육지도자 자격이 취소된 사람은 문화체육관광부령으로 정하는 바에 따라 체육지도자 자격증을 문화체육관광부장관에게 반납하여야 한다.

⑤ 제1항에 따른 행정처분의 세부적인 기준 및 절차는 그 사유와 위반 정도를 고려하여 문화체육관광부령으로 정한다.

제12조의2(체육지도자 자격운영위원회)

① 다음 각 호의 사항을 심의·의결하기 위하여 문화체육관광부에 체육지도자 자격운영위원회(이하 "운영위원회"라 한다)를 둔다.
1. 제12조에 따른 체육지도자의 자격취소 및 자격정지에 관한 사항
2. 제12조의3에 따른 명단 공개에 관한 사항
3. 그 밖에 체육지도자의 자격 등과 관련하여 문화체육관광부장관이 회의에 부치는 사항

② 운영위원회는 위원장 1명을 포함한 9명의 위원으로 구성한다.

③ 운영위원회의 위원장은 문화체육관광부의 고위공무원단에 속하는 일반직공무원 중에서 문화체육관광부장관이 지명하는 사람으로 하고, 그 밖의 위원은 다음 각 호의 어느 하나에 해당하는 사람 중에서 문화체육관광부장관이 임명 또는 위촉하는 사람으로 한다.
1. 문화체육관광부 소속 과장급 이상 공무원
2. 「고등교육법」 제2조에 따른 대학(산업대학, 교육대학, 전문대학 및 원격대학을 포함한다)에서 체육 또는 법학을 가르치는 조교수 이상으로 재직하고 있거나 재직하였던 사람
3. 변호사의 자격이 있는 사람
4. 그 밖에 체육에 대한 학식과 경험이 풍부한 사람

④ 제1항부터 제3항까지에서 규정한 사항 외에 운영위원회의 구성·운영 등에 필요한 사항은 대통령령으로 정한다.

> 기출 핵심 포인트

제12조의3(체육계 인권침해 및 스포츠비리 관련 명단 공개)
① 문화체육관광부장관은 체육지도자 및 체육단체의 책임이 있는 자가 체육계 인권침해 및 스포츠비리와 관련하여 유죄판결이 확정되는 경우에는 운영위원회의 심의·의결을 거쳐 그 인적사항 및 비위 사실 등을 공개할 수 있다.
② 제1항에 따른 공개의 구체적인 내용 및 절차 등에 관하여 필요한 사항은 대통령령으로 정한다.

제13조(체육시설의 설치 등)
① 국가와 지방자치단체는 국민의 체육 활동에 필요한 시설의 적정한 확보와 이용에 필요한 시책을 마련하여야 한다.
② 국가와 지방자치단체는 장애인 체육 활동에 필요한 시설의 설치와 운영에 필요한 시책을 마련하여야 하며, 장애인이 체육시설을 우선적으로 이용할 수 있도록 필요한 조치를 할 수 있다.
③ 국가와 지방자치단체는 노인과 유소년 체육 활동에 필요한 시설의 적정한 확보와 그 운영에 필요한 시책을 마련하여야 한다.
④ 직장의 장은 종업원의 체육 활동에 필요한 시설을 설치·운영하여야 하며, 학교의 체육시설은 학교 교육에 지장이 없는 범위에서 지역 주민에게 개방·이용되어야 한다.
⑤ 국가와 지방자치단체는 민간의 체육시설 설치를 권장하고 건전하게 운영되도록 하여야 한다.
⑥ 제1항부터 제4항까지의 규정에 따른 체육시설의 설치·이용 등에 필요한 사항은 따로 법률로 정한다.

> 개념 플러스 **생활체육진흥법** 2025

제3조(국민의 생활체육 권리)
① 모든 국민은 건강한 신체활동과 건전한 여가 선용을 위하여 생활체육을 즐길 권리를 가진다.
② 모든 국민은 생활체육에 관하여 어떠한 차별도 받지 아니하고 평등하게 누릴 수 있어야 한다.
③ 국가 및 지방자치단체는 국민의 생활체육권 보장을 위하여 노력할 의무를 진다.

제6조(생활체육 진흥 기본계획의 수립 등)
① 문화체육관광부장관은 생활체육의 진흥을 위한 기본계획(이하 "기본계획"이라 한다)을 5년마다 수립·시행하여야 한다.
② 기본계획에는 다음 각 호의 사항이 포함되어야 한다.
③ 지방자치단체의 장은 기본계획에 따라 해당 지방자치단체의 시행계획을 수립·시행하여야 한다.
④ 문화체육관광부장관과 지방자치단체의 장은 기본계획 및 제3항에 따른 시행계획을 수립·시행하기 위하여 필요한 경우 행정기관의 장 및 관계 기관 또는 단체의 장에게 협조를 요청할 수 있다. 이 경우 행정기관의 장 및 관계 기관 또는 단체의 장은 특별한 사유가 없으면 이에 따라야 한다.

제8조(생활체육강좌의 설치)
① 국가 및 지방자치단체는 국민이 적극적으로 생활체육을 누릴 수 있도록 생활체육강좌 설치 기관 또는 단체를 지정하여 생활체육을 보급할 수 있다.
② 국가 및 지방자치단체는 생활체육강좌의 설치·운영에 드는 경비를 지원할 수 있다.

제10조(체육동호인조직의 육성 및 지원)
① 지방자치단체는 그 지역주민의 생활체육 활동을 위하여 체육동호인조직의 육성에 필요한 시책을 마련할 수 있다
② 국가 및 지방자치단체는 예산의 범위에서 체육동호인조직과 장애인 체육동호인조직의 육성에 필요한 경비의 일부를 지원할 수 있다.

2 국민체육진흥법 시행령 2019, 2025

제2조(정의)
이 영에서 사용하는 용어의 뜻은 다음과 같다.
6. "스포츠지도사"란 제9조의6에 따른 자격 종목에 대하여 전문체육이나 생활체육을 지도하는 사람을 말한다.
7. "건강운동관리사"란 개인의 체력적 특성에 적합한 운동 형태, 강도, 빈도 및 시간 등 운동 수행방법에 대하여 지도·관리하는 사람을 말한다.
8. "장애인스포츠지도사"란 장애유형에 따른 운동방법 등에 대한 지식을 갖추고 제9조의6에 따른 자격 종목에 대하여 장애인을 대상으로 전문체육이나 생활체육을 지도하는 사람을 말한다.
9. "유소년스포츠지도사"란 유소년(만 3세부터 중학교 취학 전까지를 말한다. 이하 같다)의 행동양식, 신체발달 등에 대한 지식을 갖추고 제9조의6에 따른 자격 종목에 대하여 유소년을 대상으로 체육을 지도하는 사람을 말한다.
10. "노인스포츠지도사"란 노인의 신체적·정신적 변화 등에 대한 지식을 갖추고 제9조의6에 따른 자격 종목에 대하여 노인을 대상으로 생활체육을 지도하는 사람을 말한다.

제6조(학교 체육의 진흥을 위한 조치)
법 제9조에 따라 학생의 체력 증진과 체육 활동의 육성을 위하여 학교가 취하여야 할 조치는 다음 각 호와 같다.
1. 운동회나 체육대회의 실시
2. 학생에 대한 한 종목 이상의 운동 권장과 지도
3. 체육동호인조직의 결성 등 학생의 자발적 체육 활동의 육성·지원
4. 운동경기부와 선수의 육성·지원
5. 그 밖에 학교 체육의 진흥을 위하여 필요한 사항

기출 핵심 포인트

생활스포츠지도사의 자격 2022
- 체육지도자의 자격은 18세 이상인 사람에게 부여한다.
- 생활스포츠지도사는 1급, 2급으로 구분한다.
- 2급 생활스포츠지도사는 2급 생활스포츠지도사 자격검정에 합격하고, 연수과정을 이수한 사람으로 한다.

> 기출 핵심 포인트

3 국민체육진흥정책 2016, 2018, 2022

(1) 생활체육 참여 확대
① 시·도 생활체육 교실: 지방자체단체의 특성에 맞게 학교체육시설 및 공공체육시설 등을 활용하여 운영
② 생활체육 광장: 지역주민들이 근접한 곳에서 생활체육에 참여할 수 있도록 환경 제공
③ 생활체육 홍보: '스포츠 7330 캠페인(일주일에 세 번 이상, 하루 30분씩!)' 추진

(2) 생활체육 동호인 육성
① 동호인클럽 육성: 지역 또는 클럽 간 체육교류 활동 및 클럽 육성을 통한 생활체육 참여인구 확대
② 생활체육대회 개최: 전국 생활체육대축전, 종목별 생활체육대회 개최
③ 동호인 리그: 종목별 동호인 리그를 통해 지역동호인 클럽 활성화

(3) 직장체육 육성
① 직장 종목별 클럽리그제 운영: 직장 생활체육 동호인 활동의 확산 및 직장체육 활성화
② 찾아가는 생활체육 서비스 운영: 직장 및 단체에 지도자가 직접 방문하여 생활체육 보급을 통한 직장체육 활성화

> **개념 플러스** 소외계층 체육활동 지원
> - 소외계층 생활체육 프로그램: 소외계층에게 체육활동 참여기회 제공 및 건강증진, 여가활동 여건 조성
> - 소외계층 운동용구 지원: 소외계층에게 운동용구 지원을 통해 체육활동 참여 및 여가선용 여건 조성

(4) 생활체육 활성화를 위한 정책들 2022, 2024

- **국민체력 100**
  국민의 체력 및 건강 증진에 목적을 두고 체력상태를 과학적 방법에 의해 측정·평가를 하여 운동 상담 및 처방을 해주는 대국민 무상 스포츠 복지 서비스

- **스마일 100**
  생활체육정책 목표, "스포츠를 마음껏 일상적으로 100세까지"

- **스포츠강좌 이용권 지원**
  스포츠복지 사회 구현의 일환으로 저소득층 유, 청소년과 장애인에게 스포츠강좌 혜택을 받을 수 있는 일정금액의 이용권을 제공하는 사업

- **행복나눔 스포츠교실**
  소외계층 청소년을 대상으로 체육활동 참여기회를 제공하고 사회 적응력을 배양하는 것을 목적으로 시행되는 사업

- **여성체육활동 지원**
  초·중·고 여학생 대상으로 종목별 스포츠 교실 운영, 생애주기 여성체육활동 지원, 여성 환우를 대상으로 찾아가는 체력교실 지원 사업

개념 플러스 | 체육시설법 시행규칙 2022

제22조(체육지도자 배치기준)
① 법 제23조에 따라 체육지도자를 배치하여야 할 체육시설의 규모와 그 배치기준은 별표 5와 같다.
② 제1항에 따른 체육시설에는 「국민체육진흥법」 제11조에 따른 체육지도자를 배치하여야 한다.

체육지도자 배치기준

체육시설업의 종류	규모	배치인원
골프장업	• 골프코스 18홀 이상 36홀 이하 • 골프코스 36홀 초과	1명 이상 2명 이상
스키장업	• 슬로프 10면 이하 • 슬로프 10면 초과	1명 이상 2명 이상
요트장업	• 요트 20척 이하 • 요트 20척 초과	1명 이상 2명 이상
조정장업	• 조정 20척 이하 • 조정 20척 초과	1명 이상 2명 이상
카누장업	• 카누 20척 이하 • 카누 20척 초과	1명 이상 2명 이상
빙상장업	• 빙판면적 1,500제곱미터 이상 3,000제곱미터 이하 • 빙판면적 3,000제곱미터 초과	1명 이상 2명 이상
승마장업	• 말 20마리 이하 • 말 20마리 초과	1명 이상 2명 이상
수영장업	• 수영조 바닥면적이 400제곱미터 이하인 실내 수영장 • 수영소 바닥면적이 400제곱미터를 초과하는 실내 수영장	1명 이상 2명 이상
체육도장업	• 운동전용면적 300제곱미터 이하 • 운동전용면적 300제곱미터 초과	1명 이상 2명 이상
골프연습장업	• 20타석 이상 50타석 이하 • 50타석 초과	1명 이상 2명 이상
체력단련장업	• 운동전용면적 300제곱미터 이하 • 운동전용면적 300제곱미터 초과	1명 이상 2명 이상

체육교습업	• 동시 최대 교습인원 30명 이하	1명 이상
	• 동시 최대 교습인원 30명 초과	2명 이상
인공암벽장업	• 실내 인공암벽장	1명 이상
	• 실외 인공암벽장 운동전용면적 600제곱미터 이하	1명 이상
	• 실외 인공암벽장 운동전용면적 600제곱미터 초과	2명 이상

> **학교체육 진흥법의 일부 내용 참고**
> • 제11조(학교운동부 운영 등)
> • 제12조(학교운동부 지도자)
> • 제12조의2(도핑 방지 교육)

03 전문체육

1 학교체육 진흥법 2017, 2018

제2조(정의)
이 법에서 사용하는 용어의 뜻은 다음과 같다.
3. "학교운동부"란 학생선수로 구성된 학교 내 운동부를 말한다.
4. "학생선수"란 학교운동부에 소속되어 운동하는 학생이나「국민체육진흥법」제33조와 제34조에 따른 체육단체에 등록되어 선수로 활동하는 학생을 말한다.
6. "학교운동부지도자"란 학교에 소속되어 학교운동부를 지도·감독하는 사람을 말한다.

2 국민체육진흥법

제2조(정의)
이 법에서 사용하는 용어의 뜻은 다음과 같다.
2. "전문체육"이란 선수들이 행하는 운동경기 활동을 말한다.
4. "선수"란 경기단체에 선수로 등록된 자를 말한다.
4의2. "국가대표선수"란 대한체육회, 대한장애인체육회 또는 경기단체가 국제경기대회(친선경기대회는 제외한다)에 우리나라의 대표로 파견하기 위하여 선발·확정한 사람을 말한다.
8. "운동경기부"란 선수로 구성된 국가, 지방자치단체, 학교나 직장 등의 운동부를 말한다.
10. "도핑"이란 선수의 운동능력을 강화시키기 위하여 문화체육관광부장관이 고시하는 금지 목록에 포함된 약물 또는 방법을 복용하거나 사용하는 것을 말한다.
11. "경기단체"란 특정 경기 종목에 관한 활동과 사업을 목적으로 설립되고 대한체육회나 대한장애인체육회에 가맹된 법인이나 단체 또는 문화체육관광부장관이 지정하는 프로스포츠 단체를 말한다.

제14조(선수 등의 육성)
① 국가와 지방자치단체는 선수와 체육지도자에 대하여 필요한 육성을 하여야 한다.
② 국가와 지방자치단체는 우수 선수와 체육지도자 육성을 위하여 필요한 표창제도를 마련하여야 한다.
③ 국가, 지방자치단체, 공공기관, 그 밖에 대통령령으로 정하는 단체는 대통령령으로 정하는 우수 선수에게 아마추어 경기 생활을 할 수 있게 하기 위하여 문화체육관광부장관이 요청하면 우수 선수와 체육지도자를 고용하여야 한다.

제14조의3(선수 등의 금지행위)
① 전문체육에 해당하는 운동경기의 선수·감독·코치·심판 및 경기단체의 임직원(이하 "전문체육선수등"이라 한다)은 운동경기에 관하여 부정한 청탁을 받고 재물이나 재산상의 이익을 받거나 요구 또는 약속하여서는 아니 된다.
② 전문체육선수등은 운동경기에 관하여 부정한 청탁을 받고 제3자에게 재물이나 재산상의 이익을 제공하거나 제공할 것을 요구 또는 약속하여서는 아니 된다.

제14조의4(출전금지 등)
대한체육회, 지방체육회, 대한장애인체육회, 지방장애인체육회 및 경기단체는 전문체육선수등이 제47조 제1호, 제48조 제1호 또는 같은 조 제2호에 따른 죄를 범하여 유죄의 판결이 확정된 경우 해당 전문체육선수등이 각종 국내외 운동경기대회에 출전 등 활동을 할 수 없도록 필요한 조치를 하여야 한다.

제15조(도핑 방지 활동)
① 국가는 스포츠 활동에서 약물 등으로부터 선수를 보호하고 공정한 경쟁을 통한 스포츠 정신을 높이기 위하여 도핑 방지를 위한 시책을 수립하여야 한다.
② 국가는 도핑을 예방하기 위하여 선수와 체육지도자를 대상으로 교육과 홍보를 실시하여야 하고, 체육단체 및 경기단체의 도핑 방지 활동을 지도·감독하여야 한다.

CHAPTER 03 스포츠교육의 참여자 이해론

기출 핵심 포인트

01 스포츠교육 지도자

1 체육교사 2018

(1) 정의

체육교사 자격증을 소지하고 체육교육에 대한 전문지식과 교사로서 인격 및 자질을 갖춘 학교의 체육교사

(2) 역할
① 학습 안내자
② 학습 조력자
③ 인성 지도자
④ 학생 롤모델

(3) 자질
① 교육과정 개발 및 운영
② 체육수업 계획 및 운영
③ 체육교과에 대한 전문지식
④ 학생에 대한 이해
⑤ 건전한 인성 및 사명감
⑥ 전문성 개발을 위한 반성과 실천

2 스포츠강사

(1) 정의

정규 체육수업 보조, 학교 스포츠클럽 및 방과 후 활동을 지도하는 체육 지도자

(2) 역할
① 정규 체육수업 보조자
② 방과 후 체육활동 지도자
③ 학교 스포츠클럽 지도자
④ 전문가, 개발자, 안내자 등의 역할

(3) 자질
① 체육에 관한 전문지식
② 학생에 대한 이해
③ 학생과 유대관계 형성
④ 건전한 인성 및 사명감

3 생활스포츠지도사 2016, 2021

(1) 정의

생활체육 참여자들을 대상으로 적합한 프로그램 제공 및 지속적인 스포츠 활동 참여가 가능하도록 안내하는 스포츠지도사

(2) 역할
① 생활체육 활동 목표설정
② 생활체육 프로그램 개발
③ 효율적인 지도 기법 개발

(3) 자질
　① 의사전달 능력
　② 투철한 사명감
　③ 도덕적 품성
　④ 활달하고 강인한 성격
　⑤ 공정성

4 전문스포츠지도사

(1) 정의

학교, 직장, 국가대표 등에 소속된 코치(혹은 감독)로 선수의 경기력과 팀의 기량을 높이는 스포츠지도사

(2) 역할

숙련된 경기지도와 스포츠 과학의 전문지식을 소지하여 경기력 향상을 위해 지도하며 개발자, 실행자, 독려자, 대변자, 지시자, 배려자 등의 역할 수행

(3) 자질
　① 전문 지식 습득
　② 선수 특성 파악
　③ 의사전달 능력
　④ 사명감과 도덕성
　⑤ 공정성과 책임감

02 성장 단계별 스포츠 프로그램 2021, 2022

발달단계	학습자 특징	스포츠 활동	활동 예시
유아기	• 인지성장과 언어발달이 빠르게 진행 • 신체구조와 기능이 빠르게 발달	놀이중심의 움직임 교육에 중점	걷기, 뛰기, 던지기, 잡기 등
아동기	• 자기개념 및 자기효능감의 발달 • 신체활동의 급증 및 호기심 왕성	다양한 경험과 건강한 생활습관 형성	달리기, 뜀뛰기, 체조, 무용 등
청소년기	• 신체적·정서적·사회적 발달이 명확 • 자아정체감 형성 및 신체적 성숙 • 2차 성징	양질의 동적 신체활동	학교체육, 수영, 등산, 야영 등
성인기	• 활발한 사회활동과 사교활동 • 신체적·심리적 성숙	성인병 예방을 위한 신체활동	조깅, 웨이트, 유산소, 무산소 등
노년기	• 감소된 사회활동 • 신체적·정신적 기능 쇠퇴 • 체력 저하 및 운동기능 감퇴	건강과 체력 수준에 적합한 신체활동	걷기, 산책, 체조, 등산 등

CHAPTER 04 스포츠교육의 프로그램론

> **기출 핵심 포인트**
>
> 체육수업 프로그램 구성 시 고려 사항
> **2021**
> - 구체적이고 체계적인 지도 계획 수립
> - 창의·인성을 지향하는 학습환경 조성
> - 통합적 교수 학습 활동과 효율적 교수 학습 방법 활용
> - 학교 내·외적인 환경 고려

01 학교체육 프로그램의 개발 및 실천

1 학교체육 프로그램의 구분

구분	내용
교과 활동	체육교육과정을 기반으로 하는 학교체육수업
비교과 활동	스포츠 활동에 흥미를 가진 학생들이 자율적으로 참여하는 체육 활동

2 학교체육 프로그램의 목표

(1) 심슨과 해로우(Simpson & Harrow)의 심동적 영역

유형	내용
반사동작	자극에 반응하여 일어나는 무의식적 행위 예 올바른 자세를 취할 수 있다.
기초기능	반사적 움직임 결합에 의해 형성된 선천적인 움직임 패턴 예 걷고, 뛰고, 도약할 수 있다.
지각능력	감각을 통한 자극의 해석으로 나타나는 행위 또는 자극의 전이로 인한 행동 예 타자가 친 공을 향해 쫓아갈 수 있다.
신체능력	기초기능과 지각능력을 결합시켜 단순기술 움직임 생성 예 학생은 체조를 할 수 있다.
복합기술	효율성, 체력, 한 번에 한 가지 신체능력의 결합을 요구하는 상위 기술 예 장애물 통과 훈련을 할 수 있다.
복합기술	신체 움직임을 통해 의사소통 할 수 있는 능력 예 관중들에게 즐거움을 나타내는 무용을 창작할 수 있다.

(2) 블룸(Bloom)의 인지적 영역

유형	내용
지식	사전에 학습된 정보를 회상할 수 있는 능력 예 배드민턴 라켓의 각 부분을 말할 수 있다.
이해	정보의 의미를 이해하는 능력 예 풋워크의 중요성을 설명할 수 있다.
적용	정보를 새롭고 구체적으로 적용할 수 있는 능력 예 공정한 시합을 위해 게임 규칙을 적용할 수 있다.
분석	자료를 구성요소로 분류하고 이 요소들 간의 상호관계를 이해하는 능력 예 동료의 수행을 관찰하고 실수를 찾아낼 수 있다.
종합	부분을 전체로 통합할 수 있는 능력 예 플래그 풋볼에서 공격적인 경기를 계획할 수 있다.
평가	상반되는 의견이 있는 상황에서 가치를 판단하는 능력 예 무용 시합을 판정할 수 있다.

(3) 크래스홀(Krathwhol)의 정의적 영역

유형	내용
수용화	정보를 얻기 위해 관심을 기울여 보고, 듣는 능력 예 학생은 미국의 여성 스포츠 역사를 읽을 수 있다.
반응화	학습자가 보고, 들은 것에 대해 논쟁, 토론 또는 동의(비동의)하는 능력 예 자신이 체육을 왜 좋아하는지 3가지 이유를 나열할 수 있다.
가치화	행위 또는 행사의 중요도를 결정할 수 있는 능력 예 사람들이 정기적으로 운동해야 하는 이유를 이해한다.
조직화	가치들을 비교하여 결정하고, 판단과 선택을 위해 조직화하는 능력 예 건강 체력 활동의 중요성을 말할 수 있다.
인격화	가치들을 내면화하여 학생이 일상생활에 실천하는 능력 예 수업시간 이외 활동에서 게임 규칙과 예절을 지킬 수 있다.

3 학교체육을 위한 교사 지식 `2020, 2021, 2024`

(1) 슐만(Shulman, 1987)의 7가지 교사 지식
① 내용 지식: 가르칠 교과 내용에 대한 지식
② 지도방법 지식: 모든 교과에 적용되는 지도법에 대한 지식
③ 내용 교수법 지식: 특정 학생에게 어느 교과나 주제를 특정한 상황에서 지도할 수 있는 방법에 대한 지식
④ 교육 과정 지식: 각 학년의 발달 단계에 적합한 내용과 프로그램에 대한 지식
⑤ 교육 환경 지식: 수업 환경에 영향을 미치는 지식
⑥ 학습자와 학습자 특성 지식: 수업에 영향을 미치는 학습자에 관한 지식
⑦ 교육 목적 지식: 목적, 내용 및 교육시스템의 구조에 관한 지식

(2) 메츨러(M. Metzler)의 3가지 교사 지식
① 명제적 지식: 교사가 구두나 문서로 표현할 수 있는 지식으로 체육수업에 필요한 여러 가지 내용에 대한 지식과 관련된 정보(규칙, 원리, 내용, 움직임)
② 절차적 지식: 교사가 실제로 수업 전, 중, 후에 적용할 수 있는 지식을 말하며, 수업 관리에 필요한 지식으로 명제적 지식을 활용하는 능력
③ 상황적 지식: 교사가 특수한 상황에서 적절한 의사결정을 언제, 왜 해야 하는지에 관한 내용

개념 플러스 학교체육 프로그램 개발 시 고려 사항 `2021`
- 구체적·체계적인 지도 계획의 수립
- 창의·인성을 지향하는 학습 환경의 조성
- 통합적·효율적인 교수 학습 활동을 구성
- 학교 내·외적인 환경을 고려

기출 핵심 포인트
학교스포츠클럽 프로그램 개발 시 고려 사항 • 활동 시간의 다양화 • 학생 주도의 자발적 참여 유도 • 스포츠 인성 함양 및 흥미 유도 • 스포츠 문화 체험 제공

4 학교스포츠클럽의 개발 및 실천 `2015, 2017, 2018, 2019`

(1) 학교스포츠클럽의 개념

구분	내용
개념	방과 후에 체육활동에 흥미를 가진 동일 학교 학생들로 구성 및 운영되는 스포츠 동아리
형태	정규교육과정 외
시간	등교 전, 점심시간, 방과 후 등
근거	「학교체육 진흥법」 제10조

(2) 학교스포츠클럽 활동의 개념

구분	내용
개념	정규교육과정 중 창의적 체험활동 시간에 이루어지는 클럽 단위의 스포츠 활동
형태	정규교육과정 내
시간	창의적 체험활동 시간
근거	초·중등학교 교육과정 및 중학교 교육과정 편성·운영 지침

02 생활체육 프로그램의 개발 및 실천

1 생활체육 프로그램의 목표 `2017, 2022, 2025`
① 프로그램을 통해 달성하고자 하는 상태 및 운동 능력 명시
② 프로그램을 구성하는 스포츠 활동 내용을 구체적, 세부적으로 기술
③ 프로그램의 전개에 있어서 목표가 일관된 지침 역할을 하도록 설정
④ 프로그램 시행 후 평가를 통하여 목표달성 여부를 검토할 수 있도록 기술

2 생활체육 요구분석 `2017, 2019, 2025`
① 프로그램을 개발에 대한 지역사회와 참여자의 요구분석
② 프로그램을 추진하는 지역사회와 참여자에 대한 사전 분석
③ 지역사회에서 문제시되는 사항 혹은 요구사항 파악
④ 프로그램이 기여할 수 있는 역할은 무엇인지 고민

03 전문체육 프로그램의 개발 및 실천

1 전문체육 프로그램 개발 6단계(R. Martens) 2017, 2022, 2025

(1) 1단계: 선수에게 필요한 기술 파악
  ① 선수에게 필요한 기술을 파악하는 것은 코치의 주요 업무
  ② 선수들이 스포츠를 통해 훌륭한 선수로 성장할 수 있도록 지도

(2) 2단계: 선수 이해
  ① 선수들의 신체적, 심리적, 사회적 발달 단계를 파악
  ② 체력, 건강, 동료와의 관계 등 선수 개개인에 대한 이해

(3) 3단계: 상황분석
  ① 지도계획 수립을 위한 주변 상황 분석
  ② 팀 내외의 상황은 선수에게 직·간접적 영향을 미침

(4) 4단계: 우선순위 결정 및 목표설정
  ① 우선순위의 결정은 목표설정에 도움을 제공
  ② 목표는 단기, 중기, 장기로 설정

(5) 5단계: 지도방법 선택
  체계적이고 효과적으로 지도할 수 있는 방법 선택

(6) 6단계: 연습 계획 수립
  시즌계획과 일일 지도계획 수립

스포츠교육의 지도방법론

기출 핵심 포인트

주요 스포츠지도 교육모형
- 직접교수모형
- 개별화 지도모형
- 협동학습모형
- 스포츠교육모형
- 동료교수모형
- 탐구수업모형
- 전술게임(이해 중심)모형
- 개인적·사회적 책임감 지도모형

효과적인 과제 제시 및 과제 구조 (Graham, 1988)
- 분명한 설명 제공하기
- 중요한 내용 강조하기
- 새로운 내용 구성하기
- 주의집중을 유도하는 신호 만들기
- 정보의 요약 및 반복하기
- 이해도 파악하기
- 평가지침 제공하기
- 건설적인 학습 환경 조성하기

01 스포츠지도를 위한 교육모형

1 직접교수모형 2015, 2017, 2019, 2020

(1) 직접교수모형의 특징

구분	내용
주제	교사가 수업의 리더
개요	• 교사는 모든 의사결정의 주도자 • 학생은 높은 참여기회와 피드백을 제공받음
목적	학생이 수업에 높은 비율로 참여하도록 하기 위해 시간과 자원을 효율적으로 이용
우선 순위	• 1순위: 심동적 영역 • 2순위: 인지적 영역 • 3순위: 정의적 영역

개념 플러스 직접교수모형의 6단계

- 1단계: 전시 과제 복습
- 2단계: 새로운 과제 제시
- 3단계: 초기 과제 연습
- 4단계: 피드백 및 교정
- 5단계: 독자적 연습
- 6단계: 본시 학습 복습

(2) 수업 주도성
① 내용 선정: 교사가 내용선정, 학습 과제 순서, 수행 기준 결정
② 수업 운영: 교사가 지도할 단원의 관리 계획, 수업 방침 및 규정, 세부 행동 결정
③ 과제 제시: 교사가 모든 과제제시를 계획 및 통제
④ 참여 형태: 교사가 학습 과제의 학생 참여 유형 결정
⑤ 교수적 상호작용: 교사는 모든 상호작용을 주도
⑥ 학습 진도: 교사는 초기 학습 진도 결정, 학생은 연습 단계에서 스스로 진도 결정
⑦ 과제 전개: 교사가 학습 과정의 이동 시기를 결정

직접적 ← 상호작용적 → 간접적

내용 선정				
수업 운영				
과제 제시				
참여 형태				
상호작용				
학습 진도	①초기 학습 진도 결정		②연습 단계 진도 결정	
과제 전개				

2 개별화 지도모형 `2018, 2021, 2023`

(1) 개별화 지도모형의 특징

구분	내용
주제	수업 진도는 학생이 결정
개요	• 교사가 학생에게 수업 자료(수업 운영 정보, 과제 제시, 과제 구조, 수행기준과 오류분석이 포함된 학습활동 및 평가)를 하나의 묶음으로 구성하여 제공하는 설계 • 학생은 학습 능력에 따라 자신에게 맞는 속도로 학습 • 학생은 많은 피드백과 언어적 상호작용의 기회를 갖게 됨
목적	• 학생의 자기 주도적인 학습 • 교사는 상호작용이 필요한 학생과 더 많은 상호작용
우선 순위	• 1순위: 심동적 영역 • 2순위: 인지적 영역 • 3순위: 정의적 영역

(2) 수업 주도성

① 내용 선정: 교사가 학습 내용, 학습 과제의 계열 순서, 수행 기준 결정
② 수업 운영: 교사가 관리 계획, 학습 규칙, 구체적 절차 결정
③ 과제 제시: 교사로부터의 독립을 유도하며 개별학습 촉진
④ 참여 형태: 학생은 교사(혹은 다른 학생들)로부터 독립적으로 연습
⑤ 교수적 상호작용: 교사는 학생에게 높은 수준의 상호작용 제공
⑥ 학습 진도: 학생은 자신만의 학습 진도를 결정
⑦ 과제 전개: 학생은 계열상의 과제 진행속도를 결정

	직접적		상호작용적		간접적
내용 선정	■				
수업 운영				■	
과제 제시	■				
참여 형태				■	
상호작용			■		
학습 진도					■
과제 전개				■	

3 협동학습모형 `2016, 2018, 2019, 2021, 2022, 2024, 2025`

(1) 협동학습모형의 특징

구분	내용
주제	서로를 위해 서로 함께 배우기
개요	• 학생은 책임감 있는 팀원이 되며 자신의 잠재능력을 개발 • 학생은 팀의 성공을 위해 공헌

협동학습모형의 지도 목표(Hilke, 1990)
• 협력 학습 증진
• 긍정적인 팀 관계
• 자아존중감 개발
• 학업 성취력 향상

특성	• 팀 보상: 제시 기준에 도달하는 팀에게 점수, 특혜, 공개적인 인정 등의 보상을 제공 • 개인 책무성: 모든 팀원이 팀 점수 혹은 평가에 포함되므로 팀의 과제 수행을 위해 노력 • 평등한 기회: 전체 팀 수행능력이 평등하도록 구성해야 하며, 팀원 선정과정이 중요

우선 순위	• 인지적 학습에 초점이 있는 경우
	  - 1순위: 정의적, 인지적 영역
	  - 2순위: 심동적 영역
	• 심동적 학습에 초점이 있는 경우
	  - 1순위: 정의적, 심동적 영역
	  - 2순위: 인지적 영역

개념 플러스   협동학습모형의 기본 요소(Jhonsom, Holubec, 1994)

- 팀원 간 긍정적인 상호작용
- 일대일의 발전적인 상호작용
- 책무성, 책임감
- 대인관계와 소집단 인간관계
- 팀 반성

(2) 교수 전략

학생 팀 성취 배분 (STAD)	• 모든 팀원의 점수 합이 팀 점수가 됨으로 팀의 협동심이 중요 • ① 팀별 1차 연습 → ② 1차 평가 → ③ 2차 연습 → ④ 2차 평가	
팀 게임 토너먼트 (TGT)	• 서로 다른 팀의 같은 등수인 학생들의 점수를 비교하여 평가 • 게임이 끝난 후 가장 높은 점수를 받은 팀이 승리 • ① 1차 연습 → ② 팀별 시험 후 점수 비교(다른 팀의 같은 등수인 학생과 비교) → ③ 2차 연습 → ④ 팀별 시험 후 점수 비교(1차 평가와 동일)	
팀 보조수업 (TAI)	• 팀 점수는 매주 각 팀이 수행한 과제 수를 점수로 환산하거나 개별 시험 후 개인 점수를 합산하여 계산 • ① 수행기준과 학습과제가 제시된 목록제시 → ② 과제 연습(개별 혹은 팀별로) → ③ 과제 수행 여부 체크 → ④ 다음 과제로 이동	
직소 (Jigsaw)	직소 1	① 과제를 등분하여 나누어 담당(팀원이 5명일 경우 학습과제도 5등분하여 제공) → ② 각각 한 부분씩 담당하고, 같은 과제를 담당한 학생들끼리 전문가 집단을 형성한 후 학습 → ③ 본래의 팀으로 돌아가 구성원들에게 가르침
	직소 2	① → ② → ③ → ④ 평가 후 향상점수와 팀 점수를 산출
	직소 3	① → ② → ③ → ④ 바로 평가하지 않고 정리할 수 있는 시간을 부여 → ⑤ 평가 및 향상점수를 산출
집단연구 (GI)	• 팀의 학습과정에 협동하고 학습 결과를 공유 • ① 팀 선정 → ② 과제 할당 → ③ 3주 안에 과제 완성 → ④ 발표(단체 프로젝트 형식으로 진행)	

(3) 수업 주도성
　① 내용 선정: 교사 중심적으로 내용 선정
　② 수업 운영: 교사는 팀이 과제에 참여하기 전, 학생은 팀이 과제를 시작한 후
　③ 과제 제시: 교사는 과제 완수를 위해 지켜야 하는 기본 규칙만 설명
　④ 참여 형태: 상호작용형 및 학생주도형
　⑤ 교수적 상호작용
　　㉠ 교사: 교사가 학생에게 질문 시 상호작용형
　　㉡ 학생: 팀원들과 과제 수행 시 학생 중심형
　⑥ 학습 진도: 교사는 과제 소개, 학생은 학습 진도 조절
　⑦ 과제 전개: 교사는 새로운 과제, 학생은 팀별 과제

	직접적	상호작용적	간접적
내용 선정	■		
수업 운영		①과제에 참여하기 전	②과제가 시작된 후
과제 제시			■
참여 형태		①상호작용형	②학생주도형
상호작용		①교사가 질문 시	②팀과 과제 수행 시
학습 진도	①과제 소개 시		②학습 진도 시
과제 전개	①새로운 과제 결정 시		②팀별 과제 시

4 스포츠교육모형 2017, 2018, 2019, 2021, 2024

(1) 스포츠교육모형의 특징

구분	내용
주제	유능하고 박식하며 열정적인 스포츠인
개요	• 스포츠 리그로부터 파생되었으며, 스포츠 참여를 통해 다양한 경험과 학습을 제공 • 스포츠 리그라는 구조 속에서 자신의 역할에 따라 스포츠 속에 내재된 관점과 가치를 학습
목적	• 유능한 스포츠인: 게임기술, 게임전략, 경기지식을 가지고 있는 스포츠 참여자 • 박식한 스포츠인: 스포츠 수행을 잘하는 참여자이자 안목 있는 스포츠 소비자 • 열정적 스포츠인: 다양한 스포츠 문화를 보존하고 보호하며 증진하도록 참여하는 스포츠인
우선 순위	• 유능함(심동적 영역), 박식함(인지적 영역), 열정(정의적 영역)의 세 가지 영역의 균형을 이루고, 우선 순위는 학습영역에 따라 달라짐.

(2) 수업 주도성
　① 내용 선정: 교사는 시즌 중 두 가지 스포츠 종목 선택 가능
　　㉠ 직접적 선택: 교사가 종목을 선정하고 학생에게 정보를 제공
　　㉡ 간접적 선택: 학생이 선택 범위 중에서 종목을 선택

기출 핵심 포인트

시덴탑(D. Siedentop)의 스포츠교육모형 6가지 요소
• 시즌: 내용 단원보다는 시즌이라는 개념을 사용
• 팀 소속: 시즌 동안 한 팀의 일원으로 참여
• 공식 경기: 시즌을 조직하고 운영하는 의사결정에 참여
• 결승전 행사: 시즌은 토너먼트, 팀 경쟁, 개인 경쟁 등 다양한 형태로 마무리
• 기록 보존: 게임 기록은 전략을 가르치거나 흥미 유발에 활용하고 평가에 반영
• 축제화: 시즌 동안 경기의 진행을 축제 분위기로 유지

기출 핵심 포인트

② 수업 운영: 교사가 초기 수업 운영을 결정(전반적인 구조를 제시)
③ 과제 제시: 과제제시는 시즌 전·중에 팀 연습 맥락 속에서 도출
  ㉠ 교사에 의해 미니 워크숍 형식으로 수행
  ㉡ 학생에 의해 동료 교수와 협동 학습 형태로 구성
④ 참여 형태: 학생의 역할에 따라 차이가 존재
  ㉠ 선수 역할: 동료 교수와 소집단 협동 학습 과제에 참여
  ㉡ 비선수 역할: 부여된 과제에 대한 지식, 기술, 절차를 학습하는 적극적인 참여자
⑤ 교수적 상호작용: 교사는 자료 제공자, 학생 사이에는 상호작용 발생
⑥ 학습 진도: 팀 구성원은 시즌에 대한 준비와 계획을 보충하는데 무엇이 필요한지 결정
⑦ 과제 전개: 팀은 시즌을 준비하고 게임 사이의 과제 순서에 대한 의사 결정을 주도

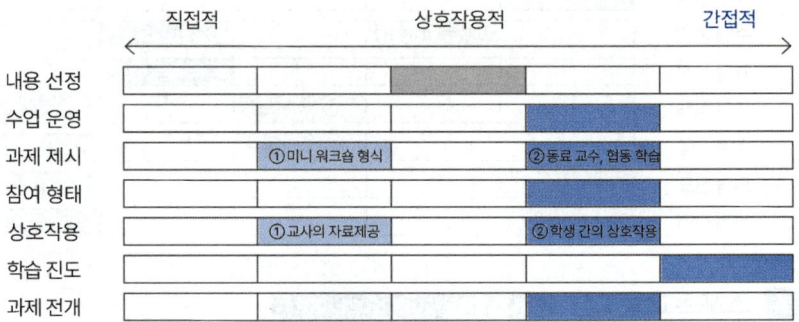

5 동료교수모형 _{2019, 2022, 2024}

(1) 동료교수모형의 특징

구분	내용
주제	나는 너를 가르치고, 너는 나를 가르친다.
개요	• 직접교수 모형의 변형이며, 학생의 인지발달을 향상시킴 • 학생은 교사 역할과 학습자 역할을 번갈아가며 협력하여 과제 완수

우선 순위	• 학습자(실행자 역할)
	  - 1순위: 심동적 영역
	  - 2순위: 인지적 영역
	  - 3순위: 정의적 영역
	• 개인교사(관찰자 역할)
	  - 1순위: 인지적 영역
	  - 2순위: 정의적 영역
	  - 3순위: 심동적 영역

(2) 수업 주도성
  ① 내용 선정: 교사가 교육내용 및 내용의 순서, 학습과제, 수행평가 기준 등을 결정

② 수업 운영: 교사가 학생이 준수해야 할 관리 계획, 학습 규칙, 세부 절차를 결정
③ 과제 제시: 교사가 개인 교사에게 수행단서, 과제 구조, 숙달 기준을 안내
④ 참여 형태: 교사가 각 역할에 대한 학생의 임무와 과제 내에서 교대 계획을 결정
⑤ 교수적 상호작용: 교사와 개인교사 간의 상호작용, 개인교사와 학습자 간의 상호작용
⑥ 학습 진도: 교사가 개인 교사에게 과제를 제공하면 개인 교사는 학습자에게 전달하고 학습자는 자신의 속도로 연습을 시작
⑦ 과제 전개: 교사가 각 단원의 내용과 학습활동이 바뀌는 시기를 결정

직접적 ──────── 상호작용적 ──────── 간접적

구분	직접적		상호작용적		간접적	
내용 선정	■		■			
수업 운영		■				
과제 제시	■					
참여 형태	■					
상호작용	①교사와 개인교사		②개인교사와 학습자			
학습 진도					■	
과제 전개	■					

6 탐구수업모형 2015, 2017, 2018, 2023

(1) 탐구수업모형의 특징

구분	내용
주제	문제 해결자로서의 학습자
개요	• 움직임 중심 프로그램 • 움직임 중심 지도방법: 문제해결, 탐색지도, 학생 중심 교수, 발견식 교수, 간접교수 등 • 질문 중심의 수업으로 이 속에 담겨 있는 유용한 전략들은 체육시간 교사가 학생의 사고력, 문제해결력, 탐구력 등을 증진시키는 데 활용
우선 순위	• 1순위: 인지적 학습 • 2순위: 심동적 학습 • 3순위: 정의적 학습

(2) 수업 주도성
① 내용 선정: 교사가 지식, 개념, 움직임 패턴으로 해결해야 하는 문제 등을 결정
② 수업 운영: 교사가 관리 계획과 수업 절차 결정
③ 과제 제시: 교사가 학생의 사고와 움직임을 자극하며 의사소통하는 질문 형태
④ 참여 형태: 교사가 문제를 설정하고 학생에게 답을 찾는 기회 제공

⑤ 교수적 상호작용: 학생이 문제해결을 위해 몰입할 때 상호작용 활발
⑥ 학습 진도
  ㉠ 교사: 전체 단원과 수업 진도, 새로운 과제 시작 시점, 과제 시간 결정
  ㉡ 학생: 과제의 해답을 찾기 위해 요구되는 시간 및 연습, 과제 해결 가능 시기 결정
⑦ 과제 전개: 교사는 학생이 점점 더 복잡한 과제를 해결하도록 과제를 전개

	직접적		상호작용적		간접적
내용 선정	■				
수업 운영		■			
과제 제시	■				
참여 형태				■	
상호작용			■		
학습 진도			①		②
과제 전개	■				

7 전술게임(이해중심)모형 `2017, 2021, 2022`

(1) 전술게임모형의 특징

구분	내용
주제	이해중심 게임지도
개요	• Bunker와 Thorpe(1982)의 이해중심 게임지도 모형과 동일 • 전통적인 게임지도 방식에서 탈피하고, 전술의 이해를 강조한 지도 방식
우선 순위	• 1순위: 인지적 학습 • 2순위: 심동적 학습 • 3순위: 정의적 학습

(2) 알몬드(L. Almond)의 게임 유형 `2021, 2022, 2025`

게임 유형	종목
필드형	야구, 크리켓, 킥볼, 소프트볼
네트형 (벽면형)	네트형(배드민턴, 피클볼, 탁구, 배구), 벽면형(라켓볼, 스쿼시)
침범형	농구, 하키, 풋볼, 라크로스, 넷볼, 축구, 프리스비
표적형	크로켓, 당구, 볼링, 골프

(3) 수업 주도성

① 내용 선정: 학생이 해결해야 하는 전술문제의 계열성에 따라 제시
② 수업 운영: 교사가 관리 계획, 수업 규칙, 특정 절차를 결정
③ 과제 제시: 교사가 과제 제시를 부과하며, 모의 상황 전에 문제를 해결할 수 있도록 연역적 질문 활용

기출 핵심 포인트

전술게임모형(이해중심 게임지도)의 6단계
- 게임 소개
- 게임 이해
- 전술 인지
- 의사결정
- 기술 연습
- 실제 게임 수행

④ 참여 형태: 교사는 학생이 전술 문제를 해결할 수 있도록 과제와 구조를 결정하며, 모의 상황·연습을 실행할 수 있도록 지도
⑤ 교수적 상호작용: 교사는 학생이 문제를 해결할 수 있도록 연역적 질문, 단서, 안내, 피드백을 활용하여 상호 작용
⑥ 학습 진도: 게임에 참여하면 학생은 다음 전술 문제와 과제로 이동하는 시기를 스스로 결정
⑦ 과제 전개: 교사 중심으로 이루어지며, 교사는 각 학습 활동이 끝나고 다음 전술 문제와 학습과제로 이동하는 시기를 결정

	직접적		상호작용적		간접적
내용 선정	■				
수업 운영	■				
과제 제시		■			
참여 형태		■			
상호작용			■		
학습 진도				■	
과제 전개	■				

(4) 그리핀(L. Griffin), 미첼(S. Mitchell), 오슬린(J. Oslin)의 게임 모형 `2022, 2023, 2025`

그리핀(L. Griffin), 미첼(S. Mitchell), 오슬린(J. Oslin)은 이해중심 게임 모형에서 변형 게임 구성 시, 이의 핵심 개념인 대표성과 과장성이 반영되어야 한다고 주장

대표성	게임의 형식은 나중에 학생의 정식 게임 참여 시 접하게 될 실제상황을 포함해야 함
과장성	학생이 오로지 게임 전술에 중점을 둘 수 있도록 게임의 형식이 설정되어 있어야 함

8 개인적·사회적 책임감 지도모형 `2015, 2017, 2020, 2022, 2024`

(1) 개인적·사회적 책임감 지도모형의 특징

구분	내용
주제	통합·전이·권한 위임, 교사와 학생의 관계
개요	• 체육에서 가르쳐야 하는 내용의 대부분은 학생이 자신과 타인에 대한 책임을 어떻게 져야 하는지 방법을 배우고 연습하는 기회 제공 • 체육활동을 통해 책임감과 신체활동을 동시에 추구하고 성취
우선순위	우선순위는 학습활동을 어디에 중점을 두느냐에 따라 결정

(2) 헬리슨(D. Hellison)의 책임감 수준 6단계

단계	특징	의사결정과 행동의 사례
0단계	무책임감	• 참여 의지 없음 • 자기 통제 능력 없음 • 다른 사람들을 방해하는 시도

기출 핵심 포인트

1단계	타인의 권리와 감정 존중	• 자기 통제 보임 • 다른 사람들을 방해하지 않고 참여 • 타인을 고려하며 안전하게 참여
2단계	참여와 노력	• 자기 동기 부여 • 의무감 없는 자발적 참여 • 열심히 시도하는 모습
3단계	자기 방향 설정	• 자기 평가 가능 • 교사 감독 없이 과제 완수 • 부정적인 외부 영향에 대응
4단계	돌봄과 배려	• 경청하고 대응하기 • 거드름 피우지 않고 돕기 • 타인의 요구와 감정 인정
5단계	전이	• 지역사회 환경에서 타인 가르치기 • 집에서 개인적 체력 프로그램 실행하기 • 청소년 스포츠 코치로 자원하기

(3) 수업 주도성

① 내용 선정: 교사가 학생의 책임감 수준을 파악하고 결정
② 수업 운영: 교사가 학생의 책임감 수준에 맞추어 직·간접적으로 통제
③ 과제 제시: 교사가 관찰 및 학생의 수준 평가를 토대로 과제 제시
④ 참여 형태: 교사가 학생의 참여형태를 결정
⑤ 교수적 상호작용: 교사가 학생들과 상호작용
⑥ 학습 진도: 교사가 다음 단계로 가는 시기를 결정
⑦ 과제 전개: 교사가 학습 과제의 전환 시기를 결정

	직접적		상호작용적		간접적
내용 선정	■				
수업 운영			■		
과제 제시	■				
참여 형태		■			
상호작용			■		
학습 진도		■			
과제 전개		■			

02 스포츠지도를 위한 교수기법

1 지도를 위한 준비 2018, 2019

맥락 분석	교육목표, 교육내용, 교육방법, 학습자가 배우는 데 영향을 미치는 시간적·인적·물적 자원의 총체
내용 분석	교육내용을 나열한 후 학습목표, 학습자의 능력·지식·태도, 소요되는 시간 등을 고려하여 가르칠 내용 및 순서 결정

학습 목표 분석	맥락분석 및 내용분석 결과를 고려하여 선정하며, 학습 목표는 일반 목표와 행동 목표로 구분 ① 일반 목표: 의도하는 학습의 포괄적인 목표 ② 행동 목표: 성취해야 하는 운동수행 기준의 세 가지 목표 　㉠ 운동수행에 필요한 상황과 조건 　㉡ 성취해야 하는 행동 　㉢ 설정된 운동수행 기준
관리 구조	안전하고 효율적인 학습 환경을 조성하기 위해 학습자의 행동을 명시적으로 알려주는 것 ① 출석 절차 ② 학습 장소의 사용과 절차 ③ 규칙의 결정과 발표 ④ 안전 규칙 ⑤ 용·기구의 분배, 관리, 수거, 정리 ⑥ 주의집중과 시작 및 정지에 필요한 신호 결정
평가	① 학습자의 학습 향상 정도를 평가하는 방법을 계획 ② 평가 목표, 평가 방법, 평가 시기 등을 고려
지도자와 학습자의 역할 임무	① 지도자는 자신의 역할을 결정하고, 학습자에게 무엇을 기대할 것인지 결정 ② 학습 목표가 모방 혹은 창조이냐에 따라 역할 변화 　㉠ 모방 학습: 운동 기능을 숙달(지시자 역할) 　㉡ 창조 학습: 습득한 기능을 활용하여 새로운 결과를 생산(촉진자 역할)

2 지도계획안의 설계

(1) 메츨러(M. Metzler)의 지도계획안 `2019, 2021, 2022`

수업 맥락 기술	수업 시간 및 장소, 수업 차시 등 전반적인 지도맥락 기술
학습 목표	학습자 특성에 중점을 두어 1~3개 정도의 학습 목표 제시
시·공간의 배정	수업 시간, 환경, 관리 방법 등을 고려하여 배정
학습 활동 목록	수행 과제 순서로 학습 활동 목록 작성
과제 제시 및 구조	과제의 내용 구조와 제시 방법을 포함하여 제시
학습 평가	평가 시기, 평가 관리, 절차상의 고려 사항 제시
학습 정리 및 종료	핵심 내용을 재확인할 수 있는 학습 정리 과정을 포함하여 종료

3 지도내용 전달 및 발달적 조직 `2019, 2021, 2022, 2025`

(1) 링크(J.Rink)의 내용발달 단계

단계	내용
시작	가장 먼저 제시하는 과제로 기초적인 수준에서 가르칠 내용이나 전략을 소개

학습 목표와 관련된 신체 활동 소비 시간
- 할당 시간(AT): 신체활동에 참여하도록 계획된 시간
- 운동참여 시간(MET): 실제로 신체 활동에 참여한 시간
- 과제참여 시간(TOT): 학습과제 관련 신체 활동에 참여한 시간
- 실제학습 시간(ALT): 학습목표 관련 신체 활동에 성공을 경험하며 소비한 시간

확대	학습 경험을 간단하거나 쉬운 과제에서 복잡하거나 어려운 과제로 발전
세련	수행의 질적 발달에 초점을 두고 학습자에게 책무성을 부여
응용	습득한 기능을 실제(혹은 유사한 상황)에서 사용할 수 있도록 내용을 조직

(2) 젠틸(A. Gentile)의 스포츠 기술
① 스포츠 기술: 환경의 안정성을 기준으로 분류(개방기술, 폐쇄기술)한 것
② 기능의 속성에 따른 내용 발달

분류	내용	활동 예시
폐쇄기능의 발달	환경의 변화에 영향을 받지 않는 기능	골프, 양궁, 사격
개방기능의 발달	환경의 변화에 영향을 받는 기능	축구, 야구

4 지도내용의 행동수정 기법 2020
① 행동계약: 행동에 따른 보상과 처벌에 관한 규칙을 학생과 함께 결정
② 행동공표: 행동계약으로 결정된 보상과 처벌을 공식적으로 공고
③ 프리맥 원리: 좋아하는 활동을 이용하여 싫어하는 활동에 학습동기를 부여
④ 토큰 기법: 어떤 행동을 할 때마다 점수를 제공하여 일정 수준이 되면 보상 제공
⑤ 타임아웃: 위반 행동에 대한 처벌로 일정 시간 동안 활동에 참가할 수 없도록 제지

5 과제 제시의 전략 2018, 2019, 2025

(1) 주의집중 전략
① 학습 방해요인 통제
② 주의집중 신호와 절차 확립 및 연습
③ 지도자 가까이 집합 및 설명
④ 간략하게 과제 제시

(2) 과제 전달 방법 2018, 2019
① 언어적 전달
  ㉠ 전체 학습자를 대상으로 많은 양의 내용을 전달할 때 효과적
  ㉡ 경험이 많지 않은 학습자에게 언어적 전달만으로 과제를 전달하는 것은 한계가 존재
② 시범: 학습자에게 시각적 단서를 제공하여 이해를 높이는 데 효과적
  ㉠ 정확한 시범
  ㉡ 학습자 시범 활용
  ㉢ 연습 조건과 일치하는 시범
  ㉣ 문제 해결과제 시범
  ㉤ 기능 수행 이유 설명
  ㉥ 시범 후 학습자 이해도 확인

(3) 매체
   ① 중요하거나 필요한 부분을 느린 동작으로 반복적으로 관찰하기 용이
   ② 운동장이나 체육관에서의 이동식 칠판 활용은 말이나 행동만으로 정보를 전달하는 것의 한계를 극복

(4) 질문 활용 2019, 2021, 2022, 2025
   ① 회고적(회상형) 질문: 기억 수준의 대답을 필요로 하는 질문
   ② 수렴적(집중형) 질문: 이전에 경험한 내용분석 및 통합에 필요한 질문
   ③ 확산적(분산형) 질문: 이전에 경험하지 않은 문제해결에 필요한 질문
   ④ 가치적 질문: 사실보다는 가치문제를 다루며 태도·의견 등을 표현하는 데 필요한 질문

6 효과적인 관리 운영 2019, 2020, 2024, 2025

(1) 상규적 활동
   ① 지도 시간에 반복적으로 일어나는 활동
   ② 수업시작, 출석 체크, 화장실 이용 등

(2) 예방적 수업 운영
   ① 직접적인 학습 지도는 하지 않지만 수업을 관리함
   ② 수업시간 준수, 주의집중 신호, 격려 활동, 피드백 등

(3) 수업 흐름 관리
   ① 학습자의 학습시간 및 기회를 높이는 수업 관리
   ② 지나친 간섭으로 학습을 방해하거나 중단시키지 않도록 유의

(4) 학습자 관리 기술
   ① 학습자가 적절한 행동을 하도록 기여하는 수업 관리
   ② 부적절한 행동으로 수업에 방해가 되지 않도록 도움

> **개념 플러스** 올스테인, 레빈의 파괴적 행동 감소 교수 행동 2020
> - 신호 간섭: 시선과 손동작 등 학습자의 부주의한 행동을 감소시키는 교수 행동
> - 긴장 완화: 유머 등 긴장을 완화시킬 수 있는 교수 행동
> - 접근 통제: 방해 행동을 하는 학습자에게 가까이 접근·접촉하는 교수 행동
> - 상규적 행동 지원: 루틴이나 과제 등 수업의 일상적인 행동을 활용하는 교수 행동
> - 유혹적인 대상 제거: 부주의하거나 파괴적 행동을 조장하는 대상을 제거하는 교수 행동
> - 비정한 제거: 파괴적 행동을 하는 학습자에게 심부름을 시키는 등의 제거 행동

> 기출 핵심 포인트

개념 플러스 | 움직임 기능과 학습과제 2024

움직임 기능	내용	활동 예시
비이동 운동 기능	공간 이동이 없고, 물체나 도구를 사용하지 않는 운동 기능	서기, 앉기, 구부리기 등
이동운동 기능	공간 이동이 있으며, 물체나 도구를 사용하지 않는 운동 기능	걷기, 달리기, 피하기 등
물체 조작 기능	공간 이동이 있으며, 손이나 몸에 고정하지 않은 상태에서 물체나 도구를 조작하는 운동 기능	던지기, 차기, 잡기 등
도구 조작 기능	공간 이동이 있으며, 물체를 통제하기 위한 목적으로 물체나 도구를 사용하여 다루는 운동 기능	배트, 라켓 등으로 치기 등
전략적 움직임과 기능	역동적 상황에서 적용되는 움직임의 형태	축구의 패스, 핸드볼의 수비 등
움직임 주제	복잡한 운동 패턴을 발달시키기 위해 기본 운동 기능과 움직임 개념을 결합	움직임 개념은 공간, 노력, 관계로 구성
표현 및 해석적 움직임	주제, 개념, 느낌, 생각을 표현하기 위한 움직임	무용, 체조, 피겨 등

(5) 지도자 행동 유형 2020, 2022, 2024
  ① 비기여 행동: 수업에 기여할 여지가 없는 행동
     예 소방연습, 외부 손님과의 대화 등
  ② 간접기여 행동: 학습에 관련은 있지만 직접적인 기여는 없는 행동
     예 부상자 관리, 과제 외 토론, 운영관리 행동 등
  ③ 직접기여 행동: 직접적으로 학습에 기여하는 행동
     예 지도행동, 운영행동 등

7 피드백의 구분과 유형 2019, 2022

구분	피드백 유형
피드백 제공자 (정보의 출처)	• 내재적 피드백: 운동 기능을 수행한 결과를 스스로 관찰하고 얻는 피드백 • 외재적 피드백: 운동 기능의 정보가 다른 사람으로부터 제공되는 피드백
피드백 정확성 (피드백 대상)	• 정확한 피드백: 운동수행 정보가 운동기능을 정확하게 설명 • 부정확한 피드백: 운동수행 정보가 운동기능을 부정확하게 설명
피드백 양식	• 언어 피드백: 운동수행 결과를 언어로 제공 • 비언어 피드백: 운동수행 결과를 행동으로 제공 • 언어와 비언어 결합 피드백: 운동수행 결과를 언어와 비언어로 함께 제공

피드백의 4가지 유형 2022
- 교정적 피드백: 다음 수행을 위해 개선 방안을 제공하는 피드백
- 가치적 피드백: 긍정적·부정적 판단의 단어가 포함되는 피드백
- 중립적 피드백: 만족·불만족 표시가 불분명한 피드백
- 불분명한 피드백: 수행에 관해 정확한 정보를 제공하지 않는 피드백

피드백 평가	• 긍정적 피드백: 운동수행 결과에 대해 만족 • 부정적 피드백: 운동수행 결과에 대해 불만족 • 중립적 피드백: 운수행 결과에 관한 만족·불만족 표시가 불분명
피드백 특성	• 교정적 피드백: 다음 수행을 위한 개선 방안 제공 • 비교정적 피드백: 교정적 정보는 제공하지 않고 잘못된 부분의 정보만 제공
피드백 방향성	• 개별적 피드백: 학습자에게 개별적으로 제공 • 집단적 피드백: 수업 맥락에서 구분한 집단에게 제공 • 전체 수업 피드백: 수업에 참여하는 모든 학습자에게 제공

8 IT의 효과적 활용 2019, 2022

효과	내용
피드백효과	• 피드백 양 증가 • 피드백 정확성 증가 • 즉시적 피드백 증가
학습자 동기 효과	• 스스로 평가하는 과정은 수행자의 자기통제성 향상 • 흥미를 이끌어낼 수 있어 운동수행의 내적동기 강화
의사소통 효과	• IT 매체에 저장된 정보는 지도자와 학습자, 학습자 간의 의사소통을 증진 • IT 매체를 통해 지도자와 학습자, 학습자 간 소통할 수 있는 가능성 증진

03 세부 지도 목적에 따른 교수 기법

1 모스턴(M. Mosston)의 수업 스타일 2016, 2018~2025

(1) 명령식(지시형) 스타일 – A
  ① 교사가 제시한 방식대로 학습이 강조되는 스타일
  ② 교사가 수업에 관한 모든 결정

(2) 연습식(연습형) 스타일 – B
  ① 교사가 학습자 개개인에게 과제를 스스로 연습할 수 있는 시간과 피드백을 제공
  ② 학생은 9가지 사항 결정: 수업 장소, 수업 운영, 시작 시간, 속도·리듬, 정지 시간, 질문, 인터벌, 자세, 복장·외모

(3) 교류식(상호학습형) 스타일 – C
  ① 학생은 동료와 함께 학습하며, 교사가 제공한 수행 기준에 준하여 동료와 피드백
  ② 학생은 실시자 또는 관찰자가 되며, 교사는 관찰자인 학생과 상호작용

모스턴의 수업 스타일
- '수업활동은 연속되는 의사결정의 과정이다'라는 전제에서부터 시작
- 교수와 학생 모두는 교수 스타일의 구조속에서 의사결정 할 수 있음
- 교수 스타일의 구조는 모방과 창조라는 인간의 두 가지 기본 능력을 반영
- 모방: A~E 교수 스타일은 기존 지식의 재생산을 강조
- 창조: F~K 교수 스타일은 새로운 지식의 생산을 강조

(4) 자검식(자기 점검형) 스타일 – D
  ① 교사는 교과 내용, 평가 기준, 수업 운영 및 절차 등 모두 결정
  ② 학생은 스스로 과제를 수행하며 자신을 점검

(5) 포함식(포괄형) 스타일 – E
  ① 교사는 과제의 난이도, 교과 내용, 수업 운영 및 절차 등을 모두 결정
  ② 학생은 자신의 성취기준을 설정하고 자신의 활동을 스스로 점검
  ③ 하나의 과제에 대해 여러 가지 난이도를 설정함으로써 수준별 학습이 가능

(6) 유도발견식 스타일 – F
  ① 논리적 순서로 설계된 질문에 대한 해답을 찾아가는 과정을 통해 미리 예정되어 있는 개념을 발견
  ② 교사는 학습자가 배워야 할 개념을 포함한 계열적 질문을 설계
  ③ 학생은 교사의 질문에 대응하며 기능이나 개념을 발견

(7) 수렴발견식 스타일 – G
  ① 이미 결정된 반응을 다양한 수렴적 과정을 통해 발견하는 것
  ② 논리적 규칙, 비판적 사고, 문제해결 등과 같은 합리적 사고 과정으로 문제해결
  ③ 학생은 추리력, 호기심, 논리적 사고를 통해 문제에 대해 논리적으로 연결된 해답 발견

(8) 확산생산식 스타일 – H
  ① 구체적인 인지 작용을 통해 다양한 해답 발견
  ② 교사는 문제를 결정하고 학생의 반응을 수용하는 동시에 과제에 대한 검증자료를 제공
  ③ 학생은 확산적인 반응을 생성하며 문제에 대한 설계, 해답, 반응을 발견

(9) 자기설계식 스타일 – I
  ① 어떤 문제나 쟁점 해결을 위한 학습 구조 발견에 독립성이 필요할 경우 활용
  ② 교사는 공통 교과 내용을 선정하고 학습 진행 상황을 관찰하며 주기적인 학습질문과 해답을 경청
  ③ 학생은 공통 교과 내용에 따른 의사결정 과정을 결정하며, 그와 관련된 질문이나 문제를 스스로 제작하고 해답을 찾음

(10) 자기주도식 스타일 – J
  ① 학생들에게 학습 설계와 학습 경험 등의 설계에 대한 기회 부여
  ② 교사는 학생의 결정을 가능한 한 수용하고 지원해 주며, 학생의 요청이 있을 경우 참여
  ③ 학생은 자율적으로 진도를 정하고, 탐구하고, 발견하며, 프로그램을 설계

(11) 자기학습식 스타일 – K
　① 수업에 대한 모든 의사결정을 학생에게 부여
　② 학생은 교사의 역할과 동시에 학생의 역할 또한 수행

2 교수 기능의 연습 방법 2024, 2025

① 1인 연습: 거울 앞에서 자신의 말을 들으며 교수 행위를 살펴보는 연습 방법
② 마이크로 티칭: 예비지도자가 모의 상황에서 동료 또는 소수의 참여자들을 대상으로 일정한 시간 내에 구체적인 내용으로 지도기능을 연습하는 방법
③ 동료 교수: 소집단 동료들이 모의적인 수업 장면을 만들어 교수 기능을 연습하는 방법
④ 반성적 교수: 학생들에게 수업의 목표와 평가 방법을 설명하고 수업 후 교수 내용에 대한 평가와 교수 방법을 평가하는 방법
⑤ 스테이션식 교수: 교육 목표나 내용에 따라 학생들을 구분하고 수업 장소를 옮겨가며 진행되는 협력 수업 방법
⑥ 실제 교수: 직전 교사가 일정 기간 동안 여러 학습에 대해 책임을 지고 실제로 수행하는 교수 실습 방법

CHAPTER 06 스포츠교육의 평가론

01 평가의 이론적 측면

1 평가의 개념과 목적

(1) 평가의 개념 2019
① 평가는 측정보다 포괄적인 개념
② 교육과정, 교수활동, 교육환경 등 평가 대상의 가치를 판단하는 과정
③ 평가는 교육활동에 대한 피드백이자 교육목적 달성을 위한 수단

(2) 평가의 목적 2020
① 교수-학습 효과성
② 학습자 운동수행 참여 및 동기 촉진
③ 학습자의 학습 상태와 학습 지도 정보 제공
④ 학습 지도 및 관리 운영 효율성을 위한 집단 편성
⑤ 학습자 역량 판단으로 이수 과정 선택 정보 제공
⑥ 교육 프로그램 및 교육과정 적절성 등 확인
⑦ 교육 목표에 따른 학습 진행 상태 점검 및 지도 활동 조정

> **개념 플러스 평가 관련 용어**
> • 측정: 특정 물질의 양에 수치를 부여
> • 검사: 일 또는 물질의 구성 성분을 조사
> • 평가: 교수-학습을 통한 학생들의 변화를 분석하는 자료수집 과정
> • 사정: 평가 자료를 바탕으로 의사결정을 위한 해석 과정

(3) 평가의 유형과 기능 2015, 2016, 2017, 2019, 2020, 2021, 2022, 2025
① 진단평가: 교육 프로그램 실시 이전에 학습자의 특성을 점검하는 평가 활동으로 학습자의 정보를 수집하고 교육 방향을 설정하며 학습장애의 원인 정도를 파악
② 형성평가: 교육 프로그램이나 지도방법의 개발단계에서 이루어지는 과정 중심의 평가활동으로 지도방법과 과정, 결과의 향상과 효율을 증진시키는 방향으로 프로그램과 지도방법을 수정
③ 총괄평가: 교육 프로그램과 지도방법을 적용한 이후 학습자들의 성취도를 포함한 프로그램의 효과 및 효율성 등의 결과를 종합적으로 판단

2 평가의 양호도 (2015, 2017)

(1) 타당도

내용 타당도	검사 문항이 측정하고자 하는 내용을 얼마나 잘 대표하고 있는 지의 정도
준거 타당도	측정도구의 측정결과가 준거가 되는 다른 측정 결과와 관련이 있는 정도 ① 예측 타당도: 측정결과가 미래의 행동을 정확하게 예측할 수 있는 정도의 준거 관련 타당도 지수 ② 공인 타당도: 검사결과가 타당성을 인정받고 있는 다른 검사결과와 일치하는 정도로 타당도 추정
구인 타당도	측정도구가 측정하고자 하는 심리적 특성에 대해 조작적 정의를 내리고, 조작적 정의를 기준으로 측정하고자 하는 심리적 특성의 구인을 얼마나 제대로 측정하고 있는가를 나타내는 타당도

(2) 신뢰도

검사-재검사	• 시간차를 두고 개념이나 변인을 두 번 측정하여 얻은 두 관찰값의 차이로서 신뢰도를 측정하는 방법 • 두 관찰값의 차이가 적으면 신뢰도가 높고, 차이가 크면 신뢰도가 낮음
동형 검사	• 동일한 구인을 측정하는 두 개의 검사지를 개발하여 나온 점수들 간의 상관관계를 구하여 신뢰도를 추정하는 방법 • 동형검사의 추정은 검사-재검사 신뢰도 추정과 유사성이 있음
내적 일관성	• 하나의 측정도구 내 문항들 간의 연관성 유무를 통하여 내적으로 일관성을 파악함으로써 측정문항의 신뢰도를 파악하는 방법 • 크론바흐 알파(Cronbach α)라는 통계량을 사용하며, 도출한 통계량이 0.7 이상(혹은 0.6 이상)이면 측정문항 간에 내적 일관성이 있는 것으로 판단

> **기출 핵심 포인트**
>
> **평가의 양호도**
> • 타당도: 측정하고자 하는 것을 측정도구가 얼마나 정확하고 적합한 측정도구로 측정하는가에 관한 정보
> • 신뢰도: 측정하고자 하는 것을 측정도구가 얼마나 정확하게 오차 없이 측정하는가에 관한 정보(일관성 있는 측정결과를 도출하는 측정도구는 신뢰도가 높다고 볼 수 있음)

02 평가의 실천적 측면

1 평가의 기법

(1) 평가 기준 (2015, 2016, 2020, 2021, 2024)

준거지향평가 (절대평가)	• 교육목표를 준거로 하여 목표의 달성도를 평가하는 방법 • 지도목표를 평가준거로 하기 때문에 '목표지향 평가'라고도 함
규준지향평가 (상대평가)	학습자의 학업성취도를 상호 간의 상대적 비교를 통해 성적을 결정하는 평가
자기지향평가	학습자의 지식과 기능을 활용하여 학습과제를 스스로 수행하여 판단하는 평가
수행평가	학생의 수행이나 산출물을 직접 관찰하거나 검토한 것을 토대로 수행이나 산출물에 대한 질적인 평가
동료평가	집단 구성원 간 서로의 평가 방법으로 서로 간에 객관적인 상호 평가로 구성원들이 건설적인 방향으로 발전하도록 제언하기 위해 활용되는 평가

(2) 평가 기법 2018, 2019, 2022, 2024, 2025

체크리스트	• 측정 기준을 나열한 목록으로 어떤 사건·행동 발생 여부의 신속한 확인 • 제작이 용이한 반면, 좋은 목록을 구성하기 위해서는 세심한 주의 요망 • 어떠한 사건이나 행동의 발생 여부를 '예/아니오'로 평가하기도 하지만, 운동수행의 질적 여부를 '우수/보통/미흡'으로 평가하는 것 또한 가능
평정 척도	• 행동의 적절성, 운동기능의 향상 정도에 관한 자료를 수집하기 위한 도구로 사용 • 학습자가 스스로 운동기능을 평가하기 용이한 평가 도구
루브릭	• 학습자에게 평가 시 활용할 수 있는 수행 수준의 특징에 대한 정보를 제공 • 학습자는 평가과정에 참여하며 학습의 초점이 무엇인지 분명히 알고 자기 주도적으로 학습 가능
관찰	• 철학적 관점에서 적극적인 의도를 가지고 살펴보는 것을 의미 • 스포츠교육에서 관찰은 경기관람, 촬영영상, 경기영상 등을 통해 이루어짐
학습자 일지	• 학습자 일지는 자기 기록이며, 기록한 정보의 정확성을 확인하는 데 유용 • 학습 진행 및 내용을 기록한 문서로 자기 평가의 도구로도 사용
학습자 면접과 설문지	• 교육 프로그램 등에 관한 학습자의 생각 파악 가능 • 교육현장에서 발생하는 다양한 문제를 원만하게 풀어갈 수 있는 좋은 자원
일화 기록법	• 비교적 짧은 내용의 우발적 행동이나 사건을 사실적으로 기록 • 자연스러운 상황에서 관찰된 사실적 기록(기록 소요 시간이 길고, 주관적 개입 가능성)
사건 기록법	• 관찰이 필요한 행동과 사건을 선정해서 조작적으로 정의하여 특정한 행동이나 사건이 생길 경우를 관찰 • 서술식, 빈도식, 지속 시간 사건 기록 방법이 있음

스포츠교육자의 전문적 성장

01 스포츠교육전문인의 전문역량

1 생활체육 전문인의 핵심역량 개발 2016, 2021, 2022
학교·전문체육을 제외한 다양한 연령층을 대상으로 평생체육을 가르치는 전문가

(1) 스포츠지도사의 핵심역량
① 인지적 자질: 참여자에 대한 지식, 종목 내용 지식, 교수 내용 지식, 교육환경 지식
② 기능적 자질: 프로그램 개발, 종목 지도, 관리 등의 능력 및 지식
③ 인성적 자질: 참여자의 개인차 이해 및 포용

(2) 스포츠지도사의 자질과 지도방법
① 교수자는 높은 성품 수준을 유지하고 모범을 보여야 함
② 교수자는 재능과 인성적 차원의 자질을 고루 갖추어야 함
③ 학습자가 올바른 도덕적 의식을 가지고 자율적으로 실천하도록 지도함

(3) 스포츠지도자의 고려사항
발달 수준에 따른 학습자의 개인차(성별, 연령, 환경적 요인 등)를 고려하여 학습 단계를 결정

(4) 체육활동의 안전한 학습 환경 유지
① 활동 전에 안전 문제를 예측하고 교구를 배치
② 안전한 수업 운영에 필요한 절차를 명확히 전달
③ 새로운 연습과제나 게임 시작 시 지속적으로 학습자 감독

02 장기적 전문인 성장 및 발달

1 스포츠교육 전문인으로서의 성장 2015, 2016, 2017

(1) 형식적 성장
① 교육으로 교육 이수를 통해 성적, 학위 및 자격증을 부여하는 교육
② 고도로 제도적이고 관료적인 프로그램을 통해 체육전문인으로 성장
③ 학위과정, 체육지도자 연수 과정, 협회의 자격증 제도 등의 사례

(2) 무형식적 성장
① 공식화된 교육기관 밖에서 행해지는 조직적인 학습의 기회 참여를 통해 성장

② 단기간 자발적으로 이루어지며, 더 풍부한 지식을 가진 이로부터 배울 수 있는 포럼 기회를 제공
③ 세미나, 워크숍, 콘퍼런스, 소수 그룹, 비정규적 수업 등의 사례

(3) 비형식적 성장
① 자기 주도적인 학습이라고도 하며, 일상적인 경험으로부터 얻는 배움의 형식
② 실제적 경험에 대한 반성을 통해 전문성의 성장에 도움
③ 과거 선수 경험, 실제 코칭 경험, 동료들과 대화, 독서, 스포츠과학 관련 비디오 등의 사례

스포츠교육학

스포츠교육의 배경과 개념

01 〈보기〉의 ㉠, ㉡에 해당하는 용어가 바르게 연결된 것은?

[보기]
1960년대 중반 미국을 중심으로 전개된 (㉠)은 스포츠교육학이 체육학의 하위학문 분야로 성장하는데 촉매제 역할을 하였다. 결국 신체 활동을 지도할 때 학문을 기반으로 한 (㉡) 지식을 스포츠 참여자에게 가르쳐야 한다는 주장이 본격적으로 제기되기 시작했다.

	㉠	㉡
①	체육 학문화 운동	이론적
②	체육 학문화 운동	경험적
③	체육 과학화 운동	경험적
④	체육 과학화 운동	이론적

02 다음 중 〈보기〉에서 설명하는 스포츠교육의 실천 영역은?

[보기]
운동선수나 지도자를 양성하기 위한 활동으로 학교나 실업팀 등에서 선수들을 대상으로 이루어진다.

① 학교체육 ② 생활체육
③ 전문체육 ④ 유아체육

03 스포츠교육학의 가치 영역에 관한 설명으로 옳은 것은?

① 인지적 가치(인지적): 학교 성적, 지적 기능, 수리력 등
② 신체적 가치(심동적): 움직임 분석, 동기부여, 스포츠 기술 등
③ 심미적 가치(심리적): 동기, 루틴, 스트레스, 상담 기술 등
④ 정의적 가치(정의적): 건강, 정의 구현, 철학적 가치, 삶의 태도 등

04 스포츠교육의 발전 과정에 관한 설명으로 옳지 않은 것은?

① 19세기 초·중반 체조 중심의 체육이 이루어졌다.
② 19세기 초·중반 성과 관련된 폐쇄적인 고정관념이 존재하였다.
③ 휴먼 무브먼트와 움직임 교육은 20세기 초반부터 시작되었다.
④ 체육 학문화 운동은 1960년 미국을 중심으로 시작되었다.

정답해설

01 〈보기〉의 내용은 체육 학문화 운동과 관련된 설명이다.

02 전문체육: 전문 운동선수 혹은 지도자를 양성하기 위한 체육활동으로, 학교나 실업팀 등에서 이루어진다.

03 인지적 특성은 지능, 창의성, 문제해결력 등을 의미한다.

04 휴먼 무브먼트와 움직임 교육은 20세기 중반 이후 시작되었다.

|정답| 01 ① 02 ③ 03 ① 04 ③

스포츠교육의 정책과 제도

05 스포츠 기본법 제3조 '정의'에 관한 내용 중 옳지 <u>않은</u> 것은?

① "장애인스포츠"란 장애인이 참여하는 스포츠 활동(생활스포츠와 전문스포츠를 포함한다)을 말한다.
② "학교스포츠"란 건강과 체력 증진을 위하여 행하는 자발적이고 일상적인 스포츠 활동을 말한다.
③ "스포츠산업"이란 스포츠와 관련된 재화와 서비스를 통하여 부가가치를 창출하는 산업을 말한다.
④ "스포츠클럽"이란 지역사회의 체육활동 진흥을 위하여 운영되는 법인 또는 단체를 말한다.

06 생활체육진흥법의 내용에 해당하지 <u>않는</u> 것은?

① 모든 국민은 건강한 신체활동과 건전한 여가 선용을 위해 생활체육을 즐길 권리를 가진다.
② 국가 및 지방자치단체는 생활체육강좌의 설치·운영에 드는 경비를 지원할 수 있다.
③ 문화체육관광부장관은 생활체육의 진흥을 위한 기본계획을 10년마다 수립·시행해야 한다.
④ 지방자치단체는 그 지역주민의 생활체육 활동을 위하여 체육동호인 조직의 육성에 필요한 시책을 마련할 수 있다.

07 학교체육진흥법의 제11조에서 규정하고 있는 학교장의 역할에 관한 내용으로 옳지 <u>않은</u> 것은?

① 학생선수가 일정 수준의 학력기준에 도달하지 못한 경우에는 대통령령으로 정하는 경기대회의 참가를 허용하여서는 아니 된다.
② 최저학력에 도달하지 못한 학생선수에게 별도의 기초학력보장 프로그램을 제공하여야 한다.
③ 학생선수의 학습권 보장 및 신체적·정서적 발달을 위하여 학기 중의 상시 합숙훈련이 근절될 수 있도록 노력하여야 한다.
④ 원거리에서 통학하는 학생선수를 위하여 기숙사를 운영할 수 있다. 이 경우 필요한 사항은 교육부령으로 정한다.

08 〈보기〉에서 국민체육진흥법(2024.10.31. 시행) 제6조 '학교 체육의 진흥을 위한 조치'의 내용 중 학생 체력증진 및 체육활동 육성을 위한 학교의 역할을 모두 고른 것은?

[보기]
㉠ 운동회나 체육대회의 실시
㉡ 운동경기부와 선수의 육성·지원
㉢ 학생에 대한 한 종목 이상의 운동 권장과 지도
㉣ 체육동호인조직의 결성 등 학생의 자발적 체육 활동의 육성·지원

① ㉠, ㉢
② ㉠, ㉡, ㉢
③ ㉠, ㉡, ㉣
④ ㉠, ㉡, ㉢, ㉣

정답해설

05 "학교스포츠"란 학교에서 이루어지는 스포츠 활동을 말한다.

06 문화체육관광부장관은 생활체육의 진흥을 위한 기본계획(이하 "기본계획"이라 한다)을 5년마다 수립·시행하여야 한다(생활체육진흥법 제6조 제1항).

07 학교의 장은 학생선수가 일정 수준의 학력기준(이하 "최저학력"이라 한다)에 도달하지 못한 경우에는 교육부령으로 정하는 경기대회의 참가를 허용하여서는 아니 된다(학교체육진흥법 제11조 제1항).

08 법 제9조에 따라 학생의 체력 증진과 체육 활동의 육성을 위하여 학교가 취하여야 할 조치는 다음 각 호와 같다(국민체육진흥법 시행령 제6조).
1. 운동회나 체육대회의 실시
2. 학생에 대한 한 종목 이상의 운동 권장과 지도
3. 체육동호인조직의 결성 등 학생의 자발적 체육 활동의 육성·지원
4. 운동경기부와 선수의 육성·지원
5. 그 밖에 학교 체육의 진흥을 위하여 필요한 사항

|정답| 05 ② 06 ③ 07 ① 08 ④

스포츠교육의 참여자 이해론

09 다음 중 생활스포츠지도사에 대한 설명으로 옳지 <u>않은</u> 것은?

① 활동 목표를 설정하고, 프로그램을 개발하며, 효율적 지도법을 개발한다.
② 체육 프로그램을 제공하며 지속적인 스포츠 활동의 참여를 도모한다.
③ 숙련된 경기지도와 전문지식을 소지하여 경기력 향상을 위해 지도한다.
④ 투철한 사명감, 활달하고 강인한 성격 등의 자질이 요구된다.

10 다음 중 성장단계별 스포츠 프로그램의 목적 중 옳지 <u>않은</u> 것은?

① 유소년스포츠: 신체적, 인지적 발달 도모, 기본적인 인간관계 형성
② 청소년스포츠: 운동기능 습득, 삶의 즐거움과 활력, 양질의 동적 스포츠
③ 성인스포츠: 신체적 건강 유지, 흥미 확대, 사회적 안정을 추구
④ 노년스포츠: 신체적 건강과 체력 단련을 위한 신체 활동

11 <보기>의 발달특성을 가진 학습자를 위한 스포츠 프로그램 구성 고려사항으로 적절하지 <u>않은</u> 것은?

[보기]
- 신체적·정서적·사회적 발달이 뚜렷하다.
- 자아정체감 형성 및 신체적 성숙해진다.
- 2차 성징이 나타난다.

① 정적운동 위주의 활동
② 생활패턴 고려
③ 개인의 적성과 흥미 고려
④ 스포츠 지속적 참여 고려

12 스포츠지도자의 자질과 지도방법에 관한 내용으로 옳지 <u>않은</u> 것은?

① 지도자는 높은 성품 수준을 유지하며 모범을 보여야 한다.
② 선수가 수단과 방법을 가리지 않고 승리할 수 있도록 지도한다.
③ 지도자는 재능의 차원과 인성적 차원의 자질을 고루 갖추어야 한다.
④ 선수가 올바른 도덕적 의식을 가지고 자율적으로 실천하도록 지도한다.

정답해설

09 전문스포츠지도사에 대한 내용으로, 전문스포츠지도사는 숙련된 경기지도와 스포츠 과학의 전문지식을 소지하여 경기력 향상을 위해 지도한다.
10 노년스포츠: 건강과 체력 수준에 적합한 신체활동
11 <보기>는 청소년기 스포츠교육 학습자의 특징이다.
12 스포츠지도자는 선수가 수단과 방법을 가리지 않고 승리할 수 있도록 지도해서는 안된다.

| 정답 | 09 ③ 10 ④ 11 ① 12 ②

스포츠교육의 프로그램론

13 <보기>는 마튼스(R. Martens)의 전문체육 프로그램 개발 단계이다. ㉠, ㉡에 들어갈 용어는?

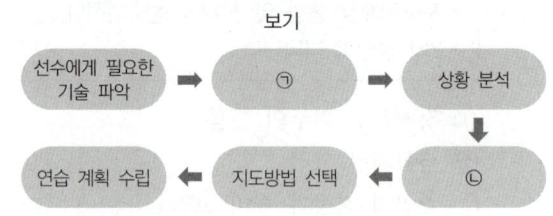

	㉠	㉡
①	선수 이해	우선순위 결정 및 목표설정
②	선수 이해	전술 선택
③	종목 이해	우선순위 결정 및 목표설정
④	종목 이해	전술 선택

14 <보기>에서 학교스포츠클럽에 관한 설명을 모두 고른 것은?

[보기]
㉠ 창의적 체험 활동 시간에 이루어지는 활동이다.
㉡ 방과 후에 체육활동에 흥미를 가진 학생들로 운영된다.
㉢ 정규 교육과정 중에 이루어지는 활동이다.
㉣ 「학교체육진흥법」 제10조를 근거로 따른다.

① ㉠, ㉡   ② ㉠, ㉣
③ ㉡, ㉢   ④ ㉡, ㉣

15 <보기>의 ㉠, ㉡에 들어갈 말로 옳은 것은?

[보기]
전문체육프로그램 개발의 6단계
선수에게 필요한 기술 파악 – (㉠) – 상황분석 – 우선순위 결정 및 목표설정 – (㉡) – 연습 계획 수립

	㉠	㉡
①	선수 이해	지도방법 선택
②	스포츠에 대한 이해	지도방법 선택
③	선수단의 규모 설정	전술 선택
④	선수단의 목표설정	전술 선택

정답해설

13 전문체육 프로그램 개발 6단계(R. Martens)
- 1단계: 선수에게 필요한 기술 파악
  - 선수에게 필요한 기술을 파악하는 것은 코치의 주요 업무
  - 선수들이 스포츠를 통해 훌륭한 선수로 성장할 수 있도록 지도
- 2단계: 선수 이해
  - 선수들의 신체적, 심리적, 사회적 발달 단계를 파악
  - 체력, 건강, 동료와의 관계 등 선수 개개인에 대한 이해
- 3단계: 상황 분석
  - 지도계획 수립을 위한 주변 상황 분석
  - 팀 내외의 상황은 선수에게 직·간접적 영향을 미침
- 4단계: 우선순위 결정 및 목표설정
  - 우선순위의 결정은 목표설정에 도움을 제공
  - 목표는 단기, 중기, 장기로 설정
- 5단계: 지도방법 선택
  체계적이고 효과적으로 지도할 수 있는 방법 선택
- 6단계: 연습 계획 수립
  시즌계획과 일일 지도계획 수립

14 학교스포츠클럽은 「학교체육 진흥법」 제10조를 근거로 방과 후에 체육활동에 흥미가 있는 학생들로 운영된다.

학교스포츠클럽

구분	내용
개념	방과 후에 체육활동에 흥미를 가진 동일 학교 학생들로 구성 및 운영되는 스포츠 동아리
형태	정규교육과정 외
시간	등교 전, 점심시간, 방과 후 등
근거	「학교체육진흥법」 제10조

15 ㉠은 선수 이해 단계이며, ㉡은 지도방법 선택 단계이다.
전문체육 프로그램의 개발 6단계: 선수에게 필요한 기술 파악 → 선수 이해 → 상황 분석 → 우선순위 결정 및 목표설정 → 지도방법 선택 → 연습 계획 수립

| 정답 | 13 ① 14 ④ 15 ①

16 생활체육 프로그램의 교육목표 진술에 대한 설명으로 옳지 않은 것은?

① 프로그램의 목표는 구체적으로 진술한다.
② 달성하고자 하는 행동과 학습 내용을 모두 진술한다.
③ 활동 후 평가는 필요한 경우에만 기술한다.
④ 목표가 일관된 지침 역할을 하도록 설정한다.

스포츠교육의 지도방법론

17 모스턴(M. Mosston)의 교수 스타일 중 확산생산식에 관한 설명으로 옳지 않은 것은?

① 교수자는 주제와 문제를 결정한다.
② 학습자는 교수자와 학습자 역할 모두를 수행한다.
③ 학습자는 문제에 대한 다양한 설계와 해답을 발견한다.
④ 구체적인 인지 작용을 통해 다양한 해답을 발견한다.

18 〈보기〉에서 설명하는 협동학습모형의 전략은?

[보기]
- 1차 평가에서 모든 팀원의 점수를 합산하여 팀 점수로 발표한다.
- 지도자는 학생들과 토론하고 팀의 상호작용을 높일 수 있도록 조언한다.
- 모든 팀은 1차 평가와 동일한 과제를 반복해서 연습하고, 팀원 모두의 점수를 높이는 데 중점을 둔다.
- 2차 평가를 하여 1차 평가보다 향상된 정도에 따라 팀 점수를 부여한다.

① 직소(jigsaw)
② 팀-보조수업(team-assisted instruction)
③ 팀 게임 토너먼트(team games tournament)
④ 학생 팀-성취 배분(student teams-achievement division)

19 개인적·사회적 책임감 지도 모형의 주제로 옳은 것은?

① 문제 해결자로서의 학습자
② 유능하고, 박식하며, 열정적인 스포츠인
③ 통합·전이·권한 위임, 교사와 학생의 관계
④ 나는 너를 가르치고, 너는 나를 가르친다.

정답해설

16 프로그램 시행 후에는 평가를 통하여 목표달성 여부를 검토할 수 있도록 기술해야 한다.

17 확산생산식 스타일에서 교수자는 문제를 결정하고 학생의 반응을 수용하는 동시에 과제에 대한 검증자료를 제공한다.
②는 자기학습식 스타일에 관한 설명이다.

18 학생 팀 성취 배분(STAD)에서는 모든 팀원의 점수 합이 팀 점수가 된다. 1차 평가 후 팀 점수만 발표되고, 이후 팀은 다시 학습하며 협동심을 기르게 된다.
학습 팀 성취배분(STAD)
- 모든 팀원의 점수 합이 팀 점수가 됨으로 팀의 협동성이 중요
- 팀별 1차 연습 → 1차 평가 → 2차 연습 → 2차 평가

19 개인적·사회적 책임자 지도 모형의 주제는 통합·전이·권한 위임과 교사와 학생의 관계이다.
- 탐구수업모형: 문제 해결자로서의 학습자
- 스포츠교육모형: 유능하고, 박식하며, 열정적인 스포츠인
- 동료교수모형: 나는 너를 가르치고, 너는 나를 가르친다.

|정답| 16 ③ 17 ② 18 ④ 19 ③

20 〈보기〉에서 설명하는 링크(J. Rink)의 내용 발달 과제는?

[보기]
- 과제 내 발달과 과제 간 발달이 있다.
- 단순한 과제에서 복잡한 과제로 전개한다.
- 쉬운 과제에서 어려운 과제 순으로 참여한다.

① 시작형 과제　　③ 세련형 과제
② 확대형 과제　　④ 응용형 과제

스포츠교육의 평가론

21 평가의 목적으로 옳지 않은 것은?

① 학습자 운동수행 참여 및 동기 촉진
② 학습자의 학습 상태와 지도 정보 제공
③ 교육 프로그램 및 교육과정 적절성 확인
④ 학습목표에 따른 결과 및 순위 중시

22 〈보기〉에서 설명하는 신뢰도 검사방법은?

[보기]
동일한 구인을 측정하는 두 개의 검사지에서 나온 점수들 간의 상관관계를 구하여 신뢰도를 얻는 검사방법이다.

① 검사 - 재검사　　② 동형 검사
③ 내적 일관성 검사　④ 반분 신뢰도 검사

23 다음 설문지를 활용하는 데 가장 적절한 평가 단계는?

영역	질문 내용	응답 ('✔' 표기)
준비	준비된 개인 장비는?	□ 라켓　□ 운동화　□ 운동복
	테니스 강습 시 희망하는 강습 형태는?	□ 개인강습　□ 그룹강습　□ 상관없음
	최근 3년 이내 테니스 강습을 받은 경험은?	□ 있다　□ 없다
수준	포핸드 그립을 잡을 수 있는가?	□ 그렇다　□ 보통이다　□ 아니다
	백핸드 그립을 잡을 수 있는가?	□ 그렇다　□ 보통이다　□ 아니다
	스플릿 스텝을 할 수 있는가?	□ 그렇다　□ 보통이다　□ 아니다

① 진단평가　　② 종합평가
③ 형성평가　　④ 총괄평가

정답해설

20 〈보기〉에서 설명하는 내용 발달 단계는 확대형 단계이다.
링크(J.Rink)의 내용발달 단계

단계	내용
시작	가장 먼저 제시하는 과제로 기초적인 수준에서 가르칠 내용이나 전략을 소개
확대	학습 경험을 간단하거나 쉬운 과제에서 복잡하거나 어려운 과제로 발전
세련	수행의 질적인 발달에 초점을 두고 학습자에게 피드백을 부여
응용	습득한 기능을 실제적 혹은 유사한 상황에서 사용할 수 있도록 내용을 조직

21 학습목표에 따른 결과 및 순위 중시는 평가의 목적과 거리가 멀다.

22 동형 검사
- 동일한 구인을 측정하는 두 개의 검사지를 개발하여 나온 점수들 간의 상관관계를 구하여 신뢰도를 추정하는 방법
- 동형 검사의 추정은 검사 - 재검사 신뢰도 추정과 유사성이 있음

23 〈보기〉의 설문지는 교육 전 학습자의 학습수준을 파악하고 있으므로 진단평가에 해당한다.

| 정답 | 20 ②　21 ④　22 ②　23 ①

24 〈보기〉의 ㉠, ㉡에 해당하는 평가 기법이 올바르게 연결된 것은?

[보기]
㉠ 교육목표를 준거로 하여 목표의 달성도를 평가하며, 지도목표를 기준으로 하기 때문에 '목표지향 평가'라고도 부른다.
㉡ 학습자의 수행이나 산출물을 직접 관찰하거나 검토한 것을 토대로 질적인 평가를 하는 방법이다.

	㉠	㉡
①	자기지향평가	수행평가
②	준거지향평가	동료평가
③	준거지향평가	수행평가
④	자기지향평가	동료평가

스포츠교육자의 전문적 성장

25 안전한 학습 환경 유지와 관련된 설명으로 적절하지 <u>않은</u> 것은?
① 지도자는 안전한 수업운영과 관련된 내용을 명확히 전달해야 한다.
② 지도자는 학습자의 요청이 있을 경우에만 위험한 상황에 개입한다.
③ 지도자는 활동 전에 안전 문제를 미리 예측하고 교구를 배치해야 한다.
④ 새로운 게임을 시작할 경우 지속적으로 학습자를 감독해야 한다.

26 스포츠교육 전문인으로서의 성장을 위한 방안 중 성격이 <u>다른</u> 하나는?
① 코칭 콘퍼런스
② 세미나
③ 비정규적 수업
④ 실제 코칭 경험

정답해설

24 ㉠은 준거지향평가를 뜻하고, ㉡은 수행평가를 뜻한다.
평가 기준

준거지향 평가	• 교육목표를 준거로 하여 목표의 달성도를 평가하는 방법 • 지도목표를 평가준거로 하기 때문에 '목표지향 평가'라고도 함
규준지향 평가	학습자의 학업성취도를 상호 간의 상대적 비교를 통해 성적을 결정하는 평가
자기지향 평가	학습자의 지식과 기능을 활용하여 학습과제를 스스로 수행하여 판단하는 평가
수행평가	학생의 수행이나 산출물을 직접 관찰하거나 검토한 것을 토대로 수행이나 산출물에 대한 질적인 평가
동료평가	집단 구성원 간 서로의 평가 방법으로 서로 간에 객관적인 상호평가로 구성원들이 건설적인 방향으로 발전하도록 제언하기 위해 활용되는 평가

25 체육활동의 안전한 학습 환경 유지
• 활동 전에 안전 문제를 예측하고 교구를 배치
• 안전한 수업 운영에 필요한 절차를 명확히 전달
• 새로운 연습과제나 게임 시작 시 지속적으로 학습자 감독

26 ④는 비형식적 성장을 위한 노력에 해당하며, 나머지는 무형식적 성장을 위한 노력이다.

|정답| 24 ③ 25 ② 26 ④

27 스포츠지도사의 핵심역량으로 옳은 것은?

① 인지적 자질은 참여자에 대한 지식, 경기 결과 지식, 운동 기술 지식 등이다.
② 인성적 자질은 다양한 참여자를 이해하고, 부족한 부분은 포용하는 것이다.
③ 정의적 자질은 정의로운 사명감과 투철한 직업 정신이다.
④ 기능적 자질은 종목 내용 지식, 관리 내용 지식 등이다.

28 〈보기〉의 ㉠, ㉡, ㉢에서 설명하는 스포츠교육 전문인 성장 유형을 올바르게 연결된 것은?

[보기]
㉠ 공식화된 교육기관 밖에서 이루어지는 조직적 교육
㉡ 교육으로 교육이수를 통해 학위 및 자격증을 부여하는 교육
㉢ 일상적인 경험에 대한 반성으로부터 이루어지는 교육

	㉠	㉡	㉢
①	비형식적 성장	형식적 성장	무형식적 성장
②	비형식적 성장	형식적 성장	형식적 성장
③	무형식적 성장	비형식적 성장	형식적 성장
④	무형식적 성장	형식적 성장	비형식적 성장

정답해설

27 인성적 내용이 적합한 핵심역량이다.

28 ㉠은 무형식적 성장을 뜻하고, ㉡은 형식적 성장, ㉢은 비형식적 성장을 뜻한다.

|정답| 27 ② 28 ④

MEMO

2025년 기출분석

- 이론 이해(기능주의 · 갈등론 · 상징적 상호작용)와 사회화, 세계화 · 미래사회 영역에서 전체의 약 45% 이상의 문제 출제
- 정치 · 경제 · 미디어 · 계층 · 일탈 등 사회구조 관련 영역이 각각 10% 내외로 균형 있게 출제
- 교육 영역은 5%로 비중이 낮아 사회화 기능 속 하위 주제로 흡수되는 경향

2025년 필기 출제비율

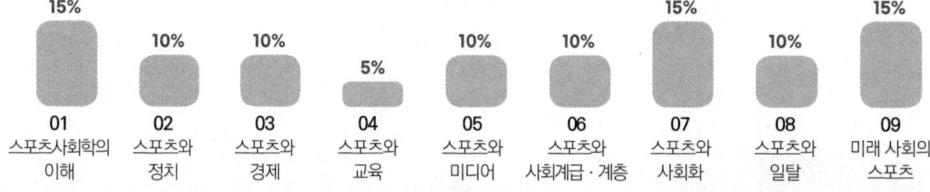

PART 02

스포츠사회학

01 스포츠사회학의 이해
02 스포츠와 정치
03 스포츠와 경제
04 스포츠와 교육
05 스포츠와 미디어
06 스포츠와 사회계급·계층
07 스포츠와 사회화
08 스포츠와 일탈
09 미래 사회의 스포츠

스포츠사회학의 이해

기출 핵심 포인트

거트만(A. Guttmann)의 근대스포츠 특성 2025
- 세속주의
- 전문화
- 관료화
- 기록 추구
- 평등화
- 합리화
- 계량화

01) 스포츠사회학의 의미

1 스포츠사회학의 정의 및 개념 2017, 2019, 2021, 2025
① 스포츠사회학은 사회학적 이론과 연구 방법을 스포츠 현상에 적용하여 연구하는 학문으로, 사회학과 스포츠과학의 한계 과학 또는 학제적 학문
② 스포츠사회학은 스포츠에서 나타나는 행동유형과 사회과정에 초점을 두고 있으며, 이를 스포츠 활동이 존재하는 일반 사회구조의 측면에서 설명하는 학문
③ 스포츠사회학은 사회학의 하위분야로, 스포츠 현상에 사회학적 개념을 적용하여 스포츠의 맥락에서 인간의 사회행동 법칙을 규명하고, 스포츠 현상을 일반 사회구조의 측면에서 설명하는 학문

개념 플러스 스포츠사회학의 적용 및 사례 2016, 2019

스포츠는 사회의 다른 분야들(가족, 교육, 경제, 문화, 정치, 종교)과 상호 작용하는 연계성

2 스포츠사회학 영역 2019
① 거시적 영역: 사회의 대규모 체계를 의미(스포츠와 기능, 종교, 교육, 실력주의, 성 등)
② 미시적 영역: 사회의 소규모 체계를 의미(소집단의 상호작용, 지도자론, 사회화, 사기 및 공격, 비행 등)
③ 전문적 영역: 스포츠사회학의 학문 연구에 관련된 이론들(학문적 적법성, 스포츠의 본질적 정체)

3 스포츠와 유사분야 2018
① 놀이: 활동 자체에서 즐거움을 찾기 때문에 결과보다는 활동 자체에 의미를 중시함
② 게임: 놀이보다 더 규칙적이고, 조직적으로 이루어지는 경쟁 활동임
③ 스포츠: 게임보다 더 체계적이고, 구체적인 신체활동으로 규칙을 적용한 신체 경쟁 활동

놀이	게임	스포츠
	허구성	
	비생산성	
자유성, 쾌락성, 오락성, 무의미성, 규칙성	불확실성	
	분리성	
	경쟁성	
	규칙성	
	신체적 기능	신체적 능력
	확률, 기술	전술, 제도

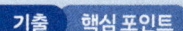

02 스포츠의 사회적 기능

1 사회 정서적 기능

(1) 사회적 순기능 `2015, 2016, 2019, 2020, 2021`

① 사회 정서적 기능: 스포츠를 통하여 긴장과 갈등을 해소하고 개인의 정서를 순화하여 공격성, 불안, 불만, 좌절 등을 무해하게 방출할 수 있는 계기를 마련

② 사회화 기능: 스포츠 참여를 통하여(스포츠맨십, 페어플레이 등) 긍정적인 사회 생활을 배우고, 현대 사회에서 목표 성취를 위한 합리적인 행동 규범을 제시함

③ 사회통합의 기능: 스포츠는 사회적 배경이 다른 사람들이 통합하고, 일체감을 형성하도록 통합 기능을 수행함

(2) 사회적 역기능 `2017, 2018, 2019, 2020, 2025`

① 사회통제의 기능(강제와 통합): 사회지배층이 일반적 사회문제(경제, 사회, 정치 등)에 대한 관심을 스포츠로 분산시켜 사회구성원이 작게 인식하도록 유도하여 통제하려는 기능

② 자본주의 사회의 신체 소외 및 갈등: 스포츠 선수를 목적을 위한 수단으로 활용하면서 승리지상주의에 치우쳐 갈등 요소가 됨

③ 과도한 상업주의 발달의 문제: 스포츠가 이윤추구의 목적 수단으로 활용되어 순수한 스포츠 정신의 훼손과 물질 만능주의로 발전하는 문제

④ 국수주의 및 군국주의 팽창: 과도한 스포츠 경쟁에서 나타나는 현상으로 자국의 이익을 우선하여 타 민족과 타 국가에 대한 배타주의가 발생하며, 경기 승리를 자국의 국력 및 정치력의 척도로 평가

⑤ 성차별 및 인종차별(사회차별 기능): 남성의 신체적 우월성에서 비롯된 성차별과 갈등하며 각 스포츠 종목에서 발생하는 인종 및 경제력 등에서 오는 사회차별성과 인기종목과 비인기종목 간에 일어나는 차별성 발생

기출 핵심 포인트

파슨즈의 AGIL 모형 중 적응 예시 (2021, 2022, 2024)
- 스포츠는 사회구성원에게 현실에 적합한 사고, 감정, 행동양식 등을 학습할 수 있는 장을 마련
- 스포츠는 개인의 체력 및 건강증진을 도모하여 효율적으로 사회활동에 참여할 수 있게 함

갈등이론의 예
제5공화국 시절의 3S(Sex, Screen, Sports) 정책으로 일반 국민들이 정치에 대한 관심을 끊도록 유도하며 스포츠경기에 몰입하게 하여 지배 계급의 이익을 극대화하는 데 이용함

상징적 상호작용론 예시 (2025)
- 미시적 관점의 이론
- 인간은 사회제도나 규칙에 대해 능동적으로 사고하고 의미를 부여하며 행동
- 스포츠 팀의 주장은 리더십이 필요하기 때문에 점차 그 역할에 맞는 리더십을 발휘

---

2 스포츠사회학 주요 이론 (2019, 2020, 2021, 2022)

(1) 구조기능주의 (2024)
① 사회는 상호의존적인 제도로 구성되어 있으며, 이러한 제도들은 사회를 안정시키는 역할을 함
② 사회는 여러가지 다양한(가정, 교육, 경제, 문화, 스포츠, 정부, 종교, 학교 등) 구조로 이루어져 상호의존적인 형태로 구성되어 있다고 보는 주의
③ 파슨즈(T. Parsons)는 구조기능주의 이론을 발전시킨 학자로 사회는 균형을 유지하려는 부분이 있어 각 부분이 수행하는 역할이 다르다고 해도 결국은 전체 사회의 균형이라는 하나의 통합적 목적을 위한 기능을 수행하고 있는 것이라고 함[구조기능주의 접근에서 네 가지 요인을 체계 요구(system needs)라고 하는데, 체제 유지, 사회 통합, 목표 성취, 적응 등의 네 가지 기능수행(AGIL 모형)]
> 예 국제 스포츠 이벤트 개최를 통해 전 국민 단합 및 사회통합, 국민 일체감 형성을 하려고 함

(2) 갈등이론
① 사회는 항상 갈등이 존재하고, 서로 다른 개인 또는 집단이 경쟁을 통해서 성장하고 지속하는 것은 불가피한 인류의 사회적 속성이라는 이론
② 스포츠를 지배 계급의 이익을 증대하는 수단으로 권력과 경제적 자원을 가진 소수 이익 집단에 의해 형성된다고 인식하는 이론

(3) 비판이론
① 사회 본질을 규명하고, 인간의 기존 사회를 평가하고 비판하는 수단(가치판단, 도덕적 사고)
② 사회문제와 다양한 이론들을 비판하며, 해결 방법을 찾아 합리적인 사회를 형성하려는 이론
③ 불화나 대립이 사회의 본질적 속성이라고 하는 이론
> 예 예산이 낭비되고 비효율적인 국제적 스포츠경기 이벤트를 비판

(4) 상징적 상호작용이론
① 개인들이 자신들 나름의 방식으로 주어진 상황을 정의하며 이에 따라 행동함
② 객관적인 관점이 아닌 주관적인 관점에서 생각하고, 행동한다는 이론
> 예 스포츠 문화에 따라서 선호하는 스포츠 활동과 스포츠에 부여하는 의미가 다름

(5) 교환이론
① 모든 행동에는 비용이 들어가고, 투자와 보상이 교환하며 이루어진다는 이론
② 흥정, 거래, 타협의 개념을 개인 간, 집단 간, 국가 간 등의 상호 작용을 이해하는 데 적용
> 예 경기에서 우승한 선수의 상금과 연봉이 올라가는 현상

스포츠와 정치

01 스포츠와 정치의 결합

1 스포츠와 정치의 관계 2020, 2021, 2022

(1) 스포츠와 정치
  ① 정치, 경제 및 문화적 우월성을 표출하는 수단
  ② 조직화로 인한 조직 과정의 권력 배분
  ③ 조직 및 기구의 조세 감면 혜택
  ④ 정치적 외교의 상호 작용 효과
  ⑤ 스포츠의 제도적 특성에 기인

(2) 에티즌(Eitzen)과 세이지(Sage)(1982)의 스포츠의 정치적 속성
  ① 대표성: 스포츠를 행하게 되는 의식은 후원기관에 대한 충성심을 상징적으로 재확인시키는 기능을 지니고 있으며, 특히 올림픽이나 국제경기에서의 성적은 각 나라의 정치적·경제적·문화적·군사적 우월성을 나타내는 중요한 수단
  ② 권력 투쟁: 선수와 구단주 간, 경쟁리그 간, 행정기구 등의 스포츠 조직은 불평등하게 배분되는 권력이 존재
  ③ 상호의존성: 스포츠와 정치의 결합은 정부기관이 개입될 때 확실히 드러나는데, 그 예로 일반 기업이 프로스포츠구단을 창설하게 되면 조세 감면 혜택을 받는 경우
  ④ 보수성: 스포츠의 제도적 특성은 질서와 법의 표본이며, 스포츠는 보수적인 성향을 지니고 있기 때문에 현 상황을 지속하려는 경향과 스포츠 경기에 수반되는 애국심은 정치체계를 더욱 강화시키는 역할을 함
    ㉠ 스포츠의 인기와 대중성을 활용한 정치적 이용의 선전수단
    ㉡ 스포츠 조직화로 조직이 구성되고, 세분화되는 과정에서 권력의 배분 및 체계화
    ㉢ 경쟁에서 이기려는 스포츠와 정치의 유사한 속성
    ㉣ 스포츠는 경제, 문화, 정치 등 사회적 우월성 상징

> **개념 플러스** 스포츠의 정치적 순기능과 역기능
> - 순기능: 외교적 수단, 국민 화합, 선의의 경쟁을 통한 생산성 향상 등
> - 역기능: 국제적 갈등 가능성, 권력 유지 및 지배 정당성 유지, 국수주의 조장 등

(3) 홀리한(B. houlihan)의 스포츠에 대한 정치적 개입의 목적 2024
① Title IX는 1972년 스포츠 현장에서 성차별을 해소하기 위해 미국에서 통과된 남녀교육 평등법안, 여성 스포츠에 대한 재정적 지원과 관리방안 등 여성의 스포츠 참여를 활성화
② 시민들의 건강 및 체력유지를 위해 반도핑 기구에 재원을 지원
③ 게르만족의 우월성을 강조하기 위해 1936년 베를린 올림픽을 개최
④ 공공질서를 보호하기 위해 공원에서 스케이트보드 금지, 헬멧 착용 등의 도시조례가 제정

2 정치의 스포츠 이용 방법 2015, 2018, 2019, 2020, 2022
① 상징: 스포츠의 대중성을 이용한 학교, 지역, 국가 등 집단의 상징화로 이용
  예 스포츠 이벤트에서 국가 연주, 선수 복장, 국기에 대한 의례 등
② 동일화: 자신의 자아와 다른 자아를 동일화 하는 현상을 이용하여 국가 충성도를 높이고, 지역 연고팀에 대한 충성도 증가에 활용
  예 프로스포츠구단 각 지역의 연고제도 등
③ 조작: 상징과 동일화의 효과를 높이기 위한 행동으로 활용됨
  예 한일 스포츠 대결을 앞두고 일본 극우 세력이 과거사 관련 발언으로 우리나라에 대한 적대감을 불러일으켜 이용하는 경우

02 스포츠와 국내정치

1 지역 사회와 스포츠 2015, 2016, 2017, 2018, 2019, 2021
지역 사회에서 스포츠와 정치의 상호 관련성은 교호적이며, 상호 간의 균등한 영향력을 반영한다.

2 국가의 스포츠 개입 2015, 2019
① 공공질서 유지 및 보호
② 국민의 건강증진 및 여가의 기회제공
③ 국위선양과 국가 이미지 제고
④ 국가 및 사회 전반의 경제 발전
⑤ 사회통합 기능
⑥ 정부에 대한 지지 확보

03 스포츠와 국제정치

1 국제정치에서 스포츠의 역할 2015, 2017, 2018, 2019, 2020, 2021, 2022

① 외교적 친선 도구
  예 독일 통일 이전 동독은 스포츠를 통한 외교적 승인을 성공적으로 수행
② 이데올로기 및 체제선전의 수단
  예 헬싱키 올림픽 경기에서 소련은 종합 순위 1위를 차지하며 전 세계에서 가장 강력한 스포츠 국가로 인정받음
③ 국위선양
  예 평창 동계올림픽 경기에서 윤성빈 선수가 스켈레톤 금메달을 획득함
④ 국제 이해와 평화
  예 통일을 위한 한국 정부의 남북 대화 및 교류증진
⑤ 외교적 항의
  예 인종 차별 정책을 실시한 남아프리카공화국에 대한 세계적인 스포츠 배제
⑥ 갈등 및 전쟁의 촉매
  예 월드컵 중남미 예선에서 중앙아메리카의 온두라스와 엘살바도르가 100시간 동안 벌였던 축구 전쟁
⑦ 국가 경쟁력 표출
  예 올림픽, 월드컵 등의 개최는 개최 국가에 천문학적인 금액이 요구되는 메가 이벤트

2 올림픽과 국제정치 2017

① 민족주의 심화: 민족주의는 국가의 충성심 요구와 민족 중심, 국가 간 경쟁 심화를 유발함
② 상업주의 팽창: 올림픽 규모가 점점 커지며, 기업들의 상업적 이익 추구를 위한 도구로 이용되고 있음
③ 정치권력 강화: 올림픽을 이용한 정치권력의 강화로 스포츠를 국가 정책 수단으로 활용

3 올림픽 경기의 정치 도구 사례 2016, 2020, 2022, 2024

① 1896 아테네: 터키는 그리스와의 적대적 관계로 인하여 불참
② 1920 앤트워프: 구소련, 독일, 오스트리아, 터키의 참가가 거부됨
③ 1936 베를린: 히틀러 정부의 나치 권위와 위대함을 과시하는 도구로 사용
④ 1948 런던: 구소련(공산국가)과 미국, 영국, 프랑스(민주국가) 등의 국가 간 정치적 대립 양상
⑤ 1952 헬싱키: 미국과 소련의 세력 각축장으로 변모하는 계기
⑥ 1956 멜버른: 구소련의 헝가리 침공 사건에 대한 항의로 서방국가들 불참

⑦ 1972 뮌헨: 팔레스타인 해방기구의 검은 9월단 사건으로 유혈사태 발생
⑧ 1976 몬트리올: 뉴질랜드 인종차별 문제로 아프리카 국가들 불참
⑨ 1980 모스크바: 구소련의 아프가니스탄 침공에 대한 항의로 미국 및 서방국가들 불참
⑩ 1984 로스앤젤레스: 1980년 올림픽의 서방국가들 불참에 대한 항의로 구소련과 동조한 공산국가들 불참

4 기타 국제 스포츠 경기의 정치적 사건 2021, 2022, 2025

① 축구전쟁: 1969년 6월 15일 제9회 멕시코 월드컵 중남미 월드컵 지역 예선에서 온두라스와 엘살바도르 응원단의 응원 난투극에서 촉발하여 결국 1969년 7월 양국의 4일간의 전쟁(일명 100시간 전쟁)으로 약 1만 7000명의 사상자 및 15만 명의 난민이 발생한 사건
② 헤이젤 참사: 1985년 5월 29일 유러피언컵 결승전이 열린 벨기에 브뤼셀의 헤이젤 경기장에서 이탈리아의 유벤투스 FC와 잉글랜드 리버풀 FC 서포터 사이 벌어진 싸움으로 39명이 사망하고, 454명이 부상당한 사건
③ 핑퐁외교: 탁구를 통해 미국과 중국이 수교를 갖게 되는 역사적 사건으로 1971년 미국 탁구선수단이 중국을 방문하는 역사적 사건
④ 보스턴 폭탄사건: 2013년 4월 15일 미국 보스턴 마라톤 대회 중 결승선 인근에서 폭탄이 터진 사건으로 3명 사망, 183명 부상자 발생
⑤ 아파르트헤이트(apartheid): 남아프리카 공화국의 정권을 잡은 백인들의 유색 인종 차별정책을 말하며, 남아프리카 공화국은 아파르트헤이트(apartheid)로 인해 국제대회 참여가 거부되었음
⑥ 기타 여러 국가의 정치적 이념들이 스포츠경기에 영향을 미친 사건들이 다수 있음

5 스포츠와 남북관계

(1) 남북 스포츠 관계를 통한 기대효과
① 남북 긴장 완화
② 민족 공동체 의식 강화
③ 국제사회 및 정치적 불안감 해소
④ 통일을 준비하는 기회 마련

(2) 남북 스포츠교류 사례 2018
2018 평창동계올림픽에서 남북한 여자 아이스하키 단일팀이 구성되었으며, 이를 계기로 그동안 중단되었던 남북교류가 다시 활성화되었다. 이는 외교적 친선 및 승인 내용으로 스포츠가 국제정치에 영향을 미친 사례이다.

기출 핵심 포인트

축구전쟁
- 온두라스와 엘살바도르 간의 갈등 심화
- 1969년 중남미 월드컵 지역 예선 경기에서 발생

스포츠와 경제

01 상업주의와 스포츠

1 상업주의와 스포츠의 변화

(1) 상업주의 스포츠 출현과 발전 `2019, 2020`
   ① 인구가 밀집된 도시
   ② 자본주의적 시장경제 체제
   ③ 스포츠 기반시설 구축이 가능한 거대자본
   ④ 소비문화와 사회계층
   ⑤ 교통과 통신의 발전

(2) 상업주의에 따른 스포츠의 변화 `2017, 2018, 2019, 2020, 2021, 2022, 2024`
   ① 스포츠 본질 변화: 규칙, 아마추어리즘 퇴조, 제도 등의 본질 변화(농구 쿼터제 도입)
   ② 스포츠 조직 변화: 경기 자체보다 다양한 볼거리 등을 제공하는 이벤트 성격의 조직으로 변화
   ③ 스포츠 목적 변화: 금전적 이득의 추구(직업선수 등장) 및 영웅주의 증가(프로페셔널리즘 추구)
   ④ 스포츠 기술 및 경기 변화: 스포츠 기술 발전과 경기력 평준화 및 TV 중계를 위한 경기 시간 변화
   ⑤ 스포츠 조직의 세계화 등

2 프로스포츠와 상업주의

(1) 프로스포츠의 순기능과 역기능 `2016`
   ① 순기능: 스트레스 해소, 스포츠 용품 개발, 스포츠 대중화 역할, 아마추어스포츠 발전, 여가선용, 지역경제 활성화, 연대감 증대
   ② 역기능: 스포츠 본질의 퇴조, 물질만능주의 증가, 사행심 증가, 아마추어리즘 퇴색, 인기종목과 비인기종목의 격차 심화

(2) 프로스포츠에서 시행되는 제도 `2019, 2022`
   ① 보류조항: 일정 기간 선수들의 자유로운 계약과 이적을 막아 선수단 운영비를 줄이기 위한 목적으로 도입
   ② 최저연봉제: 신인선수와 계약에서 최저연봉을 보장하는 제도
   ③ 샐러리 캡: 선수와 연봉 계약에서 연봉의 상한선을 두는 제도로 한 선수의 연봉과 한 구단의 모든 선수들의 연봉을 모두 포함
   ④ 트레이드: 프로구단 사이에 선수와 선수 또는 현금과 선수를 서로 주고받는 제도

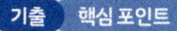

상업주의 스포츠 규칙 변화 조건 예시
- 경기의 속도감 향상
- 관중의 흥미 극대화
- 상업적인 광고 시간 할애

⑤ 드래프트: 리그 모든 팀의 전력 평준화 및 팀 간 분쟁을 줄이기 위한 제도로서 정해진 방식에 따라서 각 팀에서 선발하고 싶은 신인 선수를 지명하는 제도
⑥ 자유계약(FA): 처음 계약기간이 정해진 팀에서 일정 기간 활동 후 다른 팀으로 자유롭게 이적할 수 있는 자유계약선수 제도

개념 플러스 프로스포츠 드래프트 제도 예시

- 프로스포츠리그의 신인 선수를 선발하는 방식
- 신인선수 쟁탈에 따른 폐단을 막기 위해 도입
- 계약금 인상 경쟁을 막기 위한 방법으로 고안

3 상업주의와 세계화

(1) 상업주의와 스포츠 세계화 `2020, 2021`

상업주의는 스포츠가 수입원(스포츠 용품 판매, 방송 중계료, 입장권 수익 등) 증대를 위해 세계 여러 국가의 스포츠 산업 시장으로 진출하여 스포츠 세계화를 촉진하는 현상

① 스포츠 시장의 경계가 국경을 초월해 전 세계로 확대
② 세계인들에게 표준화된 스포츠 상품과 스포츠 문화를 소비하게 만듦

(2) 매기(J. Magee)와 서덴(J. Sugden)의 스포츠 노동이주 유형 `2021`

① 유목민형: 종목의 특성으로 국가 간 이동이 발생, 흥미로운 장소를 돌며 스포츠를 즐기는 유형
② 정착민형: 영구적인 거주지를 가지고 주기적인 생활을 통해 노동이주를 이어가려는 유형
③ 개척자형: 새로운 영역, 운명, 진로 등을 처음으로 개척하고 만들어가는 유형
④ 귀향민형: 스포츠 노동이주로 해외로 이주하였다가 고향으로 돌아오는 유형

(3) 스포츠에서 성평등의 움직임

① 1972년 미국에서 여성의 스포츠 참여 활성화를 위한 Title IX 제정
② 1979년 유엔총회에서 여성차별철폐를 촉구하는 여성차별철폐조약 채택
③ 국제올림픽위원회(IOC)는 각국의 조직에서 여성임원의 비율을 높이도록 권장

02 스포츠 메가 이벤트의 경제

1 국제 스포츠 이벤트의 사회적 기능 2015

구분	긍정적 기능	부정적 기능
경제적 측면	• 지역 경제의 활성화와 개최 지역의 관광객 증가 • 도시 인프라 구축과 도시 발전 촉구	• 막대한 재원 투입 • 개최 도시의 재정 부담
사회적 측면	• 개최 지역에 여가 생활 기회 제공 • 지역 주민의 화합과 단결 • 개최 지역의 인지도 상승	• 지역 주민 복지와 관련된 예산 축소 • 지역 주민의 과도한 세금 부담
정치적 측면	• 개최 국가 및 개최 도시의 위상과 이미지 제고	• 정치 세력의 권위 및 정당성 강화

2 국제 스포츠 이벤트의 경제적 가치 2016, 2025

① 긍정적인 경제 효과: 경제 활성화, 관련 산업계 경제 활력, 국가의 기업 상품 이미지 개선을 통한 경제 효과 등
② 부정적인 경제 효과: 재정 부담, 국제 스포츠 이벤트 후 성장률 감소 등
③ 경제적 파급효과: 고용창출, 생산유발, 국가이미지 상승, 내수시장 활성화 등
④ 국제 스포츠 이벤트 스폰서십: 올림픽에서 스폰서십(sponsorship)을 시행함으로써 IOC는 기업으로부터 금전 및 물자 등을 제공받고, 기업은 자사 제품 광고 및 홍보에 올림픽 공식 로고와 휘장을 사용할 수 있는 권한을 얻음

스포츠와 교육

기출 핵심 포인트

스포츠의 교육적 순기능

전인 교육	• 학업 활동의 격려 • 사회화 촉진 • 정서 순환
사회 통합	• 학교 내 통합 • 학교와 지역 사회 통합
사회 선도	• 여권 신장 • 장애인의 적응력 배양 • 평생 체육의 장려

01 스포츠의 교육적 가치

1 스포츠의 교육적 순기능 2015, 2017, 2020, 2022, 2024
① 전인교육 도모: 학생들의 신체·정신·사회적 건강 증진, 정서 순화 등
② 사회통합 기능: 스포츠를 통한 학교와 지역사회 통합 기능(학교 내 통합 등)
③ 사회선도 효과: 욕구불만 등 소외 계층의 사회선도, 평생체육 활동 장려로 건전한 사회 교육 기능

2 스포츠의 교육적 역기능 2018, 2021, 2024
① 승리지상주의(교육목표 결핍)
② 비인간적 훈련(학생선수 혹사)
③ 일탈과 부정행위(승부조작)
④ 참가기회 제한(선수선발 부정행위)
⑤ 학원스포츠의 상업화(상업화로 인한 물질 만능주의)
⑥ 성차별(남성 위주 문화)

02 한국의 학원스포츠

1 학원스포츠 2015, 2017, 2019, 2022

(1) 학원스포츠의 문제
선진 국가들의 학원스포츠는 취미활동으로 이루어지는데 우리나라의 경우 국가의 교육정책과 지역사회를 대변하는 경향으로 운영되고 있음

(2) 학원스포츠의 기능
① 순기능: 학업 활동에 도움, 정서 순환, 체육활동 흥미 유발, 학교 및 지역사회 통합 등
② 역기능: 학업에 영향, 승리지상주의, 성차별과 성폭력, 지도자의 폭력과 과잉 훈련 등

2 학원스포츠 제도의 변화 2016, 2018
① 최저학력제를 도입하여 공부하는 학생선수 육성
② 합숙훈련을 배제하여 학생선수의 학업 독려
③ 주말리그제 시행으로 평일 학업 독려
④ 학교스포츠클럽 지도자들의 신분 안정을 위한 제도적 육성
⑤ 학교운동부 활성화 및 투명화를 통한 사교육비용 절감
⑥ 학생선수 보호와 공부하는 학생선수 육성으로 다양한 스포츠인 육성

3 학원스포츠의 문화적 특성 2019
① 군사주의 문화: 스포츠 조직 내에서 승리와 성공을 위하여 지도자에게 절대적인 권력이 있다고 생각하는 문화
② 섬 문화: 학생선수들은 교실 공간과 분리되어 합숙소와 운동장에서 주로 생활하며, 그들만의 공동체 문화 형성
③ 승리지상주의 문화: 승리에 대한 보상과 즐거움을 더 강조하여 경쟁과열이 나타나는 문화
④ 신체 소외 문화: 학생선수의 신체를 성공과 목적을 달성하는 도구로 사용하는 문화

4 스포츠클럽법의 특성 2024
① 지정스포츠클럽의 전문선수 육성 프로그램 운영
② 스포츠클럽의 지원과 진흥에 필요한 사항을 규정
③ 국민체육진흥과 스포츠 복지 형상 및 지역사회 체육발전에 기여함
④ 국가 및 지방자치 단체는 스포츠클럽의 지원 및 진흥에 필요한 시책 수립 및 시행

03 스포츠 육성 정책 모형 2024, 2025

- 선순환 모형: 스포츠 선수들의 우수한 성과는 청소년의 스포츠 참여, 스포츠 참여 저변 위에서 우수한 스포츠 선수들이 성장
- 피라미드 모형: 스포츠 참여 저변이 확대되면, 좋은 기량의 학생선수가 배출
- 낙수효과 모형: 우수한 선수들을 육성하면 학생들의 스포츠 참여 확대

스포츠와 미디어

| 기출 | 핵심 포인트 |

미디어의 3가지 기능
- 오락 제공
- 정보 제공
- 판단과 해석

스포츠미디어 개인차 이론 예시
대중들은 능동적 수용자로서 특수한 심리적 욕구를 만족시키기 위해 매스미디어를 적극 이용한다. 이에 미디어 수용자는 인지적, 정의적, 도피적, 통합적 욕구를 충족시키기 위해 스포츠를 주제로 다루는 매스미디어를 이용한다.

01 스포츠와 미디어의 이해

1 스포츠미디어의 유형과 특성

(1) 미디어와 스포츠미디어의 개념 **2020, 2021**
① 미디어는 스포츠 중계를 통해 시청자들의 상품 소비를 촉진시키는(자본주의) 이데올로기를 생산
② 미디어는 남성스포츠 경기가 역사적으로 중요성을 갖고 있는 것처럼 묘사하며, 여성스포츠를 실력보다 외모를 부각시키는 젠더 이데올로기를 생산
③ 한 번에 여러 사람들에게 많은 정보를 제공하는 것을 '매스미디어'라고 하며, 스포츠의 특성을 반영하여 스포츠미디어 또는 스포츠매스미디어라고 함
④ 스포츠미디어의 기능은 정보 기능, 정의적 기능, 사회통합 기능, 도피 기능이 있음
⑤ 버렐과 로이의 스포츠 미디어 욕구 유형 **2025**
   ㉠ 인지적 욕구: 스포츠 지식, 경기 결과 등 제공
   ㉡ 정의적 욕구: 스포츠 관심, 즐거움, 흥미 제공
   ㉢ 도피적 욕구: 스포츠로 스트레스, 불안 등을 해소하여 심리적 안정 제공
   ㉣ 통합적 욕구: 스포츠로 사회 구성원들을 통합하는 역할 제공

(2) 스포츠미디어 이론 **2016, 2019, 2020, 2021, 2022**
① 개인차 이론: 인간은 다양한 차이로 인하여 서로 다른 가치관과 성격 및 행동양식을 형성하며, 각 개인적 특성은 사물을 인식하고 판단하는 근거가 된다는 이론
② 문화규범 이론: 매스미디어가 사회와 인간에 영향을 미친다는 이론
③ 사회관계 이론: 인간의 행동과 생각에 주변 사람의 영향이 크게 작용하며, 준거 집단에서도 영향을 주고받게 된다는 이론
④ 사회범주 이론: 인구학적 특성에 따라서 사람을 여러가지 집합으로 구분하여 분류하는 것으로 경제수준, 연령, 성별, 인종, 종교 등을 포함함. 이는 사람이 속한 위치나 환경에 따라 행동을 구성하는데 유사한 환경에서 생활하면 생각과 행동이 유사해지는 사회학적 이론
⑤ 맥루한(M. Mcluhan)의 매체 이론: 매체를 정의성과 수용자의 감각 참여성, 감각 몰입성 등을 기준으로 구분하여 핫 매체(Hot media)와 쿨 매체(Cool media)로 구분

> **개념 플러스** 맥루한의 매체 이론 예시
> - 핫 미디어 스포츠는 관람자의 감각 참여성이 낮다.
> - 쿨 미디어 스포츠는 관람자의 감각 몰입성이 높다.
> - 핫 미디어 스포츠는 경기 진행 속도가 느리다.
> - 쿨 미디어 스포츠는 메시지의 정의성이 낮다.

2 스포츠미디어 윤리 2017

(1) 스포츠 미디어
  ① 저널리즘은 좁은 의미에서 정기적인 출판물 등을 통하여 대중에게 전달하는 활동을 말함
  ② 넓은 의미에서 모든 대중 전달 활동을 말하는 것으로, 비인쇄물 등 종류가 다양함
  ③ 스포츠와 관련된 저널리즘을 스포츠저널리즘이라고 함

(2) 저널리즘의 유형 2018
  ① 옐로 저널리즘: 원시적인 본능을 자극하고, 호기심을 자극하여 흥미 위주로 보도
  ② 블랙 저널리즘: 개인이나 집단의 약점을 이용하여 공개되지 않은 사실을 파헤치는 보도
  ③ 퍼블릭 저널리즘: 취재하는 사람을 다양하게 하여 여론의 민주화를 선도하고, 시민들이 직접 참여하는 보도
  ④ 뉴 저널리즘: 기존의 일방적인 표현 대신 소설처럼 작가의 표현력을 동원하여 보다 실감나게 전달하는 보도
  ⑤ 팩 저널리즘: 독창성과 개성이 없는 단조로운 보도
  ⑥ 하이에나 저널리즘: 사회적 지위 또는 권력이 낮은 사람들을 대상으로 하는 노골적인 보도

(3) 스포츠미디어의 윤리 문제 2018, 2024
  ① 스포츠미디어는 승리지상주의를 확대시킴
  ② 스포츠미디어는 스포츠 포퓰리즘을 확대시킴
  ③ 스포츠미디어는 자본주의, 성차별, 민족주의 등 특정 사상 또는 이념 전파
  ④ 스포츠미디어는 옐로저널리즘을 확대시킴

기출 핵심 포인트

02 스포츠와 미디어의 상호관계

1 스포츠와 미디어의 상호작용 및 공생관계

(1) 스포츠가 미디어에 미치는 영향 `2015, 2016, 2017, 2019, 2025`
   ① 미디어 콘텐츠 제공
   ② 미디어 기술 발전 및 장비 보급 증가
   ③ 미디어 보급 확대를 통한 이윤 창출
   ④ 미디어사의 이미지 제고
   ⑤ 스포츠 보도 위상 제고

(2) 미디어가 스포츠에 미치는 영향 `2018, 2019, 2020, 2022, 2025`
   ① 경기 규칙 변화
   ② 경기 일정과 경기 시간 변경
   ③ 경기 기술의 발달
   ④ 스포츠용구의 발전과 변화
   ⑤ 스포츠에 대한 관심 증가로 스포츠인구 증가
   ⑥ 뉴 스포츠 종목 창출

> **개념 플러스** 대중매체가 스포츠에 미치는 영향 예시
> - 스포츠 인구 증가
> - 새로운 스포츠 종목 창출
> - 경기 규칙과 경기 일정 변경
> - 스포츠 용구의 변화

스포츠와 사회계급·계층

01 사회계층과 스포츠 계층의 이해

1 사회계층의 개념 및 정의

(1) 사회계층의 개념

사회는 복잡한 관계를 통하여 이루어져 있고, 사회의 구성원들은 각자 자신의 환경에 따라 지위가 구분되어 있다. 사회구성원들의 사회적 위치가 여러 가지로 나누어져 있는 것을 사회계층이라고 한다.

(2) 사회계층의 정의

다양한 사회적 요인에 의하여 나누어져 있으며, 사회적 희소가치가 불평등하게 나누어져 구조화된 상태를 의미한다.
① 계층: 사회적 지위의 상과 하의 범주를 의미하는 층
② 계급: 사회 및 조직 내에서 지위, 관직 등의 단계

2 스포츠 계층의 특성과 관계 2016

① 스포츠라는 사회체계 내에서 형성됨
② 스포츠는 서로 다른 계층 간의 사회적 상호작용을 가능하게 함
③ 사회계층은 선호하는 스포츠 종목에 영향을 미침

(1) 스포츠 계층의 특성 2016, 2018, 2024, 2025
① 역사성: 각 시대적 사회와 문화 배경에 따라서 다르게 나타나며, 특히 시대에 따라 계층 간의 특성과 계층이 변화
② 다양성: 평등한 가치를 반영하여 계층 간의 사회적 계층 이동이 이루어짐
③ 보편성: 어디서나 스포츠 계층은 존재하고 어디서든 나타나는 보편적 사회현상
④ 사회성: 스포츠 계층은 항상 다양한 분야와 연결됨
⑤ 영향성: 경제력, 권력, 심리적인 상태에 따라서 나타나는 불평등한 구조들은 생활에 영향을 미침

(2) 스포츠와 계층의 관계 2019, 2025
① 부르디외 계급론에 따르면, 골프는 상류 계급의 스포츠로 분류됨
② 베블렌 계급론에 따르면, 상류계급이 스포츠에 참가하는 이유는 자신의 지위를 과시하기 위함
③ 마르크스 계급론에 따르면, 운동선수는 생산수단을 소유한 피지배계급에 속함
④ 베버 계층론에 따르면, 프로스포츠에서 감독과 선수의 사회계층 수준은 연봉액수만으로 평가되지 않음

기출 핵심 포인트

스포츠 계층의 형성 과정

지위의 분화
↓
지위의 서열화
↓
평가
↓
보수 부여

기출 핵심 포인트
투민(M. Tumin)의 이론 중 지위의 서열화 예시 • 스포츠 종목에서 요구되는 우수한 운동수행 능력을 갖추어야 함 • 뛰어난 경기력뿐만 아니라 탁월한 개인적 특성을 갖추어야 함 • 스포츠 팀 구성원으로 자신의 능력이 팀 승리에 미치는 영향력이 커야 함

개념 플러스 | 스포츠와 사회 계층구조 2017

부르디외는 생활양식과 같은 사회문화적 요소를 계급 결정 요인으로 간주하고 이를 자본의 개념으로 다루었다. 이 개념에 따르면 스포츠는 체화된 문화자본의 한 형태로서 사회의 계층구조에 관여한다고 주장했다.

3 투민(M. Tumin)의 스포츠 계층 형성과정
2015, 2018, 2020, 2021, 2022, 2024

① 지위의 분화: 일의 영역과 범위, 역할, 권한, 책임이 구분되는 과정
　예 구단주, 감독, 코치, 선수 등
② 지위의 서열화: 담당한 역할에 따라 특성과 서열이 형성되고 결정됨
　예 선수의 능력에 따라 주전선수 또는 후보선수로 나뉨
③ 평가: 평가를 통한 적절하고 효율적인 지위 배열
　예 선수의 경기력으로 선수 등급 평가
④ 보수 부여: 분화, 서열화, 평가를 거치며 적절한 배분이 이루어지는 과정
　예 평가에 따른 보수 및 연봉 결정

02 사회계층과 스포츠 참가

1 스포츠 참가 유형의 차이

(1) 스포츠 참가의 계층별 차이 2017
① 계층별 사회적 조건에 따라 스포츠 참가 유형에 차이가 나타남
② 하류계층은 경제적 조건 때문에 상류계층보다 상대적으로 스포츠의 직접 관람률이 낮음
③ 상류계층은 자신의 경제적 여유를 드러내려는 속성으로 인해 하류계층보다 개인스포츠 참가를 더 선호함
④ 상류계층은 특정 종목을 강조하는 분위기에 따라 사회화 과정에서 해당 종목에 자연스럽게 익숙해짐

(2) 스포츠 참가 유형 2017

참가 유형	내용
일상적 참가	일상적이고, 일반적인 참가
주기적 참가	일정 간격을 유지하면서 스포츠에 지속적으로 참가
일탈적 참가	• 일차적 일탈 참가: 자신의 직업을 등한시하고 대부분의 시간을 스포츠 참가에 사용함 • 이차적 일탈 참가: 경기결과에 거액의 돈을 걸고 스포츠를 관람함

(3) 상류 계층이 개인 스포츠에 많이 참여하는 이유 2020
① 개인 스포츠는 하류층이 즐기기에는 과중한 비용이 부담됨
② 상류층은 개인 스포츠 종목을 강조하는 생활 습관의 분위기가 조성되어 있음

③ 상류 계층은 사치스러운 활동을 주위 사람들에게 인식시키기 위하여 개인 스포츠에 참여함
④ 불확실한 일과 시간에 따른 직업적 특성에 기인함

2 스포츠 관람 및 참가 종목 2016, 2017, 2020

(1) 스포츠 관람 및 참가 종목의 차이
① 스포츠가 가지고 있는 다양한 특성으로 인하여 사회계층 간의 참가 형태와 참가 종목에서도 차이를 보임
② 상류계층은 골프, 수영, 스킨스쿠버, 요트, 테니스 등 경제적으로 비용이 발생하지만 직접 참여하여 개인적인 시간적 여유를 가지고, 보다 과시할 수 있는 개인 스포츠 종목에 많이 참여하는 특성을 보임
③ 중·하류계층은 농구, 복싱, 야구, 축구 등 여러 사람들이 같이 모여서 할 수 있는 단체스포츠 종목에 관람 또는 참여하는 특성을 보임

(2) 스포츠 참가 형태 2018
① 인지적 참가: 다양한 정보를 인지하여 스포츠에 참여하게 되는 참가
② 정의적 참가: 실제 스포츠에 참가하지는 않지만 간접적으로 특정선수나 팀 또는 경기상황에 대해 감정적인 태도나 성향을 표출하는 참가
③ 행동적 참가
 • 일차적 행동 참가: 스포츠에 직접 참여하여 행동하는 참가(운동선수)
 • 이차적 행동 참가: 스포츠 생산에 필요한 행동의 형태로 참가(생산자)

03 스포츠와 계층 이동

1 스포츠 계층 이동의 유형 2015, 2019, 2020, 2022, 2024, 2025

(1) 방향에 따른 유형
① 수직방향 이동: 개인이 가지고 있던 지위가 위, 아래로 이동하는 수직 방향 형태
 예 2군 선수가 1군 코치로 승진
② 수평방향 이동: 지위의 변화는 없는 같은 지위에서 다른 자리로 이동하는 수평 방향 형태
 예 A팀에서 B팀의 같은 포지션으로 자리이동

(2) 시간에 따른 유형
① 세대 간의 이동: 이 세대에서 다음 세대로 이동하는 과정에서 이루어지는 세대 간 이동
 예 아버지는 축구 2군 선수 출신이지만 아들은 축구 1군 선수로 활약
② 세대 내의 이동: 한 세대(개인)에 이루어지는 지위의 변화
 예 2군 선수에서 시작해서 1군 선수로 이동

(3) 사회구분에 따른 유형
  ① 개인 이동: 개인의 노력과 능력으로 지위가 변화하는 이동
  ② 집단 이동: 같은 집단 또는 유사한 집단 내에서 이루어지는 이동

2 사회 이동 기제로서의 스포츠 2016, 2019, 2021

(1) 사회계층 이동에 스포츠의 긍정적인 역할
  ① 조직적인 스포츠 참가는 교육적 기회 제공 및 성취도 향상에 기여
  ② 스포츠 참가는 사회적 상승 이동을 촉진하는 매개체 역할
  ③ 사람이 살아가는데 올바른 태도 및 행동 함양
  ④ 사회생활에 가치 있다고 여겨지는 태도 및 행동 양식 학습
  ⑤ 전문 스포츠인 양성으로 직업적 후원의 다양한 기회 제공

(2) 사회계층 이동에 스포츠의 부정적인 역할
  ① 과도한 성공 신화의 확산으로 교육 참여 및 성취도 하락 우려
  ② 학교의 일반적인 자원을 경기 활동에 주로 활용되어 편중된 교육이 이루어질 우려

기출 핵심 포인트

사회계층 이동 준거 유형 예시
- K는 가난한 가정에서 태어나 끊임없는 훈련을 통해 축구 월드스타가 되었음
- 월드스타가 되고 난 후, 축구장학재단을 만들어 개발도상국에 축구학교를 설립하여 후진양성에 큰 역할을 하고 있음
- 이동 주체는 개인, 이동 방향은 수직 이동, 시간적 거리는 세대 내 이동을 뜻함

스포츠와 사회화

01 스포츠사회화의 의미와 과정

1 스포츠사회화의 정의
인간이 살아가며 사회에 적응해 나아가는 과정에서 가치, 기술, 규범, 도덕, 지식 등 다양한 것들을 학습하는 과정들을 사회화라고 하며, 스포츠를 관람하고, 참여하는 과정에서 사회의 다양성을 습득하는 과정

2 스포츠사회화 과정 `2015, 2018, 2020, 2021, 2025`
① 스포츠로의 사회화: 스포츠 참여 동기를 갖게 되는 과정
　예 부모님의 권유로 수영을 배우게 됨
② 스포츠를 통한 사회화: 스포츠 활동에 참여함으로써 다양한 사회적 가치와 태도, 규범 행동 양식 등을 가지는 과정
　예 수영 참여를 통해 사회성, 준법정신이 강한 선수가 됨
③ 스포츠 탈 사회화: 스포츠에 참가하던 중 어떠한 원인(갈등, 부상, 제약 등)으로 중단하게 되는 것
　예 무릎인대 손상으로 테니스선수 생활을 그만둠
④ 스포츠 재사회화: 스포츠를 중단했던 사람이 다시 스포츠 관련 분야로 진출
　예 테니스 지도자가 되어 초등학교에서 테니스를 가르치게 됨

3 스포츠사회화 이론 `2017, 2019, 2021, 2022, 2024, 2025`

(1) 사회학습 이론
① 사회적 행동양식을 습득하고, 어떻게 역할을 수행하는지 규명하는 이론으로, 개인의 사회적 학습 방법은 강화, 코칭, 관찰 학습이 있음
② 상과 벌을 통해 행동의 변화가 일어나며, 다른 사람의 행동을 관찰하여 모방이 일어남

강화	• 상과 벌의 외적 보상에 의해 사회적 역할 습득 • 벌(부정적 강화)은 행동 억제, 상(긍정적 강화)은 행동 지속
코칭	사회화 주관자에 의해 새로운 지식과 기능 학습
관찰 학습	개인의 과제 학습과 수행은 타인의 행동을 관찰한 결과와 유사

개념 플러스 　사회화 과정
- 개인 특성: 연령, 성별, 지역, 학력 등의 개인 특성
- 주요 타자: 가족, 교사, 대중매체, 동료, 지역사회 등
- 사회화 상황: 개인의 지위, 개인의 참여의사, 사회관계, 조직의 구조 등

기출 핵심 포인트

사회학습이론 중 강화
- 상과 벌은 행동의 학습과 수행에 긍정적·부정적 영향을 미친다.
- 스포츠 현장에서 스포츠에 내재된 가치와 태도, 규범에 그릇된 행위는 벌을 통해 중단되거나 피하게 된다.

> 기출 핵심 포인트

준거집단 이론

규범 집단	개인의 규범과 지침 등을 제공하는 집단
비교 집단	결과와 비교를 위한 실험 처리를 하지 않는 역할 모형 집단
청중 집단	다른 집단의 가치에 합이 되게 행동하려는 집단

스포츠사회화의 주관자
- 가족
- 또래집단
- 학교
- 지역사회
- 대중매체

(2) 역할 이론
　인간은 자신의 상황에서 경험을 통하여 스스로 학습하고, 각 사회구성원들이 영향과 역할을 주고받으며 적응해간다.

(3) 준거집단 이론
　인간은 집단 또는 타인의 다양한 감정과 행동 등을 척도로 삼아 적응하며, 자신의 감정과 행동들을 만들어간다. 준거집단은 규범집단, 비교집단, 청중집단 등으로 구성된다.

02 스포츠로의 사회화와 스포츠를 통한 사회화

1 스포츠로의 사회화

(1) 스포츠로의 사회화 개념　2015, 2019
　어린 시절부터 성인 시기에 이르기까지 다양한 스포츠 참여의 동기를 유발시켜 스포츠 참여를 유도하는 것으로 참여 형태, 참여 수준, 참여 의미 등을 결정하게 된다.

(2) 스포츠로의 사회화 촉진 요소
　① 스포츠 참여는 즐거움을 얻기 위한 요소
　② 금전, 건강, 승리의 기쁨 등 외적 보상 요소
　③ 다른 사람들에게 인정받고 싶은 요소
　④ 스포츠에 참여하여 얻는 불이익을 회피하려는 요소
　⑤ 자신의 위치를 유지하여 정체성을 유지하려는 요소

(3) 스포츠사회화의 주관자　2015, 2018
　스포츠에 참여하도록 이끌어주는 사람들 또는 집단을 의미하며, 주요 타자 또는 준거집단이라고 한다.

2 스포츠를 통한 사회화　2015, 2016, 2017, 2018, 2020

(1) 스포츠를 통한 사회화
　스포츠에 참여하는 과정 속에서 긍정적이고, 다양한 사회적 양식을 습득하는 것이다.

(2) 스포츠를 통한 사회화 가치
　① 공정 강조: 공정하고 자발적인 참가 가치
　② 승리 강조: 승리를 중요하게 생각하는 가치
　③ 업적 지향: 우월성을 보이며, 업적 지향적인 가치
　④ 참가 지향: 참가 자체에 만족하며, 자기만족 가치

(3) 스포츠 통한 사회화 영향 요인
　① 개인의 특성: 개인의 다양한 특성에 따라 영향
　② 참가 목적: 참가 지향적 또는 업적 지향적 인가에 따라 영향

③ 참가 형태: 다양한 형태 및 유형에 따라 영향
④ 참가 정도: 참가 기간, 빈도, 강도에 따라 영향
⑤ 조직 정도: 조직의 크기 및 분위기 등에 따라 영향
⑥ 사회화 주관자의 정도: 주관자의 위광 또는 위력에 따라 영향

(4) 스나이더(E. Snyder)가 제시한 스포츠 사회화의 전이 조건
① 스포츠 참가 정도
② 스포츠 참가의 자발성 여부
③ 스포츠 참가자의 개인적·사회적 특성
④ 사회화 주관자의 위신 및 위력

03 스포츠 탈사회화와 재사회화

1 스포츠로부터의 탈사회화 2016, 2017, 2024

개인이 여러 요인으로 스포츠를 중단 또는 은퇴하는 경우를 말하며, 탈사회화 요인은 다음과 같다.
① 개인 특성: 나이, 성, 학교, 부상 등 개인적 요소
② 사회관계 요소: 다양한 사회에서의 위치와 역할에 따라 다른 요소
③ 정서 요소: 조직 내 갈등, 부상 위험 등 심리적 요소로 인한 중단
④ 환경 요소: 이사, 지역사회, 취업 등 환경적 요소

2 스포츠로부터의 재사회화 2015, 2016, 2017

(1) 스포츠로부터의 재사회화

스포츠 활동 중이던 사람이 여러가지 이유로 인하여 스포츠를 중단하는 탈사회화 후 다시 스포츠 현장에서 활동하게 되는 것을 말한다.

(2) 스포츠로부터의 재사회화 유형
① 스포츠 종목을 바꾸거나 같은 종목에서 포지션 등을 바꾸는 유형
② 운동선수가 은퇴 후 스포츠지도자 또는 스포츠행정가로 바꾸는 유형
③ 전문운동선수가 은퇴 후 생활체육인으로 활동을 바꾸는 유형
   예 은퇴 선수가 국가가 운영하는 선수 지도사 양성 과정 수업을 듣고 코치로 재취업

기출 핵심 포인트

스포츠사회화 과정 예시 2022
- 스포츠를 통한 사회화: 골프의 매력에 빠져 골프선수가 되어 사회성, 체력, 준법정신이 함양되었다.
- 스포츠로의 사회화: 아빠와 함께 골프연습장에 자주 가면서 골프를 배우게 되었다.
- 스포츠 탈사회화: 손목수술 후유증으로 인해 골프선수를 그만두게 되었다.
- 스포츠로의 재사회화: 골프선수 은퇴 후 골프아카데미 원장으로 부임하면서 골프 꿈나무를 양성하게 되었다.

CHAPTER 08 스포츠와 일탈

기출 핵심 포인트

01 스포츠일탈의 이해

1 스포츠일탈의 개념 및 원인

(1) 스포츠일탈의 개념
스포츠 자체의 사회적 규범, 규칙, 윤리 등 스포츠 사회학적 요소에서 일어나는 보편적인 일탈 현상

(2) 스포츠일탈에 대한 관점 2017, 2020
① 절대론적 관점: 절대적인 기준이 명확히 구분된 일탈
② 상대론적 관점: 다양한 사회적 기준에 따라서 차이가 있으며, 상황과 환경에 따라 다르게 일어나는 일탈

스포츠일탈 관련 스포츠사회학 이론
- 구조기능 이론
- 문화전달 이론
- 사회통제 이론
- 낙인 이론
- 상징적 상호작용론
- 갈등 이론
- 구조 기능주의
- 비판 이론

(3) 스포츠일탈 관련 스포츠사회학 이론 2018, 2019, 2020, 2021, 2024
① 구조기능 이론: 사회구성원들은 일반적인 가치와 행동에 합의하여 사회구조 또는 지속적 행동유형으로 사회의 가치를 실현하도록 작용한다는 이론
② 문화전달 이론: 일탈행위와 동조행위는 문화적으로 유형화된 행동이라고 생각하고, 사회구성원의 일탈은 주변의 일탈 문화양식을 습득하기 때문이라고 판단하는 이론
③ 사회통제 이론: 일반적으로 일탈에 대한 관심은 많지만 상대적으로 일탈하는 사람은 왜 소수인가에 대하여 연구하는 이론
④ 낙인 이론: 일탈 행동 자체의 문제보다 다른 사람들이 일탈이라고 낙인을 찍기 때문에 오히려 일탈하게 된다는 이론으로 자의가 아닌 타의에 의하여 무분별하게 발생하는 것이 문제
⑤ 상징적 상호작용론: 인간은 다른 사람과의 상호 과정에서 구성되기 때문에 행위자 입장에서 이해해야 한다는 이론(동일한 행위도 상황에 따라 일탈로 규정되거나 그렇지 않을 수 있음)
⑥ 갈등 이론: 사회적 실체의 본질을 갈등의 관계로 이해하는 이론(불화 또는 대립이 사회의 본질적 속성이라고 함)
⑦ 구조 기능주의: 사회는 본질적으로 상호 의존적인 제도로 구성, 사회제도는 전체 사회의 안정에 필요(사회는 가정, 교육, 경제, 정부, 종교, 스포츠 등 서로 상호보완적이며 조화를 이룸)
⑧ 비판 이론: 인간은 사회를 평가하고 비판할 수 있는 수단을 가지며, 인간의 삶과 관련된 사회 현상(노동문제, 불평등)을 규명하고 비판하는 데 관심을 가짐
⑨ 차별교제 이론: 일탈 규범을 내면화하는 사회화 과정이 존재하며, 다른 사람과 상호작용을 통해 스포츠일탈 행동을 학습함

> **개념 플러스** 상징적 상호작용론적 관점
> - 동일한 행위도 상황에 따라 일탈로 규정되거나 그렇지 않을 수 있음
> - 경기장에서도 다양한 일탈 행동으로 문제가 되는 선수들이 있음

2 스포츠일탈의 특성과 원인

(1) 스포츠일탈의 특성 `2019, 2020, 2024`
   ① 과소동조 특성: 규칙과 규범을 잘 모르거나 알면서도 무시하는 일탈
   ② 과잉동조 특성: 규칙과 규범을 맹신하여 따르며, 자신과 팀이 특별하다고 생각하여 일어나는 일탈

(2) 코클리(J. Coakley)의 일탈적 과잉동조 유발 스포츠윤리 규범 유형 `2024`
   ① 몰입 규범: 스포츠를 삶의 우선순위로 두고 경기 및 팀을 위해 자신을 희생
   ② 인내 규범: 경쟁과정에서 발생하는 고통을 경기의 일부로 받아들이고 위험, 고통 감수
   ③ 도전 규범: 목표를 과도하게 강조하여 성공을 달성해야 한다는 의무감으로 고난과 역경을 극복
   ④ 구분짓기 규범: 경쟁을 통해 기록을 갱신하는 것을 목표로 다른 선수와의 차별성을 강조하고 승리를 성취하고자 하는 노력

(3) 스포츠일탈의 원인 `2020`
   ① 한사람에게 양분된 역할로 인한 갈등
   ② 가치 기준에 따른 차이
   ③ 원칙과 편법의 차이
   ④ 보상의 차이
   ⑤ 감독과 선수 사이 시각 차이

(4) 머튼(R. K. Merton)의 아노미(Anomie) 이론 `2018, 2020, 2021, 2022, 2025`
   사회구성원의 목표와 수단 사이에서 발생하는 갈등 현상을 '아노미'라고 한다.
   ① 도피주의: 사회적으로 허용된 모든 수단들을 거부하는 행동(스스로 실력의 한계를 느끼고 운동부에서 탈퇴)
   ② 반란주의(반역주의): 사회 변화와 새로운 목표를 주장하는 행동(학생선수의 학습권을 보장하기 위해 최저학력제 도입)
   ③ 동조주의: 사회적 제도 범위 내에서 최선을 다하여 목표를 이루기 위한 행동(선수가 경기규칙을 준수하고 경기에 최선을 다하려는 의지)
   ④ 의례주의: 결과보다는 과정을 중요하게 생각하여 승패에 연연하지 않고 참여에 의미를 두는 행동(승리에 대한 집념보다는 규칙을 지키며 최선을 다해 경기에 참여)
   ⑤ 혁신주의: 수단과 방법을 가리지 않고 성공하려 하는 행동(벤 존슨은 불법 약물 복용으로 올림픽 금메달이 박탈됨)

기출 핵심 포인트

코클리(J. Coakley)의 일탈적 과잉동조 유형과 특징 예시
- 구분짓기 규범: 다른 선수와 구별되기 위해 탁월성을 추구해야 함
- 인내 규범: 위험을 받아들이고 고통 속에서도 경기에 참여해야 함
- 몰입 규범: 경기에 헌신해야 하며 이를 그들의 삶에서 우선순위에 두어야 함
- 도전 규범: 스포츠에서 성공을 위해 장애를 극복하고 역경을 헤쳐 나가야 함

> **개념 플러스** 머튼(R. Merton)의 아노미 이론 예시
>
> - 도피주의: 스포츠에 내재된 비인간성, 승리지상주의, 상업주의, 학업 결손 등에 염증을 느껴 스포츠 참가 포기
> - 의례주의: 승패에 집착하지 않고, 참가에 의의를 두는 것으로, 결과보다는 경기 내용 중시
> - 혁신주의: 불법 스카우트, 금지 약물 복용, 경기장 폭력, 승부조작 등
> - 동조주의: 전략적 시간 끌기 작전, 경기규칙이 허용하는 범위 내에서의 파울 행위 등

02 스포츠일탈의 기능, 형태, 유형

1 스포츠일탈의 기능 `2018, 2020`

(1) 스포츠일탈의 순기능

스포츠일탈은 역기능으로 작용하지만 특정한 경우에는 순기능으로도 작용하기도 함
① 규칙과 규범에 대한 재확인을 통하여 일탈 예방 효과
② 일시적이고, 아주 작은 일탈은 인간의 부정적인 요소를 해소하여 사회 안전판으로 작용
③ 과거의 일탈과 현재의 일탈에 대한 기준이 다르기 때문에 오히려 사회 개혁과 창의적인 결과를 가져올 수 있음

(2) 스포츠일탈의 역기능

스포츠일탈이 일어나면 사회에 부정적인 요소로 작용함. 스포츠 규범과 스포츠 체계에 불안을 초래하여 여러 가지 문제로 나타날 수 있으며, 스포츠의 순기능에 부정적인 영향을 미칠 수 있음
① 스포츠의 공정성 및 질서체계 훼손
② 스포츠 참가자의 사회화에 부정적인 영향을 줌

2 스포츠일탈의 형태 `2018, 2020`

① 긍정적 일탈(규범적): 문제가 되지 않는 범위에서 일반적인 상식을 넘는 행동
② 부정적 일탈(반규범적): 일반적인 일탈 행동

3 스포츠일탈의 유형 `2015, 2016, 2020, 2021, 2024`

(1) 스포츠폭력

스포츠에서 발생하는 신체적, 정신적, 성적으로 가해지는 폭력을 스포츠폭력이라고 함

(2) 스포츠폭력 원인
① 승리지상주의의 부작용
② 상하관계에서 일어나는 조직 내 폭력

③ 남성의 우월성 표현
④ 과잉동조의 부작용

(3) **약물복용**

스포츠경기에서 더 좋은 성적을 올리기 위한 수단으로 금지된 약물을 복용하는 것을 의미하며, 전문용어로 도핑(Doping)이라고 한다.

(4) **부정행위** `2016, 2018`

스포츠 부정행위는 스포츠정신에 위배되고, 스포츠 규칙과 규정을 어기는 행위이다.
① 제도적 부정행위: 제도적으로 일부 허용되는 제한적 행위(경기시간 지연 등)
② 일탈적 부정행위: 절대로 인정되지 않는 행위(승부조작 등)

(5) **범죄행위**

강도, 강간, 살인, 절도, 폭행 등 법률적으로 불법적인 행위를 의미하며, 스포츠 상황에서 일어나는 범죄행위를 스포츠 범죄행위라고 한다.

(6) **관중폭력** `2015, 2016, 2020, 2021`

여러 사람들이 모이는 과정에서 판단력 등이 약해지고, 군중효과로 인하여 일탈행동이 발생한다.

(7) **경계폭력** `2024`

대부분의 선수나 지도자들이 용인하는 폭력 행위 중 하나이며, 경기 전략의 하나로 활용되지만 상대방의 보복 행위를 유발할 수 있다.

> **개념 플러스 관중폭력의 원인**
> - 관중의 밀도와 인원이 많을 때
> - 경기 자체가 폭력적이거나 중요하고 결정적인 경기일 때
> - 사회적 지위가 낮은 관중의 수가 많거나 경기장 환경이 열악할 때

> **개념 플러스 집단행동의 발생을 설명하는 이론**
> - 전염 이론: 병이 전염되듯이 군중 속의 한 사람 또는 몇몇 사람의 영향을 받아 관중폭력이 발생(군중은 피암시성, 순환적 반작용에 의해 폭력적 집단행동이 나타남)
> - 수렴 이론: 개인들이 평소에 가지고 있던 반사회적 생각이 하나로 모여 군중이라는 익명성을 방패삼아 표출된 것이 관중 폭력(군중들의 반사회적 성향이 익명성, 몰개성화에 의해 집합 행동으로 나타남)
> - 규범생성 이론: 동질성이 거의 없던 개인들이 큰 집단으로 발전하는 과정에서 핵심적인 구성원이 적절한 행동을 암시하고, 나머지 구성원이 동조해서 새로운 규범이 만들어지면 집단 행동이 발생(특정 사회적 상황에서의 공유의식은 구성원의 감정, 정숙 정도, 수용성 등 영향)
> - 부가가치 이론(사회변형 이론): 집단행동이 일어나기 위해서는 어떤 요인이나 조건들이 순차적으로 조합을 이루어야 함(선행적 사회구조적, 문화적 요인으로 단계적 절차는 집합행동 생성, 발전, 소멸 가능)

CHAPTER 09 미래 사회의 스포츠

> 기출 핵심포인트

01 미래 사회의 스포츠 변화 요인

1 기술(테크놀로지)의 발전 2015
① 스포츠 첨단 장비의 개발
② 효율적인 훈련 방법 개발
③ 최상의 경기력 향상을 위한 프로그램 개발
④ 최상의 운동수행 능력 발현

2 통신 및 전자매체의 발달 2015
① 미디어에 의한 스포츠 정보 및 경기 제공
② 스포츠미디어 관람 인구의 증가로 국제스포츠 이벤트 활성화
③ 미디어 제작자들의 미래스포츠 모습에 대한 영향력 증가

3 조직화 및 합리화
① 스포츠 조직의 합리화는 인간적인 요소가 배제되어 오히려 인간의 영역이 작아지는 부작용이 있을 수 있음
② 스포츠의 다양성이 제한되서 즐거움 등이 저하될 수 있음

4 상업화 및 소비성향의 변화 2016
① 상업화로 인하여 소비 증가 및 경쟁 심화
   예 장비 및 회원권 구매 시 경쟁 심화
② 상업화로 인하여 다양한 융합이 이루어지고, 경기 결과에 관심이 집중되는 현상이 나타남
③ 소비성향 변화에 따라 노인과 여성의 스포츠 참여율 증가

02 스포츠 세계화

1 스포츠 세계화의 의미
(1) 스포츠 세계화 2017, 2022, 2024
① 근대스포츠 태동 이후 출현
② 스포츠의 탈영토화를 의미
③ 스포츠 소비문화의 측면에서도 나타남
④ 스포츠가 내재하고 있는 가치를 전 세계에 전파하는데 기여

(2) 스포츠 세계화 현상 2018

| 스포츠 국수주의 | 스포츠를 활용하여 민족의 우수성을 주장하려는 주의(극단적 민족주의) |

스포츠 세계화 특징 예시
- 스포츠 시장의 경계가 국경을 초월해 전 세계로 확대되었음
- 세계인이 표준화된 스포츠 상품과 스포츠 문화를 소비하게 되었음
- 프로스포츠 시장의 이윤 극대화로 빈익빈 부익부 현상이 심화되었음

스포츠 노동이주	외국 선수의 국내 유입과 자국 선수의 자유로운 해외 진출
스포츠 민족주의	스포츠를 통한 민족의 정체성 확립과 내부 결속
스포츠 제국주의	스포츠를 통하여 타민족들을 동화하려는 행위

(3) 세계화 용어 `2022, 2025`
① 세방화(Glocalization): 세계화와 현지화가 합성화된 용어로서 현지 문화를 반영한 세계화
② 스포츠화(Sportization): 단순한 신체 활동에서 체계적인 제도와 규칙을 가진 스포츠로 변화하는 과정
③ 미국화(Americanization): 미국의 모든 사회적 문화가 다른 국가에 영향을 미치는 현상
④ 세계표준화(Global Standardization): 세계의 모든 국가들이 자재, 제품, 품질, 모양, 크기 등을 일정한 기준에 따라 표준으로 통일하는 과정
⑤ 용병형(mercenaries): 경제적 보상 요인을 최우선 가치로 추구하고, 더 높은 경제적 보상 시에는 다른 곳으로 이주도 가능

2 스포츠 세계화의 동인 `2018, 2019, 2020, 2024, 2025`

(1) 제국주의
① 스포츠를 피식민지 국민에게 문화적 수단을 활용한 동화 정책의 일환으로 활용함
② 체제의 지배는 강압보다는 동의를 얻는 방식으로 이루어짐
예 과거 영국의 식민지 국가에서는 크리켓과 럭비가 인기 있음

(2) 민족주의
① 스포츠를 통해 민족의 정체성을 확인할 수 있음
② 사람들을 하나로 결속시키는 민족 형성에 결정적 영향을 미침
예 손기정 선수의 일장기 말소 사건

(3) 종교
① 스포츠를 종교와 연계하여 종교적 거부감을 해소할 수 있음
② 종교와 결합하여 스포츠가 내포하는 협동, 희생, 건강, 페어플레이 등의 가치를 강조함
예 기독교 단체인 YMCA는 조선에 근대 스포츠(야구, 농구, 배구)를 전파함

(4) 기술(테크놀로지)의 진보
① 기술의 발전으로 전 세계에서 열리는 스포츠 경기를 실시간으로 확인할 수 있음
② 교통, 통신, 미디어의 발달은 스포츠 세계화에 결정적 영향을 미침
예 올림픽, 월드컵, 해외 유명 프로 리그(NFL, MLB, NBA, NHL) 등 실시간 시청

세방화 예시
- 로버트슨(R.Roberston)이 제시한 용어
- LA 다저스팀이 박찬호 선수를 영입하여 좋은 경기력을 펼치면서 메이저리그 경기가 한국에서 인기가 높아졌음
- 토트넘 팀이 손흥민 선수를 영입하면서 프리미어리그 경기가 한국에서 인기가 높아졌음

PART 02 단원문제 스포츠사회학

스포츠사회학의 이해

01 스포츠사회학에 대한 정의 및 개념의 설명으로 옳지 않은 것은?

① 스포츠사회학은 사회학적 이론과 연구 방법을 스포츠 현상에 적용하여 연구하는 학문으로 사회학과 스포츠과학의 한계 과학 또는 학제적 학문이다.
② 스포츠사회학은 스포츠에서 나타나는 행동유형과 사회과정에 초점을 두고 있으며, 이를 스포츠 활동이 존재하는 일반 사회구조의 측면에서 설명하는 학문이다.
③ 스포츠사회학은 사회학의 하위분야로 스포츠 현상에 사회학적 개념을 적용하여 스포츠의 맥락에서 인간의 사회행동 법칙을 규명하는 학문이다.
④ 스포츠사회학은 사회관계의 망 또는 인간의 조직을 의미하는 학문이다.

02 〈보기〉에서 스포츠의 사회적 기능을 설명한 파슨즈 AGIL 모형의 구성 요소는?

―[보기]―
• 스포츠는 사회 구성원에게 현실에 적합한 사고, 감정, 행동 양식 등을 학습할 수 있는 장을 마련해준다.
• 스포츠는 개인의 체력 및 건강 증진을 도모하여 효율적으로 사회 활동에 참여할 수 있게 한다.

① 체제 유지 및 관리 ② 사회 통합
③ 목표 성취 ④ 적응

03 〈보기〉에서 설명하는 스포츠의 사회적 순기능으로 옳은 것은?

―[보기]―
• 나는 스포츠 활동을 통하여 사회적으로 더 좋은 사람이 될 것이다.
• 스포츠에 참여하는 것은 다양한 경험을 할 수 있기 때문이다.

① 사회화 기능 ② 사회통합의 기능
③ 사회 통제의 기능 ④ 사회 정서적 기능

정답해설

01 ④ 사회관계의 망 또는 인간의 조직은 스포츠사회학이 아니라 사회학에서 다루는 사회 구조에 대한 설명이다.

02 ④ 〈보기〉는 파슨즈의 AGIL 모형의 구성 요소 중 적응에 관한 설명이다.

03 ① 사회화 기능: 스포츠 참여를 통하여 긍정적인 사회생활을 배우고, 경험하면서 진취적인 사회화의 긍정적인 기능이 있음

[오답해설]
② 사회통합의 기능: 스포츠는 사회적 배경이 다른 사람들이 서로 통합하고, 일체감을 형성하는 기능을 수행
③ 사회 통제의 기능: 사회지배층이 일반적 사회문제(경제, 사회, 정치 등) 관심을 스포츠로 분산시켜 사회구성원이 작게 인식하도록 유도하여 통제하려는 기능
④ 사회 정서적 기능: 스포츠를 통하여 긴장과 갈등을 해소하고 개인의 정서를 순화하여 공격성, 불안, 불만, 좌절 등 무해하게 방출함으로써 해소할 수 있는 계기를 마련

|정답| 01 ④ 02 ④ 03 ①

04 〈보기〉에서 설명하는 스포츠의 사회적 역기능으로 옳은 것은?

[보기]
- 올림픽과 같은 국제 스포츠 경쟁이 국수주의적 고립 정책과 군국주의적인 성향을 유발한다.
- 경기의 승리를 자국의 국력 및 정치력의 척도로 평가한다.

① 국수주의 및 군국주의 팽창
② 성차별 및 인종차별
③ 상업주의의 발달
④ 강제와 통제

스포츠와 정치

05 〈보기〉에서 설명하는 국제 정치의 스포츠의 역할은?

[보기]
1972년 뮌헨 올림픽 경기대회에서 '검은 9월단 사건'으로 유혈 사태가 발생했다.

① 갈등 및 전쟁의 촉매
② 외교적 도구
③ 외교적 항의
④ 국위 선양

06 에티즌(Eitzen)과 세이지(Sage)가 제시한 스포츠의 정치적 속성으로 옳지 않은 것은?

① 상호 배타성
② 권력 투쟁
③ 대표성
④ 보수성

07 〈보기〉에서 괄호 안에 들어갈 내용으로 옳은 것은?

[보기]
1956년 멜버른 올림픽에서는 구소련의 ( ) 침공 사건에 대한 항의로 서방국가들이 불참하는 사태가 발생한다.

① 아프가니스탄
② 헝가리
③ 터키
④ 뉴질랜드

08 스포츠 미디어 이론에 관한 설명으로 옳지 않은 것은?

① 국가는 스포츠 정책을 통해 스포츠에 개입한다.
② 냉전 시대 국가의 국제 스포츠 정책은 스포츠를 통한 상업주의 팽창에 초점이 맞춰졌다.
③ 스포츠는 상징, 동일화, 조작의 과정을 통해 정치적 기능이 극대화된다.
④ 정부는 의료비 지출을 줄이고 산업 생산력을 향상시키기 위해 스포츠에 관여한다.

정답해설

04 ① 국제 스포츠 경쟁에서의 승리는 해당 국가 국민의 자긍심을 고취시키는데 기여하나 민족 우월주의나 맹목적인 애국심과 같은 극단적인 국수주의 의식을 심화시킬 수 있다.

05 ① 검은 구월단 사건은 국제 정치에 있어 스포츠는 각국의 이해와 관련된 갈등 및 전쟁의 촉매 역할을 한다.

06 ① 에티즌과 세이지가 제시한 스포츠의 정치적 속성은 상호 배타성이 아니라 상호 의존성이다.

07 ② 1956년 멜버른 올림픽에서는 구소련의 헝가리 침공 사건에 대한 항의로 서방국가들이 불참하는 사태가 발생한다.

08 ② 냉전 시대 국가의 국제 스포츠 정책은 스포츠를 통해 한 나라의 군사력이나 정치, 경제 체제 및 문화적 우월성을 표출하는 수단이 되었다.

| 정답 | 04 ① 05 ① 06 ① 07 ② 08 ②

스포츠와 경제

09 현대 스포츠의 발전에 영향을 미친 요소에 대한 설명으로 옳지 <u>않은</u> 것은?

① 산업의 고도화: 스포츠 용품의 대량 생산 체계가 갖춰지고 용구가 표준화되었다.
② 인구의 저밀도화: 쾌적한 생활환경으로 인해 스포츠 참가가 증가하였다.
③ 교통의 발달: 수송 체계가 원활해지면서 다양한 스포츠 행사가 열릴 수 있게 되었다.
④ 통신의 발달: 정보 유통이 원활해져 스포츠 저널리즘이 발달하게 되었다.

10 프로스포츠의 기능 중 성격이 <u>다른</u> 하나는?

① 스포츠 관람을 통해 스트레스 해소
② 스포츠를 삶의 수단적 가치로 추구
③ 아마추어 선수에게 진로 개척과 희망 제공
④ 경제 발전 및 고용 증대

11 상업주의로 인한 스포츠의 변화로 옳지 <u>않은</u> 것은?

① 스포츠 규칙의 변화
② 스포츠 제도의 변화
③ 물질만능주의 강화
④ 아마추어리즘의 부활

12 〈보기〉에서 설명하는 스포츠의 제도는?

---보기---
- 프로스포츠 리그의 신인 선수 선발 방식 중 하나이다.
- 신인 선수 쟁탈에 따른 폐단을 막기 위해 도입되었다.
- 계약금 인상 경쟁을 막기 위한 방법으로 고안되었다.

① 최저 연봉
② 드래프트
③ 샐러리 캡
④ FA

정답해설

09 ② 현대 스포츠에서는 인구가 밀집되어 있는 지역이 스포츠 관련 성공 가능성이 높다.

10 ② 스포츠가 삶의 수단적 가치를 추구하는 매개체로 전락하는 것은 프로스포츠의 역기능에 대한 설명이다.

11 ④ 시대의 변화에 따라 국가주의와 상업주의의 대두, 금전적·물질적 이익을 추구하는 프로스포츠의 발달로 아마추어리즘은 퇴색하고 있다.

12 ② 드래프트: 프로스포츠 리그에서 각 팀이 뽑고 싶은 신인 선수를 지명하는 제도를 말한다.
[오답해설]
① 최저연봉: 신인선수와 계약에서 최저연봉을 보장하는 제도
③ 샐러리 캡: 선수와 연봉 계약에서 연봉의 상한선을 두는 제도로 한 선수의 연봉과 한 구단의 모든 선수들의 연봉을 모두 포함
④ FA(자유계약): 처음 계약기간이 정해진 팀에서 일정 기간 활동 후 다른 팀으로 자유롭게 이적할 수 있는 자유계약선수 제도

|정답| 09 ② 10 ② 11 ④ 12 ②

스포츠와 교육

13 〈보기〉에서 설명하는 우리나라 학원스포츠 정상화를 위한 방법을 모두 고른 것은?

[보기]
㉠ 학교 운동부 운영의 투명성
㉡ 평일 및 주말 리그제 운영
㉢ 학습권 보장을 위한 합숙 훈련 실시
㉣ 최저 학력제 도입

① ㉠, ㉣
② ㉡, ㉢
③ ㉠, ㉡, ㉣
④ ㉡, ㉢, ㉣

14 스포츠의 교육적 기능 중 성격이 <u>다른</u> 하나는?
① 스포츠의 상업화
② 학업 활동의 격려
③ 학교와 지역 사회 통합
④ 장애인의 적응력 배양

15 〈보기〉에서 설명하는 우리나라 학원스포츠의 문화적 특성으로 옳은 것은?

[보기]
학생 선수들은 교실 공간과 분리되어 합숙소와 운동장에서 주로 생활하며 그들만의 공동체 문화를 만들어 간다. 또한 그들만의 동질감을 바탕으로 끈끈한 인간관계를 맺지만, 일반 학생들과는 이질화되고 있다.

① 신체 소외 문화
② 섬 문화
③ 군사주의 문화
④ 승리 지상주의 문화

16 〈보기〉에서 설명하는 스포츠의 교육적 순기능으로 옳은 것은?

[보기]
스포츠는 학교에 공동 목표를 제공하여 교내의 모든 사람들이 '우리'의 학교라는 공동체 의식을 형성시키고, 학교에 대한 애정과 소속감이 낮고 상이한 계층에 속해 있는 학생 및 교직원을 하나로 통합시킨다.

① 학교와 지역 사회 통합
② 여권 신장
③ 평생 체육의 장려
④ 학교 내 통합

정답해설

13 ㉠, ㉣ 우리나라 학원스포츠 정상화를 위한 방법으로 학교 운동부 운영의 투명성과 최저 학력제 도입이다.

14 ①은 스포츠의 교육적 역기능에 해당하며, 나머지는 스포츠의 교육적 순기능에 해당한다.

15 ② 〈보기〉는 학생 선수들의 고유한 공간에서 그들만의 공동체 문화 형성과 동질감을 바탕으로 새로운 문화를 형성하는 섬 문화에 대한 설명이다.

16 〈보기〉의 내용은 스포츠의 교육적 순기능에 해당하는 사회 통합 중 학교 내 통합에 대한 설명이다.

|정답| 13 ① 14 ① 15 ② 16 ④

스포츠와 미디어

17 〈보기〉에서 설명하는 스포츠가 미디어에 미치는 영향을 모두 고른 것은?

―――――[보기]―――――
㉠ 미디어 콘텐츠 제공
㉡ 미디어 기술의 발전
㉢ 경기 규칙 개정
㉣ 스포츠 보도 위상 제고
㉤ 경기 기술의 전문화

① ㉠, ㉡, ㉢
② ㉠, ㉡, ㉣
③ ㉡, ㉢, ㉤
④ ㉢, ㉣, ㉤

18 미디어가 스포츠에 미친 영향으로 옳은 것은?

① 스포츠와 관련된 다양한 방송 기사를 위해 새로운 콘텐츠를 제공한다.
② 수요자의 요구를 충족시키기 위해 방송 기술이 발전한다.
③ 미디어를 통한 경기 기술의 전문화와 표준화가 일어난다.
④ 방송 인지도 제고를 위해 인기 스포츠를 중계한다.

19 스포츠 미디어 이론에 관한 설명으로 옳지 <u>않은</u> 것은?

① 사회관계이론 - 미디어를 통한 개인의 스포츠 소비 형태는 중요 타자의 가치와 소비 행동에 의해 영향을 받는다.
② 개인차 이론 - 대중들은 능동적 수용자로서 심리적 욕구를 만족하기 위해 매스미디어를 활용한다.
③ 사회 범주 이론 - 미디어의 영향력은 성, 연령, 계층 등에 따라 다르게 반영된다.
④ 문화 규범 이론 - 문화적 차이에 의해 핫 미디어와 쿨 미디어로 나누어진다.

20 대중을 자극하기 위해 선수의 사생활을 보도하는 것으로 옳은 것은?

① 팩 저널리즘(pack journalism)
② 옐로 저널리즘(yellow journalism)
③ 하이에나 저널리즘(hyena journalism)
④ 뉴 저널리즘(new journalism)

정답해설

17 스포츠가 미디어에 미치는 영향
- 미디어 콘텐츠 제공
- 미디어 기술의 발전
- 미디어 장비의 확대
- 스포츠 보도 위상 제고
- 미디어 이윤 창출 기여

18 ③ 미디어를 통한 선진 기술의 도입으로 경기 기술 및 전략이 전문화되고 표준화되었다.

19 ④ 문화 규범 이론은 대중 매체가 사회 규범에 영향을 미치고 수용자는 그 규범에 따라서 자신의 생각이나 행동을 결정한다는 이론이다.

20 ② 옐로 저널리즘은 대중의 관심과 주목을 끌기 위해 특정 선수 및 관계자를 비평하고 의도적으로 사생활을 침범하는 선정적, 비도덕적인 기사들을 과도하게 취재 또는 보도하는 것을 의미한다.

[오답해설]
① 팩 저널리즘: 독창성과 개성이 없는 단조로운 보도
③ 하이에나 저널리즘: 사회적 지위 또는 권력이 낮은 사람들을 대상으로 하는 노골적인 보도
④ 뉴 저널리즘: 기존의 일방적인 표현 대신 소설처럼 작가의 표현력을 동원하여 보다 실감나게 전달하는 보도

| 정답 | 17 ② 18 ③ 19 ④ 20 ②

스포츠와 사회계급·계층

21 스포츠 계층의 특성에 대한 설명으로 옳지 <u>않은</u> 것은?

① 사회성: 스포츠 계층 체계는 항상 사회의 다른 측면과 관련을 맺고 있음
② 역사성: 특정 시대의 사회·문화적 배경에 따라 상이하게 나타나며, 특히 사회 계층적 지위와 관련하여 스포츠 참여 및 관람의 특권이 다양하게 변천함
③ 보편성: 스포츠 계층은 사회적 상황에 따라 다르게 형성되는 보편적인 사회·문화적 현상임
④ 다양성: 평등주의적 가치를 반영한 계층 간의 사회적 상호 작용을 증진시킴

22 〈보기〉에서 설명하는 사회 이동의 유형은?

[보기]
스포츠 팀에서 후보 선수로 있다가 주전 선수가 되었다든지, 선수에서 코치나 감독으로 승진 이동 또는 2군 감독에서 1군 감독으로 소속이 변경되는 이동이다.

① 수직 이동   ② 수평 이동
③ 세대 간 이동 ④ 집단 이동

23 〈보기〉에서 설명하는 기든스(A. Giddens)의 사회 계층 이동 준거와 유형을 올바르게 고른 것은?

[보기]
• S는 가난한 가정에서 태어나 끊임없는 훈련을 통해 축구 월드스타가 되었다.
• 월드스타가 되고 난 후, 축구장학재단을 만들어 개발 도상국에 축구학교를 설립하여 후진양성에 큰 역할을 하고 있다.

	이동 주제	이동 방향	시간적 거리
①	집단	수평 이동	세대 내 이동
②	집단	수직 이동	세대 간 이동
③	개인	수평 이동	세대 간 이동
④	개인	수직 이동	세대 내 이동

24 스포츠 계층의 특성 중 '보편성(편재성)'의 사례로 적절하지 <u>않은</u> 것은?

① 스포츠는 인기 종목과 비인기 종목으로 구분된다.
② 태권도, 유도는 승단 체계에 따라 종목 내 계층이 형성된다.
③ 프로스포츠 태동 이후 운동선수들의 지위가 향상되고 있다.
④ 종합격투기는 체급에 따라 대전료와 중계권료 등에 차등이 있다.

정답해설

21 ③ 보편성: 스포츠 계층은 어느 곳에서나 존재하고 어디에서든지 발견할 수 있는 보편적인 사회·문화적 현상임

22 ① 사회 이동의 유형에는 수직 이동과 수평 이동, 세대 간 이동, 세대 내 이동, 개인 이동, 집단 이동 등이 있다. 수직 이동은 계층 구조 내에서 집단 또는 개인이 지녔던 종전의 지위에 대한 상하 변화를 의미한다.

23 ④ 〈보기〉는 사회 계층 이동의 준거와 유형에 대한 내용이다. 사회 이동의 주체는 S라는 개인이고, 노력을 통해 축구 월드 스타가 되었기 때문에 수직 이동하였다. 또한 축구 장학재단을 통해 양성을 하는 것은 개인의 변화이므로 세대 내 이동의 해당한다.

24 ③ 프로스포츠 태동 이후 운동선수들의 지위가 향상되고 있는 것은 스포츠 계층의 역사성(고래성)과 관련이 있다. 스포츠 계층의 역사성(고래성)은 특정 시대의 사회·문화적 배경에 따라 상이하게 나타나는 현상으로 역사적 발전 과정에 따라 스포츠의 계층이 변화하고, 운동선수의 지위가 특정 사회의 시대와 공간에 따라 변화하는 현상을 의미한다.

|정답| 21 ③ 22 ① 23 ④ 24 ③

스포츠와 사회화

25 스포츠 탈사회화와 스포츠 재사회화에 대한 설명으로 옳지 않은 것은?

① 스포츠로부터의 탈사회화 이후 스포츠 현장으로 복귀하여 스포츠 사회화 과정을 다시 경험하는 것을 스포츠로의 재사회화라고 한다.
② 운동선수가 스포츠로부터의 탈사회화를 겪게 되는 요인에는 환경, 취업, 정서 등이 있다.
③ 모든 운동선수는 은퇴 후 스포츠로의 재사회화 과정을 겪는다.
④ 운동선수의 스포츠로부터의 탈사회화는 선수 은퇴를 말한다.

26 〈보기〉에서 설명하는 사회화 과정으로 옳은 것은?

[보기]
어린 시절부터 성인 시기에 이르기까지 스포츠 참여의 경험에 의하여 긍정적 혹은 부정적 영향을 받아 스포츠에 대한 개입 수준을 증가 또는 감소시킨다.

① 스포츠로의 재사회화
② 스포츠로부터의 탈사회화
③ 스포츠를 통한 사회화
④ 스포츠로의 사회화

27 〈보기〉에서 설명하는 사회학습이론의 구성 요소는?

[보기]
상과 벌은 행동의 학습과 수행에 긍정적, 부정적 영향을 미친다. 스포츠 현장에서 스포츠에 내재된 가치, 태도, 규범에 그릇된 행위는 벌을 통해 중단되거나 회피된다.

① 코칭
② 강화
③ 역할 학습
④ 관찰 학습

28 〈보기〉에서 설명하는 케년(G. Kenyon)의 스포츠 참가(참여)의 유형은?

[보기]
실제 스포츠에 참가하지는 않지만 간접적으로 특정 선수나 팀 또는 경기 상황에 대해 감정적인 태도나 성향을 표출하는 참가

① 행동적 참가
② 인지적 참가
③ 일탈적 참가
④ 정의적 참가

정답해설

25 ③ 모든 운동선수가 탈사회화 이후 스포츠 재사회화 과정을 겪는 것은 아니다.
26 ④ 〈보기〉는 스포츠로의 사회화에 대한 설명이다.
27 ② 〈보기〉는 사회학습이론의 구성 요소 중 강화에 대한 설명이다.
28 ④ 〈보기〉는 스포츠를 통한 사회화로 직접이 아닌 간접적으로 특정 선수나 팀 또는 경기 상황에 대하여 감정적 태도 성향을 표출하는 정의적 참가이다.

| 정답 | 25 ③ 26 ④ 27 ② 28 ④

스포츠와 일탈

29 〈보기〉에서 설명하는 스포츠 일탈의 역기능을 모두 고른 것은?

[보기]
㉠ 스포츠의 공정성 및 질서 체계를 훼손함
㉡ 스포츠 참가자의 사회화에 부정적인 영향을 미침
㉢ 사회적 안전판의 역할을 함
㉣ 고정 관념에서 벗어나는 창의성을 가져다주는 역할을 함

① ㉠
② ㉠, ㉡
③ ㉠, ㉡, ㉢
④ ㉡, ㉢, ㉣

30 폭력행위 중 도구적 공격으로 옳은 것은?

① 야구에서 투수가 타자의 신체를 위협하는 공을 던지는 행위
② 축구에서 상대방 선수를 가격하기 위해 다리를 높게 드는 행위
③ 유격수에게 과감한 슬라이딩으로 더블 플레이를 방해하는 행위
④ 농구에서 팔꿈치로 상대방을 가격하는 행위

31 〈보기〉에서 설명하는 스포츠 일탈에 관한 스포츠사회학 이론은?

[보기]
일탈은 현존하는 사회 질서의 유지에 기여한다는 점에서 정상적인 것으로 간주된다. 예를 들어 도핑은 그 자체로는 일탈 행위에 해당되지만, 이를 통해 사람들은 그런 행동을 경멸하게 되고 이에 대한 경각심을 갖게 된다.

① 구조 기능 이론
② 갈등 이론
③ 차별 교제 이론
④ 낙인 이론

32 〈보기〉에서 설명하는 제도적 부정행위에 해당하는 것을 모두 고른 것은?

[보기]
㉠ 반칙 판정을 유도하기 위한 헐리웃 액션
㉡ 경기 지연을 위한 빈번한 항의
㉢ 상대편 경기 용구의 훼손
㉣ 의도적인 승부조작
㉤ 경주마에 약물 투여

① ㉠, ㉡
② ㉠, ㉣
③ ㉡, ㉢, ㉤
④ ㉢, ㉣, ㉤

정답해설

29 ㉠, ㉡은 스포츠 일탈의 역기능에 해당하며, ㉢, ㉣은 스포츠 일탈의 순기능에 해당한다.

30 ③ 도구적 공격은 상대의 고통이 목적이 아닌 승리, 금전, 위공 등 다른 외적 보상이나 목표를 획득하기 위한 폭력 행위이다. 더블 플레이를 방해하는 것은 승리를 위한 공격이므로 도구적 공격으로 볼 수 있다.

31 ① 〈보기〉는 스포츠 일탈의 구조 기능 이론에 대한 설명이다. 구조 기능 이론은 일반적으로 사회가 잘 유지·통합되고, 사회 구성원은 적절한 가치와 행동에 합의하며, 사회 구조 혹은 지속적 행동 유형이 사회의 가치나 목적을 실현하도록 작용한다고 가정하는 이론이다.

32 ㉠, ㉡은 제도적 부정행위는 경쟁 상황을 유리하게 이끌어가기 위한 제도적 속임수를 의미한다.

|정답| 29 ② 30 ③ 31 ① 32 ①

미래 사회의 스포츠

33 신자유주의 시대의 스포츠 세계화에 대한 특징으로 옳지 않은 것은?

① 프로스포츠의 이윤 극대화에 기여하였다.
② 스포츠 시장의 경계가 국경을 초월해 전 세계로 확대되었다.
③ 세계인들에게 표준화된 스포츠 상품을 소비하도록 만들었다.
④ 각 나라의 전통 스포츠가 전 세계로 보급되어 새로운 스포츠 시장을 개척할 수 있게 되었다.

34 기술(테크놀로지)의 발달에 따른 미래 스포츠의 변화로 옳지 않은 것은?

① 효율적인 훈련 방법 개발
② 스포츠 첨단 장비의 개발
③ 스포츠의 위험성 증가
④ 경기력 향상에 도움

35 미래 사회의 스포츠 변화에 대한 설명으로 옳지 않은 것은?

① 전자매체의 발달로 다양한 스포츠 제공
② 스포츠 상업화로 인한 도박 감소
③ 스포츠 장비 개발 및 경기력 향상
④ 기술의 발전을 통해 새로운 스포츠 등장

36 〈보기〉와 같이 스포츠의 세계화로 인해 파생되는 현상은?

[보기]
최근 들어 우리나라 야구, 축구 선수들의 해외 리그 진출이 증가하고 있다. 또한 우리나라에도 축구, 농구, 배구 등에서 많은 외국 선수들이 활동하고 있다.

① 스포츠 국수주의
② 스포츠 노동 이주
③ 스포츠 민족주의
④ 스포츠 제국주의

정답해설

33 ④ 국제 스포츠 경쟁에서 국가 간의 경쟁이라는 의미가 축소되고, 국제 스포츠 조직의 확대를 통한 범세계적 교류가 증진되었다. 또한, 기술과 정보의 혁명을 통한 교통·통신·전자 분야의 첨단 기술은 스포츠가 행해지는 공간적 거리를 무의미하게 만들고, 스포츠 정보를 거래하는 데 드는 비용과 시간이 중요하게 되었다.

34 ③ 스포츠와 관련된 장비 및 도구의 성능 향상으로 스포츠의 위험성은 감소되었다.

35 ② 스포츠의 상업화로 인해 경기 조작, 부정행위, 도박 등이 증가하였다.

36 ② 〈보기〉의 내용은 스포츠의 노동 이주와 관련이 있다. 우리나라 운동선수도 노동자의 일원으로 해외 리그에 진출하여 활약하고 있으며, 해외 운동선수도 우리나라에 들어와 국내 프로 리그에서 운동선수로 활동하고 있다. 즉, 국가의 장벽이 허물어지며 노동의 이주가 이루어지는 현상이 나타나고 있다.

[오답해설]
① 스포츠 국수주의: 스포츠에 대한 과도한 애국심으로 자신이 속한 나라가 가장 뛰어난 것으로 믿고 다른 나라와 민족을 배척하는 극단적인 태도나 경향
③ 스포츠 민족주의: 스포츠를 통해 민족의 정체성을 확인하고 민족을 하나로 결속시키는 민족 형성에 결정적 영향을 미침
④ 스포츠 제국주의: 스포츠를 피식민지 민족에게 문화적 수단을 활용한 동화정책의 일환으로 활용함

| 정답 | 33 ④ 34 ③ 35 ② 36 ②

MEMO

2025년 기출분석

- 전년도 대비 평이한 난이도로 출제
- 스포츠 수행의 심리적 요인에서 다수의 문제 출제
- 인간 운동 행동의 이해에 대한 출제 비중이 감소

2025년 필기 출제비율

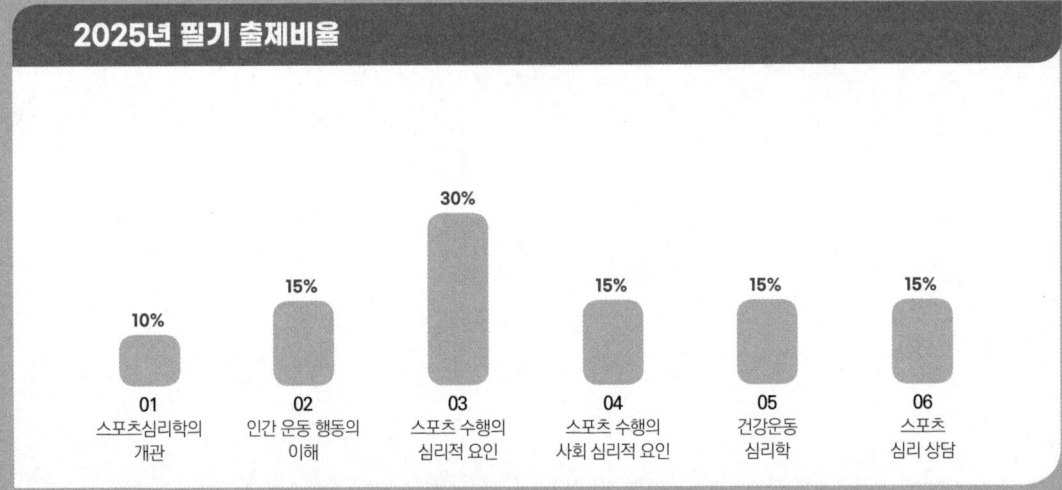

01 스포츠심리학의 개관	02 인간 운동 행동의 이해	03 스포츠 수행의 심리적 요인	04 스포츠 수행의 사회 심리적 요인	05 건강운동 심리학	06 스포츠 심리 상담
10%	15%	30%	15%	15%	15%

PART 03

스포츠심리학

01 스포츠심리학의 개관
02 인간 운동 행동의 이해
03 스포츠 수행의 심리적 요인
04 스포츠 수행의 사회 심리적 요인
05 건강운동심리학
06 스포츠심리 상담

스포츠심리학의 개관

기출 핵심 포인트

01 스포츠심리학의 이해

1 스포츠심리학의 정의 및 의미

(1) 스포츠심리학의 정의

스포츠심리학은 심리학의 하위 영역이다. 인간의 행동과 스포츠의 관점에서 심리적인 요소가 어떻게 작용하는지 연구하는 학문으로, 대부분 운동선수의 경기력을 증진시키는 연구가 적극적으로 이루어지고 있다.

(2) 스포츠심리학의 의미 2016
① 광의의 의미: 심리학에서 스포츠와 관련된 것으로 주로 행동에서 나타나는 것(운동제어, 운동심리, 운동발달, 운동학습 등이 있음)
② 협의의 의미: 스포츠 상황에서 벌어지는 심리적 요인의 관계(불안, 성격, 정서, 심상, 동기, 루틴, 자신감 등이 있음)

02 스포츠심리학의 영역과 역할

1 스포츠심리학의 연구 영역 2015, 2017, 2018, 2019

스포츠 활동에서 일어나는 행동 및 심리적 변화를 연구하는 학문으로 스포츠과학의 한 분야

연구 영역	연구 내용
스포츠심리학	상담기술 및 방법, 동기유발전략, 불안 감소 전략 등
운동제어	인간의 행동과 제어에 대한 신경적, 심리적 과정 및 생물학적 메커니즘을 연구하는 학문
운동학습	• 숙련된 운동 수행 능력을 얻기 위한 과정 • 운동수행 변화 과정을 통해 연구하는 학문
운동발달	연령에 따라 운동 행동이 연속적이고 계열적으로 변해가는 단계를 연구하는 학문
건강운동심리학	지속적인 운동 참여를 통해 획득할 수 있는 개인적 정신건강에 관해 연구하는 학문
스포츠심리학자	스포츠심리 관련 연구 및 학문적 지식 제공, 운동선수의 심리기술 훈련지도, 심리상담 제공

2 스포츠심리학자의 역할 2015, 2025

스포츠심리 관련 연구를 하며, 다른 사람들에게 학문적 지식을 제공해준다. 또한, 심리 상담을 필요로 하는 사람들에게 상담을 제공해주며, 운동선수의 심리 기술 훈련 지도를 수행한다.

인간 운동 행동의 이해

01 운동제어

1 운동제어의 개념 2017, 2018, 2019

인간 행동이 어떠한 원리를 통해 이루어지고, 어떻게 제어되는지 연구하는 학문

예 외야수가 경기상황에서 여러 정보를 종합·판단하여 어떻게 행동을 하고 조절하는지 그 원리와 법칙을 연구

(1) 정보처리 이론 2019, 2022, 2024

인간이 정보를 처리하고 행동하는 과정이 컴퓨터에 정보를 입력하여 결과를 얻는 것과 비슷하다고 생각하는 이론

① 개방회로 이론: 피드백을 통한 조절이 필요하지 않다고 보는 이론으로 빠른 행동에 대한 내용을 설명

예 운동명령 → 실행, 운동명령 → 실행

② 폐쇄회로 이론: 피드백을 통한 조절이 필요하다고 보는 이론으로 느린 행동에 대한 내용을 설명

예 운동 → 피드백 → 수정(제어) → 운동 → 피드백 → 수정

③ 도식 이론
  ㉠ 개방회로 이론의 운동 개념과 폐쇄회로 이론의 피드백 개념이 통합된 원리이며, 빠른 움직임과 느린 움직임을 구분하여 설명
  ㉡ 200m/s 이상의 시간이 필요한 느린 운동 과제의 제어에는 회상도식과 재인 도식이 모두 동원

(2) 생태학적 이론(행동적 접근)

인간의 행동은 살아있는 생태적 특성을 지니므로 정보처리 이론과 달리 다양한 경험들로 인해 형성된다는 이론

(3) 다이내믹시스템 이론(협응 이론) 2020

인간의 운동은 유기체·환경·과제의 상호작용 속에서 자기조직의 원리와 비선형성의 원리에 의해 생성되고 조절되며, 일반화된 운동 프로그램과 같은 기억 표상의 구조가 필요하지 않다고 주장하는 이론

2 기억 체계 및 운동제어 체계

(1) 기억 체계 2015

① 기억 과정의 단계: 지각 → 저장 → 인출
② 장기기억의 용량은 무제한
③ 단기기억과 활동기억이라고도 불림

기출 핵심 포인트

정보처리 과정과 반응시간의 관계 `2021`
- 감각·지각 단계
- 반응·선택 단계
- 반응·실행 단계

(2) 운동제어 체계 `2016, 2019, 2021, 2022, 2024`

운동제어 체계의 단계: 감각·지각 → 반응·선택 → 반응·실행
① 감각·지각 단계: 환경의 정보자극을 탐지하고 자극의 강도, 명확성, 유형을 인식하는 단계
② 반응·선택 단계: 입력된 자극에 어떤 반응을 보일지 선택하는 단계
③ 반응·실행 단계: 반응을 실제 행동으로 실행하는 단계

> **개념 플러스** 반응·실행 단계 심리적 불응기 예시 `2022, 2024`
> - 1차 자극에 대한 반응 실행이 진행 중일 때 2차 자극을 줄 경우, 2차 자극에 대한 반응시간이 지연되는 현상
> - 1차 자극과 2차 자극을 하나의 자극으로 여기는 현상을 집단화라고 함

3 운동 프로그램과 특성 `2022`

(1) 슈미트(Sehmidt) 이론
정보 처리(개방회로, 폐쇄회로) 이론을 통합하여 수정 보완한 운동프로그램 이론

(2) 운동 명령을 지시하는 대뇌의 역할과 운동을 수행하는 뼈와 근육의 역할로 구분된다.
① 불변 매개 변수: 동작 순서와 반응 순서(근수축 시간 등)
② 가변 매개 변수: 일정하게 나타나는 것이 아닌 동작과 사용하는 근육에 따라 달라지는 것

(3) 일반화된 운동 프로그램 예시 `2022`
① 불변 매개 변수(Invariant parameter): 요소의 순서(order of element), 시상(Phasing), 상대적인 힘(Relative force) 등이 있음
② 가변 매개 변수(Variant parameter): 전체 동작 지속시간(Overall duration), 힘의 총량(Overall force), 선택된 근육군(Selected muscles) 등이 있음

시각탐색 안구 움직임 예시 `2022`
운동을 수행하는 환경에서 알맞은 단서에 시각적 주의를 주는 과정
- 부드러운 추적 움직임(Smooth pursuit movement)
- 전정안구반사(Vestibulo-ocular reflex)
- 빠른 움직임(Saccadic movement)
- 빠른 움직임과 추적 움직임이 적절히 조화를 이루는 움직임(Optokinetic nys-tagmus)

02 운동학습

1 운동학습의 개념과 정의 `2016, 2017, 2019, 2022`

(1) 운동학습의 개념
① 운동학습 과정은 직접적으로 관찰할 수 없고 연습과 경험에 의해 나타남
② 영구적 변화를 유도하는 내적 과정으로, 운동학습과 운동제어는 서로 유사한 부분이 있음
③ 훈련, 성숙, 동기 등에 의해 발생하는 일시적 변화는 포함하지 않음

(2) 슈미트(Sehmidt)와 리(Lee)의 운동학습 정의
① 숙달된 움직임 능력을 획득하는 과정
② 대부분 훈련을 통해 이루어짐
③ 직접 측정이 불가능하며, 행동을 통해 간접적으로 평가됨
④ 비교적 영구적으로 유지되는 행동 변화를 가져옴

2 운동학습의 본질(이론과 모델) 2022

(1) 손다이크(Thorndike)의 자극-반응(S-R) 이론
학습이란 어떤 자극에 대한 반응이 점차 강화되어가는 것이라는 이론

> **개념 플러스** S-R 이론 2019
> - 반응을 단순반응, 변별반응, 선택반응 3가지 종류로 나눌 수 있음
> - 반응시간은 감각지각 시간(의미부여의 과정), 반응선택 시간(결정하는 단계), 반응실행 시간을 합한 시간이며 자극이 중복되어 주어지면 심리적 불응이 나타남

(2) 제임스(James)의 개방회로 이론
처음 운동을 시작할 때만 동작에 대한 학습이 필요하고, 이후는 운동 후 피드백을 통해 자동적으로 동작이 이루어진다는 이론

(3) 아담스(Adams)의 폐쇄회로 이론
피드백에 의해 운동 동작이 수정된다는 이론

(4) 일반화된 운동프로그램 이론
각각의 운동을 모두 프로그램으로 기억하는 것이 아니고 비슷한 운동을 연결하여 일반화된 프로그램으로 기억한다는 이론

(5) 슈미트(Sehmidt)의 스키마 이론(도식이론)
어떠한 물체가 지닌 고유의 특성들을 기억하고 생각하는 이론으로 지속적인 운동 과정 속에서 생기는 학습효과를 운동학습이라고 한다.

3 운동학습의 과정 2016, 2018, 2020, 2022

(1) 피츠(Fitts), 포스너(Posner)의 운동습득 단계
인지 단계 → 연합 단계 → 자동화 단계
① 인지 단계: 학습하여야 할 운동기술의 특성을 이해하고 과제 수행을 위한 전략을 개발하는 단계이며, 오류 수정 능력이 없어 동작이 느리고, 비효율적이고, 수행결과의 일관성이 부족함(많은 양의 인지활동이 필요함)
② 연합 단계: 과제를 수행하기 위한 전략을 선택하는 단계로, 잘못된 수행을 해결해 갈 수 있게 되며 운동의 일관성이 점점 좋아짐(적은 양의 인지활동 필요)
③ 자동화 단계: 의식적으로 주의해야 할 필요가 없이 동작을 수행할 수 있는 단계이며, 정확성과 일관성이 매우 높고 효율적이며 동작에 대한 오류를 발견하고 수정할 수 있음(인지활동 거의 필요 없음)

기출 핵심 포인트

힉스의 법칙(Hick's law) 예시
2022, 2024
- 자극 반응 대책 수가 많아질수록 선택 반응 시간도 증가
- 투수가 구종수를 점차적으로 추가하여 무작위로 던졌을 경우, 타자의 반응 시간이 점차 증가

(2) 번스타인(Bernstein)의 운동습득 단계
자유도 고정 단계 → 자유도 풀림 단계 → 반작용 활용 단계
① 자유도 고정 단계: 변화에 효율적 대처가 어려운 단계
② 자유도 풀림 단계: 변화에 효율적 대처가 가능해지고 운동수행이 다양하게 나타나는 단계
③ 반작용 활용 단계: 동작 수정이 가능해지고 능숙한 동작을 할 수 있는 단계

> **개념 플러스** **번스타인의 운동학습 단계 예시** 2022
> - 자유도 고정: 스케이트를 신은 후 고관절, 슬관절, 발목관절을 일제히 움직여 걷게 함
> - 자유도 풀림: 스케이트를 탈 때 관절, 슬관절, 발목관절을 이용하여 추진력을 갖고 나아가는 힘을 만듦
> - 반작용 활용: 스케이트를 타며 체중을 이동시켜 추진력을 확보하고 숙련된 동작을 수행

(3) 뉴웰(Newell)의 학습 단계 이론
① 협응 단계: 기본적인 협응 동작을 만들어가는 단계
② 제어 단계: 다양한 변화에 따라 협응을 바꿀 수 있는 단계
③ 기술 단계: 움직임과 협응에 필요한 변화에 기술적으로 대응하는 단계

(4) 젠타일(Gentile)의 학습 단계 이론
① 움직임의 개념 습득 단계: 움직임 형태를 이해하고 환경적인 특성을 구분하는 단계(필요한 정보, 불필요한 정보를 구분)
② 고정화 및 다양화 단계
　㉠ 고정화 필요: 운동 수행 시 수행 기술 향상에 초점을 맞추는 것
　㉡ 다양화 필요: 운동 수행 시 여러 동작과 환경에 적합한 동작 적응에 초점을 맞추는 것

4 운동학습 시 주요 요인 2015, 2016, 2018, 2019, 2020, 2021
운동학습은 지도자의 역할보다 학습자 스스로의 노력이 중요하다.
① 학습동기: 학습동기는 학습자의 목표 달성에 필수적인 역할을 함
② 학습전이: 이전 학습 내용이 앞으로의 학습에 영향을 미치는 것(정적전이)
③ 기억과 망각: 기억의 4단계는 '기명 → 파지 → 재생 → 재인'의 단계이고 망각의 원인은 '소멸설, 간섭설, 억압설'이 있음
④ 자기충족 예언: 현실로 구현하고자 하는 믿음을 실현시키는 과정
⑤ 연습: 목표를 달성하기 위해 지속적으로 노력하며 포기하지 않는 과정

5 운동 기술의 연습

와이트먼(Wightman)과 린턴(Lintern)의 운동기술의 연습을 분절화, 단순화, 부분화로 구분

> 기출 핵심 포인트

(1) 연습의 구분 `2024`
  ① 전습법
    ㉠ 학습해야 할 운동기술을 전체적으로 학습하는 방법으로 운동 요소들이 긴밀하게 상호작용하고, 비교적 짧은 시간에 운동 수행이 끝나는 기술 연습에 효과적인 방법
    ㉡ 기억이 오래 유지되고, 학습에 대한 시간과 노력을 최소화하며 학습에 필요한 반복이 적음
    ㉢ 일정한 기준을 충족할 때까지 학습할 내용들을 나누어 연습한 후, 나누어진 각 학습 내용들을 동시에 연습하는 방법
  ② 분습법
    ㉠ 순수 분습법: 운동 기술을 하나씩 연습한 후 종합적으로 전체 기술을 연습하는 방법
    ㉡ 점진적 분습법: 복잡한 기술을 세분화한 후 점진적으로 연습하는 방법
    ㉢ 반복적 분습법: 한 기술을 연습하고 다른 한 기술을 연습하는 방법이며, 점차 연습 부분을 확장해가며 전체적인 기술을 완성
  ③ 분산 연습: 쉬는 시간을 연습 시간만큼 할애하거나 더 길게 하는 방법

(2) 운동 기술 연습에서 발생하는 효과 `2025`
  ① 맥락 간섭: 시간 사이에 개입된 사건이나 경험의 갈등으로 인해 학습 또는 기억에 방해를 받는 것
  ② 맥락 간섭 효과: 다양한 요소 관계 사이에서 발생하는 간섭 현상으로 운동 기술을 연습하는 과정에서 나타나는 효과

> **개념 플러스** **다양한 운동기술의 연습** `2024, 2025`
> - 구획 연습: 하나의 동작을 반복 연습하여 익힌 후 다음 동작으로 넘어가는 방법
> - 무선 연습: 운동 기술의 하위 요소들을 무작위로 연습하는 방법
> - 신체적 훈련: 신체를 이용하여 운동 과제를 직접 연습하는 훈련
> - 정신적 훈련: 상상을 통해 인지적으로 운동 과제를 어떻게 수행할 것인지 실제 과제 수행에 앞서 미리 연습하는 방법
> - 집중 연습: 연습과 연습 사이에 쉬는 시간이 상대적으로 짧은 방법

(3) 피드백

운동 행동 및 오류 수정에 대한 정보를 제공
  ① 내재적(감각) 피드백: 운동 수행을 통해 생기는 자연스러운 피드백
  ② 외재적(보강적) 피드백: 외부를 통해 전달되는 정보를 통한 피드백

> 기출 핵심 포인트

연습법 분절화 2021
- 순수 분습법: 각 부분을 하나씩 연습한 다음 전체 기술을 종합하여 연습하는 연습법
- 점진적 분습법: 전체 기술 중 두 개의 요소를 각각 연습한 후 결합하고, 다음 기술을 연습하는 과정을 통해 전체 기술을 습득해 가는 연습법

인간발달의 특징 예시 2022
- 발달에 영향을 미치는 요소가 개인마다 다르기 때문에 나타나는 현상
- 다차원적 관점은 개인의 육체적·심리적 특징과 같은 내적 요인과 사회 환경과 같은 외적인 요인으로 구분
- 계열적 측면은 기어 다니기와 서는 단계를 겪은 다음에야 자기 스스로의 힘으로 걸을 수 있게 되는 것

---

③ 피드백 기능
  ㉠ 정보 기능: 지도자가 제공하는 피드백은 중요한 역할을 함
  ㉡ 강화 기능: 칭찬과 교정 효과(정적강화, 부적강화)
  ㉢ 동기유발 기능: 포기하지 않고 목표를 성취하게 하는 효과가 있으며, 내용에 따라 수행 지식과 결과 지식으로 구분
④ 피드백 정보 내용에 따른 구분
  ㉠ 수행 지식: 동작에 대한 피드백 정보를 환경과 연관지어서 학습자에게 제공
  ㉡ 결과 지식: 수행 후 학습자에게 제공되는 피드백 정보 중 동작과 수행 결과에 관한 것

(4) 파지
운동연습으로 향상된 수행능력을 오랫동안 유지하는 것

(5) 파지에 영향을 미치는 요인
① 운동 과제의 특성
② 환경의 특성
③ 학습자의 특성
④ 연습량

03 운동발달

1 운동발달의 개념 2015, 2016, 2017, 2018

(1) 운동발달의 개념
태어나면서부터 죽을 때까지의 지속적인 과정이다. 발달의 속도와 범위는 연령에 의해서 결정되지 않고 개인별로 경험하는 과제의 특성에 따라 다르다.

(2) 운동발달의 원리 2021, 2022
① 개인차가 존재
② 민감기 또는 결정적 시기 존재
③ 환경적 맥락의 영향을 받음
④ 분화와 통합의 과정을 겪음
⑤ 일정한 순서와 방향성이 있음(큰 근육 → 작은 근육)
⑥ 유전과 환경의 상호작용을 통해 발달
⑦ 운동 행동이 연속적으로 변화하는 과정

> **개념 플러스** 운동발달 영향 요인
> - 개인적 요인: 유전과 영양, 신체적 심리적 차이 등
> - 사회적 요인: 성별, 대중 매체, 문화적 배경, 환경, 가족 등

2 발달의 원리와 단계별 특징 2021, 2022

(1) 시기별 운동발달 단계
① 태아기(임신): 발달이 시작하는 단계로 임신부터 출산까지
② 영아기: 반사움직임 단계
③ 유아기: 기본움직임 단계
④ 아동기: 스포츠 기술 단계
⑤ 청소년기: 성장 및 세련의 단계
⑥ 성인 초기: 최고수행능력 단계
⑦ 성인 후기: 점차 기능이 퇴보하는 쇠퇴 단계

(2) 갤러휴(Gallahue)의 운동발달 단계 2021, 2024
① 반사적 움직임 단계
출생 후, 1년 이내는 본인의 의지보다는 반사적 움직임을 보임
② 초보적 움직임 단계
약 2세까지는 수의적 움직임 가능하며, 시력의 발달, 기어다니기, 걷기, 이동, 물체잡기 등 가능
③ 기초(기본)적 움직임 단계
만 2~6세로 운동능력이 빠르게 발달하는 시기이며, 신체 인식 및 균형 감각 등의 지각 운동 능력 발달
④ 전문화 움직임(스포츠기술) 단계
초등학생의 시기로 숙련된 움직임과 효율적인 움직임이 가능한 시기이며, 동작의 연결과 일관된 동작수행 등의 협응력 발달
⑤ 성장과 세련 단계
청소년기로 운동발달이 가장 급격히 나타나는 시기이며, 남녀 성별에 따른 운동발달의 차이가 발생
⑥ 최고수행 단계
만 18세~30세에 해당하며 최상의 운동 수행을 나타내는 시기(한국 나이 20세는 생일 전 만 18세에 해당)이며, 근력, 심폐지구력, 신경활동 등의 능력이 최고인 시기
⑦ 퇴보 단계
만 30세 이상에 해당하며 운동발달이 쇠퇴하는 시기이며, 신경기능, 근육기능, 폐호흡기능, 유연성 등의 운동능력이 점차적으로 감소

기출 핵심 포인트

아동 운동발달 평가 시 심리적 안정 평가 방법 예시 2022
- 운동 도구를 사용하여 평가할 때 탐색할 기회를 제공해야 함.
- 여유를 가지고 환경을 탐색하는 시간을 제공
- 공감대를 형성해야 함, 과제와 절차에 대한 적절한 설명이 필요함
- 민감 반응에 대해서는 주의가 필요함

운동발달의 단계 2024
반사 단계 → 기초 단계 → 기본움직임 단계 → 스포츠기술 단계 → 성장과 세련 단계 → 최고수행 단계 → 퇴보 단계

스포츠 수행의 심리적 요인

기출 핵심 포인트

01 성격

1 성격의 특성과 구조 2015, 2018
성격은 타인과 구별되는 개인의 성질과 특성

(1) 성격의 특성
   ① 독특성: 개인에 따라 사고하고, 느끼고, 행동하는 것이 다름
   ② 일관성: 성격은 쉽게 변하지 않는 일관성을 가짐
   ③ 경향성: 각 경향성에 따라 사람의 행동이 다르게 나타남

(2) 성격의 구조
   ① 심리적 핵: 개인의 가장 기본적인 성격 특성으로, 가치관과 동기, 신념, 적성 등이 있음
   ② 전형적 반응: 환경과의 상호작용에 의해 외부로 나타나는 반응
   ③ 역할관련 행동: 자신의 사회적 지위나 역할에 따라 취하는 행동

2 성격 이론 2017, 2024

이론 종류	이론 내용
카텔(Cattel), 노먼(Norman)의 특성 이론	개인의 성격은 각기 다르나 오랫동안 유지되는 특성을 가진다는 이론
프로이드(Freud)의 심리역동 이론	인간의 성격은 원초적인 나(id)와 현실적인 자아(ego), 자기 통제로 나타나는 초자아(super ego)로 이루어지며, 이 3가지의 서로 다른 '나'가 충돌·타협하는 상호작용 속에 지배되고 만들어진다는 이론
셀던(Sheldon), 크레치머(Kretschmer)의 체형 이론	체형과 체격은 유전에서 오고, 성격은 체형, 체격과 깊은 관련이 있다고 여기는 이론, 내배엽형과 중배엽형, 외배엽형으로 구분됨
매슬로우(Maslow)의 욕구위계 이론	5가지 욕구 위계 이론: 생리적 욕구 → 안전의 욕구 → 애정의 욕구 → 존경의 욕구 → 자아실현의 욕구
반두라(Bandura)의 사회학습 이론	인간 행동은 사회에서 학습한 것과 개인의 처한 상황의 상호작용을 통해 나타난다는 이론

3 성격의 측정

(1) 면접법(평정 척도법)
   대상자와의 인터뷰와 관찰을 통해 그 사람의 성격을 평가하는 것

(2) 질문지법 2025
　① MMPI(다면적 인성검사): 미네소타 대학의 정신과와 심리학과 교수들에 의해 만들어진 검사로 12가지 요인을 측정
　② 16PF: 16가지 성격 요인들을 측정할 수 있도록 만든 검사
　③ EPI(아이젱크 성격차원검사): 2차원적 검사로 성격을 내향성과 외향성으로, 안전성과 불안전성으로 측정
　④ MBTI: 에너지 방향, 인식기능, 판단기능, 생활양식의 4가지 항목을 각각 2가지 유형으로 나누어 총 16가지 유형으로 성격을 분류하는 검사방법
　⑤ Big Five(성격 5요인검사): 성격의 5가지 특성(개방성, 성실성, 안전성, 외향성, 우호성)으로 검사

(3) 투사법
　① 로르샤흐 검사: 스위스 정신과 의사 로르샤흐가 개발한 방법, 잉크 얼룩으로 그린 그림을 이용하여 성격을 검사
　② TAT(주체통각 검사): 하버드 대학에서 개발한 것으로 20~30장의 그림을 이용하여 이야기를 만들게 하고 그 이야기를 분석하여 성격을 검사
　③ 문장 완성 검사: 미완성 문장을 완성하도록 하여, 그 과정을 분석하는 검사

4 성격과 경기력의 관계
① 운동선수와 일반인의 성격 비교
② 스포츠 종목별 성격 비교
③ 남자운동선수와 여자운동선수의 성격 비교
④ 포지션별 성격 비교
⑤ 기술 수준별 성격 비교
⑥ 우수선수와 비우수선수의 성격 비교

02 정서와 시합 불안

1 재미와 몰입

(1) 재미 2022
어떤 것에 흥미로움을 느끼고 관심을 가지며 긍정적 만족감을 느끼는 심리 상태

(2) 웨이스와 아모로스(M.Weiss & A.Amorose)의 스포츠 재미 2022
웨이스와 아모로스(M.Weiss & A.Amorose, 2008)의 스포츠 재미의 영향 요인: 사회적 소속감, 숙달과 성취, 동작 자체의 감각적 체험이 스포츠재미에 영향을 미치며, 스포츠 재미는 스포츠 전념에 영향을 주고, 스포츠 전념은 스포츠 행동에 영향을 준다고 주장한다.

기출 핵심 포인트

잭슨과 칙센트미하이의 몰입 9가지 차원
- 도전과 기술 균형
- 행동과 인식 일치
- 변형된 시간과 감각
- 명확한 목표
- 과제 집중
- 구체적 피드백
- 통제감
- 자의식 상실
- 자기 목적 경험

2 정서 모형과 측정

(1) 정서 이론
   ① 톰킨스(Tomkins): 8가지 기본 정서로 분류함(기쁨, 슬픔, 놀람, 공포, 수치심, 분노, 혐오, 흥미)
   ② 플루치크(Plutchik)의 정서 모형: 기본 정서에 다른 정서가 더해져 혼합정서가 만들어진다고 함
   ③ 러셀(Russel)의 정서 모형: 정서는 기본적인 정서와 혼합 정서로 구분되는게 아닌 비정서적인 정서의 차원으로 설명할 수 있다고 함
   ④ 색상환 모형: 물감은 빨강, 파랑, 노랑의 3가지 색을 섞는 비율에 따라 다양한 색상을 나타내듯이 기본정서와 다른 정서들이 혼합되는 강도에 따라 여러 정서가 만들어짐
   ⑤ 2차원 모델: 정서는 각성과 비각성, 쾌와 불쾌의 2차원 구조로 되어 있다고 주장
   ⑥ 원형 모델: 정서는 고활성과 저활성, 쾌와 불쾌로 구성되어 있다고 주장하는 이론

(2) 정서 측정
   ① 자기보고(질문지법): 자신의 정서 상태를 스스로 측정하는 방법으로, 측정에 오류가 있을 수 있음
   ② 행동 관찰: 다른 사람들의 행동을 보고 그 사람의 정서를 추론하는 방법이다. 관찰자에 따라 결과가 다르게 나올 수 있음
   ③ 생리적 측정법: 정서를 경험할 때 발생하는 생리적 변화(땀, 맥박, 뇌전도 등)를 측정하여 정서를 파악하는 방법이며, 시간과 비용이 많이 소요됨

3 불안의 측정

(1) 불안 `2017, 2020`
부정적인 심리상태(걱정, 근심)를 의미하며, 맥박과 호흡이 빨라지고 땀이 나는 생리현상도 함께 나타난다.
   예 불안이 축구 패널티킥 성공률에 어떠한 영향을 미치는가?

(2) 불안의 종류 `2017, 2018`
   ① 특성 불안: 선천적으로 타고난 성격 때문에 발생하는 불안
   ② 상태 불안: 어떤 상황에 처했을 때 일시적으로 나타나는 불안
   ③ 분리 불안: 강한 정서적 애착이 있는 것과 분리되면 느끼는 불안
   ④ 경쟁 특성 불안: 개인적 특성에 의한 불안으로 경쟁적인 상황 또는 시합에서 남보다 더 불안을 느끼는 것
   ⑤ 경쟁 상태 불안: 특별한 경쟁상황 또는 시합상황에서 느끼는 불안으로, 개인의 특성과 관련 없음(실패에 대한 두려움, 승리의 압박감, 자심감 부족, 통제력 상실 등이 불안의 원인이 됨)

(3) 불안의 측정
   ① 행동적 측정: 스포츠 시합 전후에 나타나는 선수의 행동적 특징을 관찰하여 분석하는 방법
   ② 생리적 측정: 불안한 상황에서 발생하는 생리적 반응을 측정하며, 뇌파검사(EEG)와 피부 전기 저항(GSR), 심전도(EKG), 근전도(EMG), 심박수, 혈압 측정 등을 검사하는 방법
   ③ 심리적 측정: 불안을 직접적으로 관찰할 수 없기 때문에 운동선수가 작성한 설문지의 답을 분석하여 측정

(4) 불안의 측정 척도 2021
   ① 마튼즈의 스포츠 경쟁불안 척도
      ㉠ SCAT: 평상시 실시하는 경쟁불안 측정 도구이며, 특성불안 검사지(아동용과 성인용 구분)가 있음
      ㉡ CSAL-2: 시합 직전의 생체불안을 측정하는 도구이며, 자신감과 신체 불안, 인지불안으로 구분하여 측정
   ② 스필버거의 상태 특성 불안 척도: 특성 불안과 상태 불안을 같이 측정할 수 있는 도구 개발(자기 보고식 단일 척도, 성인의 불안 현상을 조사 도구로 제작함)
   ③ 테일러의 표출 불안 척도: 선천적 불안을 측정하는 방법으로 일상에서 높은 불안 수준을 보이는 사람이 반응을 더 크게 보임

4 스트레스와 탈진

(1) 스트레스 2015, 2016
내부와 외부의 압력에서 발생하는 압박이 신체적, 심리적 반응으로 표출되는 증상이며 좋은 스트레스와 나쁜 스트레스로 나뉜다. 운동참여는 스트레스 해소에 효과적이며, 스트레스는 피부 반응, 심박수, 호르몬 변화 등을 통해 측정한다.

예 러너스 하이(runner's high): 철인3종 경기 선수는 경기 도중에 포기하고 싶었지만 갑자기 편안함, 희열감, 통제감을 느꼈다. 그 순간에는 시공간의 장애를 초월한 듯한 경험을 하였다.

(2) 탈진 2017, 2022
   ① 심리적, 육체적 피로의 결과로 과도한 신체, 심리 에너지 사용으로 인해 나타나며, 탈진은 피로감, 의욕을 저하를 유발하며 부정적인 태도를 취하게 하여 타인과의 갈등을 유발함
   ② 스포츠탈진 과정: 인간 소외 → 성취감 감소 → 고립감 → 신체적, 정서적 탈진
   ③ 스포츠탈진의 원인은 무리한 목표설정, 무리한 훈련, 완벽주의적 성격 등

기출 핵심 포인트

불안 측정 도구
- 표명 불안 척도(MAS)
- 상태불안 검사지(STAI)
- 스포츠 경쟁 불안 검사지(SCAT, CSAI-2)
- 불안 측정 검사지(CAS)
- 감정 형용사 체크리스트

경쟁 불안의 원인 2018
- 실패에 대한 공포
- 통제력 상실
- 자신감 부족
- 부적합한 기분
- 죄의식

기출 핵심 포인트

개념 플러스 레이데크와 스미스(T.Raedeke & Smith)의 운동선수 탈진 질문지

- **성취감 저하**(reduced sense of accomplishment): 개인의 목표 성취가 어렵거나 기대에 불응하는 기술과 능력 수행을 보일 때 나타남
- **스포츠 평가절하**(sport devaluation): 흥미를 상실하고 무관심하거나 억울함을 느끼는 등의 특징이 나타남
- **신체적/정서적 고갈**(physical, emotional exhaustion): 과도한 훈련 및 시합으로 인해 신체적으로 정서적으로 에너지가 고갈된 상태

5 경쟁불안과 경기력의 관계 이론 2015, 2016, 2017, 2018, 2019, 2021, 2022

① 스펜서(Spencer)의 추동(욕구) 이론: 욕구 불만족 시 나타나는 긴장 상태이며, 각성 수준과 비슷함
② 여키스(Yerkes), 도슨(Dodson)의 역U자 가설: 초기에는 각성수준이 높아질수록 수행 수준도 높아지지만 너무 높은 각성 수준에 이르면 수행 수준이 떨어진다는 가설
③ 콕스(Cox)의 다차원적 불안 이론: 불안의 종류를 인지적 불안과 신체적 불안으로 구분하는 이론이며, 두 가지 불안은 모두 경기력에 영향을 주지만 영향을 주는 방식은 각기 다름
④ 애프터(Apter)의 반전(전환) 이론: 높은 각성 수준을 유쾌한 흥분으로 지각할 수도 불안으로 해석할 수도 있다는 이론
⑤ 카타스트로피의 격변 이론: 각성이 점차 증가하면서 운동수행능력이 증가하지만 적정 수준을 넘어 지나치게 높은 각성 수준까지 이르게 되면 수행능력이 급격히 떨어지는 현상이 발생
⑥ 마틴스(Martens)의 심리에너지 이론: 각성의 높고 낮음에 따라 긍정적 또는 부정적 에너지가 생성된다는 이론
⑦ 하닌(Hanin)의 최적수행지역 이론: 선수와 운동 종목마다 각각 각성수준이 다르기 때문에 각 부분의 연구를 토대로 최적수행지역을 선택한다는 이론. 역U자 가설의 적정 각성수준을 연구한 자료를 바탕으로 최적수행지역이론을 주장함

6 불안, 스트레스 관리기법

(1) 일반적인 관리기법

통상적으로 인간은 누구나 스트레스와 불안을 겪는다. 하지만 균형 잡히고 건강에 좋은 식사, 충분한 휴식과 수면, 규칙적인 운동, 취미활동 및 타인과의 대화 등을 통해 스트레스를 해소하거나 조절하고 극복할 수 있다.

(2) 생리적 관리기법 2019, 2020, 2022

① 바이오피드백 훈련: 특정한 상황을 떠올리거나 생각을 조작하면서 생리적 반응의 변화를 확인한 후 이를 이용해 긴장을 완화하는 방법이며, 생체 신호에는 피부 온도와 심박수, 호흡, 혈압 등이 있음
② 명상: 개인의 정신을 스스로 통제하고 조절하는 훈련 방법

최적수행지역 이론 2021
최고수행을 발휘할 수 있는 불안의 지점과 수준은 사람마다 다름

반전(전환) 이론 예시 2022
- 불안을 바라보는 선수의 관점이 어떤가에 따라(해석의 다름에 따라) 운동수행이 다르게 나타날 수 있음
- 운동선수는 각성이 높은 상태를 기분 좋은 흥분상태로 해석하기도 하고 불쾌한 불안으로 해석할 수도 있음

③ 자생훈련: 자기 스스로 최면상태에 도달하여 신체의 무게를 느끼고 체온의 상승을 유도하는 훈련 방법
④ 점진적 이완기법: 신체의 각 부위의 근육을 긴장과 이완을 통해 스트레스와 부정적인 영향을 중화시키는 훈련 방법
⑤ 인지재구성: 부정적인 생각을 긍정적인 생각으로 전환함으로써 불안감을 감소시키고 자신감을 증대시키는 훈련 방법
⑥ 호흡조절: 복식 호흡으로 불안과 긴장을 낮추는 훈련 방법
⑦ 자화법: 경기 전이나 경기 중에 선수가 하는 혼잣말(자화)이며, 긍정적인 자화 훈련을 통해 자기효능감을 높일 수 있음

개념 플러스 생리적 관리기법 예시 2022, 2025

- 자생훈련: 불안을 감소시키기 위해 자기최면을 사용하여 무거움과 따뜻함을 실제처럼 느끼도록 유도하는 방법
- 체계적 둔감화: 불안을 유발하는 자극의 목록을 작성한 후, 하나씩 차례로 적용하여 유발 감각 자극에 대한 민감도를 줄여 불안 수준을 감소시키는 방법

(3) 인지적 관리기법 2024
① 인지 재구성: 부정적인 생각을 버리고 긍정적인 생각으로 대체하는 훈련 방법
② 사고 정지: 부정적인 것들이 생각나면 스스로 생각을 정지하고 부정적 생각을 막는 훈련 방법

(4) 불안, 스트레스 관리 방법
① 인지적 관리기법 활용하기
② 조절 가능한 부분만 주의를 집중하기
③ 다양한 신체활동을 통해 기분전환하기

03 동기

1 동기의 개념

개인이 어떻게 행동하겠다고 마음먹는 것이다. 그 원인과 행동의 방향이 다양하기 때문에 단순하게 정의하긴 쉽지 않다.
① 특성지향적 관점: 인간의 행동은 성격, 목표 등 개인의 특성에 의해서 결정된다고 보는 관점
② 상황지향적 관점: 특성지향적인 관점과 반대로 환경의 영향을 받아 결정된다고 보는 관점
③ 상호작용적 관점: 개인의 특성과 환경의 영향이 서로 상호작용에 의해서 결정된다고 보는 관점

> 기출 핵심 포인트

2 동기유발의 기능과 종류

(1) 동기유발 기능
  ① 활성화 기능: 어떤 행동을 유발시키는 기능으로 한 개인을 스포츠에 참가하도록 유도하는 기능
  ② 지향 기능: 행동의 방향을 설정하고 목표를 위한 행동의 방향을 결정해주는 기능
  ③ 선택 기능: 목표달성을 위한 특정 행동을 결정하게 하는 기능
  ④ 강화 기능: 행동의 결과가 좋으면 정적 강화, 나쁘면 부적강화를 제공하는 기능

(2) 동기 종류 `2015, 2017, 2024`
  ① 내적동기: 스포츠경기 그 자체의 즐거움, 보람, 재미를 위해 경기에 참여하는 것으로, 내부적 요인에 의한 동기
  ② 외적동기: 경기의 결과에 따른 외적인 보상(물질적 보상, 칭찬) 등으로 경기에 참여하게 되는 것으로, 외부적 요인에 의한 동기
  ③ 무동기: 동기가 없는 상태로 무기력한 상태와 유사하며, 특별히 참여하는 이유가 없는 상태

3 동기 이론 `2018, 2019, 2021`

① 성취동기 이론: 모든 인간의 행동은 성취를 위한 것으로, 성취 지향적인 노력으로 이루어진 스포츠는 성취동기에 의해서 결정된다는 이론
② 성취목표성향 이론: 성취를 위해 노력하는 것은 성취동기와 비슷하지만 성취추구 동기와 실패회피 동기는 구별되어야 하고 내적동기가 높은 과제목표지향적 사람과 내적동기가 낮은 자기목표지향의 성취동기가 서로 다르게 나타난다는 이론
③ 인지평가 이론: 긍정적 피드백을 제공하면 유능성의 향상과 함께 내적동기가 증가하고, 부정적 피드백을 제공하면 유능성이 낮아지고 내적동기가 감소한다는 이론
④ 자기결정성 이론: 동기는 아무런 동기도 없는 무동기에서 외적동기를 거쳐 내적동기로 가는 과정이라는 이론
⑤ 동기분위기 이론: 개인의 성취목표성향 보다 동기분위기(자신이 속한 집단의 환경에 대한 인식)가 내적동기에 더 큰 영향을 준다는 이론
⑥ 자기효능감 이론: 자기효능감(어떤 일을 자신이 충분히 해낼 수 있다고 믿는 신념)에 따라 행동이 달라진다는 이론

인지평가 이론의 내적동기 강화 방법
`2021`
- 관계성: 타인과의 관계성을 높여줌
- 유능성: 자신의 능력에 대해 유능감을 높여줌
- 자율성: 행동을 결정하는데 있어 자율성을 갖게 함

> **개념 플러스**   데시(Deci)와 라이언(Ryan)의 자결성 이론
>
> - 내적동기(자결성 높음): 스스로의 의지를 통해 결정하고 행동하는 유형(즐거움, 호기심 등)
> - 외적동기(자결성 보통)
>   - 의무감 규제: 내적동기(즐거움, 보람, 재미)보다 타인의 인정을 바라며 죄책감 및 불안 등으로부터 회피하기 위한 행동 유형
>   - 확인 규제: 내적동기(즐거움, 보람, 재미)보다 개인의 목표 달성을 위해 행동하는 유형
>   - 외적 조절: 벌을 회피하거나 외적인 보상을 받기 위해 행동하는 유형(타인의 동기를 자기 결정보다 중요하게 여김)
>   - 통합된 조절: 동일시된 조절 유형이 자신의 것으로 일부 또는 전체 받아들여져 목표와 욕구가 통합될 때 나타나는 유형(중요한 결과 달성을 위한 행동)
> - 무동기(자결성 낮음): 무기력과 유사한 상태로 왜 참여해야 하는지 알지 못하는 유형

기출 핵심 포인트

확인 규제와 의무감 규제 2021
- 확인 규제: 현우는 뛰는 것을 그다지 좋아하지 않지만, 체중조절과 건강증진을 위해서 매일 1시간씩 조깅을 함
- 의무감 규제: 승아는 필라테스를 그다지 좋아하지 않지만, 개인 강습비를 지원해준 부모님에 대한 죄책감 때문에 학원에 다님

4 귀인과 귀인훈련 2017, 2019, 2022

(1) 개념
  ① 귀인: 어떤 행동을 했을 때 그 행동의 원인을 찾기 위해 추론하는 과정
  ② 귀인훈련: 시합에서 졌을 때 그 실패의 원인을 찾기 위해 노력하는 훈련

(2) 와이너(Weiner)의 3차원 귀인모델 2017, 2019, 2020, 2022

구분	귀인 요소			
	능력	노력	운	과제 난이도
내적·외적	내적	내적	외적	외적
안정적·불안정적	안정적	불안정적	불안정적	안정적
통제 가능·통제 불가능	통제 불가능	통제 가능	통제 불가능	통제 불가능

(3) 와이너(B.Weiner)의 경기 승패 귀인이론 예시
  ① 노력은 내적 요소이고 불안정한 요소이며, 통제 가능한 요소
  ② 능력은 내적 요소이고 안정적인 요소이며, 통제 불가능한 요소
  ③ 운은 외적 요소이고 불안정적 요소이며, 통제 불가능한 요소
  ④ 과제 난이도는 외적 요소이고 안정적인 요소이며, 통제 불가능한 요소

5 동기유발 방법

① 명확한 목표설정
② 연습하는 목적을 잘 알 수 있도록 설명
③ 도전 의식을 갖게 해야 함
④ 내적 흥미를 갖게 해야 함
⑤ 결과에 대한 지식을 제공

⑥ 물질적 보상을 제시
⑦ 성공과 실패 경험을 제공
⑧ 칭찬과 질책을 상황에 따라 적절하게 제공
⑨ 선의의 경쟁과 협동 유도

04 목표설정

1 목표의 속성 및 설정 원리

(1) 목표설정의 개념
　① 목표란 개인과 조직이 원하는 어떤 시점에 도달하고자 하는 상태를 말하며, 목표를 이루기 위해서는 목표의 설정이 중요함
　② 목표는 종류는 주관적 목표, 객관적 목표, 결과 목표, 수행 목표로 구분됨

(2) 스티어스(Steers)의 목표 속성 [2021]
　① 목표의 구체성: 구체적인 목표를 정해야 높은 성과를 이룰 수 있음
　② 목표의 곤란성: 도전감을 주는 다소 어려운 목표는 동기유발의 효과가 있음
　③ 목표설정의 참여: 구성원들이 목표설정 과정에 참여하면 성과가 향상될 수 있음
　④ 노력에 대한 피드백: 노력에 대하여 피드백이 주어질 때 성과가 향상될 수 있음
　⑤ 목표달성에 대한 동료들 간의 경쟁: 동료들 간의 경쟁을 통해 성과를 향상시킬 수 있음
　⑥ 목표의 수용성: 일방적인 강요된 목표가 아닌 구성원들이 자발적으로 수용한 목표는 더 큰 동기를 유발할 수 있음

(3) 목표설정의 원리 [2015, 2025]
　① 구체적이고 객관적인 목표를 설정
　② 현실적이고 도전적인 목표를 설정
　③ 긍정적인 목표를 설정
　④ 측정가능한 목표를 설정
　⑤ 장기목표와 단기목표를 함께 설정
　⑥ 연습목표와 경기목표를 함께 설정
　⑦ 기한이 명시된 목표를 설정
　⑧ 목표를 기록 및 평가
　⑨ 적절한 피드백 제공
　⑩ 적절한 경쟁을 할 수 있도록 제공
　⑪ 목표달성을 위한 지원책 마련

2 목표설정의 실제

(1) 목표달성 단계

목표를 달성하기 위해서 목표설정부터 실행, 실행 후 평가까지의 모든 과정들이 원활하게 진행되어야 한다.
- ① 이해 단계: 목표달성을 위해서 구체적인 계획을 세우고 사전 준비를 철저히 해야 함
- ② 교육 단계: 충분한 시간을 주어 실질적 목표 수립과 개인의 목표설정을 하도록 함
- ③ 평가 단계: 목표를 달성한 한 후 평가와 그에 따른 목표 수정 및 보완이 필요함

(2) 성취 목표 성향 이론 2021
- ① 과제 목표 성향
  - ㉠ 비교 대상이 자신으로 절대평가 자기 참고형 목표
  - ㉡ 숙련과 학습에 중점을 가지고 기술향상을 위해 노력
  - ㉢ 실천 가능한 약간 어려운 과제 제시(내적동기, 몰입 증가)
- ② 자기 목표 성향
  - ㉠ 비교 대상이 타인으로 상대평가 타인 참고형 목표
  - ㉡ 다른 사람보다 더 잘해 경쟁에서 승리할 때 유능감
  - ㉢ 실천 불가능 또는 쉬운 과제 제시(내적동기, 몰입 감소)

05 자신감

1 자신감의 개념

(1) 자신감의 개념

자신의 능력이나 가치를 믿는 신념 또는 의지

(2) 자신감의 유사 개념 2022
- ① 자기효능감: 문제를 자신의 능력으로 해결할 수 있다는 신념
- ② 낙관주의: 자신에게 좋은 일이 생길 거라고 생각하는 긍정적 성격
- ③ 스포츠 자신감: 스포츠 경쟁에서 자신이 이길 수 있는 능력이 있다는 자신감
- ④ 유능감: 자신의 능력을 자신이 긍정적으로 평가하는 것

개념 플러스 폭스(K.Fox)의 위계적·신체적 자기개념 가설 예시 2022
- 신체 매력과 신체적 컨디션은 신체적 자기 가치의 하위 영역에 속함
- 스포츠 유능감은 스포츠 능력과 스포츠 기술 학습 능력에 대한 자신감

기출 핵심 포인트

자신감 향상 방법
- 성공적인 경험과 자신감 있는 행동으로 자신감을 높임
- 좋은 신체적 컨디션, 긍정적인 정서와 자세로 자신감을 높임
- 지나간 실수와 실패에 대한 생각을 하지 않으면서 자신감을 높임

심상 이론의 예시 2022
- 심리 신경근 이론에 따르면 심상을 하는 동안에 실제 동작에서 발생하는 근육의 전기 반응과 유사한 전기 반응이 근육에서 발생함
- 생물정보 이론에 따르면 심상은 상상해야 할 상황 조건인 '자극 전제'와 심상의 결과로 일어나는 '반응 전제'로 구성됨

2 자신감 이론

(1) 반두래(Bandura)의 자기효능감 이론 2015, 2018, 2019, 2024
자신이 어떤 일을 잘 해낼 수 있다고 믿는 개인적 신념
① 성취경험: 성공과 실패의 경험을 얼마나 했느냐에 따라서 자기효능감은 달라짐
② 대리경험: 타인의 성공과 실패 경험의 목격 정도에 따라서 자기효능감은 달라짐
③ 언어적 설득: 타인으로부터 격려와 칭찬과 같은 긍정적인 말을 얼마나 들었느냐에 따라 자기효능감은 달라짐
④ 정서적 각성: 인간은 불안, 좌절과 같은 정서적 반응을 조절하는 능력을 갖추고 있느냐에 따라 자기효능감은 달라짐

(2) 유능성 동기 이론
인간은 선천적으로 자신의 유능함을 다른 사람들에게 보여주고 싶은 동기(유능성 동기)를 가지고 있다는 이론
① 동기 지향성: 흥미를 느끼는 특정 과제를 수행할 가치가 있다고 여기는 것
② 지각된 유능성: 특정한 과제에 자부심을 느끼는 것
③ 통제감: 특정한 과제의 성공과 실패에 책임감을 느끼는 것

06 심상

1 심상의 개념과 유형

(1) 심상의 개념 2016, 2022
과거의 성공 경험을 떠올리거나 앞으로의 성공적 운동수행을 마음 속에 상상함으로써 자신감을 높이고 집중력을 향상시키는 것

(2) 심상의 유형 2024
① 내적 심상: 수행자의 관점에서 수행 장면을 상상하는 것으로, 운동감각을 느껴보려고 할 때 적합함
② 외적 심상: 관찰자의 관점에서 수행 장면을 상상하는 것으로, 잘못된 동작을 수정할 때 적합함

(3) 심상 훈련 효과 2025
① 운동기술을 학습하고 완성할 때 효율적으로 할 수 있다.
② 긍정적인 방향으로 동기를 유발시킬 수 있다.
③ 자신감을 향상시키는 효과가 있다.
④ 선수가 자기를 관리하고 긍정적인 결과를 가져오는 데 도움을 준다.
⑤ 주의가 산만해졌을 때 재집중할 수 있도록 하는 효과가 있다.

2 심상의 이론 2018

① 심리 신경근 이론: 심상훈련을 통해 실제 운동하는 것과 유사한 자극, 근육의 미세 움직임이 일어난다는 이론
② 상징 학습 이론: 운동을 하면 운동의 요소들이 뇌에 상징으로 기록된다. 심상 연습을 통해 이러한 상징들을 연습할 수 있는 기회를 얻을 수 있다는 이론
③ 생체 정보 이론: 심상은 뇌의 장기기억 속에 미리 저장되어 있는 것으로 심상을 이용하여 반응 전제를 반복적으로 일으켜 수정·강화하면 운동수행을 향상시킬 수 있다는 이론
④ 각성 활성화 이론: 심상 훈련을 하면 각성 수준이 활성화된다는 이론

3 심상의 측정과 활용

(1) 심상의 측정
① 혼자서 연습하는 상황
② 타인이 보고 있는 상황
③ 동료 선수를 관찰하는 상황
④ 시합 출전 상황

(2) 심상 훈련 활용 방법 2015, 2017
① 조용한 장소 선택
② 실제상황과 동일시하는 상상으로 실시
③ 실제 경기 진행 상황과 동일한 속도로 실시
④ 성공한 수행 장면을 뚜렷하게 떠올림
⑤ 운동의 동작을 구체적으로 포함
⑥ 심상 훈련 일지 활용

(3) 스포츠심리 기술 훈련 활용 2021
① 평소 연습과 통합되어 지속적으로 진행되어야 함
② 심상, 루틴, 사고조절 등의 심리 기법이 활용됨
③ 연령, 성별, 경기 수준과 관계없이 모든 선수들에게 적용될 수 있음

개념 플러스   스포츠심리 기술 훈련 2021

심리기술훈련(PST: psychological skills training)은 최상의 경기력을 발휘할 수 있게 자기 조절적 기술을 습득하도록 선수들에게 도움을 주는 훈련 과정을 의미하며, 평소 연습과 통합하여 꾸준히 이루어져야 함

07 주의집중

1 주의집중의 개념

(1) 주의집중의 개념

주의는 마음에 새겨두고 조심하는 것이며, 불필요한 자극에서 벗어나 필요한 자극만을 선택해서 받아들이는 것

(2) 모건(Morgan)의 주의집중 특성
① 용량성: 주의를 기울이는 노력과 관계 없이 용량에 한계가 있음
② 선택성: 주의할 대상을 선택하여 주의의 정도와 방향을 결정
③ 배분성: 상황에 맞춰 대상에 관심을 나누어서 주의를 기울일 수 있음
④ 경계성: 예고 없이 발생하는 자극에 순간적으로 반응할 준비를 갖춤

(3) 로빈슨(Robinson)의 주의집중 특성
① 선택적 특성: 모든 정보를 기억하는 것이 아닌 특별한 정보만 선택하여 저장
② 제한적 특성: 인간은 인지능력에 한계가 있기 때문에 관심있는 특정 정보만 선택하여 집중
③ 개인의 부분적 통제: 선택 집중한 특정 정보에 대해 개인의 부분적 통제로 주의를 집중할 수 있음

2 주의집중의 유형과 측정 2017, 2018, 2021

(1) 니더퍼(Nideffer)의 주의집중 유형
① 넓은 – 내적: 한번에 많은 양의 정보를 분석할 수 있음(불필요한 생각이 발생할 수 있음)
② 좁은 – 내적: 하나의 생각이나 내용에 초점을 둠(압박감을 느낄 수 있음)
③ 넓은 – 외적: 상황을 빠르게 판단할 수 있음(쉽게 속을 수 있음)
④ 좁은 – 외적: 한두 가지 목표물에만 주의집중 가능(주의 폭이 좁음)

(2) 주의집중 요소
① 용량: 정보처리 시 필요한 주의 에너지의 용량
② 선택성: 주의를 선택하는 요소
③ 융통성: 주의의 범위를 정하고 전환할 수 있는 융통성
④ 지속성: 주의를 지속하여 집중할 수 있는 시간 요소

3 주의집중과 경기력의 관계
① 선수의 정서 상태와 주의집중 능력 사이에는 깊은 상관관계가 있음
② 과제 수행에 필요한 주의 형태와 선수가 잘하는 주의 형태에 따라 수행능력에 차이가 발생
③ 수행자의 주의초점 능력과 주의 전환 능력에 따라 수행에 차이가 생김
④ 오랫동안 주의를 집중할 수 있는 능력에 따라 수행에 차이가 생김

4 주의집중 향상 기법 `2015, 2018, 2020, 2025`
① 적정 각성 수준을 찾고 조절 가능 훈련을 해야 함
② 수행 전 루틴을 개발하고 연습해야 함
③ 조절할 수 있는 것에 집중해야 함
④ 현재 수행하고 있는 일에 전념하며, 주의 초점을 위한 꾸준한 연습이 필요함

08 루틴

1 루틴의 개념과 활용 `2016, 2017, 2019, 2025`
시합이나 경기 준비 상황 중에 부정적인 생각을 떨쳐버리고 좋은 경기력을 유지하기 위해 선수가 자신만의 독특한 동작이나 습관을 만들어서 행동하는 것
① 경기력을 향상시키는 데 도움을 줌
② 일관된 경기력을 발휘하기 위해 개발된 습관 또는 동작
③ 최상 수행을 위한 운동선수들의 고유한 동작이나 절차
④ 운동과 무관한 것을 차단할 수 있음
⑤ 다음 수행에 대한 상기 및 과정을 촉진시킴
⑥ 불안 감소와 집중력 증대의 효과가 있음
⑦ 심상과 혼잣말도 루틴에 포함될 수 있음
⑧ 환경의 변화에도 편안함을 유지할 수 있음

2 인지 재구성의 개념과 활용
(1) 인지 재구성의 개념
부정적 생각을 떨쳐버리고 긍정적인 생각으로 대체

(2) 인지 재구성의 활용
인지 재구성을 하기 위해 스스로 자신의 부정적인 생각의 원인을 알아야 하며, 자신의 힘으로 해결할 수 있는 일인지 아닌 지를 구분하여 활용

3 자기 암시의 개념과 활용
(1) 자기 암시의 개념
반복적으로 어떤 생각을 지속하면 성격과 행동이 그 방향으로 바뀌게 된다. 그 결과 능력이 달라지며 인생이 변화될 수 있다는 개념이며, 긍정적인 말과 행동은 자기 암시의 효과를 가져올 수 있다.

(2) 자기 암시의 활용
① 사고 중지: 부정적 사고를 중지하고 긍정적인 사고로 대체
② 긍정적 자기 암시: 긍정적 자기 암시를 이용하여 자신감을 높이고 긍정적인 결과를 도출

루틴 활용의 예시
축구선수 메시(Messi)는 페널티킥을 할 때 항상 같은 동작으로 준비를 함
- 공을 양손으로 들고 페널티 마크에 공을 두면서 자기가 찰 곳을 확인
- 골키퍼 위치를 확인
- 다시 공을 본 후에 뒤로 네 걸음 걷고 나서 심호흡을 함

스포츠 수행의 사회 심리적 요인

기출 핵심 포인트

01 집단 응집력

1 집단 응집력의 정의
① 개인이 특정 집단에 관여하고 집단에 느끼는 애정의 정도
② 밀(Mill)은 집단 응집력을 집단의 구성원들이 정서적으로 친밀하다고 느끼고 집단에 애착을 공유하는 정도로 정의

2 집단에서 사회적 태만 [2016, 2017, 2018, 2020, 2025]
혼자일 때보다 집단에 속해있을 때 더 게을러지는 현상을 의미
① 무임승차 전략: 다른 사람의 노력에 아무 대가나 노력 없이 무료 혜택을 받으려는 의도
② 반무임승차 전략: 타인의 무임승차를 저지하기 위해 본인도 노력을 소홀히 하는 것
③ 최소화 전략: 최소의 노력을 통해 쉽게 결과를 얻고 싶어하는 것
④ 할당 전략: 개인의 이익을 위해서만 노력하고 집단에서는 최소한의 노력만 하는 것

> **개념 플러스** 사회적 태만의 예시 [2025]
>
> 링겔만(Ringelmann)의 줄다리기 실험에 따르면, 줄을 당기는 힘의 크기는 혼자일 때 가장 크고 인원이 점차 증가할수록 개인이 사용하는 힘의 양은 줄어드는 것을 확인함. 이처럼 집단에 속해 있을 때 개인의 노력이 줄어드는 현상을 사회적 태만이라고 함

3 사회적 태만 극복을 위한 지도전략 [2021]
① 소규모 집단으로 구성하여 훈련
② 지도자는 각 선수들의 노력을 알아주고 인정
③ 선수들이 서로 다른 포지션뿐만 아니라 다른 역할도 경험할 수 있는 기회를 제공

4 집단 응집력 이론 [2015, 2017, 2019, 2021]
캐론(Carron)의 스포츠팀 응집력 모형: 환경 요인, 개인적 요인, 리더십 요인, 팀 요인 등이 있다.

5 집단 응집력과 운동수행 관계 [2016]

요구 수준	종목
집단 응집력 요구수준이 높은 종목	농구, 축구, 배구, 필드하키, 아이스하키 등
집단 응집력 요구수준이 중간 종목	야구, 조정, 육상, 미식축구 등
집단 응집력 요구수준이 낮은 종목	골프, 볼링, 사격, 양궁, 스키 등

6 팀 빌딩과 집단 응집력 향상 기법

(1) 팀 빌딩(팀 구축) 개념과 전략 2016

팀 빌딩은 새로운 팀을 구성하는 것뿐 아니라 기존의 팀을 재정비하여 새롭게 변화시키는 것도 포함한다.
① 팀의 구성원 모두 같은 유니폼을 착용
② 주단위로 팀 미팅을 개최하여 개개인의 역할과 책임에 대해 논의
③ 팀 구성원들 간 충분한 상호작용 및 의사소통의 기회를 가져야 함

(2) 집단 응집력 향상 기법
① 팀 구성원들이 달성 가능한 목표를 설정
② 각자 역할을 나누고 역할을 명확히 이해하게 함
③ 다른 팀과 구별되게 만들고 팀 규범에 따르도록 함

02 리더십

1 리더십의 정의

공동의 이익을 달성하기 위해 한 개인이 타인의 지지와 도움을 얻는 과정

2 리더십 이론

① 특성적 접근(개인특성 이론): 지도자에게 필요한 인성과 특성은 타고나는 것이라고 여기는 이론
② 행동적 접근(행동특성 이론): 집단을 효율적으로 이끌기 위해 나타나는 행동특성은 학습에 의해서 성취된 것이라고 보는 이론
③ 상황적 접근(상황부합 이론): 상황적 특성이 지도자 개인특성이나 행동특성 보다 중요하다고 여기는 이론
④ 첼라드라이(P. Chelladerai)의 다차원리더십 모델: 원인 변인이 리더 행동에 영향을 미치고, 리더 행동이 수행결과와 선수 만족에 영향을 미친다는 이론

개념 플러스 첼라드라이(P. Chelladerai)의 다차원리더십 모형 예시 2022

리더의 특성은 리더의 실제 행동에 영향을 주며, 리더의 실제 행동과 선수의 선호 행동이 다르면 선수의 만족도가 낮아짐

3 리더십 효과와 상황 요인

(1) 지도자 특성

훌륭한 지도자는 공통적인 특성을 가지고 있으나 그 특성을 가지고 있다고 하여 무조건 훌륭한 지도자가 되는 것은 아니다. 공통적 특성은 높은 지능과 적극성, 자신감, 설득력, 융통성, 성취 동기 등이 있다.

기출 핵심 포인트

강화의 종류
- 부적강화: 긍정적 행동을 통해 원치 않는 것을 회피함
- 정적강화: 긍정적 행동을 통해 원하는 것을 얻어냄
- 1차적 강화: 물질이나 물건으로 강화하는 것
- 2차적 강화: 칭찬과 미소 같은 선수와 코치 사이의 사회적 관계를 활용한 강화

코칭 행동 주요 선행 요인 2015
- 구성원의 특성
- 리더의 특성
- 상황 요인

---

(2) 다니엘 골먼(Daniel Goleman)의 리더십 유형
6가지 유형으로 전망 제시형, 일대일 코치형, 관계 중시형, 민주형, 선도형, 지시형이 있다.

(3) 상황요인
지도자는 어떠한 상황이나 환경에 처했을 때 조화롭고 민첩하게 대응할 능력이 필요하다.

(4) 구성원 특성
구성원의 성별, 나이, 성격, 운동능력, 운동경력 등에 따라 지도자의 리더십 유형은 달라진다.

4 강화와 처벌

(1) 강화와 처벌의 개념 2019
① 강화: 원하는 긍정적 행동이 나타난 이후에 자극을 줌으로써 지속적인 긍정 반응이 나오도록 유도하는 것
② 처벌: 부정적 행동이 나타난 후에 나쁜 자극을 줌으로써 지속적인 반응이 나타나지 않도록 유도하는 것
  ㉠ 부적 처벌: 부정적인 행동 이후 그 행동을 감소시키기 위하여 주는 자극을 제거하는 처벌
  ㉡ 정적 처벌: 부정적인 행동 이후 그 행동을 감소시키기 위하여 주는 자극을 점차 증가하여 주는 처벌

(2) 전략 2017

강화 전략	• 옳은 행동을 발견하여 강화 • 성취 결과와 함께 노력하는 행동 과정도 강화 • 일관성을 갖고 즉시 강화
처벌 전략	• 동일한 규칙을 위반한다면 평등하게 처벌 • 규칙 및 규정은 지도자와 구성원 모두 협력하여 만들어야 함 • 처벌은 효과보다는 부정적 영향이 더 많으니 주의해야 함

(3) 와인버그(Weinberg)와 굴드(Gould)의 처벌 행동 지침 2021, 2025
① 사람에 대한 처벌이 아닌 행동을 처벌
② 사적인 감정으로 처벌하면 안 됨
③ 연습 중 발생한 실수는 처벌하지 않음
④ 처벌이 필요할 때는 단호하게 처벌
⑤ 동일한 규칙 위반은 모두에게 같은 처벌을 하는 일관성을 지님
⑥ 규칙 위반에 대한 처벌 규정은 선수의 의견을 반영하여 만듦
⑦ 신체활동적인 부분을 이용하여 처벌하지 않음
⑧ 타인 앞에서는 개인에게 창피와 모욕감을 주지 않음

5 코칭 스타일과 행동 지침 2016
① 팀 구성원을 인간적으로 대하고 이해하기 위해 노력해야 함

② 지도하는 종목에 대한 전문지식을 계발하기 위해 노력해야 함
③ 팀 구성원들을 편애나 차별 없이 공정하게 코칭해야 함

03 사회적 촉진

1 사회적 촉진의 개념과 이론 2024

(1) 사회적 촉진 개념

타인의 존재가 운동수행에 영향을 미치는 것

> 예 혼자 경기를 하는 경우와 경쟁자와 함께 경기를 하는 경우의 결과 및 운동 효과의 차이

(2) 사회적 촉진 이론

① 자이언스(Zajonc)의 단순 존재 이론: 타인의 존재만으로 수행자의 각성수준을 오르게 한다는 단순 존재 이론
② 코트렐(Cottrell)의 평가 우려 이론: 타인의 존재만으론 각성이 일어나지 않으며, 비판적 능력이 있는 전문가가 있어야 각성이 일어난다는 이론
③ 본드(Bond)의 자아 이론: 타인이 존재할 때, 타인에게 인정받고 싶은 욕구가 증대되어 수행자에게 동기부여가 된다는 이론
④ 샌더스(Sanders)의 주의 분산·갈등 이론: 타인의 존재는 주의를 분산시켜 수행을 방해하는 부정적 영향을 가져오기도 하고 수행을 도와주는 긍정적 효과도 있다는 이론
⑤ 워클런드(Wicklund)와 듀발(Duval)의 객관적 자기 인식 이론: 자기를 인식하고 있는 상태에서 이상적 수행과 자신의 과제 수행 사이의 간극을 좁히려 노력한다는 이론

(3) 사회적 촉진에 영향을 미치는 변인

① 개인적 변인: 개인의 성격적 특성과 능력 수준
② 과제 변인: 과제의 수준에 따라 운동기능 수준이 다르다는 것(역도, 유도와 같은 과제는 높은 각성이 효과적이고 사격, 양궁과 같은 과제는 낮은 각성 수준이 효과적임)
③ 상황적 변인: 수행자 특성(사전 경험 등), 관중 특성(연령, 성별, 규모 등)

> **개념 플러스** **경쟁과 협동의 효과**
>
> 협동적 효과는 경쟁적 효과보다 다양한 측면에서 높은 수준의 지지를 받음

2 모델링 방법과 효과 2015, 2016

(1) 반두라(Bandura)의 모델링 기능

① 반응의 촉진: 관찰자들이 모델과 유사한 행동을 하도록 적절하게 자극을 하는 것

② 억제와 탈억제: 모델의 잘못된 행동으로 인해 벌을 받으면 억제가 나타나고, 잘못된 행동에 벌을 받지 않으면 탈억제가 일어남
③ 관찰 학습
㉠ 모델이 하는 행동을 보고 비슷하게 따라 하는 것
㉡ 관찰학습의 4가지 과정: 주의집중 → 파지 → 산출(재생) → 동기유발

(2) 모델링 효과
① 단순한 운동보다 복잡한 운동일수록 모델링 효과가 큼
② 복잡한 운동을 모델링하는 것이 단순한 운동에 적용하는 것보다 효과적
③ 우수한 모델도 좋은 모델이지만, 학습자와 비슷한 모델도 학습에 도움을 줌
④ 비언어적 모델링은 5살 이하 아이들에게 더 효과가 있음
⑤ 모델링은 자신감 향상에 도움을 줌
⑥ 유명한 운동선수들의 선행 및 봉사활동과 같은 행동은 청소년들의 사회성을 높이는데 좋은 영향을 줌
⑦ 유명한 운동선수들의 공격적이고 부정적인 행동은 청소년들에게 나쁜 영향을 줄 수 있음

3 주요 타자의 사회적 영향
① 주요 타자의 사회적 영향은 부모 영향과 동료 영향, 지도자 영향으로 구분됨
② 어릴 때는 부모의 영향을 많이 받지만 10대가 되면서 동료와 지도자의 영향을 더 받게 됨

04 사회성 발달

1 공격성의 개념과 이론

(1) 공격성의 개념 2017
피해나 부상을 회피하려는 사람에게 피해와 상해를 입히려는 목적으로 가하는 행동으로 목표와 분노의 유·무에 따라 적대적 공격성과 수단적 공격성으로 구분된다.

(2) 공격성 이론 2017, 2025
① 본능 이론: 사람에게는 본능적으로 공격성이 있고, 거기서 생겨난 에너지가 공격 행동을 발생시킨다는 이론
② 좌절 – 공격 가설: 목표를 이루는 과정 속에서 방해를 받게 되면 좌절감을 느끼게 되고 그것이 원인이 되어 공격성이 유발된다는 이론
③ 사회학습 이론: 인간 행동에서 나타나는 공격성 등은 모방 및 보상과 같은 사회 학습적 요인에 영향을 받아 발생한다는 이론
④ 단서 촉발 이론: 내적 욕구와 학습의 결과는 공격적 행동을 유발시킬 수 있다는 이론

(3) 공격 행동의 종류
  ① 적대적 공격 행동: 상대에게 피해를 입히려는 목적으로 일으키는 공격 행위로 분노를 수반함
  ② 수단적 공격 행동: 승리 또는 사적이익을 위한 목적을 위해 이루어지는 공격행위로 대부분 계획적, 의도적이며 분노를 수반하지 않음
  ③ 권리적 행동: 피해를 주려는 의도가 없이 나타나는 합법적 폭력 행동

2 스포츠에서 공격성의 원인과 결과

(1) 스포츠에서 공격성의 원인
  ① 생물학적 접근: 신체적 특성 및 체격, 질병, 생리적 특성 등을 공격성의 원인으로 보는 접근
  ② 심리학적 접근: 인간의 원초아, 자아, 초자아 중 초자아가 덜 발달하여 억압된 원초아가 비정상적이고 위협적 방식으로 표출되어 나타난다는 접근
  ③ 사회·환경적 접근: 공격성의 원인은 내적 차원의 문제로 인해 발생하기보다 사회·환경적인 문제 때문에 나타난다는 접근

(2) 공격성 통제 방법
  ① 부모 훈련: 부모는 자녀에게 첫 스승이자 가장 중요한 교육의 조건이며, 아동의 공격성은 부모훈련을 통해 통제 가능함
  ② 조망 수용: 상대방의 입장에 대해 생각해 보는 것을 말하며, 공격으로 인해 타인이 입게 되는 고통과 신체적 결과에 대해 느끼고 생각해 볼 수 있는 기회를 갖는 것
  ③ 공감 훈련: 분노의 감정을 공감 능력으로 전환하는 것을 말하며 공감 능력을 높이는 훈련을 꾸준히 함으로써 공격성을 줄여가는 방법

3 스포츠 참가와 인성 발달 2021

(1) 스포츠 참가의 분류
  ① 심동적: 선수가 운동을 수행하기 위해 신체를 활용하여 스포츠 경기에 직접 참여하거나 선수활동 이외의 스포츠와 관련한 분야에 대한 참여를 포함
  ② 정의적: 선수가 실제로 스포츠 경기에 참여하지는 않지만, 동료 선수들의 스포츠 경기를 통해 본인이 직접 그 경기에 임하는 선수와 동일시되어 개입하는 것을 포함
  ③ 인지적: 미디어 매체, 학교, 동료, 관련 기관으로부터 스포츠에 대한 정보를 제공받음으로써 스포츠에 참여하게 되는 것을 포함

(2) 스포츠 참가를 통한 인성발달
  ① 사회성을 발달시킴
  ② 정서적으로 안정화됨
  ③ 인내력을 향상시킬 수 있음
  ④ 스포츠 규칙을 준수할 수 있게 됨

건강운동심리학

기출 핵심 포인트

01 운동의 심리적 효과

1 운동과 성격

운동과 성격은 서로 관련성이 있어서 운동의 종류, 하는 방법에 따라 성격에 영향을 준다.
① 지속적 운동은 정서적 안정감을 줌
② 성격이 외향적인 사람이 신체활동을 더 규칙적으로 지속
③ 우울감과 불안감을 잘 느끼는 성격의 사람은 운동을 지속적으로 수행하기 어려움
④ 지속적인 운동을 통해 성격을 변화시킬 수 있음

2 운동의 심리·생리적 효과

(1) 운동의 심리·생리적 효과 2016, 2018
① 유산소 운동과 무산소 운동은 우울증을 낮추는 데 효과가 있음
② 장기간 운동은 단기간 운동에 비해 우울증 개선 효과가 더 큼
③ 적절한 운동은 불안을 감소시키는 효과가 있지만, 고강도 운동은 불안 감소 효과가 미미하거나 오히려 불안을 증가시킬 수 있음
④ 운동을 통해 체력을 기르면 자신감이 높아지는 효과가 있음
⑤ 적절한 운동은 스트레스를 낮추는 긍정적 효과가 있음

(2) 운동의 심리·생리적 효과 이론 2018, 2025
① 열 발생 가설: 운동은 체온을 높이고 체온이 상승하면 뇌는 근육에 이완 반응을 명령하고 이를 통해 편안함을 느끼게 된다는 가설
② 주의분리 가설: 운동을 통한 일상 생활패턴의 환기가 기분전환을 가져온다는 가설
③ 모노아민 가설: 운동이 세로토닌, 노에피네프린, 도파민과 같은 뇌 신경전달물질을 변화시키고 이러한 변화는 우울증을 감소시키는 긍정적 효과가 있다는 가설
④ 뇌 변화 가설: 운동은 뇌의 혈관 수를 증가시키고 혈류량을 증대시켜 인지능력 향상에 효과가 있다는 가설
⑤ 생리적 강인함 가설: 규칙적인 운동은 주기적으로 스트레스를 가하는 것과 같은 효과로 스트레스에 대한 내성을 강화하고 스트레스에 대한 대처능력을 높여 정서적 안정을 가져온다는 가설
⑥ 사회·심리적 가설: 운동을 하면 기분이 좋아질 것이라는 기대심리(위약효과) 때문에 심리적 안정에 효과를 얻을 수 있다는 가설

3 신체활동의 심리 측정

① 운동강도 심리 측정 – 보르그(Borg)의 주관적 운동강도 측정 척도: 동일한 운동을 여러 사람이 하더라도 힘든 정도는 주관적이라는 것

  예 같은 무게를 들 때 20대의 건강한 사람과 80대의 노인이 하는 운동에는 심리적 차이가 있음

② 신체활동 양의 심리 측정 – 고딘(Godin)과 세파드(Shephard)의 여가활동 질문지: 1주일간 여가 시간에 했던 운동량을 저강도, 중강도, 고강도 운동으로 구분한 후 주당 횟수를 기록하는 방식으로 측정

③ 운동정서 심리 측정 – 맥네어(Mcnair)의 기분상태 검사지: 1주일간 느낀 정서들을 65개의 문항으로 이루어진 검사지를 통해 측정

④ 긍정적·부정적 감정 스케줄 – 왓슨(Watson)의 감정 스케줄: 감정을 긍정적·부정적으로 나누어 측정하는 도구로 긍정적 문항 10개, 부정적 문항 10개로 구성되어 있다. 현재의 감정 상태를 측정하는데 자주 사용

02 운동심리 이론

1 합리적 행동 이론과 계획적 행동 이론 2021

① 합리적 행동 이론: 개인의 운동 의도가 운동 수행에 영향을 준다는 이론
② 계획적 행동 이론: 합리적 행동 이론에 포함된 의도를 통한 예측의 한계로 행동 통제 인식 개념을 추가한 이론

> **개념 플러스** 아이젠(I. Ajzen)의 계획된 행동 이론 2021, 2024
>
> 행위 의도로 온전히 행동을 예측할 수 없다는 합리적 행위 이론의 한계를 수정하고 보완한 모델이다.
> 아이젠은 행위 의도를 행동과 주관적 규범으로 설명했던 기존의 합리적 행위 이론에 '행동에 대한 지각된 통제감'이라는 제3의 변수를 추가해 태도와 행동의 관계를 좀 더 정교하게 예측하려고 했다. 구성요인은 행위 의도, 행동에 대한 태도, 주관적 규범, 행동에 대한 지각된 통제감이 있다.

계획적 행동 이론의 구성요인
- 행위 의도
- 행동에 대한 태도
- 주관적 규범
- 행동에 대한 지각된 통제감

2 변화단계 이론 2015, 2018, 2020, 2021, 2022, 2025

운동 행동의 변화는 5단계의 과정을 거쳐 진행된다는 이론

① 무관심 단계: 현재 운동을 하지 않고 있으며 6개월 이내에도 운동을 시작할 의도가 없음
② 관심 단계: 현재 운동을 하지 않고 있지만 6개월 이내에 운동을 시작할 의도가 있음
③ 준비 단계: 현재 운동을 하고 있지만 가이드라인을 충족시키지 못하는 수준으로, 30일 내에 운동 가이드라인을 충족하는 수준으로 운동을 시작할 의도가 있음

> 기출 핵심 포인트

④ 실천 단계: 운동 가이드라인의 수준으로 운동을 해왔지만 그 기간이 아직 6개월 미만이며 운동 동기가 충분한 상태
⑤ 유지 단계: 운동 가이드라인을 충족하는 수준의 운동을 6개월 이상 해왔으며, 안정적인 운동 상태

> **개념 플러스** 프로차스카(J.O.Prochaska)의 운동변화단계 모형 예시 2022
> - 운동 단계는 인지적·행동적 변화의 단계를 거쳐 변화
> - 자기효능감이 높아짐에 따라 변화의 단계도 점차 향상되어가는 경향을 보임
> - 변화 단계가 높아짐에 비례하여 운동에 따른 혜택이 더 많다고 인식

3 통합이론
① 건강신념 모형: 질병에 걸릴 가능성과 질병의 두려움에 대한 인식이 건강행동에 중요한 영향을 준다는 이론
② 자기효능감 이론: 주어진 과제를 성공적으로 완수할 수 있다는 신념

4 사회생태학 이론 2022
개인이 운동을 하지 않는 이유를 개인의 동기나 지식에서 문제를 찾는 것이 아닌 사회와 국가, 정책, 환경까지 고려해서 판단하는 이론

사회생태모형 예시 2022
- 지역사회에 여성 전용 스포츠 센터를 증설
- 운동 참여에 따른 인센티브 정책을 수립
- 운동 참여를 격려, 지지하는 분위기를 조성

03 운동실천 중재전략

1 운동실천 영향 요인 2016, 2017, 2021, 2022, 2024
(1) 개인적 요인
① 개인 특성: 성별, 나이, 소득 수준, 교육 수준, 신체 상태, 성별 등
② 인지 특성: 재미, 성격, 동기, 자기효능감, 운동 재미, 시간 부족 등
③ 행동 특성: 행동 습관, 과거 이력, 음주, 흡연, 다이어트 등

(2) 환경적 요인
① 사회적 환경: 집단 응집력, 가족, 동료, 지도자, 친구 등
② 물리적 환경: 계절, 날씨, 비용, 운동시설 접근성 등

운동 특성 요인
- 운동 강도
- 노력
- 지도자
- 단체 프로그램

(3) 운동실천 행동수정 중재 전략(예시)
① 운동화를 잘 보이는 곳에 두어야 함
② 출석이 좋은 회원에게 보상을 줘야 함
③ 출석현황과 운동수행 결과를 게시하여 확인하게 함

> **개념 플러스** 레빈(K.Lewin)의 인간 행동 작용 예시 2022
> - 인간의 행동은 개인과 환경에 의해 결정됨
> - 개인과 환경의 상호작용으로 행동은 변화함

2 지도자, 집단 및 문화의 영향

지도자 영향	• 지도자의 특성(성실성, 열정, 전문성)은 운동실천에 큰 영향을 줌 • 권위주의적 스타일과 민주주의적 스타일의 지도자로 구분됨
집단의 영향	집단의 규모와 집단의 응집력이 높고 낮음은 운동 지속실천에 영향을 줌
문화의 영향	사회문화(가치, 관습, 규범, 규칙, 신념 등)는 운동실천에 영향을 미침

3 행동수정 및 인지 전략 2018, 2020

(1) 행동수정 전략

운동습관이나 패턴에 영향을 줄 수 있는 물리적 환경 요소들을 변화시켜 운동실천을 지속하게 하는 전략

(2) 인지 전략

개인 내부의 생각, 믿음, 태도 등에 변화를 통해 운동을 실천, 지속하게 만드는 전략

① 목표설정: 목표설정은 운동참가와 지속적 실천에 도움을 주며, 개인 스스로가 정한 객관적 목표설정이 필요

② 의사결정: 운동을 실행함에 따른 긍정적 혜택이 많다는 정보를 인식하게 하여 운동 참여를 유도하는 방법

③ 동기유발: 운동의 의미와 목적을 찾고 체험과 과정을 중시하는 등의 방법을 통해 스스로 동기를 유발하여 운동을 시작하고 지속할 수 있도록 하는 방법

CHAPTER 06 스포츠심리 상담

01 스포츠심리 상담의 개념

1 스포츠심리 상담의 이론 `2015, 2017, 2022`

(1) 스포츠심리 상담의 개념
① 상담은 상담자와 내담자의 상호 협력 관계를 기반으로 함
② 상담자는 상담 시작 전에 내담자에게 상담 과정의 전반적 설명을 제공함
③ 스포츠심리 상담은 인간적 성장과 경기력 향상을 추구함

(2) 스포츠심리 상담의 적용
① 라포는 내담자와 상담자 간의 공감적 관계를 말함
② 경청은 상담자가 내담자의 언어적 메시지뿐만 아니라 비언어적 메시지도 주의깊게 듣는 과정
③ 상담, 감독을 받는 내담자와 이성 관계를 맺지 않음
④ 미성년자 고객의 가족과는 개인적, 금전적 또는 기타 형태의 관계를 유지하지 않음
⑤ 특별한 경우를 제외하고는 내담자와 상담실 외부에서 사적인 관계로 만나지 않음

(3) 스포츠심리 상담사의 역할
① 경기 시즌 이전, 중간, 이후 지원
② 계속적인 심리훈련
③ 유대감(친밀감) 형성

> **개념 플러스**
>
> **한국스포츠심리학회가 제시한 스포츠심리 상담사 상담윤리** `2022, 2025`
> - 스포츠심리 상담사는 자신의 전문영역이 무엇인지 확실히 알아야 하며 한계영역 또한 명확히 인지해야 함
> - 스포츠심리 상담사는 상담과정에서 취득한 정보를 사용할 때는 고객에게 미리 허락을 구해야 함
> - 스포츠심리 상담사는 상담자에게 좋은 평가나 소감을 요구하지 않아야 함
> - 스포츠심리 상담사는 타인에게 상담역할을 위임할 경우 전문성을 갖춘 자에게 위임하여야 하고 그 전문성을 확인해야 함
>
> **미국 응용스포프심리학회(AAASP)의 스포츠심리 상담윤리** `2024, 2025`
> - 직무수행상 자신의 한계를 인식하고 한계를 넘는 주장과 행동은 하지 않는다.
> - 회원 스스로 윤리적인 행동을 실천하고 남에게 윤리적 행동을 하도록 적극적으로 권장한다.
> - 다른 전문가에 의한 서비스 수행 촉진, 책무성 확보, 기관이나 법적 의무 완수 등의 목적을 위해 상담이나 연구 결과를 기록으로 남긴다.

2 스포츠심리 상담 모형

인지재구성 모형	운동선수가 비합리적인 생각과 신념을 갖고 상담을 받으러 왔을 때, 비합리적인 부분을 발견하고 합리적인 신념과 생각으로 변화시킬 수 있는 방법을 제공
교육적 모형	• 1단계: 운동역학적, 생리적 기능 검사를 통한 내담자의 기능을 파악하는 단계 • 2단계: 설문조사를 통해 내담자의 심리상태를 파악하는 단계 • 3단계: 심리상태 파악 후 내담자에게 동기를 부여하는 단계 • 4단계: 내담자의 의견을 반영하여 심리기술 방법을 결정하는 단계
멘탈플랜 모형	내담자에게 최상의 수행과 최저의 수행 사이의 차이를 인식하게 하여, 최상의 수행 시 필요한 상태를 만들기 위한 심리기법을 선정(심상과 루틴을 활용)

3 스포츠심리 상담의 윤리규정 2019
① 나이, 성별, 국적, 종교, 장애, 사회경제적 지위 등의 개인차를 존중
② 교육, 연수, 수련 경험 등을 통해 인정받은 전문지식과 기법을 제공
③ 내담자의 이익을 최우선에 두고 상담을 진행하며 필요한 경우 다른 전문가에게 의뢰

02 스포츠심리 상담의 적용

1 스포츠심리 상담 절차
① 초기 접촉: 내담자와 상담자가 면담하거나, 전화, 이메일 등 통신수단을 이용하여 접촉하는 시기
② 접수 상담: 내담자의 인적사항 및 기타 제반사항을 접수하는 시기
③ 심리 검사: 심리검사 측정도구 선택 및 설문지를 활용하여 내담자의 심리상태 파악을 위한 단계
④ 상담 결정: 계약을 확정하고, 실천계획 수립 단계
⑤ 상담 초기: 내담자와 상담자 간의 협의 단계
⑥ 상담 중기: 본격적인 상담 시기
⑦ 상담 말기: 내담자의 변화된 내용 확인 및 상담 종료 및 연장 검토

2 스포츠심리 상담 기법 2017, 2020, 2021
(1) 스포츠심리 상담 기본 조건
① 신뢰: 상담자는 신뢰가 가는 태도를 통해 내담자가 믿을 수 있는 매너를 보여야 함[상담자와 내담자는 라포(Rapport: 친밀감, 공감)를 형성해야 함]

> **기출 핵심 포인트**
>
> 내담자의 비언어적 메시지
> - 표정
> - 몸짓
> - 목소리 등

② 수용: 편견 없이 내담자의 이야기를 받아들이는 것(모든 사람을 선입견 없이 존귀하게 존중하는 자세)
③ 관심 집중: 내담자와의 상담에 관심을 갖고 집중하는 것(내담자가 원하는 것이 무엇인지 성실하게 주의를 기울임)
④ 경청: 내담자의 언어적 메시지뿐만 아니라 비언어적 메시지도 경청해야 함(내담자에게 경청하고 있는 모습을 보이는 것도 필요)
⑤ 공감적 이해: 내담자와 같은 입장이 되어 공감하는 것(시간 갖기, 반응 짧게 하기, 적절히 반응하기)
⑥ 긍정적 존중: 상담자는 자신의 감정을 긍정적으로 유지하며 내담자를 긍정적으로 이해하고 따뜻하게 대하며 존중해야 함
⑦ 일치: 상담자는 내담자와 상담에서 적절히 필요에 따라 자신의 감정과 경험을 솔직하게 표현

(2) 스포츠심리 상담 기법
① 원활한 상담 관계 형성
② 내담자의 마음에 공감
③ 내담자의 현재 상황을 파악하고 미래의 목표와 비전을 제시
④ 내담자의 어려움 해결
⑤ 내담자를 성장과 개선의 방향으로 이끌기
⑥ 상담 관계를 잘 마무리 하기

(3) 스포츠심리학자의 역할 2015, 2025
① 스포츠심리학, 운동학습, 운동제어, 운동발달 등을 가르침
② 상담을 통해 선수가 필요로 하는 심리기술 훈련을 하기도 함
③ 자신의 연구 성과를 발표하고 검증받기도 함

PART 03 단원문제 — 스포츠심리학

스포츠심리학의 개관

01 스포츠심리학의 연구 영역 정의에 대한 설명으로 옳은 것은?

① 운동발달: 인간의 운동이 생성되는 기전과 운동의 원리를 규명하는 학문
② 운동제어: 스포츠에서 개인의 특성을 바탕으로 하여 경험과 학습을 통한 변화 과정을 연구하는 학문
③ 스포츠심리학: 운동 경기 또는 스포츠 상황에서 응용하는 심리학의 한 분야
④ 건강운동심리학: 운동 기능 발달에 영향을 미치는 요인인 유전적 요소와의 관계 및 효과를 연구하는 학문

02 스포츠심리학의 주요 연구 과제로 옳지 <u>않은</u> 것은?

① 동기유발 전략
② 불안 감소 전략
③ 상담기술 및 방법
④ 체육행정 정책 수립

03 협의의 심리학 영역으로 옳지 <u>않은</u> 것은?

① 자신의 능력이나 가치를 믿는 신념 또는 의지
② 개인이 어떤 욕구를 만족시키기 위해 어떻게 행동하겠다고 마음을 먹는 것
③ 인간의 운동이 생성되는 기전과 운동의 원리를 규명
④ 행동 특성과 관련해 비교적 일관된 행동을 보이는 개인의 독특한 심리적 특성

04 스포츠심리학자의 역할로 옳지 <u>않은</u> 것은?

① 스포츠심리학, 운동학습, 운동제어, 운동발달 등을 가르친다.
② 운동선수를 대상으로 한 상담만을 실시한다.
③ 자신의 연구성과를 발표하고 검증받기도 한다.
④ 상담을 통해 선수가 필요로 하는 심리기술 훈련을 하기도 한다.

정답해설

01 ③ 스포츠심리학은 운동 경기 또는 스포츠 상황에서 응용하는 심리학의 한 분야로 인간의 운동 수행과 관련한 심리적 요인들 간의 영향 관계를 연구하는 학문이다.
[오답해설]
① 운동제어, ② 운동학습, ④ 운동발달에 대한 설명이다.

02 체육행정 정책수립은 체육행정학에 해당하는 연구과제이다.

03 운동제어에 대한 설명이며, 운동제어는 광의의 심리학과 관련된 내용이다.

04 스포츠심리학자는 운동선수들뿐만 아니라 상담이 필요한 모든 수행자들을 대상으로 상담을 실시한다.

|정답| 01 ③　02 ④　03 ③　04 ②

인간 운동 행동의 이해

05 〈보기〉에서 정보처리이론에 관한 설명으로 옳은 것만을 모두 고른 것은?

[보기]
ㄱ. 정보처리이론은 인간을 능동적인 정보처리자로 설명한다.
ㄴ. 도식이론은 기억흔적과 지각흔적의 작용으로 움직임을 생성하고 제어한다고 설명한다.
ㄷ. 개방회로이론은 대뇌피질에 저장된 운동프로그램을 통해 움직임을 생성하고 제어한다고 설명한다.
ㄹ. 폐쇄회로이론은 정확한 동작에 관한 기억을 수행 중인 움직임과 비교한 피드백 정보를 활용하여 움직임을 생성하고 제어한다고 설명한다.

① ㄱ, ㄴ
② ㄷ, ㄹ
③ ㄱ, ㄴ, ㄹ
④ ㄱ, ㄷ, ㄹ

06 운동제어 학문의 내용으로 옳지 않은 것은?

① 인간 움직임의 특성과 그 움직임이 어떻게 조절되는지를 연구하는 학문
② 인간의 운동이 생성되는 기전과 운동의 원리를 규명하는 학문
③ 운동 행동의 시간적 흐름, 즉 연령에 따라 계열적·연속적으로 변화하는 과정을 규명하는 학문
④ 자극에 대한 반응이 실제 행동으로 어떻게 이어지는지를 확인하고 수정하는 과정을 연구하는 학문

07 운동학습에 영향을 미치는 요인에 대한 설명으로 옳지 않은 것은?

① 기억은 기명, 파지, 재생, 재인과 같은 단계를 거쳐 현재의 사실이 이전 학습경험의 사실과 같다는 것을 확인하는 것이다.
② 자기충족예언은 어떤 기대가 실현될 것이라는 믿음을 갖고 그것을 실현시키기 위한 종교적 힘을 통해 기대를 현실로 실현시키는 것을 의미한다.
③ 학습의 전이는 이전 학습내용이 후속 학습에 영향을 주는 것으로 긍정적 전이, 부정적 전이, 수평적 전이, 수직적 전이가 있다.
④ 연습은 새로운 경험이나 행동을 획득하는 것을 목표로 정하고, 그 목표에 도달하기 위해서 끊임없이 반복적으로 운동하는 전체 과정을 의미한다.

08 〈보기〉에서 설명하는 피드백으로 옳은 것은?

[보기]
• 육상: 경기장면을 담은 영상을 보고 무릎의 동작을 수정하였다.
• 테니스: 코치가 "체중이동이 빠르다"라는 정보를 제공하였다.

① 바이오피드백(biofeedback)
② 내재적 피드백(intrinsic feedback)
③ 보강적 피드백(augmented feedback)
④ 고유감각 피드백(proprioceptive feedback)

정답해설

05 ㄴ. 도식 이론은 폐쇄회로 이론의 피드백과 개방회로 이론의 운동프로그램을 통합하여 운동 행동의 원리에 대한 설명이다.

06 운동 행동의 시간적 흐름, 즉 연령에 따라 계열적·연속적으로 변화하는 과정을 규명하는 학문은 운동발달과 관련된 내용이다.

07 자기충족예언은 어떤 기대가 실현될 것이라는 믿음을 갖고 그것을 실현시키기 위해 본인 스스로 노력함으로써 결국 원래 기대를 현실로 실현시키는 것을 의미한다.

08 보강적(외재적) 피드백은 자신의 감각정보가 아닌 외부에서 주어지는 정보로, 언어적·비언어적인 방법을 통해, 수행의 결과 또는 수행 유형 자체에 대한 정보를 수행동안 또는 수행 후에 제공한다.

|정답| 05 ④ 06 ③ 07 ② 08 ③

스포츠 수행의 심리적 요인

09 목표설정 원리로 적절하지 <u>않은</u> 것은?

① 수행목표보다 결과목표를 강조한다.
② 구체적이고 객관적인 목표를 설정한다.
③ 부정적인 목표보다 긍정적인 목표를 강조한다.
④ 단기목표, 중기목표, 장기목표를 함께 설정한다.

10 〈보기〉가 설명하는 심리기술훈련은?

[보기]
- 1958년 월피(J. Wolpe)가 개발함
- 불안을 일으키는 상황을 중요도 순서에 따라 10단계 정도를 준비함
- 불안이 낮은 순서부터 극도의 불안을 일으키는 중요도가 높은 순서로 배열하고 훈련함
- 불안이나 스트레스를 유발하는 자극에 노출될 때 불안반응 대신 편안한 반응을 나타냄으로써 불안이나 스트레스를 감소하는 기법임

① 자생훈련(autogenic training)
② 점진적 이완(progressive relaxation)
③ 인지 재구성(cognitive restructuring)
④ 체계적 둔감화(systematic desensitization)

11 동기 이론 중 '과제목표성향' 이론에 대한 설명으로 옳지 <u>않은</u> 것은?

① 내적동기 증가
② 실현 가능한 과제 제시
③ 비교의 준거가 자신인 절대적 평가
④ 비교의 준거가 타인인 상대적 평가

12 〈보기〉에서 설명하는 니드퍼(R. M. Nideffer)의 주의 유형으로 옳은 것은?

[보기]
사격선수인 효운이는 시합에서 오로지 표적을 바라보며 조준하고 있다.

① 좁은 - 내적
② 좁은 - 외적
③ 넓은 - 외적
④ 넓은 - 내적

정답해설

09 결과목표는 통제불가능한 요인의 영향을 많이 받으므로 목표설정 원리로 적합하지 않다. 결과목표보다는 수행목표를 목표설정하는 것이 바람직하다.

10 〈보기〉는 체계적 둔감화(systematic desensitization)에 대한 설명이다. 체계적 둔감화는 불안을 유발하는 자극의 목록을 작성한 후, 하나씩 차례로 적용하여 유발 감각 자극에 대한 민감도를 줄여 불안 수준을 감소시키는 방법이다.

11 ④ 비교의 준거가 타인인 상대적 평가는 자기 목표 성향에 대한 설명이며, ①, ②, ③은 과제 목표 성향에 대한 설명이다.

12 ② 좁은 - 외적 유형
- 하나 또는 두 개의 단서에 전적으로 주의를 집중함
- 주의의 폭이 좁아 중요한 단서를 놓칠 가능성이 있음
- 하나의 대상에 초점을 둠

|정답| 09 ① 10 ④ 11 ④ 12 ②

스포츠 수행의 사회 심리적 요인

13 〈보기〉에서 설명하는 강화의 종류로 옳은 것은?

[보기]
A야구선수는 이번 시즌 내내 경기 성과가 좋지 않아 자신감이 매우 떨어져 있는 상태에서 오늘 경기에 선발투수로 나서게 되었다. 매우 긴장되어 있는 상태였지만, 감독이 다가와 A선수에게 칭찬과 밝은 표정으로 선수를 격려하고 응원해주었다.

① 연속 강화
② 정적 강화
③ 1차적 강화
④ 2차적 강화

14 지도자의 처벌 행동 지침으로 옳은 것은?

① 처벌이 필요한 경우에는 처벌의 이유를 정확하게 말한다.
② 동일한 규칙을 위반하면 주장과 상급 학년 선수부터 처벌한다.
③ 규칙 위반에 대한 처벌 규정을 정할 때 선수의 의견은 반영하지 않는다.
④ 처벌이 필요할 때는 단호함을 보여주고 전체 선수 앞에서 본보기로 삼는다.

15 〈보기〉의 ㉠, ㉡에 해당하는 용어가 바르게 나열된 것은?

[보기]
교사: 줄다리기의 경우, 집단이 내는 힘의 총합은 개인의 힘을 모두 합친 것보다 작아지게 된다. 이것을 (㉠) 효과라고 해.
학생: "나 하나쯤이야." 하는 생각 때문에 힘을 덜 쓰는 거 같아요.
교사: 게으름을 피우는 사람으로 인해 집단 내에 동기의 손실이 생기는데 이것을 (㉡)이라고 해.

	㉠	㉡
①	링겔만	사회적 태만
②	링겔만	사회적 촉진
③	플라시보	사회적 태만
④	플라시보	사회적 촉진

16 생활체육 프로그램의 교육목표 진술에 대한 설명으로 옳지 <u>않은</u> 것은?

① 자살하는 행위도 공격성에 해당한다.
② 언어적 행동, 비언어적 행동 모두 공격성에 포함된다.
③ 우연히 남에게 피해를 주는 것도 공격성에 해당한다.
④ 무생물을 위해하는 것은 공격에 해당하지 않는다.

정답해설

13 2차적 강화는 칭찬, 미소와 같이 코치와 선수의 사회적 관계를 이용해 강화하는 것을 의미한다.

14 ① 처벌이 필요한 경우에는 처벌의 이유를 명확히 말해야 한다.
[오답해설]
② 동일한 규칙을 위반하면 동등한 처벌이 이루어져야 한다.
③ 규칙 위반에 대한 처벌 규정은 지도자와 구성원의 합의하에 작성하면 규칙을 지키려는 자발성이 증가한다.
④ 처벌이 필요할 때 단호함은 필요하지만 전체 인원 앞에서 본보기 삼는 것은 좋지 않다.

15 링겔만 효과는 혼자일 때보다 집단에 속해있을 때 더 게을러지는 현상을 설명하는 이론이다.

16 우연히 남에게 피해를 주는 행위는 공격성에 해당하지 않는다.

|정답| 13 ④ 14 ① 15 ① 16 ③

건강운동심리학

17 〈보기〉에서 설명하는 운동심리이론은?

〔보기〕
- 지역 사회가 여성 전용 스포츠센터를 확충한다.
- 정부가 운동 참여에 대한 인센티브 정책을 수립한다.
- 가정과 학교에서 운동 참여를 지지해 주는 분위기를 만든다.

① 자결성 이론
② 사회 형태 이론
③ 자기효능감 이론
④ 합리적 행동 이론

18 〈보기〉가 설명하는 가설은?

〔보기〕
운동은 세로토닌, 노르에피네프린, 도파민과 같은 신경전달물질 분비를 증가시켜 우울증을 개선한다.

① 열발생 가설   ② 모노아민 가설
③ 사회심리적 가설   ④ 생리적 강인함 가설

19 운동심리이론 중 운동 행동 변화 단계에 대한 설명으로 옳지 않은 것은?

① 유지: 가이드라인을 충족하는 수준의 운동을 6개월 이상 한 상태로 운동이 안정 상태에 접어들었음
② 준비: 신체 활동을 꾸준히 하지는 않지만, 30일 내에 신체 활동을 규칙적으로 할 의도가 있음
③ 실천: 가이드라인을 충족하는 수준의 운동을 하지만 아직 6개월 미만임
④ 무관심: 현재 운동을 하지 않고 6개월 이내 운동을 시작할 의도가 있음

20 운동실천을 위한 행동 수정 중재 전략으로 적절하지 않은 것은?

① 출석 상황과 운동 수행 정도를 공공장소에 게시한다.
② 운동화를 눈에 잘 띄는 곳에 둔다.
③ 지각이나 결석이 없는 회원에게 보상을 제공한다.
④ 구체적이고 실현 가능한 목표를 설정한다.

정답해설

17 사회 형태 이론(모형)은 개인이 운동을 수행하는 이유를 개인적인 관점에서만 찾는 것이 아니라 사회와 국가, 자연 환경 등의 다른 차원의 요인도 고려하는 이론이다.

18 〈보기〉는 모노아민 가설에 대한 내용이다. 모노아민 가설은 운동이 세로토닌, 노에피네프린, 도파민과 같은 뇌 신경전달물질을 변화시키고, 이러한 변화는 우울증을 감소시키는 긍정적 효과가 있다고 주장하는 가설이다.

19 현재 운동을 하지 않고 6개월 이내 운동을 시작할 의도가 있는 단계는 관심 단계에 해당한다.

20 구체적이고 실현 가능한 목표는 스포츠 수행 시 목표설정의 속성 중 구체성에 대한 설명이다.

|정답| 17 ② 18 ② 19 ④ 20 ④

스포츠심리 상담

21 상담의 기법 중 신뢰 형성을 위한 내용으로 옳지 않은 것은?

① 상담의 전문성
② 상담자의 긍정적 인상
③ 비언어적 메시지 전달
④ 내담자의 긍정적 기대감

22 스포츠심리 기술 훈련에 관한 설명으로 옳지 않은 것은?

① 연령, 성별, 경기 수준과 관계없이 모든 선수들에게 적용될 수 있다.
② 경기력 향상이 필요시에는 일회성 교육으로 진행되어야 한다.
③ 심상, 루틴, 사고 조절 등의 심리 기법이 활용된다.
④ 평소 연습과 통합되어 지속적으로 진행되어야 한다.

23 스포츠심리 상담사가 가져야 할 역량이나 태도로 옳지 않은 것은?

① 스포츠심리 상담사는 어떠한 경우에도 비밀을 지켜야 한다.
② 스포츠심리 상담사는 풍부한 대인관계 기술을 필요로 한다.
③ 스포츠심리 상담사는 선수들의 표정, 외모 등의 비언어적 메시지에도 주의를 기울여야 한다.
④ 스포츠심리 상담사는 스포츠에 관한 전문적 지식과 함께 사회 전반에 관한 풍부한 지식을 가져야 한다.

24 스포츠심리 상담의 목표로 옳지 않은 것은?

① 사회성 발달 개선
② 개인주의의 확산
③ 운동수행 능력의 향상
④ 운동참여에 대한 만족도 향상

정답해설

21 비언어적 메시지 전달은 상담의 기법 중 경청에 해당한다.
22 일회성 교육이 아닌 지속적인 교육이 더 효과적이다.
23 상담에서 비밀보장은 반드시 지켜야 하는 일반윤리로 상담자와 내담자 간의 약속된 비밀은 반드시 지켜져야 한다. 그러나 내담자가 자신이나 타인에게 위험한 행동을 할 경우, 미성년 내담자가 근친상간, 강간, 아동학대 등 여타의 범죄의 희생자라고 판단될 경우, 내담자가 입원할 필요가 있다고 판단될 경우, 법적 문제가 있다고 판단될 경우 예외가 존재한다.
24 개인주의의 확산은 스포츠의 경기력에 방해가 될 수 있으며, 팀 분위기 저하, 팀 내 갈등 등의 문제를 발생시킬 수 있다.

|정답| 21 ③ 22 ② 23 ① 24 ②

MEMO

2025년 기출분석

- 도핑·지도자 윤리·스포츠윤리센터 기능 등 현대 스포츠의 규범과 책임윤리를 평가하는 문항이 다수 출제
- 스포츠의 사회적 책임 인식이 강조
- 전반적으로 스포츠윤리는 철학적 윤리이론보다 실천적 규범과 제도적 공정성에 초점을 둔 현실 적용형 출제 경향

2025년 필기 출제비율

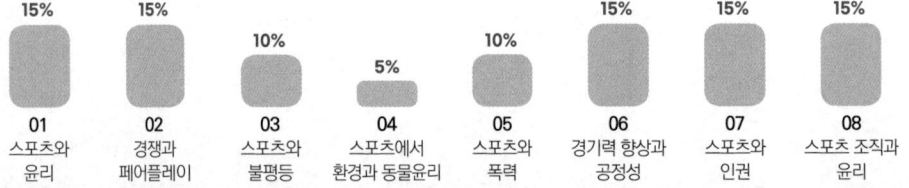

01 스포츠와 윤리	02 경쟁과 페어플레이	03 스포츠와 불평등	04 스포츠에서 환경과 동물윤리	05 스포츠와 폭력	06 경기력 향상과 공정성	07 스포츠와 인권	08 스포츠 조직과 윤리
15%	15%	10%	5%	10%	15%	15%	15%

PART 04

스포츠윤리

01 스포츠와 윤리
02 경쟁과 페어플레이
03 스포츠와 불평등
04 스포츠에서 환경과 동물윤리
05 스포츠와 폭력
06 경기력 향상과 공정성
07 스포츠와 인권
08 스포츠 조직과 윤리

스포츠와 윤리

01 스포츠의 윤리적 기초

1 도덕, 윤리의 개념 2015, 2018, 2019, 2020, 2021, 2022

(1) 도덕과 윤리의 의미

용어	도덕	윤리
의미	인간으로서 지켜야 할 도리	함께 살아가는 인간관계의 이치
적용	개인의 심성 또는 덕행	사회적 규범
공통점	스스로 판단하고 실천하는 자율성, 자신의 이익보다 타인에 대한 관심과 요구	
차이점	도덕은 수용 불가능한 행동을 제외한 인간 행동의 기준을 의미하는 반면 윤리는 일반적으로 사회와 관련된 것으로, 행동 규범을 제시하고 규범에 부합하는 행동을 장려	

(2) 레스트(J. Rest)의 도덕성 구성요소
① 도덕적 민감성(감수성): 어떤 상황을 도덕적인 상황으로 지각하고 해석하기
② 도덕적 판단력: 어떤 행동이 도덕적으로 옳은 것인지 판단하기
③ 도덕적 동기화: 도덕적 행위를 우선시하기
④ 도덕적 품성화: 도덕적 행동을 실천하기 위해 필요한 자아강도, 인내력, 용기, 자기통제력

> **개념 플러스** 선(善)의 적용
>
> | 철학자 | 적용 | 해석 |
> |---|---|---|
> | 아리스토텔레스 | 행복 | 목적론적 윤리학(삶의 궁극적 목적) |
> | 에피쿠로스 | 정신적 쾌락 (쾌락은 유일한 선) | 쾌락주의 윤리학(정신의 평정상태) |
> | 칸트 | 선의지 | 의무론적 윤리학(도덕적 의무를 따르고 실천) |

2 사실 판단과 가치 판단 2016, 2017, 2018, 2020, 2021, 2022, 2025

구분	사실 판단	가치 판단
의미	관찰이나 과학적 혹은 역사적 탐구 등과 같이 객관적인 사실에 근거한 판단	좋고 나쁨, 옳고 그름, 아름다움과 추함, 고귀함과 저속함 등 주관적 가치에 근거한 판단
특징	참과 거짓 구분 가능	참과 거짓 구분의 불분명

기출 핵심 포인트

윤리적 상대주의 2024
스포츠 행위의 도덕적 가치는 사회에 따라, 또는 사람에 따라 다를 수 있다. 물론 도덕적 준거가 없는 것은 아니다.

선(善)
- 넓은 의미로는 긍정적 평가의 대상이 되는 가치를 갖는 모든 것
- 행위 및 의지의 규정근거

사실 판단
- 실제 스포츠에서 일어난 사건과 현상에 대한 진술을 말함
- 진위를 가릴 수 있음

가치 판단
- 옳고 그름 혹은 바람직하거나 그렇지 못한 것 등 가치에 대한 진술로 이루어짐
- 주로 당위에 근거함

02 스포츠윤리의 이해

1 일반윤리와 스포츠윤리(스포츠윤리의 독자성) 2015, 2016, 2021, 2022

(1) 일반윤리
① 다양한 사회의 공통된 윤리 정신 또는 도덕의 원리 추구
② 모든 사람이 마땅히 지켜야 할 도덕 원리 추구
③ 도덕적 판단과 행동을 반성하고 올바른 삶의 방향 추구
④ 인격의 함양과 올바른 공동체의 모습 제시
⑤ 다양한 윤리문제를 해결할 대안 제시

(2) 스포츠윤리
① 스포츠 현장에서 윤리적 문제의 발생 원인을 밝히고 바람직한 윤리 규범 모색
② 경쟁의 도덕적 조건과 가치 있는 승리의 의미 탐색
③ 스포츠의 도덕적 가치를 옹호하고 보편적 윤리의 정당성 확보
④ 선수의 도덕적 자질과 인격의 함양 추구
⑤ 스포츠맨십, 페어플레이 등 스포츠윤리 규범 확산과 이상적인 경기문화 제시
⑥ 스포츠의 비윤리적 행위의 근절과 공정성 확보를 위한 방안 마련

03 윤리 이론

1 결과론적 윤리 체계와 공리주의 2017, 2018, 2022, 2023

(1) 결과론적 윤리의 특징
① 어떤 행동이 좋은 결과를 낳는다면 그 행동은 도덕적으로 옳음
② 행위의 가치는 상황에 따라 변동되며, 좋은 결과를 위한 수단으로서의 가치를 지님
③ 목적에 도움이 되는 수단은 윤리적으로 정당

(2) 공리주의
① 행동의 가치를 행위의 목적과 결과에 따라 측정하는 결과주의 이론 혹은 목적론적 이론
② 밀은 적은 양의 쾌락을 위해 다수의 고통을 감내할 수도 있다고 본다. 하지만 이것을 질이 같은 쾌락으로 판단하는 것은 잘못된 것이므로 '고귀한 쾌락'과 '저급한 쾌락'을 차등지어 계산해야 된다고 주장
③ 결과 이전의 원인이나 의도는 불문하고 결과적으로 나타난 선의 상대적인 양이 윤리행동의 기초가 됨
④ 다수의 행복이 우선시 됨

목적론적 도덕
자기 이익이라는 목적을 달성하는 데 유효한 삶의 전략이라는 '가언적'(hypothetical) 의미의 도덕이 됨

행위 공리주의 2024
행위의 정당성 여부는 행위의 결과가 좋고 나쁨에 의거하여 평가되어야 한다는 윤리 이론
예 나는 경기에 참여할 때마다 나의 행동 하나하나가 많은 사람이 만족하는 데 기여하도록 노력한다.

| 기출 | 핵심 포인트 |

> **개념 플러스**   벤덤(J. Bentham)의 공리주의
> - 모든 행위를 쾌락과 고통의 양으로 환산할 수 있다고 믿음
> - 그는 각각의 행위를 고통과 쾌락의 값으로 환산한다면 어떤 행위가 좋은 행위이고 어떤 행위가 안 좋은 행위인지 구분할 수 있다고 믿음

2 의무론적 윤리와 칸트 `2016~2025`

(1) 의무론적 윤리의 특징
  ① 인간이 추구해야 할 어떤 궁극적인 목적보다는 언제 어디서나 지켜야 할 행위의 근본원칙에 주목
  ② 인간행위의 옳고 그름을 행위 그 자체의 옳고 그름 및 행위자의 의도와 동기로 판단하려고 함
  ③ 자율적인 도덕법칙에 따른 것은 옳은 행위이고, 자율적인 도덕법칙에 어긋나는 행위는 그른 행위
  ④ 합리적 이성에 대한 신뢰를 바탕으로 의로운 삶을 중시하고, 공정한 절차와 정당한 원칙을 강조함
  ⑤ 도덕적 법칙은 보편적이며 절대적인 것

(2) 칸트(J. Kant)의 윤리 사상 `2024`
  ① 칸트의 도덕: 행위의 결과나 보상과는 상관없이 옳다는 이유만으로 행해져야 하는 것
  ② 선의지: 옳다는 이유만으로 행위하고자 하는 의지
   → 도덕 법칙의 명령이기 때문에 행위하고자 하는 의지
  ③ 도덕 법칙
   • 옳음의 기준이 되는 규범
   → 개인의 의지를 보편적 의지와 일치시키기 위한 명령의 형식으로 되어 있음
   • 도덕 법칙은 그 자체가 목적이므로 무조건적인 정언명령의 형태로 제시됨
  ④ 정언명령: 철학에서 행위의 결과에 구애되지 않고, 행위 그것 자체가 선(善)이기 때문에 무조건 그 수행이 요구되는 도덕적 명령을 가리킨다.
   예 정정당당하게 경기에 임해라. 최선을 다해라. 페어플레이를 해야 한다.

3 덕론적 윤리와 배려윤리 `2017, 2018, 2019, 2023`

(1) 덕론적 윤리의 특징
  ① 아리스토텔리스는 교육을 통해 형성되는 실천적 지혜인 지성적 덕과 반복과 습관을 통해 형성되는 품성적 덕으로 나누어서 설명하였고, 특히 품성적 덕에서는 중용을 강조
  ② 덕은 좋은 행위를 하려는 성향으로, 도덕적 이해는 물론 정서와 습관까지 포함하는 것

③ 의무윤리가 옳은 행위가 무엇인지를 강구한다면, 덕윤리는 덕이 있는 행위자는 어떤 사람인가를 연구
④ 옳은 행위는 덕이 있는 사람으로부터 나온다고 생각

(2) 배려윤리의 특징
① 길리건(C. Gilligan)과 나딩스(N. Noddings)의 배려윤리
㉠ 법이나 정책을 통한 정의의 구현보다 다른 사람들을 보살피고 배려하는 공동체적 관계가 삶에서 더 중요하다고 주장
㉡ 객관적으로 옳고 그름을 추구하는 것도 중요하지만, 다른 사람을 배려하고 더불어 살아가려는 자세가 도덕적으로 더 바람직한 덕목이라고 보는 것
㉢ 배려·공감·동정심·타인에 대한 유대감이나 책임감 등을 여성의 도덕적 특징이라고 봄
㉣ 배려윤리와 정의윤리는 도덕적 덕목을 서로 보완할 수 있는 상호 보완적 관계

4 동양사상과 윤리체계 2025

(1) 동양의 윤리 사상
① 유기체적 세계관: 세계를 모든 존재가 상호의존적으로 살아가는 유기체로 파악
② 공존과 공생의 사회관, 인간은 타인 및 만물과 더불어 살아가는 존재

(2) 유교의 윤리 사상
① 공자 2024
㉠ 근본정신은 인(仁)의 사상
㉡ 인간의 본질은 어질고(仁), 어질다는 것은 다른 사람을 사랑하는 마음
㉢ 충·효·제와 같은 인간의 도덕적 자아실현을 방해하는 것은 사욕이므로, 개인의 욕심을 극복하고 주나라 시대의 예와 악을 회복해야 된다고 주장하였는데, 이것을 극기복례라고 함
② 맹자 2023
㉠ 인간에게는 선천적으로 선이 내재되어 있으므로, 그 선을 적극적으로 끌어내면 인에 의한 도덕정치가 가능하게 된다는 성선설을 주장
㉡ 인간의 본성인 사단(四端)이 밖으로 드러난 덕(德)이 곧 인의예지(仁義禮智)
㉢ 맹자는 사람에게는 타고난 네 가지의 마음이 있다고 주장.
사단(四端): 측은지심, 수오지심, 사양지심, 시비지심
③ 노자
㉠ 천지만물과 세상의 모든 존재는 도(道)에서 비롯됨
㉡ 도(道)가 현실 속에서 드러난 것을 덕(德)이라고 함
㉢ 인위적인 노력은 아무 쓸모도 없는 것이고, 자연 본연의 무위(아무 것도 하지않는 것)가 진리라고 주장

기출 핵심 포인트

고대 그리스 철학에서 유래하는 덕론적 윤리
- 탁월성 또는 덕(아레테)
- 실천적(도덕적) 지혜
- 행복

극기복례
욕망(慾望)이나 사(詐)된 마음 등(等)을 자기 자신의 의지력(意志力)으로 억제(抑制)하고 예의(禮儀)에 어긋나지 않도록 한다.

사단(四端)
- 수오지심: 자신의 옳지 못함을 부끄러워하고, 다른 사람의 옳지 못함을 싫어하는 마음
- 측은지심: 다른 사람을 불쌍하게 생각하는 마음에서 시작하는 선천적인 착한 마음
- 사양지심: 마음이 겸손하여 다른 사람에게 사양할 줄 아는 마음
- 시비지심: 잘잘못을 판단할 줄 아는 마음

기출 핵심 포인트

니부어(R. Niebuhr)의 사회윤리
개인들의 비이기심이 국가집단의 이기심으로 전환

베버(M. Weber)의 책임윤리
행위자가 의도하지 않은 행위의 결과에도 책임지는 태도를 가져야 한다고 보는 관점

㉣ '상선약수(上善若水: 세상에서 가장 으뜸 되는 선은 물과 같이 사는 것)' 주장

④ 장자
 ㉠ 마음의 깨달음과 정신적 자유 강조
 ㉡ 좌망(坐忘)과 심재(心齋) 제시
 ㉢ 좌망은 조용히 앉아 모든 것을 잊고 무아의 경지에 드는 것이며, 심재는 잡념이 없는 깨끗한 마음의 상태

5 이외 윤리 사상 2017, 2018, 2019

① 개인윤리와 사회윤리

개인윤리(이상: 이타심)	사회윤리(이상: 정의)
• 개인의 양심과 도덕성에 호소 • 도덕적 자각을 통한 개선	• 법과 제도, 정책 등 사회적 강제력을 통한 접근 • 사회 구조의 개선
대부분 행위의 주체를 개인의 양심과 덕목에 있다고 보는 윤리	사회구조나 제도와 관련된 윤리문제를 해결하기 위한 도덕적 규범

② 책임윤리와 심정윤리

책임윤리	• 사회가 다원화되고 익명성이 커지면서 책임의 주체가 불분명해짐에 따라 대두 • 선한 심정을 무시하는 것은 아니지만, 예견할 수 있는 행위의 결과는 물론이고 의도하지 않은 부수적인 결과도 충분히 인식하고, 그것들을 서로 비교 측정한 후에 행위를 해야 한다고 주장 • 공직자나 정치인에게는 특별히 책임윤리가 요구
심정윤리	• 순수한 심정에서 나온 행위의 결과가 나쁘면 그것은 행위자의 책임이 아니라 세상의 책임이거나 인간을 어리석도록 만든 신의 책임이라고 주장 • 성자 또는 성직자에게 요구되는 윤리

6 가치 충돌의 문제와 대안 2017, 2021

(1) 가치 충돌의 문제
 ① 가치충돌은 두 가지 이상의 가치가 서로 부딪히거나 맞서는 경우
 ② 개인적 차원과 사회적 차원의 가치 충돌로 구분

(2) 가치 충돌의 대안
 ① 선택 가능한 윤리적 관점을 다각도 분석
 ② 사회의 보편적 규범에 비추어 보거나 타인의 관점에서 선택하고 평가
 ③ 도덕 규칙과 결과의 공리성을 비교·분석하여 최선의 방안 모색

경쟁과 페어플레이

01 스포츠경기의 목적

1 아리스토텔레스의 상대방 설득에 필요한 3가지 2015, 2016, 2017

(1) 로고스(이성)
① 이성적·과학적인 것을 가리키는 것으로 사고능력·이성 등 의미
② 상대방을 설득하려면 말하려는 내용이 이성적인 논리로 잘 정리되어 있어야 함

(2) 파토스(감성)
① 감각적·신체적·예술적인 것을 가리키며 정념·충동 등 의미
② 인간은 이성과 감정을 함께 가진 동물이기 때문에 논리만으로는 상대방을 설득할 수 없고 상대방의 감성에 호소할 줄 알아야 하는데, 그 감성이 바로 파토스

(3) 에토스(도덕성)
① 도덕적 감정을 갖게 하는 보편적인 도덕적·이성적 요소 의미
② 옳고 그름을 판단하는 원동력이 바로 에토스이고, 에토스는 사람이 태어날 때 타고남

2 아곤(Agon)과 아레테(Arete) 2015, 2016, 2017, 2018, 2021, 2022

(1) 아곤
① 고대 그리스의 올림픽 경기에서 이루어졌던 운동경기의 경쟁과 대결을 의미
② 카이요와(R. Caillois)는 아곤을 인간의 놀이 본능 중 한 가지로 규정
③ 공정한 규칙에 의하여 승패가 결정되기 때문에 결과를 받아들임
④ 승리의 가치는 게임에 국한, 패자에 비해 우월하다는 의미로 한정
⑤ 능력과 수준의 차이가 있는 상대와 경쟁할 경우 핸디캡 설정

(2) 아레테
① 사람 또는 사물이 가지고 있는 탁월성, 뛰어남 등을 의미
② 사람 또는 사물이 본래 가지고 있는 것을 좋은 상태에 이르게 하고, 그 기능이 잘 발휘되는 상태
③ 사람과 사물의 기능과 밀접한 연관
④ 인간의 기능을 가장 좋은 상태로 이르게 하는 것이 덕
⑤ 스포츠인의 아레테는 전문적인 운동능력의 발휘를 통해 도덕적 탁월성 도달

> 기출 핵심 포인트

2024
- 페어플레이(fair play): 정정당당한 승부
- 스포츠 딜레마(sport dilemma): 반칙을 할 때, 그 어느 쪽을 선택해도 바람직하지 못한 결과가 초래됨
- 스포츠 에토스(sport ethos): 형식주의적 성향이 강한 규칙의 단점을 보완해 주며, 이를 바탕으로 스포츠를 바른 방향으로 이끄는 역할을 함
- 스포츠 퍼슨십(sport peronship): 스포츠 각 종목에 공통되는 매너(manners)나 에티켓(etiquette)의 기초, 각 종목의 매너나 에티켓을 유도하는 공통의 원칙

스포츠 규칙의 원리
- 공평성
- 임의성(가변성)
- 제도화

⑥ 아리스토텔레스는 신체의 아레테를 5가지(건강, 미, 강함, 크기, 운동경기에서의 능력)로 보고, 스포츠는 일차적으로 신체의 아레테를 발휘하는 것이라고 주장

> **개념 플러스 — 아곤과 아레테의 차이점**
> - 스포츠는 자유로운 경쟁을 의미하는 아곤과 덕, 탁월함, 훌륭함을 의미하는 아레테를 추구
> - 아곤은 경쟁하는 상대의 성과와 비교함으로써 가치를 평가, 아레테는 타인과의 경쟁이나 비교 없이 가치 추구
> - 스포츠의 긍정적인 면을 잘 보여주며 승리 지상주의의 병폐를 막기 위해 아레테를 더 중시하는 경향

02 스포츠맨십 2016, 2017, 2018, 2022, 2023

1 도덕적으로서 스포츠맨십
① 모든 경쟁의 과정에 있어 최선을 다하는 것
② 경쟁 관계가 적대 관계로 변질되어서는 안되며, 적대 관계는 자신의 인격을 무너뜨리는 행위
③ 스포츠 참여자는 동일한 규칙에 참여한 인격체로 존중

2 도덕적 행동
① 규칙의 준수는 스포츠를 가능하게 하는 행위의 조건
② 스포츠에서 도덕적 행동은 승리 쟁취가 아닌 규칙에 대한 존경과 의무에서 비롯됨
③ 스포츠에서 도덕적 행동은 정당한 승리를 위한 윤리적 요청
④ 스포츠에서 도덕적 행동은 인간에 대한 예의와 배려를 통한 자신의 인격을 드러내는 행위

03 페어플레이

1 페어플레이의 구분 2015, 2016, 2017, 2018, 2019, 2021, 2024

구성적 규칙	• 스포츠를 수행하는 목적, 수단, 공간, 시간, 벌칙 등 스포츠경기를 진행하는 방법을 규정하는 것 • 어떤 규칙을 위반하면 경기 자체가 성립되지 않는 규칙
규제적(파생적) 규칙	종목의 특성에 따라 적용되는 규칙에 의해 수행되는 개인의 행동 규제
형식적 주의	경기 규칙집에 명시되어 있는 것만을 경기규칙이라 생각하는 의견
비형식적 주의	경기마다 관습까지도 규칙에 포함시키려 하는 의견

2 페어플레이의 의미 2015, 2017, 2018, 2019, 2021

(1) 형식적 의미
   ① 선수가 경기 중 지켜야 할 정정당당한 행위의 실천규범
   ② 스포츠 행위의 시작은 공정성을 기반으로 실행
   ③ 규칙의 숙지뿐만 아니라 준수에 대한 약속
   ④ 모든 선수에게 의무적으로 부여

(2) 도덕적 의미
   ① 구체적인 행동 요령과 유형을 갖춘 것이 아닌 행위 준칙으로 작용
   ② 추상적인 규범이지만 도덕적 공감이기 때문에 적용이 매우 구체적
   ③ 상대에 대한 배려와 자신의 능력에 대한 정직함에서 시작
   ④ 경기규칙의 완벽한 준수가 아닌, 부득이한 실수의 인정과 비의도성을 표출

3 승부조작 2015

(1) 승부조작의 의미
   ① 의도적으로 결과를 정해 놓고 행해지는 조작적 행동
   ② 경기 외적인 목적이 개입할 때 발생

(2) 승부조작의 문제
   ① 결과의 불확실성이라는 스포츠의 본질 훼손
   ② 공정성의 원칙과 신의의 원칙에서 벗어남

(3) 승부조작의 해결방안
   ① 승부조작은 처벌을 강화해도 근절될 수 있는 문제가 아님
   ② 스포츠 관계자들을 대상으로 철저한 스포츠윤리 교육 강화

> **개념 플러스 유틸리티(utility)**
>
> 유용성, 실용성이라는 의미를 가지고 있다. 테크네(techne)는 고대 철학의 용어로 예술, 기술, 능숙함을 의미

> **개념 플러스 젠틀맨십(gentlemanship)**
>
> 스포츠 상황이 아닌 일반적 상황에서 지켜야 할 도리

> **개념 플러스 아크라시아 2024**
>
> 경기 규칙의 위반은 옳지 않음을 알면서도 불공정한 파울을 행하기도 하며, 도핑이 그릇된 일이라는 점을 알고 있지만, 기록갱신과 승리를 위해 도핑을 강행하는 스포츠인에게 권장하지 않는 이론을 의미

CHAPTER 03 스포츠와 불평등

기출 핵심 포인트

01 성차별

1 스포츠에서 성차별의 과거와 현재 2015, 2016, 2017, 2019

(1) 성차별
   ① 성에 근거를 둔 편향적이고 부당한 태도
   ② 성별이 다르다는 이유 하나만으로 다른 성별의 타인을 열등하고 좋지 못하다고 판단하여 사회적으로 불평등하게 대우하는 것

(2) 성평등
   ① 성은 선천적인 것과 후천적인 성으로 구분
   ② 성평등은 후천적인 성을 평등하게 대하는 인식
   ③ 모든 사람들이 정치·경제·사회·문화적으로 차별 없이 평등한 대우를 받아야 함
   ④ 성별에 근거하여 차별 대우를 받으면 안 된다는 관점

(3) 성차별의 원인 2023, 2024
   ① 기본적으로 성에 따라 스포츠 능력이 차별적으로 배분되어 있다는 편견
   ② 여성은 일반적으로 비공격적 및 수동적이고, 남성은 공격적 및 능동적인 성향 소유
   ③ 스포츠에 참여하는 여성에 대해 심리학적 편견 존재
   ④ 부모로부터 성별의 특성에 따른 적합한 역할을 수행하도록 사회화됨
   ⑤ 학교는 초기의 가족에서 시작된 성역할의 고정관념을 강화시키는 역할을 함
   ⑥ 미디어는 남성에게 태도, 가치 등의 사회적 의미를 부여하고, 여성을 의상, 성적 매력의 상징적 대상으로 제한

2 스포츠에서 성평등을 위한 방안 2015, 2016, 2017, 2019

(1) 스포츠 성평등 의식 제고
   ① 스포츠의 참여는 보편적 권리(남녀 모두에게 주어진 동등한 권리)
   ② 스포츠에서 남녀평등은 한 사회의 도덕적 정의를 평가하는 척도

(2) 스포츠에서 성평등의 방안
   ① 생물학적 환원주의: 성취 수준의 차이를 남성의 우월과 여성의 열등으로 구분해서는 안 됨
   ② 여성의 신체를 운동 수행과 연관지어서는 안 됨
   ③ 여성에 대한 성적 폭력을 근절할 수 있는 예방 교육 강화

(3) 스포츠에서 성평등의 움직임
　① 1972년 미국에서 여성의 스포츠 참여 활성화를 위한 Title IX 제정
　② 1979년 유엔총회에서 여성차별철폐를 촉구하는 여성차별철폐조약 채택
　③ 국제올림픽위원회(IOC)는 각국의 조직에서 여성임원의 비율을 높이도록 권장

02 인종차별

1 스포츠에서 인종차별의 과거와 현재 2018, 2019, 2021, 2022

(1) 인종차별 2024, 2025
　① 인종과 민족, 국적에 의해 구분, 배척, 혐오하는 행위
　② 특정 인종과 국가는 다른 인종 또는 국가보다 열등하거나 우월하다는 믿음

(2) 스포츠에서 인종차별의 발생 이유
　① 스포츠는 경쟁이기 때문에 우월감 또는 열등감으로 인종적 편견을 가지기 쉬움
　② 민족, 종교, 역사 등이 스포츠에 투영되어 왜곡된 집단의식을 부추김
　③ 스포츠의 국제화에 따라 인종과 국가에 대한 편견과 차별이 더욱 드러남

2 스포츠에서 인종차별을 극복하기 위한 방안 2015
　① 인종차별 극복을 위한 교육 및 활동
　② 문화교류를 통해서 서로를 이해하고 노력하려는 성숙한 문화 형성
　③ 사회·경제적 제약 요인을 낮출 수 있는 제도적 노력 및 장치 제공

03 장애차별

1 장애인의 스포츠 권리 규정과 인식 2017, 2018, 2023, 2024

(1) 스포츠에서의 장애차별
　장애로 인해 스포츠 참여의 권리와 기회를 비장애인과 동등하게 누리지 못하는 불평등을 뜻한다.

(2) 장애인의 스포츠 권리
　① 1975년 국제연합총회에서 '장애인 권리선언'이 회원국의 만장일치로 채택
　② 1998년 우리나라는 '한국장애인인권헌장' 선포
　③ 장애를 이유로 스포츠 참여를 원하는 장애인을 제한, 배제, 분리, 거부하는 행위는 기본권의 침해에 해당
　④ 장애인 스포츠의 목적은 스포츠 참여로 움직임의 경험, 즐거움, 자기표현의 극대화를 통해 삶의 행복을 추구

기출 핵심 포인트

인종주의 2024
특정 종목에 유리하거나 불리한 인종이 실제로 존재한다는 사고 방식

인종 2024
생물학적, 형태학적 특징에 따라 분류된 인간 집단

(3) 스포츠에서 장애인 차별 2016, 2021
① 체육시설 이용의 차별: 체육시설 이용에 있어 이동 수단이나 시설 접근에 어려움
② 체육용・기구의 차별: 장애인의 특성을 고려하지 않은 체육용・기구
③ 체육지도자의 차별: 장애인 체육지도자 양성 부족
④ 이용 프로그램의 차별: 장애인을 위한 전용 프로그램 부족 및 참여 제한
⑤ 신체적・생리적 능력의 차별: 스포츠의 특성상 장애인에게 일반인과 같은 능력 요구
⑥ 경기 참가의 차별: 장애인 선수의 일반 대회 참가 금지

> **개념 플러스** 장애차별 없는 스포츠의 조건 2025
> - 장애인이 원하는 장소와 시간을 확보
> - 활동에 필요한 장비 및 기구의 재정적인 지원을 확보
> - 다양한 사람과의 관계를 통해 사회성 함양의 기회 부여

2 장애인차별금지 및 권리구제 등에 관한 법률

법 제25조(체육활동의 차별금지)
① 체육활동을 주최・주관하는 기관이나 단체, 체육활동을 목적으로 하는 체육시설의 소유・관리자는 체육활동의 참여를 원하는 장애인을 장애를 이유로 제한・배제・분리・거부하여서는 아니 된다.
② 국가 및 지방자치단체는 자신이 운영 또는 지원하는 체육프로그램이 장애인의 성별, 장애의 유형 및 정도, 특성 등을 고려하여 운영될 수 있도록 하고 장애인의 참여를 위하여 필요한 정당한 편의를 제공하여야 한다.
③ 국가 및 지방자치단체는 장애인이 체육활동에 참여할 수 있도록 필요한 시책을 강구하여야 한다.
④ 제2항을 시행하는 데 필요한 사항은 대통령령으로 정한다.

시행령 제16조(체육활동의 차별금지)
① 법 제25조 제2항에 따라 국가 및 지방자치단체가 제공하여야 하는 정당한 편의 내용은 다음 각 호와 같다.
  1. 장애인의 체육활동에 필요한 시설 설치 및 체육용 기구 배치
  2. 장애인이 참여할 수 있는 체육활동 프로그램 운영
  3. 장애인이나 장애인의 보조인이 요구하는 경우 체육지도자 및 체육활동 보조 인력의 배치
  4. 장애인 체육활동의 편의를 위한 장비 등의 사용설명 내용이 포함된 영상물 및 책자의 배치
  5. 장애인을 위한 체육활동 관련 정보 제공
  6. 장애인의 체육활동을 지도할 수 있는 장애인체육 지도자의 양성

7. 장애인들이 사용할 수 있는 체육용 기구 생산 장려
8. 장애인 체육활동을 위한 의료서비스 제공

② 제1항 제1호의 장애인 체육활동에 필요한 시설의 종류 및 설치의무 적용시기는 별표 5와 같다.

[별표 5]

장애인 체육활동에 필요한 시설의 종류 및 설치의무 적용 시기(제16조 제2항 관련)

Ⅰ. 시설의 종류

구분		시설설치 내용
공통 필수	편의 시설	• 「교통약자의 이동편의증진법 시행령」 별표 2 제2호에 따른 매개 시설 • 실내복도, 2층 이상일 경우 경사로 또는 승강기 등 내부 시설 • 장애인용 화장실(대변기·소변기·세면대), 샤워실·탈의실 등 위생시설 • 점자블록, 유도 및 안내설비, 경보 및 피난시설 등 안내시설 • 관람석, 매표소 등 기타시설
실내 시설	수영장	• 입수 편의를 위한 경사로·손잡이 등 입수보조시설 • 수영장과 연계된 탈의실 진입보조시설 • 탈의 및 샤워 보조기구 • 보조 휠체어
	실내체육관	좌식배구지주, 골볼(Goal ball) 골대
실외 시설	야외경기장	경기장 진입 시설
	생활체육 공원 등	공원 내 체육시설 접근로 등

Ⅱ. 설치의무 적용 시기
1. 국가 및 인구 50만명 이상 지방자치단체가 설치한 체육시설: 2010년 4월 11일부터 적용
2. 인구 30만명 이상 50만명 미만 지방자치단체가 설치한 체육시설: 2012년 4월 11일부터 적용
3. 인구 30만명 미만 지방자치단체가 설치한 체육시설: 2015년 4월 11일부터 적용

스포츠에서 환경과 동물윤리

기출 핵심 포인트

01 스포츠와 환경윤리

1 스포츠에서 파생되는 환경윤리적인 문제

(1) 스포츠 환경의 3가지 범주(P. Vuolle) 2017, 2019, 2025
  ① 순수 환경: 공원, 보전구역, 카누, 카약, 요트 등
  ② 개발 환경: 골프, 사격, 트레일, 슬로프, 실외 수영장, 스포츠 필드 등의 야외활동
  ③ 시설 환경: 실내 체육관, 경기장, 아이스링크 등의 실내활동

(2) 환경윤리 문제 2020
  ① 환경을 위협하는 스포츠: 골프, 스키 등 스포츠가 도로, 건물 등의 편의시설을 건설하면서 발생하는 공해 등으로 인한 환경 위협
  ② 스포츠를 위협하는 환경: 공기와 수질 오염 등이 스포츠 활동 위협

> **개념 플러스** 패스모어의 환경윤리학
> - 인간이 자연에 대해 느끼는 책임의 바탕에는 인간의 이익과 관심이 포함
> - 인간이 사랑하고 아름답다고 느끼기 때문에 자연은 가치 있는 것

> **개념 플러스** 베르크의 환경윤리학
> - 환경은 다른 생명체의 환경과 구별되는 '인간적 거처'를 의미
> - 깨끗하고 아름다운 인간적 거처를 위해 환경윤리 필요

2 스포츠에 적용 가능한 환경윤리학의 이론

(1) 인간중심주의 윤리(도구적 자연관) 2017, 2019
  ① 인간은 도덕적 능력과 지위를 가지기 때문에 자연에 비해 우월한 존재
  ② 자연은 그 자체로 가치를 갖지 않으며 인간의 생존과 행복을 위한 도구(도구적 자연관)

(2) 동물중심의 윤리 2015, 2017, 2018, 2025
  인간중심주의 윤리를 비판하고 동물의 도덕적 지위를 주장하며, 도덕의 범위를 인간에서 동물로 확대한다.

피터싱어	고통 그 자체는 나쁜 것이므로 인간이 가하는 동물의 고통 또한 윤리적으로 올바르지 않다고 주장
로렌츠	인간과 동물 간 동반자적 가치를 인정하고 삶을 반려하는 하나의 생명체로 인정해야 한다고 주장
레건	동물을 인간의 목적 달성을 위한 수단으로 사용 자체를 문제 삼아 스포츠 활용을 부정하는 입장

(3) 테일러(P. Taylor)의 생명중심주의 윤리 `2016, 2022, 2024`
   ① 모든 생명체는 스스로 생존과 성장, 번식의 목적을 추구하는 '목적론적 삶의 중심'
   ② 인간은 다른 생물과 상호 의존하는 체계이기 때문에 결코 우월하지 않고, 모든 생명체를 도덕적 주체로 인식
   ③ 불침해의 의무, 불간섭의 의무, 신뢰의 의무, 보상적 정의의 의무를 가지고 있다.

(4) 레오폴드(A. Leopold)의 생태중심주의 윤리 `2017, 2020`
   ① 인간도 대지 공동체로 규정, 그 일원으로서 대지 윤리를 지켜야 한다고 주장
   ② 대지에 대한 인간의 윤리적 기준을 생물공동체의 통합성과 안정성 유지
   ③ '대지 피라미드' 개념을 통해 생물의 상호의존성과 유기적 구조 강조

> **개념 플러스** 생태중심주의의 환경문제 해결
> 종래와는 다른 책임의 개념이 필요하며, 개인이 기본 단위이면 환경문제 해결이 어렵기 때문에 공동체나 지구라는 전체를 기반으로 한 순환주의의 사상에 기초하여 생각해야 함

3 스포츠발달을 위한 윤리적 전제

(1) 지속 가능한 스포츠 발전 `2016, 2023`
   ① 환경의 존중과 개발의 의미를 동시에 포함
   ② 한정된 자원의 범위 내에서 지속가능한 방법을 모색
   ③ 환경오염의 발생은 불가피하기 때문에 피해를 최소화
   ④ 인간중심주의와 자연중심주의 사이의 균형 유지

02 스포츠와 동물윤리

1 스포츠의 종차별주의 문제

(1) 종 차별주의 `2015, 2017, 2019, 2020, 2024`
   ① 종(種)이 다른 이유로 차별하는 것
   ② 자신이 속한 종은 옹호, 다른 종은 배척하는 편견 및 태도

기출 핵심 포인트

테일러(P. Taylor)의 생명중심주의 `2024`
- 불침해의 의무: 다른 생명체에 해를 끼쳐서는 안 됨
- 불간섭의 의무: 생태계에 간섭해서는 안 됨
- 신뢰의 의무: 낚시나 덫처럼 동물을 기만하는 행위를 해서는 안 됨
- 보상적 정의의 의무: 부득이하게 해를 끼친 경우 피해를 보상해야 함

기출 핵심 포인트

아리스토텔레스	식물은 동물을 위하여, 동물은 인간을 위해서 존재하는 것이라고 주장
패스모어	인간을 위해 다른 생명체를 보호해야 하며, 기존의 도덕원리(과거의 방식으로도) 만으로도 생태계를 해결할 수 있다고 주장
베이컨	자연을 이용해 인간의 생활을 윤택하게 하는 것이 과학의 목적
칸트	자연은 인간에 의하여 의미와 가치를 부여받는다고 주장
데카르트	이성을 가지고 있는 인간이 이성이 없는 자연을 지배

(2) 반종 차별주의 `2015, 2017, 2019`
① 인간과 동물은 모두 생명을 갖는 대상
② 인간 외 생명체에 대한 바람직한 윤리적 처우가 필요하다고 주장

피터싱어	• '이익평등 고려의 원칙'을 통해 인간이 아닌 동물과의 관계에도 적용되어야 할 보편 타당한 도덕적 근거 • 동물은 생명체로서 자신만의 고유한 삶을 살아갈 권리 존재
레오폴드	• 인간도 대지 공동체로 규정, 그 일원으로서 대지 윤리를 지켜야 한다고 주장 • 대지에 대한 인간의 윤리적 기준은 생물공동체의 통합성과 안정성을 유지시킴
테일러	• 모든 생명체는 스스로 생존과 성장, 번식의 목적을 추구하는 '목적론적 삶의 중심' • 인간은 다른 생물과 상호 의존하는 체계이기 때문에 결코 우월하지 않고, 모든 생명체를 도덕적 주체로 인식
벤담	• 전체적인 고통을 상쇄하고 난 나머지 쾌락의 양을 가장 크게 해야 한다고 주장 • '쾌락과 고통의 평등원칙'을 강조

2 스포츠와 관련된 종차별주의 `2018`
① 동물을 경쟁의 도구로 이용: 경마, 전쟁, 전차경주 등
② 동물을 유희의 도구로 이용
  ㉠ 인간과 동물의 싸움: 투우, 노예와 사자의 싸움 등
  ㉡ 동물과 동물의 싸움: 소싸움, 개싸움, 닭싸움 등
③ 연구 도구로 이용: 치료제 개발을 위한 실험 대상 흰쥐, 돼지, 원숭이 등 이용

3 동물실험의 윤리의 3R원칙 `2015`
① 대체(Replacement): 가능한 비동물 실험으로 대체
② 축소(Reduction): 실험에서 사용되는 동물의 수를 최소화
③ 순화(Refinement): 동물의 고통이 적도록 실험을 순화

스포츠와 폭력

01 스포츠와 폭력

1 스포츠 폭력 2017, 2022, 2024

(1) 의미와 기능
  ① 스포츠와 관련하여 고의나 과실로 신체적·언어적·성적 폭력 행위를 저지른 경우
  ② 스포츠의 본성인 투쟁과 경쟁을 인간의 폭력성과 공격성으로 표출

(2) 분류
  ① 개인적 폭력: 상대방의 공격 및 좌절로 인해 분노했을 경우 충동적으로 표출되는 폭력 행위
  ② 도구적 폭력: 팀의 승리를 위한 수단으로 행하는 폭력 행위
  ③ 구조적 폭력: 비가시적이며 장시간 이루어지는 폭력, 의도는 불분명하지만 관습처럼 반복되는 폭력 행위
  ④ 문화적 폭력: '폭력은 옳은 것이다.'라며 문제가 되지 않게 만들기도 하며, 언어, 행동양식 등 상징적 행위를 통해 가해지는 폭력행위
  ⑤ 직접적 폭력: 가시적이고 파괴적이며, 상해를 입히려는 의도가 있는 폭력행위
  ⑥ 합법적 폭력: 스포츠 규칙에 의해 발생되는 불가피한 폭력 행위, 타격이 가능한 스포츠(태권도, 권투, 이종격투기 등)

(3) 스포츠에서 공격성이 나타나는 원인 2015, 2018, 2021
  ① 자신의 한계를 넘으려는 도전정신
  ② 자신의 탁월성을 남들에게 인정받고자 하는 시도
  ③ 인간의 원초적인 본능과 살아온 환경으로부터 습득

(4) 스포츠에서 공격의 윤리적 이유
  ① 타인의 탁월성 발휘를 침해하지 않아야 하기 때문
  ② 파괴적인 것이 아니라 합리적인 방법과 전술의 개발 등 생산적이어야 하기 때문
  ③ 규칙의 범위 내에서 공격과 방어의 교환이라는 소통의 구조를 가져야 하기 때문

기출 핵심 포인트

푸코(M. Foucault)의 규율과 권력
스포츠계에서 위계적 권력 관계는 폭력으로 변질되어 작동

아렌트(H. Arendt)의 악의 평범성 2025
스포츠계에서 폭력과 같은 잘못된 관행에 복종하는 데 익숙해진 나머지 이를 지속시키는데 기여

아리스토텔레스(Aristotle)의 분노
스포츠 현장에서 인간내면의 분노 감정에서 시작된 폭력은 전용되고 악순환을 반복하는 경향이 있음

홉스 폭력론
인간은 누구나 자신을 보호하려는 본성을 가지고 자신이외의 다른사람은 자기보존을 위협하는 잠재적폭력이 됨

게발트(Gewalt)의 스포츠 폭력의 이중성 2025
스포츠는 공격성의 분출을 자극하면서 동시에 제어하는 폭력의 이중성을 가짐

2 격투스포츠의 윤리적 논쟁(이종 격투기) 2015, 2023

(1) 이종 격투기에 대한 찬성
   ① 경기장 안에서 행해지는 합리적인 폭력
   ② 인간의 공격성을 정화시키는 역할
   ③ 신체의 탁월성을 표현할 수 있는 방법

(2) 이종 격투기에 대한 반대
   ① 선수와 관중의 폭력성 증가
   ② 폭력이 일반화되는 사회 조장
   ③ 청소년이 폭력적 행동에 노출될 가능성 높음
   ④ 어떠한 경우에도 폭력은 정당화할 수 없음

02 선수 폭력

1 선수 간의 폭력

(1) 선수 체벌 금지 이유 2016
   ① 인권을 침해하는 행위
   ② 경기력 향상과 상관 없음
   ③ 과도한 스트레스의 원인

(2) 대한체육회의 선수 폭력 규정 사항 2016
   ① 선수를 대상으로 구타하거나 상처가 나게 하는 것
   ② 지속적으로 따돌림을 시키는 것
   ③ 물품이나 돈을 갈취하는 것
   ④ 어떠한 장소에 가둬두는 것
   ⑤ 겁을 먹게 하거나 강요하는 것
   ⑥ 인격적으로 모욕하거나 마음에 상처를 주는 것
   ⑦ 다른 사람들 앞에서 창피를 주는 것

2 스포츠 폭력 예방활동 강화 내용 2015
   ① 폭력적인 지도자는 체육현장에서 배제
   ② 선수 지도 우수모델 확산
   ③ 인성을 중시한 학교 운동부 정착
   ④ 피해선수 보호 및 지원 강화
   ⑤ 공정한 팀 운영 시스템 수립
   ⑥ 폭력 예방활동 강화 및 교육

03 관중 폭력

1 관중 폭력의 특성 2016, 2019
① 관중 폭력은 경기의 성격과 라이벌 의식, 응원 문화 등에 따라 형태가 다름
② 관중 폭력은 개별성과 책임성을 갖지 않는 구성원이 집단행위에 민감해지는 몰개인화에 의해 발생
③ 신체적 접촉이 많은 경기일수록 관중 폭력이 증가
④ 선수의 폭력은 관중의 동조의식을 조장하여 관중의 난동과 무질서한 폭력으로 발전

2 관중 폭력의 예방
① 관중도 스포츠 참가자라는 인식을 심어주는 캠페인 필요
② 관중 폭력을 예방할 수 있는 보다 구체적인 제도 마련
③ 건전하고 긍정적인 응원 문화 필요
④ 결과만 보는 스포츠문화가 아닌 과정을 중요하게 생각하는 스포츠문화 정착 필요

경기력 향상과 공정성

기출 핵심 포인트

도핑
도핑은 스포츠의 도덕적 기준인 공정성, 자연성, 공개성을 위반하는 행위

01 도핑

1 도핑의 정의와 의미 2015, 2020

(1) 정의
  ① 도핑은 운동수행능력을 향상시킨다는 목적으로 선수나 동물에게 약물을 투여하거나 특수한 이학적 처치를 하는 것
  ② 금지약물의 복용·흡입·주사·피부 접착 및 혈액제제·수혈·인위적 산소 섭취 등 금지된 방법을 사용 또는 사용 행위를 은폐, 부정거래하는 모든 행위뿐만 아니라 행위의 시도까지 도핑방지규정 위반으로 정의

> **개념 플러스 기술도핑** 2023, 2024
>
> 스포츠에서 첨단기술이 적용된 장비나 도구가 개인 능력치 이상의 기록 향상에 영향을 주는 것을 의미함. 기술도핑을 판단하는 기준이 아직 명확하지는 않지만 신체의 기량이나 기술을 겨루는 경기에서 장비가 인간의 한계를 뛰어넘는 기술을 도입했을 때 기술도핑으로 간주함

(2) 도핑의 원인
  ① 선수의 경기력 향상
  ② 경쟁에서 승리 추구
  ③ 경기 참여에 대한 욕구
  ④ 물질적 보상에 대한 욕구
  ⑤ 선수로서의 사회적 인정 욕구

2 세계도핑방지기구(WADA)의 규정 2019, 2025

(1) 세계도핑방지기구가 규정한 도핑 금지방법
  ① 혈액·혈액성분 조작(M1)
  ② 화학적·물리적 조작(M2)
  ③ 유전자·세포 도핑(M3)

(2) 세계도핑방지기구가 정한 금지 약물
  ① 상시 금지약물: 동화 작용제, 펩티드 호르몬 성장인자, 베타-2 작용제, 이뇨제 및 기타 비승인 약물 등
  ② 경기기간 중 금지약물: 흥분제, 마약류, 카나비노이드, 부신피질 호르몬 등
  ③ 특정 스포츠 금지약물: 알코올, 베타차단제류 등

3 도핑을 금지해야 하는 이유

(1) 신체적 이유 `2016, 2018`
   ① 신체적, 정신적 의존성을 높여 중독성을 초래
   ② 장기적 약물 남용은 영구적인 회복 불능 상태에 빠지게 함

(2) 윤리적 이유 `2016, 2018, 2023`
   ① 공정성: 스포츠의 도덕적 기준인 공정성 부정
   ② 평등성: 동등한 기회의 보장 부정
   ③ 존엄성: 인간의 생명과 존엄성 위반
   ④ 수단화: 선수의 몸을 의학적 수단으로 사용
   ⑤ 모방성: 어린 선수들이 도핑을 모방할 가능성 증가

4 효과적인 도핑 금지 방안 `2016, 2018, 2023`

(1) 윤리·도덕 교육의 강화
   ① 선수와 지도자들이 스스로 비윤리적인 행동을 하지 않도록 윤리 및 도덕 교육 강화
   ② 일회성 교육이 아닌 지속적인 교육이 더 효과적

(2) 도핑검사의 강화
   ① 일탈행동을 하지 않도록 도핑검사를 강화
   ② 도핑검사 강화를 위해 검사의 정밀도와 신뢰도를 높이는 방안 요구

(3) 강력한 처벌
   ① 강력한 처벌은 도핑검사를 강화하는 것과 같은 효과
   ② 강력한 처벌과 함께 도핑의 금지범위 확대 필요

> **개념 플러스** 　 **막스 셸러의 가치 서열 기준**
>
> - 지속성: 지속적인 것이 일시적인 것보다 추구하는 가치의 서열이 높음
> - 근거성: 어떤 가치의 근거가 되는 것일수록 추구하는 가치의 서열이 높음
> - 만족의 깊이: 일시적 쾌락보다 만족이 깊은 것이 추구하는 가치의 서열이 높음
> - 분할 향유의 가능성: 보다 많은 사람들이 가지면서도 각자 몫이 줄어들지 않는 것일수록 추구하는 가치의 서열이 높은 것

02 용기구(스포츠 장비)와 생체 공학 기술 활용

1 매쉬케(K. Maschke)의 스포츠 과학 기술 2016

(1) 안전을 위한 기술
   ① 매트류: 부상 방지를 위한 기술(태권도, 유도, 체조, 높이뛰기 등)
   ② 신발류: 경기력 보조용품 역할과 부상 방지를 위한 기술(운동화, 스파이크 등)
   ③ 모자류: 부상을 예방하기 위한 기술(모자, 헬멧 등)
   ④ 호구류: 신체를 보호하기 위한 기술(보호복, 글러브 등)

(2) 감시를 위한 기술
   ① 도핑검사: 금지약물의 검출을 위한 기술
   ② 사진판독: 육안으로 확인이 어려운 부분을 정확하게 파악할 수 있도록 하기 위한 기술
   ③ 기간계측: 스포츠경기의 기록을 정확하게 측정하기 위한 기술

(3) 수행능력 향상을 위한 기술
   ① 골프공: 골프공에 딤플을 만들어 비거리 향상
   ② 유리섬유 장대: 장대의 탄력 증가
   ③ 전신수영복: 물과 피부 사이의 마찰 감소
   ④ 압축배트: 내구성을 좋게 하여 반발력 강화

(4) 스포츠에 도입된 과학기술의 긍정적인 효과 2021, 2022
   ① 기록의 객관성과 신뢰성을 높임
   ② 운동선수의 안전과 부상 방지에 도움을 줌
   ③ 오심과 편파판정을 최소화하여 경기의 공정성을 향상시킴

스포츠와 인권

01 학생 선수의 인권

1 학생 선수의 인권문제(인권의 사각지대인 학교 운동부)
2015, 2019, 2022, 2024

(1) 학습권 침해
① 학생의 기본 권리인 학습권을 보장하지 않고 운동에만 집중
② 훈련 및 경기 참여에만 집중

(2) 학생 선수의 학습권 보장(최저 학력제)
① 학습권은 선수이기 이전에 학생으로서 학습에 대한 권리를 의미함
② 최저 학력제는 학습보장 프로젝트이며, 학습권 보장제라고 함
③ 운동선수의 학습권 보장과 운동의 병행을 위한 제도
④ 운동선수의 다양한 진로 선택의 기회 제공

> **개념 플러스** 학습권 보장 규정
>
> - 대한민국: 학교체육진흥법 제11조(학교운동부 운영 등) 학교의 장은 학생 선수가 일정 수준의 학력기준(이하 "최저 학력"이라 한다)에 도달하지 못한 경우에는 별도의 기초학력보장 프로그램을 운영하여 최저학력이 보장될 수 있도록 노력하여야 하며, 필요할 경우 경기대회 출전을 제한
> - 미국: 전미대학체육협회(NCAA)는 학생선수의 학업 관리를 위해 고등학교 성적 2.0 이상(만점 4.0)의 고등학교 선수에 대해서만 대학 선수 선발 인정, C^+ 이상의 학생에게만 대회출전 자격 부여

기출 핵심 포인트

학생 선수의 학습권 보장 제도
- 정규수업 이수 원칙
- 일정 운동 시간 제한
- 합숙 기간 축소 및 자제
- 경기대회 출전 횟수 제한 등

02 스포츠지도자 윤리

1 스포츠지도자의 폭력과 해결방안 2016

(1) 스포츠계의 4대 악습(문화체육관광부, 2015)
① 승부조작 및 편파 판정
② 폭력 및 성폭력
③ 입시 비리
④ 조직의 사유화

(2) 스포츠지도자의 덕목
① 사명감
② 창의적이고 유연한 사고
③ 스포츠맨십

기출 핵심 포인트

(3) 스포츠지도자의 선수폭력 예방
① 스포츠인권 교육 강화
② 지도자의 자격 요건 강화
③ 선수폭력의 부정적 요인 인식 및 개선방안 모색
④ 스포츠윤리센터 등 다양한 제도 활용 방안 안내
  • 스포츠윤리센터 주요 역할 2025
    - 체육 관련 입시 비리에 관한 조사
    - 스포츠 비리 및 스포츠 인권 침해 방지를 위한 예방 교육
    - 승부조작 또는 편파 판정 등 불공정에 관한 신고 접수와 조사

개념 플러스 맥페일(P. McPhail)

도덕적 가치들은 중요한 타자들이 어떻게 행동하고 있는가를 관찰하는 것에 의하여 학습되며, 도덕적 가치들은 교사의 모범을 포함한 다른 사람들의 모범으로부터 학습되어지는 것

03 스포츠와 인성교육

1 새로운 학교 문화를 위한 스포츠의 역할

(1) 학교 체육의 역할 2015
① 스포츠 활동은 정서에 긍정적인 영향
② 다른 사람과의 정서적 공감 능력 향상
③ 집중력과 주의력 등 지적기능 발달에 도움
④ 창의적 사고와 비판적 판단 능력을 갖는데 도움
⑤ 일탈 방지
⑥ 사회성과 도덕성 함양

(2) 스포츠를 통한 도덕 교육 2021, 2022, 2025
① 루소(J. Rousseau): 어린 시절부터 다양한 신체활동을 통해 성평등, 동료애, 공동체에서의 협력과 책임을 지는 습관을 길러줌
② 위인(E. Wynne): 스포츠 경기의 전통을 이해하고, 규칙 준수 등의 바람직한 행동을 습관화할 수 있도록 가르침
③ 콜버그(L. Kohlberg): 스포츠에서 발생하는 도덕적 딜레마에 대한 토론을 통해 도덕적 갈등상황을 이해하고, 자율적으로 대처할 수 있도록 가르침
④ 뒤르켐(E. Durkheim): 미성숙한 아동들에게 규율정신, 집단애착, 자율성을 기르면서 도덕적인 합리성과 자율성을 갖추도록 가르침

베닛(W. Benneitt)
학생들의 도덕성을 위해 고전·인문학같은 인격교육이 필요하다고 주장

스포츠 조직과 윤리

01 심판의 윤리

1 심판의 자질 2017, 2019, 2020, 2023
① 공정성: 객관적이고 중립적인 공정성 소지
② 청렴성: 성품과 행실이 바르고 탐욕이 없는 청렴성 소지
③ 자율성: 지시나 간섭을 단호히 뿌리칠 수 있는 자율성 소지
④ 정직함: 거짓이나 꾸밈이 없는 정직함 소지
⑤ 냉철함: 침착한 판단과 단호한 결정을 위한 냉철함 소지
⑥ 전문성: 정확한 판정을 내릴 수 있는 오랜 경험과 훈련의 전문성 소지

2 심판의 오심과 편파 판정을 막기 위한 방안 2015
① 오심에 대한 심판의 징계 강화
② 질적 향상을 위한 교육 기회 확대
③ 판정 능력 향상을 위한 반복훈련
④ 자질 제고를 위한 지속적인 윤리교육
⑤ 상임 심판 제도의 확립과 적절한 보수를 통한 전문성 제도

02 스포츠 조직의 윤리경영

1 윤리와 관련된 원칙 2019
① 평등의 원칙: 기본권에 대해 모두가 평등해야 함을 의미
② 차등의 원칙(최소 수혜자에게 최대의 이익)
  ㉠ '최소 수혜자에게 최대 혜택'을 주어야 한다는 의미
  ㉡ 사회적 약자에게 더 많은 기회 제공을 의미
③ 기회균등의 원칙(개방된 지위와 직책)
  ㉠ 사회 구성원들에게 공정한 경쟁 조건 제공
  ㉡ 실질적인 기회의 평등을 보장하는 것을 의미
④ 자유의 원칙: 시민의 기본적인 자유가 동등하게 적용되는 것을 의미
⑤ 원초적 원칙: 자신의 사회적 지위, 능력 등에 대해 무지하며, 자신이 최악의 위치에 놓일 가능성을 두고 판단하는 것

기출 핵심 포인트

심판의 도덕적 조건
- 공정성 유지
- 도덕성 함양
- 강한 책임감
- 심판의 임무 완수

심판의 수행 직무
- 경기 상황 파악
- 공정한 경기 판정
- 규칙 위반 시 벌칙 적용
- 경기 모니터링

롤스(J. Rawls)의 정의의 원칙
- 평등한 자유의 원칙
- 차등의 원칙
  - 기회균등의 원칙
  - 최소 수혜자 우선성의 원칙

> [기출 핵심 포인트]

> **개념 플러스   윤리와 관련된 정의**
> - 절차적 정의: 어떤 것을 결정하고 판단하는 데 있어 공정했는가, 또는 그 과정이 공정했는가와 관련된 내용
> - 평균적 정의: 개인 상호 간에 균형을 이루게 하는 것
> - 분배적 정의: 어떤 것을 분배 또는 나누고자 할 때 어떠한 방법으로 하는 것이 공정한가를 의미
> - 법률적 정의: 개인이 단체에 의무를 다했는가를 의미

2 심정윤리와 책임윤리 〔2019〕

① 심정윤리: 행위 결과를 중요하게 생각하지 않으며, 행위를 발생시키는 도덕적 가치와 신념을 중요하게 판단하는 윤리
② 책임윤리: 행위 결과를 중요하게 생각하며, 선한 동기의 행위만으로 평가하는 것이 아니라 결과에 대한 책임도 있다고 판단하는 윤리

3 스포츠 조직의 윤리 문제 발생원인

① 외부의 압력에 의한 원인
② 비정상적인 조직일수록 비윤리적 행동 가능성이 높음
③ 조직에서 개인의 일탈로 인한 비윤리적 행동이 원인 제공
④ 조직의 이익을 우선시 하는 생각과 행동이 원인

> **개념 플러스   스포츠 조직의 윤리 개선 방안** 〔2019, 2022, 2024〕
> - 국가와 관련 기관들의 의지와 노력
> - 체육 단체들과 시민 사회단체의 연대와 노력
> - 투명한 의사결정을 위한 공정성 강화
> - 스포츠 조직 내부의 개선 의지와 노력
> - 체육 관련 법적 제도의 보완과 개선
> - 예산의 투명한 확보와 집행

PART 04 단원문제: 스포츠윤리

스포츠와 윤리

01 레스트(J. Rest) 도덕성 구성요소에 대한 설명으로 옳은 것은?

① 도덕적 민감성(감수성): 도덕적 행동을 실천하기 위해 필요한 자아강도, 인내력, 용기, 자기통제력
② 도덕적 판단력: 어떤 행동이 도덕적으로 옳은 것인지 판단하기
③ 도덕적 동기화: 어떤 상황을 도덕적인 상황으로 지각하고 해석하기
④ 도덕적 품성화: 도덕적 행위를 우선시하기

02 〈보기〉의 ㉠, ㉡에 들어갈 말로 옳은 것은?

[보기]
아리스토텔레스는 교육을 통해 형성되는 실천적 지혜인 (㉠)와/과, 반복과 습관을 통해 형성되는 (㉡)으로 나누어서 설명하였다. 특히 (㉡)에서는 중용을 강조했다.

	㉠	㉡
①	지성적 덕	품성적 덕
②	품성적 덕	지성적 덕
③	감성적 덕	품성적 덕
④	가명적 덕	지성적 덕

03 〈보기〉에서 설명하는 동일한 유형의 판단인 것을 모두 고른 것은?

[보기]
㉠ 관찰이나 과학적 혹은 역사적 탐구 등과 같이 객관적인 사실에 근거한 판단
㉡ 좋고 나쁨, 옳고 그름, 아름다움과 추함, 고귀함과 저속함 등 주관적 가치에 근거한 판단
㉢ 참과 거짓 구분 가능
㉣ 참과 거짓은 존재하지 않음

① ㉠, ㉣
② ㉡, ㉢
③ ㉡, ㉣
④ ㉠, ㉢

04 의무론적 윤리의 특징으로 옳지 <u>않은</u> 것은?

① 인간이 추구해야 할 어떤 궁극적인 목적보다는 언제 어디서나 지켜야 할 행위의 근본원칙에 주목
② 인간행위의 옳고 그름을 행위 그 자체의 옳고 그름 및 행위자의 의도와 동기로 판단하려고 함
③ 자율적인 도덕법칙에 따른 것은 옳은 행위이고, 자율적인 도덕법칙에 어긋나는 행위는 그른 행위
④ 옳은 행위는 덕이 있는 사람으로부터 나온다고 생각

정답해설

01 ② 도덕적 판단력에 관한 설명이다.
[오답해설]
① 도덕적 민감성(감수성): 어떤 상황을 도덕적인 상황으로 지각하고 해석하기
③ 도덕적 동기화: 도덕적 행위를 우선시하기
④ 도덕적 품성화: 도덕적 행동을 실천하기 위해 필요한 자아강도, 인내력, 용기, 자기통제력

02 ① ㉠은 아리스토텔레스가 말한 실천적 지혜인 지성적 덕을 뜻하고, ㉡은 반복과 습관을 통해 형성되는 품성적 덕을 뜻한다.

03 사실 판단과 가치 판단

구분	사실 판단	가치 판단
의미	관찰이나 과학적 혹은 역사적 탐구 등과 같이 객관적인 사실에 근거한 판단	좋고 나쁨, 옳고 그름, 아름다움과 추함, 고귀함과 저속함 등 주관적 가치에 근거한 판단
특징	참과 거짓 구분 가능	참과 거짓 구분의 불분명

04 ④ 옳은 행위는 덕이 있는 사람으로부터 나온다고 생각은 덕론적 윤리이다.

|정답| 01 ② 02 ① 03 ④ 04 ④

경쟁과 페어플레이

05 아리스토텔레스가 주장한 신체의 아레테 5가지 요소로 옳지 <u>않은</u> 것은?

① 건강 ② 미
③ 선함 ④ 운동 경기에서의 능력

06 페어플레이의 형식적 의미로 옳지 <u>않은</u> 것은?

① 선수가 경기 중 지켜야 할 정정당당한 행위의 실천 규범
② 스포츠 행위의 시작은 공정성을 기반으로 실행
③ 규칙의 숙지뿐만 아니라 준수에 대한 약속
④ 특정 선수에게 의무적으로 부여

07 〈보기〉에서 설명하는 스포츠 규칙으로 옳은 것은?

[보기]
㉠ 스포츠를 수행하는 목적, 수단, 공간, 시간, 벌칙 등 스포츠경기를 진행하는 방법을 규정하는 것
㉡ 어떤 규칙을 위반하면 경기 자체가 성립되지 않는 규칙

① 구성적 규칙 ② 규제적 규칙
③ 형식적 주의 ④ 비형식적 주의

08 〈보기〉에서 설명하는 아리스토텔레스의 「수사학」에 나오는 설득 수단으로 동일한 유형의 요소를 고른 것은?

[보기]
㉠ 이성적·과학적인 것을 가리키는 것으로 사고능력·이성 등 의미
㉡ 상대방을 설득하려면 말하려는 내용이 이성적인 논리로 잘 정리되어 있어야 함
㉢ 감각적·신체적·예술적인 것을 가리키며 정념·충동 등 의미
㉣ 옳고 그름을 판단하는 원동력이 바로 에토스이고, 에토스는 사람이 태어날 때 타고남

① ㉠, ㉡ ② ㉠, ㉢
③ ㉡, ㉢ ④ ㉢, ㉣

스포츠와 불평등

09 여성스포츠 활성화를 위한 과제로 옳지 <u>않은</u> 것은?

① 여성의 스포츠 교육 확대 실시
② 여성 체육 전문지도자의 지속적 양성
③ 체육 조직 및 단체에서의 여성 역할 확대
④ 보호해야 할 대상으로서의 여성성 강조

정답해설

05 ③ 아리스토텔레스의 신체 아레테(Arete)는 건강, 미, 강함, 크기, 운동 경기에서의 능력 등이 있다.
06 ④ 페어플레이는 모든 선수에게 의무적으로 부여된다.
07 ① 〈보기〉는 '구성적 규칙'에 대한 설명이다.
08 ㉠ 로고스
㉡ 로고스
㉢ 파토스
㉣ 에토스
09 ④ 스포츠에서 성차별은 능력 면에서 여성이 남성보다 열등하다는 잘못된 신념으로 발생한다.

| 정답 | 05 ③ 06 ④ 07 ① 08 ① 09 ④

10 스포츠에서의 인종차별의 발생 이유에 대한 설명으로 옳지 <u>않은</u> 것은?

① 인종과 민족, 국적에 의해 구분되는 우월함은 존재하지 않음
② 스포츠는 경쟁이기 때문에 우월감 또는 열등감으로 인종적 편견을 가지기 쉬움
③ 민족, 종교, 역사 등이 스포츠에 투영되어 왜곡된 집단의식을 부추김
④ 스포츠의 국제화에 따라 인종과 국가에 대한 편견과 차별이 더욱 드러남

11 장애인의 스포츠 참가 효과로 옳지 <u>않은</u> 것은?

① 스포츠를 통해서 신체적·심리적 치료의 효과를 기대할 수 있음
② 구성원 간의 이해와 소통의 기회를 제공
③ 신체적·생리적 능력 한계 수용
④ 사회 구성원의 조화와 화합의 방법이 됨

12 〈보기〉의 ㉠~㉢에 들어갈 용어로 바르게 묶인 것은?

─보기─
(㉠) 생물학적, 형태학적 특징에 따라 분류된 인간 집단
(㉡) 특정 종목에 유리하거나 불리한 인종이 실제로 존재한다는 사고 방식
(㉢) 선수의 능력 차이를 측정 인종의 우월이나 열등으로 과장하여 차등을 조장하는 것

	㉠	㉡	㉢
①	인종	인종주의	인종 차별
②	인종	인종 차별	젠더화 과정
③	젠더	인종주의	인종 차별
④	젠더	인종 차별	젠더화 과정

스포츠에서 환경과 동물윤리

13 〈보기〉에서 스포츠 환경의 동일한 범주에 속한 것을 모두 고른 것은?

─보기─
㉠ 실내 체육관   ㉡ 공원
㉢ 경기장   ㉣ 슬로프
㉤ 아이스링크   ㉥ 골프

① ㉠, ㉡, ㉢
② ㉡, ㉣, ㉥
③ ㉠, ㉢, ㉤
④ ㉣, ㉤, ㉥

정답해설

10 ① 인종차별은 특정 인종과 국가는 다른 인종 또는 국가보다 열등하거나 우월하다는 믿음에서 발생한다.
11 ③ 신체적·생리적 능력의 차별성을 느껴선 안 된다.
12 • 인종: 생물학적, 형태학적 특징에 따라 분류된 인간 집단
• 인종주의: 특정 종목에 유리하거나 불리한 인종이 실제로 존재한다는 사고 방식
• 인종 차별: 선수의 능력 차이를 측정 인종의 우월이나 열등으로 과장하여 차등을 조장하는 것
13 • 순수 환경: 공원, 보전구역, 카누, 카약, 요트 등
• 개발 환경: 골프, 사격, 트레일, 슬로프, 실외 수영장, 스포츠 필드 등의 야외활동
• 시설 환경: 실내 체육관, 경기장, 아이스링크 등의 실내 활동

|정답| 10 ① 11 ③ 12 ① 13 ③

14 생태중심주의 윤리의 특징으로 옳지 <u>않은</u> 것은?

① 모든 생명체는 스스로 생존과 성장, 번식의 목적을 추구하는 '목적론적 삶의 중심'
② 생태적 위기와 환경문제 해결을 위해 동식물뿐만 아니라 무생물에 대해서도 도덕적으로 고려할 필요가 있다고 봄
③ 생태계를 구성하는 요소 간의 관계와 과정 등에 대해서도 주목할 필요가 있음
④ 동물중심주의, 생명중심주의와 달리 전일론(전체론)적 관점에서 개체보다 상호 의존성에 바탕을 둔 생명 공동체 자체에 관심을 가짐

15 〈보기〉의 ㉠, ㉡에 들어갈 말로 옳은 것은?

―[보기]―
(㉠)은/는 '동물은 인간을 위해서 존재하는 것'이라는 인식을 가졌고, (㉡)은/는 '동물은 자의식이 없는 존재이고, 인간으로부터 직접적인 의무를 부여받지 못한 존재이기 때문에 직접적인 도덕적 지위도 없다.'고 주장

	㉠	㉡
①	칸트	아리스토텔레스
②	아리스토텔레스	칸트
③	피터싱어	레오폴드
④	레오폴드	피터싱어

16 동물실험의 윤리의 3R원칙으로 옳지 <u>않은</u> 것은?

① 대체(Replacement)
② 축소(Reduction)
③ 순화(Refinement)
④ 존중(Respect)

스포츠와 폭력

17 스포츠에서 공격성이 나타나는 원인으로 옳지 <u>않은</u> 것은?

① 자신의 한계를 넘으려는 도전정신
② 자신의 탁월성을 남들에게 인정받고자 하는 시도
③ 인간의 원초적인 본능과 살아온 환경으로부터 습득
④ 상대 선수에 대한 존중과 배려

18 스포츠선수들의 체벌을 금지해야 하는 이유로 옳지 <u>않은</u> 것은?

① 경기력 향상에 영향 없음
② 스포츠 선수들의 인권 보호
③ 과도한 스트레스의 원인
④ 지도자의 권위 향상

정답해설

14 ①은 생명중심주의 윤리의 특징이다.
  • 생명중심주의 윤리: 목적론적 삶의 중심
  • 생태중심주의 윤리: 생명공동체의 조화, 균형 기여 여부

15 ② 아리스토텔레스는 '식물은 동물을 위하여, 동물은 인간을 위해서 존재하는 것'이라고 주장하였고, 칸트는 '자연은 인간에 의하여 의미와 가치를 부여받는다'고 주장하였다.

16 동물실험의 윤리의 3R원칙
  • 대체(Replacement): 가능한 비동물 실험으로 대체
  • 축소(Reduction): 실험에서 사용되는 동물의 수를 최소화
  • 순화(Refinement): 동물의 고통이 적도록 실험을 순화

17 ④ 상대 선수에 대한 존중과 배려는 공격성과 상반된 개념이다.

18 ④ 폭력은 어떠한 경우에도 정당화 될 수 없다.

|정답| 14 ① 15 ② 16 ④ 17 ④ 18 ④

19 〈보기〉에서 설명하는 기관은?

[보기]
체육계 비리 및 인권침해를 조사하고 가해자 처벌 현실화, 피해자의 회복을 돕기 위한 심리·정서·법률 등 종합적 지원을 하며, 예방교육과 국내·외 정보공유를 통해 체육계 악습의 고리를 끊고 "체육의 공정성 확보와 체육인의 인권 보호"에 기여

① 대한체육회 ② 국민체육진흥공단
③ 스포츠윤리센터 ④ 한국스포츠정책과학원

20 관중 폭력을 예방하기 위한 방법으로 옳지 않은 것은?

① 관중도 스포츠 참가자라는 인식을 심어주는 캠페인 필요
② 결과만 보는 스포츠문화 정착 필요
③ 관중 폭력을 예방할 수 있는 보다 구체적인 제도 마련
④ 건전하고 긍정적인 응원 문화 필요

경기력 향상과 공정성

21 도핑의 원인으로 옳지 않은 것은?

① 선수의 경기력 향상
② 경쟁에서 승리 추구
③ 선수로서의 사회적 인정 욕구
④ 타인에게 위해를 끼치지 않음

22 도핑을 금지해야 하는 이유 중 윤리적 이유로 옳지 않은 것은?

① 공정성: 스포츠의 도덕적 기준인 공정성 부정
② 평등성: 동등한 기회의 보장 부정
③ 신체성: 선수는 신체적인 능력을 강화할 필요가 있음
④ 수단화: 선수의 몸을 의학적 수단으로 사용

23 효과적인 도핑금지 방안으로 옳지 않은 것은?

① 일회성 교육
② 도핑검사의 기술 강화
③ 윤리·도덕교육의 강화
④ 강력한 처벌

24 스포츠에 도입된 과학기술의 긍정적인 효과로 옳지 않은 것은?

① 기록의 객관성과 신뢰성을 높인다.
② 신체에 의존하기보다는 과학기술에 의존함
③ 오심과 편파판정을 최소화하여 경기의 공정성을 향상시킨다.
④ 운동선수의 안전과 부상 방지에 도움을 준다.

정답해설

19 ③ 〈보기〉는 '스포츠윤리센터'에 대한 설명이다.
20 ② 결과만 보는 스포츠문화가 아닌 과정을 중요하게 생각하는 스포츠문화의 정착이 필요하다.
21 ④ 도핑은 타인(선수, 지도자, 관계자, 관중)에게 위해를 끼친다.
22 ③ 도핑을 금지해야 하는 윤리적 이유에는 공정성과 평등성, 존엄성, 모방성 및 수단화 등이 있다.
23 ① 일회성 교육이 아닌 지속적인 교육이 더 효과적이다.
24 ② 신체의 기량이나 기술을 겨루는 경기에서 장비가 인간의 한계를 뛰어넘는 기술을 도입했을 때 기술도핑으로 간주한다.

|정답| 19 ③ 20 ② 21 ④ 22 ③ 23 ① 24 ②

스포츠와 인권

25 학생 선수의 학습권 보장과 관련된 내용으로 옳지 <u>않은</u> 것은?

① 학습권은 선수이기 이전에 학생으로서 학습에 대한 권리를 의미
② 최저 학력제는 학습보장 프로젝트이며, 학습권 보장제라고 함
③ 운동선수의 다양한 진로 선택의 기회 제공
④ 운동선수의 경기력 향상을 운동에 전념하도록 보장하는 제도

26 학생 선수의 학습권 보장 제도로 옳지 <u>않은</u> 것은?

① 정규수업 이수 원칙
② 일정 운동 시간 제한
③ 합숙 기간 확대 보장
④ 경기대회 출전 횟수 제한 등

27 학교 체육의 역할에 대한 내용으로 옳지 <u>않은</u> 것은?

① 스포츠를 통한 경쟁 심리 고양
② 다른 사람과의 정서적 공감 능력 향상
③ 집중력과 주의력 등 지적기능 발달에 도움
④ 창의적 사고와 비판적 판단 능력을 갖는데 도움

28 문화체육관광부가 발표한 스포츠의 4대 악습으로 옳지 <u>않은</u> 것은?

① 승부조작 및 편파 판정
② 조직의 공적화
③ 폭력 및 성폭력
④ 입시 비리

스포츠 조직과 윤리

29 심판의 자질에 대한 설명으로 옳지 <u>않은</u> 것은?

① 공정성: 객관적이고 중립적인 공정성 소지
② 청렴성: 성품과 행실이 바르고 탐욕이 없는 청렴성 소지
③ 냉철함: 침착한 판단과 단호한 결정을 위한 냉철함 소지
④ 이해심: 선수 또는 팀의 사정이나 형편을 고려

30 심판의 오심과 편파 판정을 막기 위한 방안으로 옳지 <u>않은</u> 것은?

① 심판의 징계 강화
② 비디오 판독 등 보조적 수단의 기능 사용 금지
③ 정기적인 심판 보수교육
④ 자질 제고를 위한 지속적인 윤리교육

정답해설

25 최저 학력제는 운동선수의 학습권 보장과 운동의 병행을 위한 제도이다.

26 ③ 학생 선수의 학습권을 보장하려면 합숙 기간 축소 및 자제가 필요하다.

27 ① 학교 체육에선 경쟁심보단 사회성과 도덕성 함양에 초점을 둬야 한다.

28 ② 4대 악습은 승부조작 및 편파 판정, 폭력 및 성폭력, 입시비리, 조직의 사유화 등이 있다.

29 ④ 심판의 자질에는 공정성과 청렴성, 자율성, 정직함, 냉철함 및 전문성 등이 있다.

30 ② 비디오 판독 등 객관적인 심판 제도를 도입해야 한다.

|정답| 25 ④ 26 ③ 27 ① 28 ② 29 ④ 30 ②

31 스포츠 조직에서 비윤리적인 행동이 일어나는 원인으로 옳지 않은 것은?

① 개인윤리의 소멸
② 경영상의 어려움
③ 개인의 이익을 우선하는 생각과 행동
④ 외부 압력

32 〈보기〉의 ㉠, ㉡에 들어갈 말로 옳은 것은?

―[보기]―
- (㉠)은 윤리는 행위 결과를 중요하게 생각하지 않으며, 행위를 발생하는 도덕적 가치와 신념을 중요하게 판단하는 윤리
- (㉡)은 윤리는 행위 결과를 중요하게 생각하며, 선한 동기의 행위만으로 평가하는 것이 아니라 결과에 대한 책임도 있다고 판단하는 윤리

	㉠	㉡
①	심정윤리	책임윤리
②	책임윤리	심정윤리
③	가치윤리	결과윤리
④	결과윤리	가치윤리

> **정답해설**
>
> **31** ③ 개인이 아니라 조직의 이익을 우선하는 생각과 행동이 원인이다.
>
> **32** ㉠은 심정윤리에 대한 설명이며, ㉡은 책임윤리에 대한 설명이다.
>
> |정답| 31 ③ 32 ①

2025년 기출분석

- 전년도 대비 평이한 난이도로 출제되었으며 기본적인 암기가 요구됨
- 골격근과 운동, 호흡·순환계와 운동에서 다수의 문제 출제
- 에너지 대사와 운동에 대한 심도 있는 학습이 필요

2025년 필기 출제비율

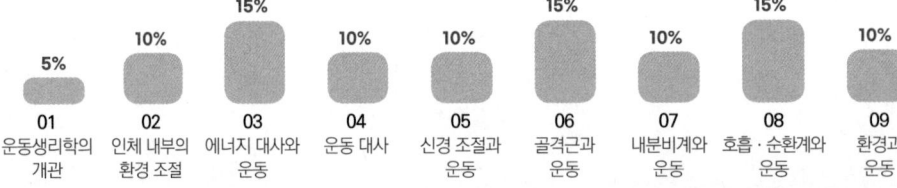

01 운동생리학의 개관	02 인체 내부의 환경 조절	03 에너지 대사와 운동	04 운동 대사	05 신경 조절과 운동	06 골격근과 운동	07 내분비계와 운동	08 호흡·순환계와 운동	09 환경과 운동
5%	10%	15%	10%	10%	15%	10%	15%	10%

PART 05

운동생리학

01 운동생리학의 개관
02 인체 내부의 환경 조절
03 에너지 대사와 운동
04 운동 대사
05 신경 조절과 운동
06 골격근과 운동
07 내분비계와 운동
08 호흡·순환계와 운동
09 환경과 운동

운동생리학의 개관

기출 핵심 포인트

01 운동생리학의 개념

1 생리학
살아있는 유기체(생물 또는 사람)를 연구하는 학문

2 운동생리학
① 단 한 번의 운동과 프로그램을 통한 반복적인 운동이 인체의 세포, 조직 및 기관계에 미치는 영향을 조사하는 생리학의 한 분야
② 극한 환경에서의 일회성 운동 및 운동 프로그램에 대한 반응을 살펴 운동 훈련 수행 및 적응하는 능력에 미치는 요인 결정
③ 건강한 사람과 질환이 있는 사람, 젊은 사람과 노인 모두를 대상으로 하여 운동을 꾸준히 하는 것이 질병 예방 및 만성 질병으로부터 재활하는 데 미치는 영향 이해
④ 훌륭한 선수는 유전적으로 타고나는지, 훈련으로 생겨나는지에 대한 여러 운동 수행능력에 연관된 연구문제 탐구

02 운동생리학의 변천

1 운동생리학의 역사와 정의

(1) 운동생리학의 역사(초창기, 1900~1950) 2016
① 1920년대 호흡 생리학의 권위자인 핸더슨(L. Henderson)이 설립한 하버드 피로 연구소에서 시작
② 이곳에서 최대산소 섭취량과 산소부채, 탄수화물과 지방 대사, 환경생리학, 임상생리학, 노화, 혈액 및 체력 등 여러 분야의 연구가 수행됨

(2) 운동생리학의 발전과정
① 20세기 후반(1951-2000)

연도	주요사건
1954년	미국대학스포츠의학협회(ACSM) 설립
1962년	Steven Horvath가 UC Santa Barbara대학에 환경 스트레스 연구소 설립
1967년	생화학적인 관점에서 운동연구 시작(골격근에서 미토콘드리아 부피 증가 발견)
1988년	미국의 Booth, 분자생물학적 관점에서 운동연구 시작(기계론적인 연구문제 제시)

1994년	Saltin, 덴마크 코펜하겐 대학에 코펜하겐 근육 연구 센터를 조직
1995년	유럽 스포츠 과학대학협회(European College of Sport Science, 1995) 설립

② 2001~현재

연도	주요사건
2001년	• 유전학적 선택에 관한 연구 최초 실시(고유의 호기성 능력 연구) • 녹인(knock-in), 녹아웃(knock-out) 기술이 골격근 적응 현상 연구를 위해 적용되기 시작
2003년	골격근이 내분비기관이라는 것이 밝혀짐
2007년	운동이 골격근의 miRNA 수준을 감소시킨다는 사실 발견
2008년	운동과 후성유전학(epigenetics)에 대해 처음으로 연구
2011년	• 운동으로 인한 백색 지방 조직의 갈변화(browning) 현상을 처음 연구 • 지구력 운동이 백색 지방의 구조와 기능을 조정, 전반적인 건강을 개선 • 운동은 백색 지방 세포의 갈변화(browning)를 유도(하버드 대학; Laurie Goodyear 박사)

(3) 운동생리학의 정의 2018
① 인체의 운동 수행 시 인체에 나타나는 생리적인 변화를 분석하고, 그 법칙성과 기전을 밝히는 학문
② 일정 기간 운동 형태로 가해진 자극에 대해 인체가 적절하게 반응하고 적응하는 과정에서 나타나는 생리학적 현상을 연구하는 학문

2 운동생리학의 기능 및 인접 학문

(1) 운동생리학의 기능 2017
① 신체적 활동 기능
② 체력 향상 기능
③ 경기력 향상 기능
④ 재활프로그램 등에 생리학적 기초 제공 기능
⑤ 전문기관으로부터의 인증 시스템 기능

> **개념 플러스**
>
> • ACSM(American College of Sports Medicine, 미국스포츠의학회)
> 현재 퍼스널 트레이너, 그룹 운동 트레이너, 운동생리학 및 임상 운동생리학 분야의 자격 제도 시행
> • NSCA(National Strength and Conditioning Association, 미국 체력관리학회)
> 스트레스 및 컨디셔닝 전문가 및 기타 자격 제도 시행

(2) 운동생리학의 인접 학문 2015

학문명	내용
생체역학	역학적 방법을 통한 동작 분석
인체해부학	인체의 전반적인 구조 및 기능
트레이닝론, 운동처방학	훈련의 방법론, 합리적 운동의 질과 양의 기준과 지침 제시
스포츠의학	운동 수행과 관련된 의학적, 과학적인 포괄적 대처
운동영양학	스포츠 활동을 위한 식이적 배려, 운동 수행 시 인체 내 대사

03 주요 용어

1 체력의 개념과 구분

(1) 체력의 개념

인간 활동의 기초가 되는 신체적 능력

(2) 체력의 구분 2016, 2019, 2022, 2023, 2025

① 건강 관련 체력

근력	근육에서 발생하는 힘의 최대 근력
근지구력	긴 시간 동안 근육이 일정한 힘의 수준으로 지속할 수 있는 능력
심폐지구력	심장, 폐, 순환계가 움직이는 근육에 효율적으로 산소를 공급하는 능력
유연성	부상 없이 최대 관절가동범위에 걸쳐 부드럽게 관절을 움직이는 능력
신체조성	인체를 구성하는 기관이나 조직 등을 정량적 또는 상대적인 비율로 나타낸 것

② 기술 관련 체력

민첩성	운동의 목적에 따라 신체를 신속히 정확하게 조작하는 능력
평형성	신체를 일정한 자세로 균형을 유지하는 능력
협응성	신체의 움직임을 매끄럽고 정확하게 하는가에 대한 신체 각 분절의 조화
스피드	움직임이 진행되는 빠르기
순발력	근육이 순간적으로 빨리 수축하면서 나는 힘
반응시간	자극이 주어진 순간부터 반응이 일어날 때까지의 시간

> **개념 플러스**
>
> - 건강 관련 체력 측정 예 오래달리기 측정, 신체조성, 앉아 윗몸 앞으로 굽히기 측정, 윗몸일으키기 측정, 배근력 측정, 팔굽혀펴기 측정, 악력 측정 등
> - 기술 관련 체력 측정 예 제자리높이뛰기 측정, 2.5m 왕복달리기, 한쪽 다리로 서기

기출 핵심 포인트

체력의 구분
- 건강 관련 체력: 활동하는데 필요한 체력을 의미하며 근력, 근지구력, 심폐지구력, 신체구성, 유연성 등이 있음
- 운동 관련 체력: 운동기술 습득 및 향상을 위해 절대적으로 필요한 체력을 의미하며 민첩성, 평형성, 협응성, 스피드, 순발력 등이 있음

2 트레이닝의 원리 2019, 2022

과부하의 원리	수행자가 감당할 수 있는 것보다 더 어려운 과제를 부여하여 적응력을 높임
점증 부하의 원리	몸이 운동에 익숙해지면 점차 운동 강도와 빈도를 늘림
특이성의 원리	근육에 대한 훈련의 효과는 사용되는 특정 움직임, 영역 및 훈련 형태에 따라 달라짐
다양성의 원리	운동, 휴식 기간, 강도 수준 및 훈련 기술을 변경하여 호기심 유발
개별성의 원리	수행자의 체력, 건강, 목표 등에 따라 프로그램을 제공
반복성의 원리	체력은 단번에 향상될 수 없으며 꾸준한 반복이 필요
전면성의 원리	고른 신체적 능력을 향상시키기 위해 다양한 운동을 지속적으로 수행
가역성의 원리	운동 적응은 과부하에 도달하지 않거나 운동이 종료되면 운동 전 상태로 돌아감

기출 핵심 포인트

특이성의 원리
- 훈련 효과는 운동 중에 사용된 근육에만 영향을 줌
- 근육 동작, 부위, 근육 수축 형태에 따라서 운동 효과가 달라짐

인체 내부의 환경 조절

01 운동과 항상성

1 항상성과 항정상태

(1) 항상성(homeostasis)
  인체의 조절 시스템은 지속적이고 일관된 상태를 유지함으로써 내부 환경의 불변성이나 지속성을 유지함
  예 혈압의 정상 범위는 확장기의 경우 60~80mmHg, 수축기의 경우 90~120mmHg

(2) 항정상태(steady state)
  ① 생리학적인 환경의 일정한 유지
  ② 반드시 내부 환경이 정상적인 상태라는 것을 의미하지는 않으며, 단지 변하지 않는 일정한 상태를 의미
      예 일정한 강도로 운동하면 심박수는 해당 강도에 맞춰 조정되고 일정하게 유지됨

2 신체 조절체계 및 원리

(1) 신체 조절체계의 개념
  조절체계의 전체적인 목적은 생리적 변인들을 조절하고 일정하게 유지하는 것
  예 단백질 합성 및 분해, 에너지 생산, 영양소 적정량 유지

(2) 신체 조절체계의 원리
  ① 생물학적 조절체계(biological control system)
      ㉠ 감각기(수용기)
      ㉡ 반응을 통합하는 조절 중추
      ㉢ 원하는 효과를 생성하는 기관들인 효과기
      ㉣ 자극 → (내부 환경 변화) → 수용기 → (신호를 조절 중추로 전달) → 조절 중추 → (자극에 반응) → 효과기 → (부정피드백으로 정상상태로 돌아간다) → 항상성 유지
  ② 부정피드백(negative feedback) 2023
      ㉠ 항상성을 유지하기 위해 각 요소를 일반 수치로 되돌리는 역할
          예 운동으로 인한 세포외액의 CO_2가 정상보다 높으면 수용기를 자극 → 호흡을 증가시켜 폐로 공기유입 → 세포외액의 CO_2가 정상으로 낮아지면서 항상성 유지
      ㉡ 부정이라고 정의한 이유: 조절체계의 반응이 자극에 대해 반대 방향으로 작용하기 때문

항정상태
신체의 요구 사항에 따른 반응의 균형으로 생리학적 변화 없이 일정한 상태를 유지

부정피드백
- 항상성을 유지하기 위해 각 요소를 일반 수치로 되돌리는 역할
- 조절체계의 반응이 자극에 대해 반대 방향으로 작용

③ 긍정피드백(positive feedback) 2023
  ㉠ 초기자극을 증가시키는 역할로 자극과 같은 방향
  ㉡ 예 여성이 출산할 때의 분만 수축 상승: 아기의 머리가 자궁 하부로 이동할 때 증가한 압력이 자궁경부의 감각 수용기 자극 → 뇌로 신경신호 전달 → 뇌하수체에서 옥시토신 호르몬 방출 → 혈액을 거쳐 자궁으로 전달되어 수축을 더욱 활성화 → 진통이 지속하면서 자궁경부는 더 많은 자극이 주어져 자궁 수축이 더 활성화 → 출산이 일어날 때까지 자궁 수축이 더 강해짐 → 출산 후 옥시토신 방출을 위한 자극(압력)이 중지되고 긍정피드백 메커니즘 멈춤
④ 조절체계의 긍정 효과(gain)
  ㉠ 조절체계가 항상성을 유지하는 현상을 체계의 긍정 효과라 함
  ㉡ 대량의 긍정 효과를 가진 조절체계는 적게 가진 체계보다 항상성을 유지하는 능력이 좋음

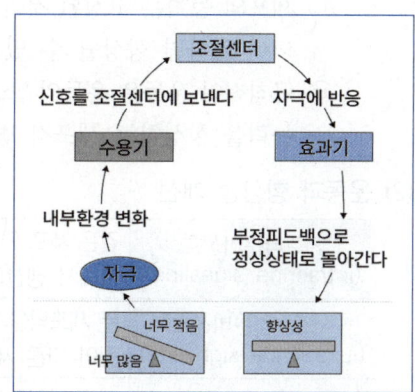

3 항상성 조절

(1) 항상성 조절의 예 2018, 2019, 2023
① 체온 조절
  ㉠ 부정피드백 이용
  ㉡ (신체 여러 부위의 열수용기) → 조절중추 → (적정 온도 설정) → 효과기 → (혈관 확장/축소 및 땀샘 분비/혈관 수축) → 조절 중추 비활성화
② 혈당조절
  ㉠ 항상성은 내분비계(endocrine system)의 기능을 조절하는 역할
  ㉡ 항상성을 유지하기 위한 내분비계 역할 중 하나가 혈당조절
  ㉢ 혈당조절의 실패는 당뇨병을 발생시킴
  ㉣ 당뇨병: 1형과 2형으로 분류, 두 가지 질병 형태 모두 비정상적으로 높은 혈당치
  ㉤ 1형 당뇨병: 췌장에서 인슐린을 분비하는 베타세포의 손상으로 인슐린을 더 이상 생산하지 못하여 포도당이 세포로 들어갈 수 없게 되는 증상, 따라서 췌장 베타세포가 손상된 것은 조절체계 중에서 효과기 기능의 저하로 볼 수 있음
  ㉥ 고탄수화물 섭취 후 상승한 혈당에 대한 반응으로 인슐린이 분비되지 못하면 포도당은 세포 안으로 이동하지 못하여 고혈당증이 나타나 당뇨병에 걸리게 됨

항상성 조절 구성
- 감지기(수용기)
- 통합기(조절센터)
- 효과기

항상성 조절의 예
- 체온 조절
- 혈당조절

> 기출 핵심 포인트

ⓐ 생물학적 조절체계 중 하나의 구성요소의 기능이 저하되면 항상성을 유지하는데 장애 요인이 되어 생물학적 조절체계의 기능 저하는 질병을 발생시킴

4 운동과 항상성 조절

(1) 세포적응
① 적응(adaptation)
  ㉠ 외부 스트레스를 계속해서 받게 되면, 항상성을 유지하는 능력이 향상됨에 따라 세포나 기관계의 기능이나 구조가 바뀌게 되는 것을 의미
  ㉡ 세포의 능력은 고정된 것이 아니며 특정 스트레스에 오랫동안 노출되어 있다면 향상될 수 있음 예 규칙적인 운동
  ㉢ 규칙적인 운동은 운동의 '스트레스' 중에 항상성을 보존할 수 있도록 능력을 향상하는 세포적 변화를 촉진

(2) 운동과 항상성 개선

인트라분비신호 (intracrine signaling)	같은 세포 안에서의 신호전달을 일으키는 화학전달체가 세포에서 생산되면서 발생
저스트라분비신호 (juxtracrine signaling)	두 세포막을 연결하는 작은 교차점을 통해 한 세포의 세포질이 다른 세포의 세포질과 직접 접촉하여 신호를 교류
자가분비 신호 (autocrine signaling)	세포가 화학전달체를 생성하여 세포외액으로 신호를 내보내고 다시 그 신호를 받아들일 때 발생
주변 분비 신호 (paracrine signaling)	세포들이 자신의 세포 근처에서 서로가 조직적으로 행동할 수 있도록하는 신호 생성
내분비 신호 (endocrine signaling)	세포들이 화학적 신호(호르몬)를 방출하고 이러한 호르몬은 신체 전체로 퍼져나가게 됨

(3) 세포 항상성 조절을 위한 스트레스 단백질의 역할
① 세포의 항상성 장애: 세포가 특정 물질에 대항하는 능력을 벗어나는 스트레스에 직면할 때 발생
② 과도한 자극으로 인해 세포 단백질이 손상되면 항상성 장애를 일으키며, 이 장애 요인을 제거하기 위해 세포는 방어 단백질인 스트레스 단백질(stress protein)을 빨리 합성하여 손상된 단백질을 원상복구 시킴으로써 항상성을 유지하고 세포를 보호
③ 스트레스 단백질 중 가장 중요한 것은 '열충격 단백질(heat shock protein)'

에너지 대사와 운동

01 에너지의 개념과 대사작용

1 에너지와 에너지원의 개념 2018, 2019, 2023

① 에너지: 전기적, 기계적, 화학적 형태와 같이 다양한 형태로 존재하며 모든 형태의 에너지는 상호 교환적
② 에너지는 탄수화물, 지방, 단백질의 형태로 음식물에 들어 있다가 세포 내 분해를 통해 저장된 에너지를 방출
③ 음식물 에너지는 아데노신 3인산(ATP)이라는 고에너지 인산 형태로 저장됨
④ 체내 에너지는 아데노신 3인산(Adenosine triphosphate; ATP)의 형태에서 즉시 이용됨
⑤ 체내의 잠재적 에너지원은 ATP와 PC, 혈청 글루코스, 간 및 근육의 글리코겐, 혈청 유리지방산, 근육 및 지방조직에서의 중성지질, 근육 단백질 등이 포함됨

> **에너지 대사**
> 체내에서 일어나는 물질과 에너지의 모든 화학적 작용

2 에너지원의 종류 2023

(1) 탄수화물
① 구성: 탄소, 수소, 산소
② 신체에 가장 빠르게 에너지 제공
③ 1g당 4kcal 에너지 생산
④ 3가지 형태

단당류	포도당 = 혈당, 과당
이당류	2개의 단당류가 결합. 자당, 맥아당
다당류	3개 이상의 단당류 결합. 식물성 다당류(식물 섬유소, 전분), 동물성 다당류(글리코겐)

⑤ 탄수화물은 근육과 간에서 글리코겐으로 바뀌고, 글루코스로 전환되어 혈액을 통해 신체의 모든 조직으로 운반
⑥ 간과 근육에 저장된 글리코겐의 양은 한정, 운동의 강도가 높을수록 더 많은 양의 탄수화물이 공급

(2) 지방
① 1g당 9kcal 에너지
② 물에 녹지 않음
③ 무게 당 많은 에너지를 포함하고 있어 장시간 운동에 적합한 연료

④ 4가지 형태

지방산	신체 내에 중성지방으로 저장. 에너지가 필요한 시기에 지방분해 과정으로 분해되며 그중 지방산은 근육과 다른 조직에 의해 연료 기질로 사용
중성지방	주로 지방세포에 저장되어 있지만, 골격근을 포함한 여러 세포에도 저장
인지질	세포 내 지질과 인산이 결합하여 만들어진 것. 세포막 구조 형성, 신경세포 주위에서 절연체 역할
스테로이드	가장 일반적인 스테로이드는 콜레스테롤. 콜레스테롤은 모든 세포의 막을 구성. 세포막의 골격을 이룸. 에스트로겐, 프로게스테론, 테스토스테론 합성

⑤ 간과 근육에 저장된 탄수화물은 2,000kcal 이하, 지방의 저장량은 70,000kcal 초과
⑥ 지방은 트리글리세라이드(TG)에서 글리세롤과 유리지방산으로 전환, 유리지방산이 ATP를 생성
⑦ 지방은 탄수화물보다 더 많은 양의 에너지 제공, 저강도(장시간) 운동을 하는 동안 사용되는 에너지

(3) 단백질
① 아미노산(amino acid)이라고 불리는 작은 하위 단위로 구성
② 신체에 필요한 아미노산은 약 20여 종인데, 그중 9가지는 필수아미노산으로 체내에서 합성되지 않으므로 반드시 음식을 통해 섭취해야 함
③ 1g당 4kcal 에너지
④ 단백질은 운동 중 에너지원으로 사용 제한
⑤ 탄수화물과 지방이 주요 에너지원으로 사용, 단백질은 1~2% 정도만 에너지원으로 사용

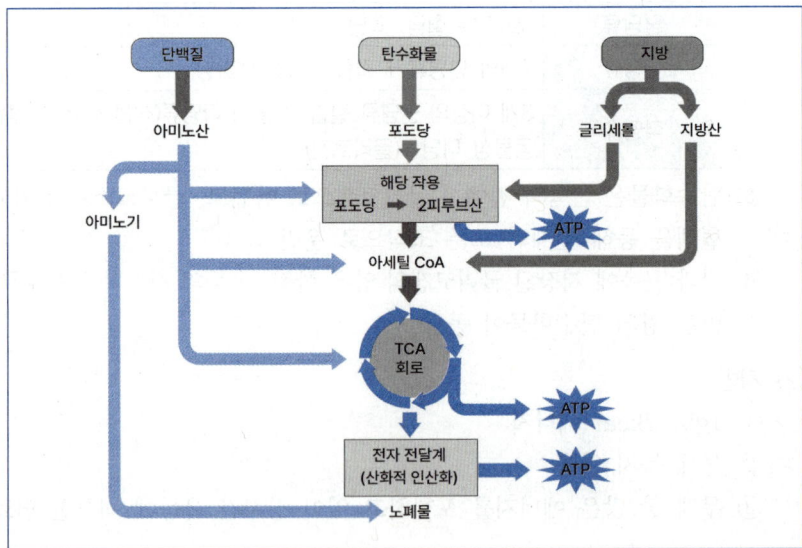

탄수화물, 지방, 단백질로부터 ATP 에너지를 형성하는 단순화된 모식도

> **개념 플러스** 운동 중 단백질의 에너지 기여 방법
> - 아미노산인 알라닌(alanine)이 간에서 포도당으로 전환되어 글리코겐 합성
> - 아이소류신(isoleucine), 알라닌(alanine), 류신(leucine), 발린(valine) 등의 아미노산들이 근육 세포 내의 생체에너지 생산하는데 대사 매개물질로 전환되어 에너지원으로 사용

3 물질대사 작용 2015, 2016

대사작용(metabolism)	인체 화학 반응작용
동화작용(anabolism; 합성반응)	생체성분의 합성과정
이화작용(catabolism; 분해반응)	생체성분의 분해과정

물질대사 작용
- 동화작용: 물질 합성, 에너지 저장
- 이화작용: 물질 분해, 에너지 소비

02 인체의 에너지 대사

1 근수축 에너지원

아데노신 3인산(ATP; adenosine tiphosphate)

① 근수축을 위한 고에너지 인산염
② ATP의 3가지 구성요소: 아데닌, 리보스(ribose), 3인산
③ ATP → ATPase(효소) → ADP + pi(인산) + 에너지
(ATPase 효소에 의해 결합체가 분해되면 에너지 방출됨)

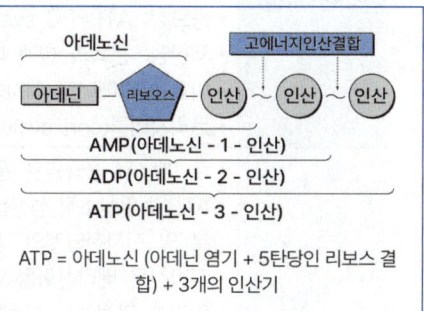

ATP = 아데노신 (아데닌 염기 + 5탄당인 리보스 결합) + 3개의 인산기

아데노신 3인산
(ATP: Adenosine triphosphate) 섭취한 영양소들은 세포 안에서 분자(CO_2, H_2O)로 산화 분해되는데, 세포는 이 대사 과정에서 유리된 다양한 종류의 결합에너지를 모아 높은 에너지 결합을 하는 화합물을 만든다. 이때 만들어지는 화합물이 아데노신 3인산임

2 ATP 생성체계

(1) 생체에너지학
① ATP 저장엔 한계가 있음
② 근육 활동을 위해 ATP가 지속해서 공급되어야 함
③ 3가지 ATP 합성 경로

크레아틴인산(phosphocreatine, PC)	ATP-PC SYSTEM(무산소 시스템)
당작용에 의한 포도당이나 글리코겐의 분해	해당과정시스템 = 젖산시스템(무산소 시스템)
산소를 이용한 산화작용	산화적 인산화(유산소 시스템)

(2) ATP 생성체계 2015, 2016, 2017, 2018, 2019, 2020, 2021, 2022, 2023, 2024, 2025

ATP - PC 에너지시스템 (인원질 체계)	• 주에너지 공급원은 크레아틴 인산 • ATP는 근육 내에 제한된 범위로 저장. 고에너지 결합이 분리되어 아데노신 2인산(ADP), 인산(Pi) 및 에너지를 방출

ATP 재합성 방법
- 무산소성 과정
  - 인원질 체계(ATP-PC시스템)
  - 무산소성 해당과정(젖산 과정)
- 유산소성 과정
  - 유산소 시스템

기출 핵심 포인트

ATP-PCr시스템
- 10초 이내의 고강도 근수축에 필요한 에너지 공급
- 100m 달리기, 장대높이뛰기, 다이빙, 역도의 운동에 주로 사용

유산소 시스템
- 주 에너지 공급원: 글루코스와 유리지방산
- 미토콘드리아에서 크렙스회로와 전자전달체계를 통해 이루어짐
- 크렙스 회로는 주로 시트르산 탈수소효소에 의해 조절
- 800m 장거리 달리기, 마라톤 등의 운동에 주로 사용

	• 한 가지 효소에 의하여 ATP를 생산함으로써 빠른 동작에 필요한 에너지 생산 • 5초 이내의 고강도 운동이나 운동을 시작할 때 근수축에 필요한 에너지 제공 • 휴식시간에 PC 보충할 수 있으며, 이때 ATP가 필요 예 50m 달리기, 높이뛰기, 역도 • PC(크레아틴인산) + ADP → 크레아틴 키나아제 → ATP + C(크레아틴) • 중요점: 수초 이내에 이루어지는 순발력 운동에서 강력하고 힘찬 운동을 가능하게 하는 에너지 동원체계 • 제한점: 양이 제한되어 수초 이내에 고갈
무산소성 해당과정 (glycolysis) (젖산 과정)	• 주에너지 공급원은 글리코겐(탄수화물) • 근육 글리코겐은 산소의 이용 없이 분해 가능하며, 이 과정을 무산소성 해당과정이라고 함 • ATP는 신속하게 합성되지만, 젖산이 부산물로 생성됨. 젖산은 근육에서 피로의 주요 원인으로 작용함. 젖산 에너지시스템은 1~3분 동안 최대효율을 발휘하면서 매우 높은 강도로 운동을 수행하는 과정에서 주로 이용됨 • 중요점: ATP-PC system과 마찬가지로 에너지를 급속하게 공급 • 제한점: 근육과 혈액 내 젖산 축적(피로 유발) 비효율적 에너지 대사: 1분자 glucose → 2ATP(2ATP) • 코리사이클(cori cycle) 과정을 거쳐 포도당으로 전환
유산소성 시스템 (유산소성 과정)	• 주 에너지 공급원은 글루코스(탄수화물)와 유리지방산(지방) • ATP의 유산소적 생산은 미토콘드리아 안에서 만들어지며 크렙스회로 및 전자전달계의 대사경로들이 상호협력하여 이루어짐 • 지방산은 베타산화를 거쳐 ATP생성함 • 이러한 과정에서 산소는 전자에 대한 최종수용체이며, 많은 양의 ATP가 생성됨 • 유산소성 에너지시스템은 4~5분 이상의 긴 시간 동안 지속하는 지구성 종목의 운동 수행 과정에서 주로 이용됨 • 유산소성 과정으로 ATP가 생성되는 과정 = 산화적 인산화(oxidative phosphorylation) • 중요점: 산소가 충분하게 있어 젖산이 축적되지 않으며, 효율적(38 ATP)임 • 제한점: 유산소 시스템이 동원되기까지 시간적 여유가 있어야 하며 유산소 최대능력의 한계가 있음

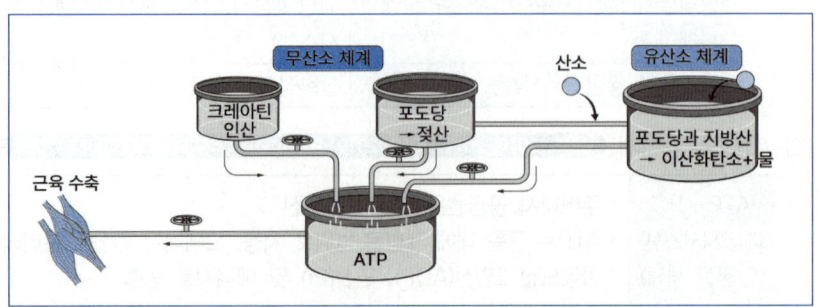

> **개념 플러스** **코리 사이클(Cori cycle)**
> - 근육에서 생성된 젖산이 혈액 - 간 - 혈액 - 근육의 경로를 거쳐 에너지원으로 재사용되는 주기적인 경로
> - 장시간의 운동 및 회복기에 중요한 역할을 함
> - 피로물질인 젖산의 제거 촉진, 근육으로 지속적인 에너지를 공급

(3) 크렙스 회로(Krebs cycle)(= 시트르산 회로)
  ① 주요 기능: 수소를 운반하는 NAD와 FAD를 사용하여 탄수화물, 지방, 단백질의 수소이온을 제거하여 산화시키는 과정
  ② 탄수화물과 지방, 단백질을 산화하며 전자전달계를 통과하면서 CO_2와 전자를 생산하여 유산소성 ATP를 생산하는데 필요한 에너지를 공급

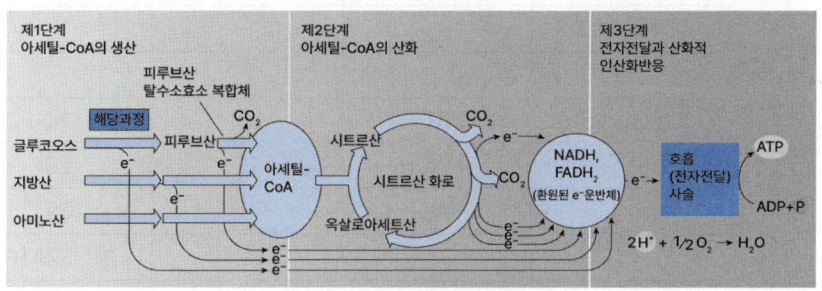

크렙스(시트르산) 회로

(4) 전자전달체계(electron transportvchain, ETC)
  ① 유산소성 ATP 생산을 산화적 인산화라고 하며 이는 미토콘드리아에서 일어나는데, 이런 과정에 중요한 역할을 하는 경로
  ② 전자전달체계는 ATP와 물을 생산하며 물은 전자를 수용하는 산소에 의해 형성
  ③ 인간이 호흡하는 산소는 유산소성 대사작용의 마지막 단계의 전자들을 수용하는 역할

(5) 단백질, 탄수화물, 지방 대사작용 간의 상관관계
  ① 지방(중성지방)은 지방산과 글리세롤로 분해되며, 지방산은 아세틸 조효소 A를 형성하기 위해 베타산화라는 일련의 반응과정을 거쳐 크렙스 회로로 들어감
  ② 글리세롤은 간에서 해당작용의 중간물질로 전환될 수 있지만, 인간의 골격근에서는 그렇지 않기 때문에 글리세롤은 운동 중에 연료로는 사용되지 않음
  ③ 단백질은 운동 중 사용되는 총 연료 중 2~15% 미만으로 주요 에너지원으로 간주하지 않는다. 그러나 어떤 단백질은 아미노산으로 분해해 포도당 또는 피루브산으로 전환되고 어떤 아미노산은 아세틸 조효소 A로, 또 다른 아미노산은 크렙스 회로 중간물질로 전환됨
  ④ 유산소성 시스템은 크렙스 회로의 유산소성 과정에 의해 많은 양의 ATP를 생성함

베타산화
- 지방산은 베타산화를 거쳐 ATP 생성
- 지방산을 산화시켜 아세틸 조효소를 형성하는 과정
- 미토콘드리아에서 발생

> **기출 핵심 포인트**
>
> **ATP 생성체계**
> - ATP-PC 에너지시스템
> - 무산소성 해당 과정(젖산 과정)
> - 유산소 시스템
>
> **ATP-PC 시스템(인원질 체계)**
> - ATP와 PC가 근육 내에 저장되어 있으면, 10초 이내 고강도 근수축에 필요한 에너지 공급
> - 단기간 운동 시 주로 사용됨
>   예 100m 달리기, 높이뛰기, 역도, 다이빙
>
> **무산소성 해당 과정(젖산 과정)**
> - 무산소성 대사에서 피루브산이 젖산으로 전환되는 과정
> - 젖산시스템의 에너지 공급시간은 약 1분 전후
> - 젖산은 피로를 초래하는 물질로 특정 농도 이상이 근육에 비축되면 근수축 제한됨
>
> **유산소성 시스템**
> - 산소가 충분한 상태에서 글리코겐이나 포도당을 분해하는 과정
> - 운동이 약 50~60초 이상 지속할 때 혈액으로부터 활동 근육의 산소를 공급받아 ATP 합성이 일어남

(6) 유산소성 ATP 계산 `2023, 2024`
  ① 포도당 또는 글리코겐의 유산소성 분해 결과로 생기는 전체적인 ATP 생산을 계산할 수 있음
  ② 포도당 1mol의 유산소성 대사작용은 32개의 ATP를 생산하며, 글리코겐은 33개의 ATP를 생산함

포도당의 유산소성 대사작용 시 ATP 생산량			
대사적 과정	고에너지 생산	산화적 인산화를 통한 ATP의 형성	ATP 소계
해당작용	2ATP	-	2(무산소성일 때)
	2NADH	5	7(유산소성일 때)
피루브산에서 아세틸조효소 A까지	2NADH	5	12
크렙스 회로	2GTP	-	14
	6NADH	15	29
	2FADH	3	32
			총: 32ATP

CHAPTER 04 운동 대사

01 운동과 대사적 반응

1 운동 초기의 대사적 반응 2019, 2023

(1) 안정 시에서 운동으로 전환
  ① 안정 시 에너지 소비량
    ㉠ 안정 시 신체 기능 유지를 위해 필요한 에너지(ATP): 유산소성 대사작용에 의해 공급
    ㉡ 안정 시 혈중 젖산 수준 일정, 리터당 1mol 이하로 유지

(2) 안정 시에서 운동으로 전환
  ① 움직임이 시작되면 ATP 생성 시작
  ② 근육들이 필요한 만큼의 ATP를 생성함으로써 움직임을 가능하게 함
  ③ 휴식 시에 저강도나 중강도의 운동을 하면, 산소섭취량은 1~4분 사이에 항정상태에 도달
  ④ 산소결핍(oxygen deficit) 발생: 운동 초기에 산소섭취 지연에 따른 산소 부족 현상으로 운동 시작 후 초기 몇 분 동안의 산소섭취량과 항정상태 시 산소섭취량의 차이가 나타남
  ⑤ 산소섭취량이 순간적으로 항정상태에 도달하지 않는 이유: 무산소성 에너지가 ATP 생산에 기여
  ⑥ 근육 내 PC(크레아틴인산) 농도 급격히 저하(운동 3분 지속 시)
  ⑦ ATP 생산은 운동 첫 1분 동안 가장 높고 그 후 점차 낮아짐 = 약 1분 이후부터 해당작용으로 ATP 생성
  ⑧ 항정상태에 도달하면 ATP 생성은 유산소 시스템으로 전환

2 운동 후 회복기의 대사적 반응

(1) 운동 후 초과산소섭취량(EPOC, Excess post-exercise oxygen consumption)
  ① 운동 후 대사율의 규모, 지속시간, 운동강도에 따라 기여
  ② 운동 후에 발생하는 산소섭취량으로서 운동의 기간과 운동 강도에 비례하여 나타남
  ③ 일반적으로 운동 후에도 일정 시간 동안 휴식 시보다 더 많은 양의 산소가 소비됨

(2) 고강도 운동에서 초과산소섭취량(EPOC)이 큰 이유
  ① 열 생산 많고 체온이 높음
  ② PC(크레아틴인산)가 대부분 고갈되어, 재합성을 위한 많은 산소요구 발생

초과산소섭취량(EPOC)
• 운동 후에 발생하는 산소섭취량으로서 운동의 기간과 운동 강도에 비례하여 나타남
• 일반적으로 운동 후에도 일정 시간 동안 휴식 시보다 더 많은 양의 산소가 소비됨

기출 핵심 포인트

③ 높아진 젖산농도는 포도당으로 전환하는 과정에서 많은 산소를 요구함
④ 에피네프린(아드레날린)과 노르에피네프린(노르아드레날린)의 증가

> **개념 플러스** 　에피네프린(아드레날린)과 노르에피네프린(노르아드레날린)
>
> - 에피네프린은 긴급하고 위험한 상황에 대처하기 위해 뇌와 근육에 에너지를 집중시키는 역할을 하는 호르몬이면서 신경전달물질
> - 노르에피네프린도 에피네프린과 같이 위험한 상황에서도 분비될 수 있지만, 일상생활에서 자주 노출되는 스트레스, 긴장 상태 등에서 분비되는 호르몬이면서 신경전달물질
> - 에피네프린과 노르에피네프린은 모두 교감신경의 자극으로 교감신경 말단과 부신 속질에서 분비됨

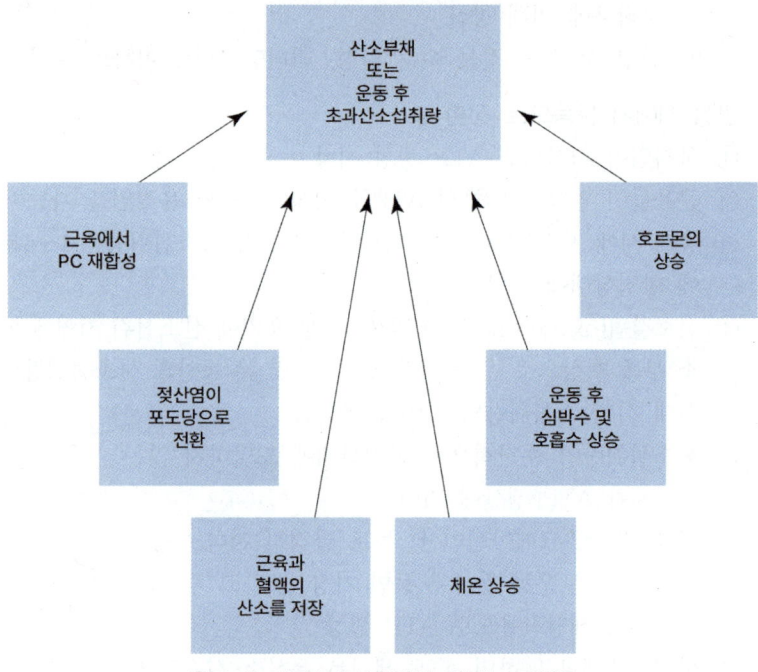

운동 후 초과산소섭취량에 미치는 요인들

02 고강도 운동에 따른 대사적 반응

1 운동 지속시간과 강도의 영향

(1) 단시간의 고강도 운동

격렬한 운동 (2~20초)	대부분 ATP-PC 체계에 의해 ATP 공급
고강도 운동 (20초 이상)	무산소성 해당작용으로 필요한 ATP 공급
고강도 운동 (45초 이상)	• 근수축에 필요한 ATP 생산을 위하여 ATP-PC, 해당작용, 유산소성 체계를 사용 • 운동 후 휴식 시보다 산소섭취량 초과

(2) 장시간 운동(10분 이상)
① 유산소성 대사(항정상태의 에너지 공급)
② 산소섭취량의 항정상태는 대개 적당한 거리에 대한 최대하 운동 중 계속 유지됨
  ㉠ 예외 1) 덥고 습한 환경: 산소 소비 증가
  ㉡ 예외 2) 비교적 높은 속도로 유지되는 장시간 고강도 운동: 산소섭취량 점진적 증가

개념 플러스 최대하 운동

최대가 아닌 강도의 운동을 일정한 속도에서 지속해서 수행하는 운동

(3) 점증 부하 운동
인체가 적응할 수 있을 정도의 생리적 자극으로 조금씩 장기간에 걸쳐 부하를 점진적으로 주는 원리로서 트레드밀, 사이클, 암에르고 미터 등의 장비를 사용하며, 일정 시간마다 일정하게 운동량을 증가시켜 피험자가 운동을 더 할 수 없을 때까지 검사함
① 최대산소섭취량(VO_2max): 운동 중 산소운반과 이용의 최대능력으로 심폐지구력 측정에 사용
② 젖산 역치(무산소성 역치): 비훈련자는 VO_2max 50~60%, 훈련자는 VO_2max 65~80%에서 발생
③ 점증 부하 운동검사 시 산소섭취는 최대산소섭취량에 도달할 때까지 직선적 형태를 나타냄
④ 최대산소섭취량에 도달 시 운동량이 증가해도 산소섭취량은 더 증가하지 않음
⑤ 혈중 젖산농도가 급작스럽게(비 직선적) 증가하는 시점 = 젖산 역치(무산소성 역치)

점증 부하 검사 장비
트레드밀, 사이클, 암에르고 미터

젖산 역치
- 점증 부하 운동 시 젖산이 갑자기 많이 증가하는 지점
- 운동 수행 예측과 훈련 강도를 표시하는 데 사용

03 운동 중 연료 이용의 평가

1 운동강도에 따른 대사 (2016, 2018, 2023, 2025)
① 고강도(단시간) 운동: 인원질 > 젖산 > 유산소(탄수화물 > 지방)
② 저강도(장시간) 운동: 유산소 > 젖산 > 인원질(지방 > 탄수화물)

소요시간	에너지 시스템	종목
30초 이내	인원질 과정	100m 달리기 등
30~90초	인원질 과정과 젖산 과정	200m 달리기 등
90~180초	젖산 과정과 유산소 과정	800m 달리기 등
180초 이상	유산소 과정	마라톤 등

※ 휴식 기간과 일상 활동 중에 신체는 주로 유산소 과정을 활용하며 탄수화물보다는 지방에 더 많이 사용함

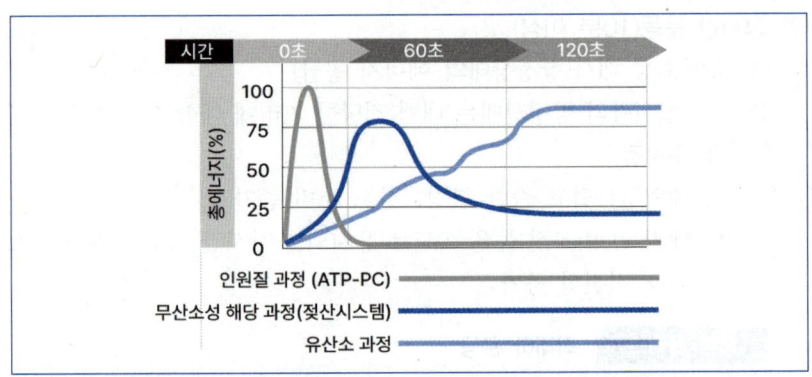

| 개념 플러스 | ATP 생성별 에너지 시스템 비교 |

	ATP-PC 시스템	젖산 시스템	유산소 과정
음식/화학적 연료	크레아틴	글리코겐	지방, 단백질, 글리코겐
산소사용 여부	무산소 과정	무산소 과정	유산소 과정
반응속도	매우 빠름	빠름	느림
ATP 생성량	매우 적음	적음	많음

2 에너지 소비량의 측정

① 열량 측정법의 분류 `2021`

인체 대사에 의해 방출된 열의 양을 정량화하는 방법의 열량 측정법

직접 측정법	인체에 의한 열 손실을 직접 측정하는 방법
간접 측정법	산소 소비량을 측정하여 에너지양으로 환산하는 방법

② 호흡 교환율 `2017, 2018, 2019, 2021, 2023`

㉠ 이산화탄소 생성량(VCO_2)과 산소섭취량(VO_2) 사이의 비율을 호흡지수(respiratory quotient: RQ)라 하며, 호흡 교환율(respiratory exchange ratio: RER)과 동일

$$RER = VCO_2/VO_2$$

㉡ 운동강도가 올라가면 RER도 증가함

고강도 운동	중강도 운동	저강도 운동
호흡 교환율(RER) = 1.0	호흡 교환율(RER) = 0.8	호흡 교환율(RER) = 0.7
탄수화물 100%, 지방 0% 소비	탄수화물 33.4%, 지방 66.6%, 소비 단백질 100% 소비	탄수화물 0%, 지방 100% 소비
이산화탄소 생성량 > 산소 섭취량	이산화탄소 생성량 < 산소 섭취량	이산화탄소 생성량 < 산소 섭취량
혈중 젖산농도 높음	혈중 젖산농도 중간	혈중 젖산농도 낮음

호흡 교환율
- 1분 동안 흡입하는 산소의 양과 배출하는 이산화탄소의 양의 비율
- 칼로리가 탄수화물에서 100% 소비될 때 호흡교환율(RER)은 1.00
- 칼로리가 단백질에서 100% 소비될 때 호흡교환율(RER)은 0.80
- 칼로리가 지방에서 100% 소비될 때 호흡교환율(RER)은 0.70
- 호흡교환율이 1에 가까울수록 고강도 운동임

③ 지방/탄수화물 대사의 상호작용 2023

탄수화물과 지방은 서로의 대사과정에 영향을 미침(탄수화물 부족 시 발생 현상)
- ㉠ 장시간의 운동(2시간 이상)으로 탄수화물의 고갈은 근피로를 유발
- ㉡ 해당작용의 속도 감소
- ㉢ 근육 내 피루브산 농도 감소
- ㉣ 크렙스 회로의 활성 속도 감소(지방 산화 감소)
- ㉤ 유산소성 ATP 생성속도 감소

④ METs 대사당량(운동강도 단위) 2015, 2023

- 1METs = 3.5ml/kg/min(안정 시 1분에 체중당 3.5ml의 산소를 사용)
- 대사 방정식: (METs × 3.5 × kg)/200 = Kcal/min

활동수준	MET	활동종류	속도
저강도	1.6~2.9MET	집안일, 걷기, 요가, 사무작업	걷기 4km/hr
중강도	3.0~5.9MET	자전거 타기, 런닝, 등산, 헬스클럽 운동, 골프	걷기 4.8km/hr ~6.4 km/hr
고강도	6.0MET 이상	에어로빅, 야구, 수영, 축구, 태권도, 스쿼시, 테니스, 스키, 스노보드, 스케이트	달리기 7.2km/hr

3 에너지 연속체와 무산소성 역치(젖산 역치) 2018, 2019

① 무산소성 역치(젖산 역치)는 유산소성 에너지 생산과 무산소성 에너지 생산 사이의 분기점이 되는 운동 강도를 의미
② 무산소성 역치(젖산 역치)를 초과하여 운동할 경우 무산소성 해당 과정의 결과로 근육 및 혈액 내에 젖산 과잉 축적
③ 무산소성 역치(젖산 역치)가 높은 선수는 높은 운동 강도에서도 유산소성 대사 과정을 이용하여 에너지 생성 및 적은 피로와 지속적인 운동 수행 가능

4 운동강도 측정 2021, 2023

① 운동량 혹은 파워 등을 kjoules/sec 혹은 watts 등으로 나타냄
② 자전거 에르고 미터나 트레드밀을 이용하여 정확한 운동량을 측정 가능함
③ 세 가지 에너지 시스템의 동원양상 추적에 의해서 생리적인 활동량을 측정함
④ 가장 널리 이용되는 방법은 특정 운동조건에서 개인이 소비하는 최대의 산소 소비량을 나타내는 최대산소섭취량의 측정법임
⑤ 최대산소섭취량 = 최대 1회 박출량 × 최대심박수 × 동정맥산소의 차

> 기출 핵심 포인트

유산소 트레이닝의 대사적 적응
- 최대산소섭취량 증가
- 1회 박출량 증가
- 지근 섬유 비율 증가

무산소 트레이닝의 대사적 적응
- 속근섬유 비율 증가
- 근비대와 근섬유 증식(근육량과 근력 증가)

04 트레이닝에 의한 대사적 적응

2015, 2019, 2020, 2021, 2022, 2024, 2025

유산소 트레이닝의 대사적 적응	무산소 트레이닝의 대사적 적응

• 최대산소섭취량 증가(1회 박출량 증가가 원인): 최대산소섭취량 약 15% 증가, 비훈련자는 더욱 높은 비율로 향상
• 1회 박출량 증가: 심실의 이완기 말 혈액량의 증가와 수축기 말 혈액량 감소로 기인
• 미토콘드리아의 크기와 수의 변화와 모세혈관 밀도 증가: 미토콘드리아 호흡 증가로 많은 양의 ATP 생성
• 미토콘드리아 적응 현상
  – 산화적 효소 활성화 증가
  – 지방대사의 증가와 근육 글리코겐 활용 감소
  – 젖산 생성의 감소와 제거의 증가
• 골격근에서 지방 산화로부터 얻을 수 있는 에너지 생성비율 증가
• 골격근으로의 모세혈관 수의 증가로 운동 중 혈액 공급을 원활
• 지근섬유(ST섬유, type I섬유) 비율 증가
  : 지근섬유 비율 증가로 지방을 에너지로 동원하는데 효율적
	• 속근섬유(FT섬유, type II섬유) 비율 증가
	• 근비대와 근섬유 증식(근육량과 근력 증가)
	• ATP – PC, 글리코겐 저장 능력 증가
	• ATP – PC 시스템과 무산소성 해당과정에 필요한 효소 활동 증가
	• 근 섬유당 모세혈관 밀도 증가
	• 미토콘드리아 수와 크기 증가
	• 건, 인대 조직의 양 증가(결합조직의 변화)

신경 조절과 운동

01 신경계의 구조와 기능

1 신경계의 구조 2021
① 중추신경계는 뇌(망막 포함)와 척수를 포함하여 통합, 통제 센터의 역할
② 뇌신경과 척수신경이 합쳐져서 말초신경계를 이룸
③ 말초신경계는 구심성(감각)과 원심성(운동) 부분으로 나뉨
④ 원심성 부분은 체성신경계와 자율신경계(교감신경과 부교감신경)로 이루어짐

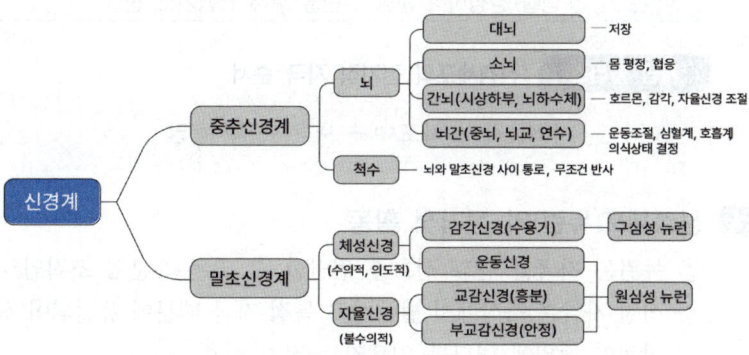

2 신경세포(뉴런)의 구조 2015, 2016, 2020

(1) 신경세포(뉴런)
① 신경계를 구성하는 주된 세포
② 다른 세포와는 달리 전기적인 방법으로 신호 전달
③ 인접한 신경세포와 시냅스라는 구조를 통해 신호를 주고받으며 다양한 정보를 받아들이고 저장하는 기능

(2) 세포체
① 핵과 세포질을 포함하고 있는 신경원의 활동 중추
② 신경세포의 생명 활동으로 세포체에 영양을 공급하며 외부물질에 대한 식세포 작용을 수행

(3) 수상돌기
① 세포체로부터 가늘게 뻗어 나온 세포질
② 주로 신경세포가 신호를 받아들이는 부분

(4) 축삭돌기
① 세포체로부터 아주 길게 뻗어 나가는 부분
② 수상돌기와 세포체를 거쳐 전달된 신호를 다른 신경세포나 세포에 전달하는 부분

기출 핵심 포인트

신경계의 조직
- 중추 신경계(뇌, 척수)
- 말초 신경계(중추 신경 외의 신경)

구심성 뉴런
- 말초의 자극을 중추로 인도하는 신경
- 구심(중추 방향으로 쏠리는 성질)

원심성 뉴런
- 충격을 중추 신경에서 말초의 효과기로 보내는 신경
- 원심(중심에서 멀어지려는 성질)

| 기출 핵심 포인트 |

신경세포(뉴런)의 기능적 단위
- 신경세포체
- 수상돌기(가지돌기)
- 축삭돌기

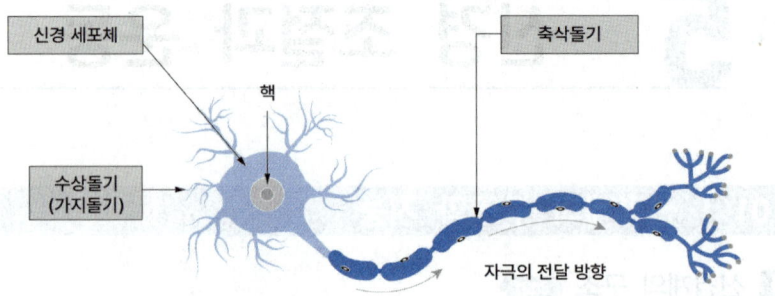

3 신경세포(뉴런)의 기능적 분류

감각 뉴런	신체 감각 수용기에서 받은 정보를 중추 신경계로 전송
운동 뉴런	자극의 적절한 반응에 대한 정보를 몸의 반응기로 전달
중간 뉴런	감각 뉴런에서 전달된 정보를 분석·통합하여 알맞은 적합한 반응 명령을 생성하여 운동 뉴런을 통해 반응기로 전달

| 개념 플러스 | 신경세포의 전기적 자극 순서 |

신경자극 → 수상돌기 → 세포체 → 축삭 → 축삭종말

뉴런의 전기적 활동
- 흥분성 신경전달물질: 세포막을 탈분극시키는 작용
- 억제성 신경전달물질: 세포막을 과분극시키는 작용
- 안정 시 막전위 상태로 돌아가려면 나트륨, 칼륨 펌프가 작동되어야 함

4 신경세포(뉴런)의 전기적 활동

① 뉴런은 자극을 받고 신호를 전달할 수 있는 흥분성 조직임
② 신경 자극은 축삭에서 발생하고 특정 자극 때문에 유발되어 신경의 정상적인 전위에 변화를 일으키는 전기 신호
③ 세포 막전위 → 안정 막전위(분극 상태) → 활동 전위(탈분극 상태) → 탈분극기 → 재분극기 → 불응기 형태로 전달

02 신경계의 특성

1 신경세포(뉴런)의 전기적 활동

(1) 안정 시 막전위 2017, 2018, 2021, 2022, 2023

세포막 전위	세포막을 경계로 세포 안과 세포 밖의 전기적 성질을 띠고 있는 이온의 농도 차이에 의해 발생
안정막 전위 (분극 상태)	• 자극을 받지 않은 안정 시에서 세포막 내외에 존재하는 전압 차를 의미하며, 이러한 상태를 분극 상태라고 함 • 세포 밖에는 나트륨(Na^+)이 많고 칼륨(K^+)이 적고, 세포 내에서는 칼륨(K^+)이 많고 나트륨(Na^+)이 적음 • 신경세포가 안정 상태에 있을 때 칼륨(K^+)은 세포막을 비교적 쉽게 투과하나 나트륨(Na^+)의 투과성은 칼륨(K^+)의 1/100 수준에 불과하여 나트륨(Na^+)은 칼륨(K^+)보다 막을 투과하기 어려움 • 세포막 안쪽이 음전위를 바깥쪽이 양전위의 성질 • 세포막을 경계로 하는 두 전극 사이에 전위차(전압)는 신경에서 -70mV

(2) 활동 전위 `2017, 2018, 2021, 2022, 2023`

활동 전위 (탈분극 상태)	• 신경과 근육의 세포막에서 관찰되는 현상 • 조직을 자극하면 세포막의 나트륨(Na^+), 칼륨(K^+)의 투과성이 변화하여 안정막 전위가 깨짐 • 안정막 전위에서 세포막 안쪽의 음극이 양극으로, 밖은 양극이 음극으로 역전 • 세포막 안팎의 전극을 역전시키기 위해서는 일정 정도 이상의 강도로 자극 • 활동 전위를 유발할 수 있는 최소한의 자극강도를 역치
탈분극기	• 역치를 넘어선 후 급속하게 탈분극이 일어나고 세포막 안과 밖의 전위 역전이 일어나 절정에 이르는 시기 • 세포막의 나트륨(Na^+) 통로가 활성화되어 나트륨(Na^+)의 세포막 안으로 유입
재분극기	• 절정에 이른 후 탈분극된 상태에서 안정막전위로 돌아가는 시기 • 나트륨(Na^+)의 세포막 투과성은 현저하게 감소해 나트륨(Na^+)의 세포막 내 유입을 막고, 칼륨(K^+)이 세포막 밖으로 수동적으로 확산되어 다량 유출
과분극기	• 칼륨(K^+) 통로의 열린 상태가 유지되어 추가로 칼륨(K^+)이 세포 밖으로 나가는 현상, 세포막 안이 안정막전위보다 더욱 음전하가 됨 • 전위가 안정 시보다 더 커진 상태(-극이 더 많은 상태)
불응기	• 일정 시간 동안 또 다른 활동 전위가 즉각적으로 발생할 수 없는 시기로 절대 불응기와 상대 불응기로 구분 • 절대 불응기: 이차 자극이 주어져도 전기적 변화가 일어나지 않음 • 상대 불응기: 강한 자극이 주어질 때 활동 전위 발생

개념 플러스 　실무율

• 신경 자극 시 역치 이상의 경우에 반응
• 역치에 도달하지 못하면 활동 전위는 발생하지 않고 흥분하는 능력에만 변화가 생김

기출 핵심 포인트

탈분극
• 나트륨(Na^+)이 세포 밖에서 안으로 유입
• 세포 내에서 양전하 증가

과분극
• 칼륨(K^+)이 세포 밖으로 나가는 현상
• 세포막 안이 안정막전위보다 음전하가 됨
• 초기 분극 상태보다 전위차가 증가함

기출 핵심 포인트

안정막전위
- 세포막은 특정 물질만을 통과시키는 선택적 투과성 기능을 보유
- 세포 안과 밖의 전위차가 생김
- 세포 밖에는 나트륨이온(Na^+)이 많고, 세포 안에는 칼륨이온(K^+)이 많음

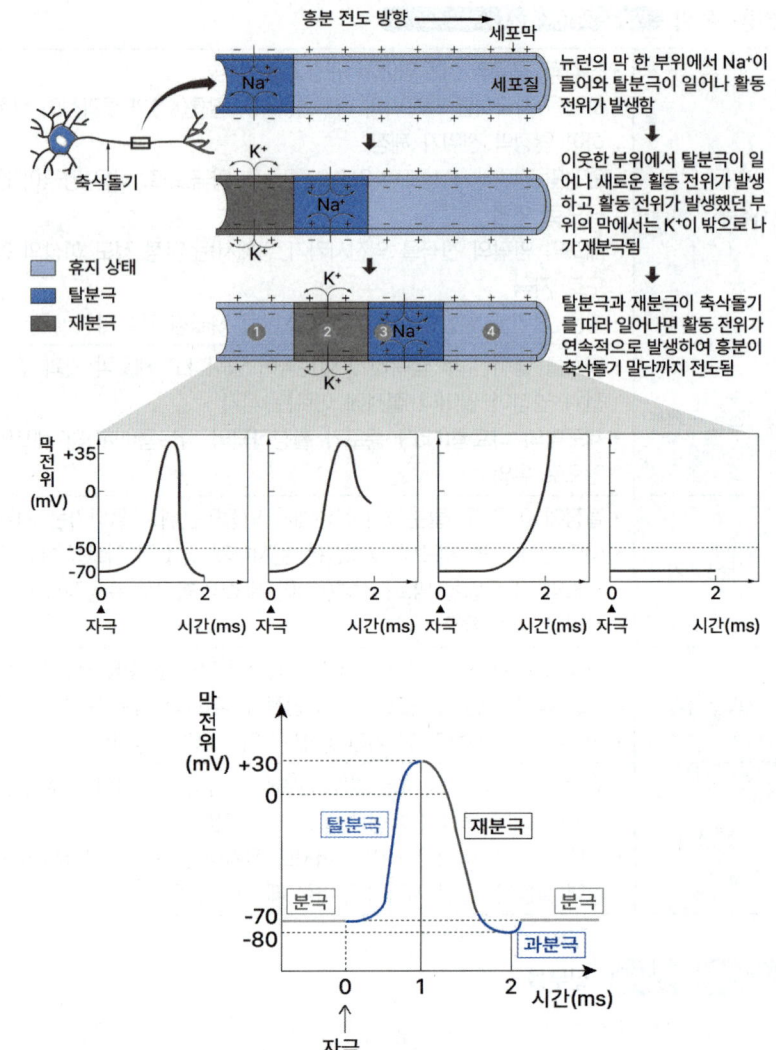

2 시냅스에서의 흥분 전달

(1) 시냅스

한 뉴런에서 다른 세포로 신호를 전달하는 연결 지점

신경 전달 물질	• 시냅스 말단에서 방출되는 60종류 이상의 화학물질 • 종류: 아세틸콜린, β엔도르핀, 도파민, 노르아드레날린, 세로토닌 등 • 신경의 종류에 따라 방출되는 물질이 다름 　예) 운동 신경-아세틸콜린, 교감신경-노르아드레날린
억제성 전달	신경 전달 물질이 작용하면 시냅스 이후 세포의 세포막 내를 전기적이고, 음성으로 만들어 흥분이 일어나기 어렵게 하는 전달

(2) 신경 전달 물질과 신경근 연접 `2021`

① 신경 자극을 통한 활동 전위가 시냅스 이전 축삭에 도달
② 세포 내로 칼슘 유입
③ 시냅스 소포에서 신경 전달 물질(아세틸콜린) 방출

④ 시냅스 후 뉴런으로 아세틸콜린 확산
⑤ 시냅스 이후 근섬유막의 아세틸콜린 수용체의 통로가 열림
⑥ 나트륨에 대한 막 투과성이 커져 탈분극
⑦ 활동 전위 발생하여 자극 전달
⑧ 활동 전위는 T세관 내로 전달 후 근수축 과정 시작

(3) 운동 단위 `2020, 2019, 2024`
① 한 개의 운동 신경에 연결되는 근섬유
② 단일 운동 신경이 활성화될 시 연결된 모든 근섬유가 자극(수축)되며, 연결된 근섬유가 많을수록 강력한 힘을 발생시킴
③ 단일 운동 신경에 연결된 근섬유의 수를 자극비율이라고 하며, 이는 근섬유의 수를 운동 신경으로 나눈 값으로, 섬세한 운동을 요구하는 근육들은 자극비율이 낮음
④ 속근 운동단위보다 지근 운동단위의 축삭 지름과 척수 내 세포체 크기가 상대적으로 작으므로 결과적으로 신경 자극이 전달되는 속도도 느림
⑤ 지근 운동단위에 속하는 신경섬유의 흥분 역치는 속근 운동단위의 신경섬유의 흥분 역치보다 상대적으로 낮으므로 거의 모든 활동에서 먼저 동원됨

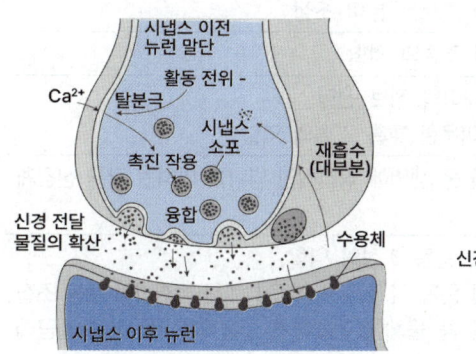
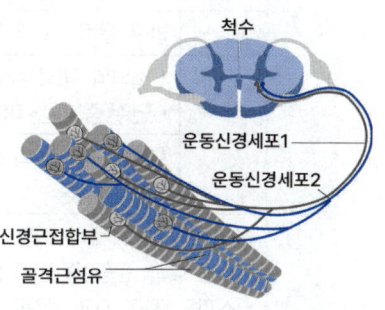

03 신경계의 운동기능 조절

1 신경계의 분류

신경계는 구조적으로 중추와 말초 신경계로 분류

중추 신경계	뇌, 척수
말초 신경계	뇌신경, 척수신경

2 감각-운동 신경계의 반응 과정 `2021`

감각 수용기 → 구심성 신경 → 중추 신경(뇌·척수) → 원심성 신경 → 효과기(심장, 내장, 골격근)

기출 핵심 포인트

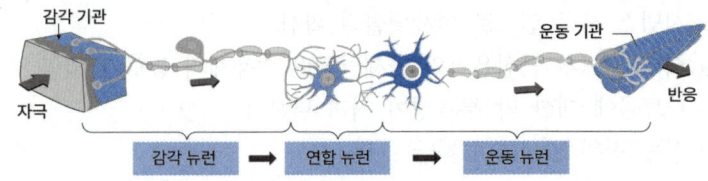

3 중추 신경계의 운동기능 조절 2016, 2022

대뇌		• 우반구와 좌반구로 구성됨 • 복잡한 운동의 조절 • 학습된 경험의 저장(기억, 사고, 판단의 통합) • 지각 정보(시각, 청각, 촉각 등)의 수용

뇌간	간뇌	• 시상: 감각 조절 중추, 감각(냄새 제외) 및 운동 정보를 처리하여 대뇌로 전달하는 역할
		• 시상하부
		  - 항상성 유지를 위한 중추로 작용
		  - 내분비계와 자율 신경계의 기능을 조절(혈압, 심박수, 호흡, 소화 등)
		  - 체온 유지, 삼투압 유지, 음식 섭취 조절, 생식기능 조절
		• 뇌하수체
		  - 신경 호르몬을 분비하는 역할
		  - 다른 기관의 호르몬 분비 조절

	중간뇌	안구 운동, 홍채 조절의 역할
	교뇌	• 소뇌와 대뇌 사이의 정보 전달 • 연수(숨뇌)를 이용한 호흡 조절의 역할
	연수	호흡, 순환, 소화 등 생명에 직접적인 영향을 미치는 자율 신경계 기능이 집중
소뇌		신체 평형과 자세의 조정, 운동 조절의 역할 • 제동 효과: 운동 중 진자 운동 시 소뇌가 제동 효과를 발휘하여 운동 조절 • 스피드 지각 효과: 운동 중 물체에 접근하거나 물체가 자신에게 접근해 오는 속도 인식
척수		• 뇌와 말초 신경 사이의 자극과 명령을 전달하는 통로 • 반사 작용의 중추(방광 조절이나 항문 조임근 조절, 통각 자극 회피) • 감각기능, 운동기능, 반사 기능의 중추

> **개념 플러스** 대뇌 겉질의 구조와 기능
>
> • 전두엽: 일반 지능 및 운동 조절
> • 측두엽: 청각 입력과 해석
> • 두정엽: 일반 감각 입력과 해석
> • 후두엽: 시각 입력과 해석

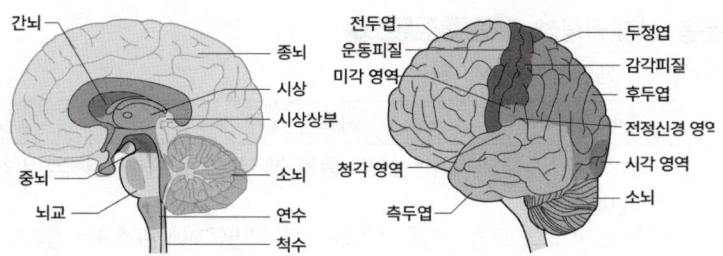

4 말초 신경계의 운동기능 조절

(1) 체성 신경(대뇌의 조절)

중추 신경과 각 운동기 및 감각기를 연결

운동 신경	중추 신경계에서 운동기관으로 지시를 전달
감각 신경	감각 기관에서 중추 신경계로 감각 신호를 전달

(2) 감각신경(구심성) 2017, 2023, 2024, 2025

고유수용기의 종류와 역할

근방추	• 근육의 길이에 반응하는 수용체 • 근육의 신전에 관한 정보 전달
골지건	• 길이보다는 장력에 반응하는 수용체 • 근의 수축에 관한 정보 전달
화학 수용기	관절의 각도, 가속도, 압력에 의해 변형된 정도에 관한 정보 전달

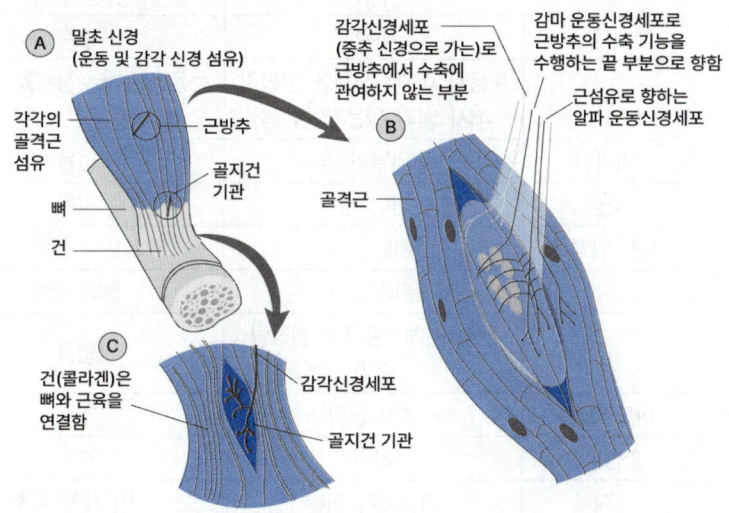

(A) 근방추와 골지건 기관의 일반적인 위치
(B) 근방추는 근섬유로 둘러싸여 있다.
  2가지 형태의 감각 신경 세포가 근방추의 중앙 부위를 지배하고 있다.
(C) 느리게 작용하는 감각 신경 세포는 골지건 기관을 지배한다.

기출 핵심 포인트

자율신경계의 기능
- 내장의 근, 평활근, 심근, 내분비선 같은 불수의적 운동 조절
- 신체의 내부 환경을 일정하게 유지하는 항상성 조절에 중요한 역할(교감신경은 긴급 상황에서 활발, 부교감신경은 휴식상태에서 활발)

(3) 운동 신경(원심성) 2018, 2019, 2021

① 운동 신경의 종류와 역할

자율 신경계
• 불수의 구조들을 지배하는 신경계통의 한 부분으로 중추신경계와 말초신경계 모두에 분포
• 대뇌조절 없이 호흡, 순환, 소화와 같은 생명유지에 관계하는 장기의 기능을 조절
• 내장근, 평활근, 심장근, 내분비선 같은 불수의적인 운동 조절

교감신경계	부교감신경계
• 방위 반응계로서 위험에 처한 신체를 준비 • 몸의 급격한 변화 상황에 대처하기 위한 반응	• 에너지의 보존 같은 과정을 수행하는 역할 • 안정화된 상태로 교감신경의 반대 작용

② 자율신경계의 기능 2017, 2021, 2022

기관	교감신경계	부교감신경계
심장	심박수 증가, 수축력 향상	심박수 감소, 수축력 감소
피부혈관	혈관 수	없음
근육 및 내장 혈관	내장 혈관 수축, 근육 혈관 확장	없음
기관지	이완	수축
소화관	수축	운동 증가
방광	이완	수축
눈	눈동자 이완수정체를 평평히 해서 멀리 있는 것을 봄	눈동자 수축수정체를 두껍게 해서 가까운 것을 봄
머리털	머리털이 섬	없음
땀샘	땀이 남	없음
침샘, 위액 등	분비 감소	분비 증가
췌장	분비 감소	분비 증가
간	당원 분해작용으로 혈당량 증가	없음
아드레날린	분비 증가	없음
관상동맥	이완	수축
폐	기관세지 이완	기관세지 수축

CHAPTER 06 골격근과 운동

01 골격근의 구조와 기능

1 골격근의 종류

(1) 기능에 따른 분류 `2018, 2021`

수의근	가로무늬근	• 골격근: 골격(뼈)에 붙어 있는 근육. 의지에 따라 움직임이 가능
불수의근	가로무늬근	• 심장근: 심장벽을 구성하는 근육. 오직 심장 내에서만 발견
	민무늬근	• 내장근(평활근): 위와 장의 외벽을 구성하는 근육. 수축과 이완을 통해 음식물 이동

(2) 구조에 따른 분류 `2015, 2016, 2021`
① 근섬유: 골격근을 이루는 근세포(여러 개의 근원섬유로 이루어짐)
② 근섬유속: 근섬유의 다발
③ 근내막: 근섬유를 함께 묶어 근섬유속을 이루는 결체조직
④ 여러 개의 근섬유속은 다시 근주막에 의해 연결
⑤ 근주막의 외측은 근외막과 근막이라는 결체조직으로 둘러싸임
⑥ 근막: 근육을 이루는 외측의 결체조직으로서 건으로 이행하여 뼈에 부착
⑦ 골격근 구조적 순서: 근다발 → 근섬유 → 근원섬유 → 근세사 → 액틴/미오신

> **기출 핵심포인트**
>
> 골격근의 구조적 순서
> 근다발
> ↓
> 근섬유
> ↓
> 근원섬유
> ↓
> 필라멘트(근세사)
> ↓
> 액틴/마이오신

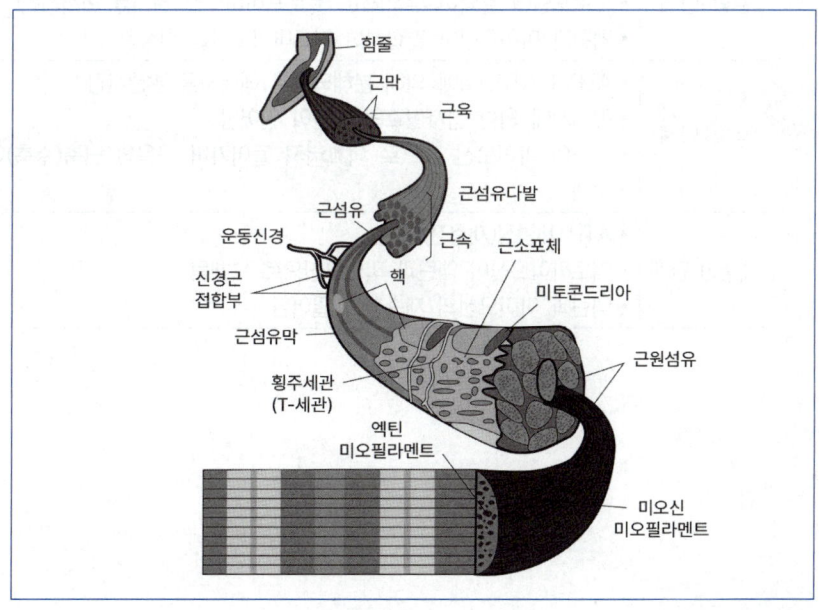

근형질 세망

기출 핵심 포인트

> **개념 플러스   골격근의 기능**
> - 수의 운동 시 운동과 호흡을 위한 근수축
> - 자세를 유지하기 위한 근수축
> - 내장의 보호
> - 근수축으로 열을 생산하여 체온 유지

> **개념 플러스   신경근 연접(신경근 시냅스)   2019, 2020**
> - 운동단위(motor unit)
> - 하나의 운동 신경과 그 신경에 의해 지배되는 근육 섬유들로 정의
> - 운동 신경에 연결된 근섬유 수가 많을수록 큰 힘을 내는 데 유리
> - 자극비율(innervation ratio)이 낮은 근육은 정교한 움직임에 적합

2 근수축 기전   2017, 2018, 2019, 2020, 2021, 2022, 2023, 2024, 2025

근육의 수축은 액틴 내의 트로포닌과 트로포마이오신 단백질에 의해 조절함
① 근원섬유는 수축단백질을 포함하는 수많은 실과 같은 구조로 마이오신(myosin)이라는 굵은세사와 액틴(actin)이라는 가는세사로 구성됨
② 액틴에는 또 다른 단백질인 트로포닌과 트로포마이오신이 있어 근수축 과정을 조절, 근수축기전(근세사활주설)

근수축 단계	특성
안정	• 액틴과 마이오신은 결합하지 않음 • 칼슘은 근형질세망에 많은 양이 저장됨
자극 및 결합 단계	• 신경 자극이 발생하면 근신경연접에서 아세틸콜린이 분비됨 • 근형질세망의 소포에서 칼슘이 방출됨 • 트로포닌에 칼슘이 부착되고, 트로포마이오신 위치를 변화시킴 • 액틴과 마이오신이 결합하여 액토마이오신을 형성함
수축 단계	• ATP가 ATPase에 의해 분해되면서 에너지를 발생시킴 • 에너지에 의한 십자형교의 회전이 일어남 • 액틴이 마이오신 쪽으로 미끄러져 들어가며 근육의 단축(수축)이 발생
재충전 단계	• ATP 재합성(재충전)이 됨 • 액토마이오신이 액틴과 마이오신으로 분해됨 • 액틴과 마이오신의 재순환이 일어남

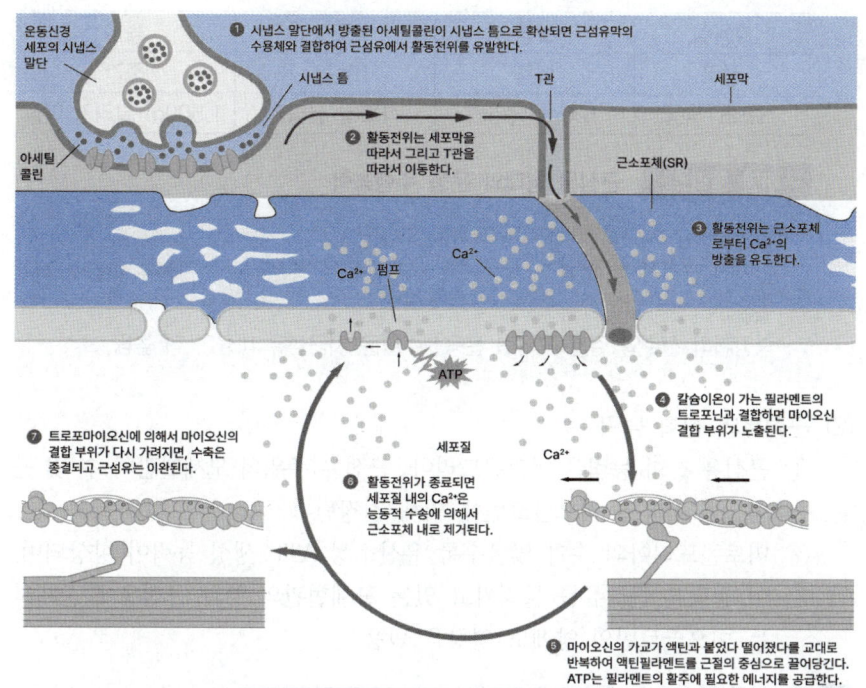

> 기출 핵심 포인트

근섬유 유형
- 속근섬유(백근 White Muscle)
  - 300~1,200개의 근섬유 연결
  - 큰 힘 내는 움직임 담당
- 지근섬유(적근 Red Muscle)
  - 10~180개의 근섬유 연결
  - 섬세한 움직임 담당

02 골격근과 운동

1 근섬유의 형태 및 특성 2016, 2017, 2019, 2020, 2021, 2023, 2024, 2025

(1) 속근섬유(Type Ⅱx, Type Ⅱa) 형태와 지근섬유(Type Ⅰ) 형태의 특성

구분	속근	지근
용어	백근, FT, Type Ⅱx, Type Ⅱa	적근, ST, Type Ⅰ
특성	• 모세혈관 밀도 및 미오글로빈 함유량이 적음 • 순발력 운동 특성을 가짐 • 힘의 발생이나 수축 이완 시간이 빠름 • ATP-PC, 근글리코겐의 저장량이 많음 • 해당작용 효소가 발달 • 해당작용 능력이 높음	• 모세혈관 밀도 및 미오글로빈 함유량이 많음 • 지구성 운동 특성을 가짐 • 에너지의 효율이나 피로에 대한 저항이 강함 • 미토콘드리아의 수나 크기가 발달해 있음 • 산화 효소가 발달해 있음 • 미토콘드리아의 산화 능력이 높음

특성	속근섬유(백근섬유)		지근섬유(적근섬유)
	Type Ⅱx	Type Ⅱa	Type Ⅰ
미토콘드리아수	적음	많음/중간	많음
피로도	낮음	높음/중간	높음
에너지체계	무산소	유·무산소	유산소
ATPase활동	가장 높음	높음	낮음
수축속도(Vmax)	가장 빠름	중간	낮음

기출 핵심 포인트		효율성	낮음	중간	높음
		장력	높음	높음	중간
		스포츠 적용	100m 달리기	400m 달리기	1,500m 달리기 이상

개념 플러스 — **근섬유 형태와 운동 수행능력**

- 일반인들은 지근섬유 비율이 약 47~53%임
- 단거리 달리기 등 파워 기반 스포츠에 우수한 운동선수는 속근섬유 비율이 더 높음
- 중장거리 선수와 같은 지구력 운동선수들은 지근섬유 비율이 더 높음

운동단위 2025
- 하나의 운동 신경과 그 신경에 의해 지배되는 근육섬유
- 1개의 운동단위는 여러 개의 근섬유를 지배할 수 있음
- 운동 신경에 연결된 근섬유 수가 많을수록 큰 힘을 냄
- 속근섬유 < 지근섬유
- 지근섬유는 속근섬유보다 일반적으로 먼저 동원됨

(2) 근섬유의 산화 능력
① 근섬유 산화 능력은 미토콘드리아, 근섬유 주위의 모세혈관의 수 및 근섬유에 함유된 미오글로빈에 의해 결정됨
② 미토콘드리아의 수가 많을수록 유산소성 ATP 생성 능력이 향상되며, 이 능력은 근섬유를 둘러싸고 있는 모세혈관의 양과 근섬유에 존재하는 미오글로빈의 양에도 영향을 받음

2 근수축의 종류 2015, 2018, 2020, 2021, 2022, 2023, 2024

(1) 등척성 수축
근섬유 길이의 변화 없이 장력이 발생하는 수축

근수축의 3가지 종류
- 등척성 수축
- 등장성 수축
- 등속성 수축

장점	• 시간 소요가 적고, 특별한 장비가 필요하지 않으며, 어느 장소에서나 가능함 • 근 통증을 거의 유발하지 않고, 재활 프로그램에 유용함
단점	근력 개선 효과가 등장성이나 등속성 운동에 비해 적음

(2) 등장성 수축
① 근섬유 길이와 관절 각도의 변화로 인해 수축이 발생하면 근력과 신경계의 적응이 모두 일어남
② 구심성(단축성) 수축과 원심성(신장성) 수축으로 구분

등장성 수축과 트레이닝
- 신장성 수축의 트레이닝에 있어서 충분한 부하가 되려면 매우 큰 저항이 필요함
- 단축성 수축의 트레이닝에서는 비교적 작은 저항이 바람직함

구심성(단축성) 수축	• 근육이 짧아지면 장력이 발생 • 근육이 빠르게 수축할수록 생성되는 힘은 감소(근수축 속도에 반비례) • 근육이 천천히 수축할수록 더 많은 힘을 생성 • 고속운동에서는 액틴필라멘트와 연결되는 십자교 수가 감소하기 때문
원심성(신장성) 수축	• 근육이 늘어날 때 장력이 발생 • 근육 내부의 점성 저항이 근육의 길이가 증가하는 데에 대한 저항으로 작용하여 수축 속도가 증가함에 따라 발휘되는 힘이 증가함(근수축 속도에 비례) • 근육뿐만 아니라 인대, 건과 같은 연결 조직의 장력이 발생하면서 구심성 수축보다 원심성 수축 시 더 큰 힘이 발생함 (단축성 근수축 근력의 120~160%)

(3) 등속성 수축
① 근에서 장력이 발생할 때 관절각이 같은 속도로 운동하는 수축
② 근 상해나 통증의 위험이 적어 재활 훈련으로 적합함

3 근력을 증가시키는 생리적 기전 2023

(1) 신경적인 요인
① 훈련 초기의 근력증가는 근육의 크기 증대가 아니고 신경의 적응 현상 때문
② 근력 훈련에서 신경의 적응 현상은 운동단위의 동시발화성의 향상, 동원능력의 향상 때문

(2) 근육의 크기 증대
① 근력 훈련은 지근섬유(Type I)와 속근섬유(Type II) 형태의 크기를 증대시키며, 지근섬유(Type I)보다 속근섬유(Type II) 형태에서 더 많은 변화가 일어남
② 근비대와 근섬유 증식 발생

> **개념 플러스** 근력 훈련의 과부하와 특이성의 원리 적용 2020
> - 고부하 훈련(2~10RM 부하)은 근력이 증가함
> - 저부하 훈련(20RM 이상 부하)은 근력 변화는 적고 근지구력이 증가함

4 골격근의 운동 효과

근육의 크기 증가	근섬유 당 근원섬유의 크기 증가
대사능력 향상	• 산소 및 영양 공급능력 향상 • 지구성 훈련을 통한 모세혈관 밀도 증가 • 미오글로빈 증가 • 미토콘드리아 수와 밀도 증가
해당능력 향상	근 글리코겐 저장 능력 향상과 해당 효소 발달로 근형질의 해당능력 증가

5 운동 유발성 근육 경직

의미	근육 경직은 운동 직후 또는 중에 발생하는 골격근의 통증, 경련 및 불수의적 수축으로 규정
발생 원인	• 근육 경직이 발한율 증가로 인한 체액과 전해질의 불균형으로 발생 • 척수 수준에서의 비정상적인 조절 때문에 발생하는 지속적인 알파 운동 신경원의 활동으로 발생 • 근육 피로는 근방추와 골지건 기관에 영향이 있을 때 발생(근방추 활동 증가, 건 기관 활성 감소 등)
방지법	• 근육 피로의 가능성을 줄이려면 신체를 충분히 훈련해야 함 • 경직되기 쉬운 근육의 경우 정기적으로 스트레칭을 하는 것이 중요함 • 체액, 전해질 및 탄수화물 저장량이 적정 수준을 유지해야 함 • 근육 경직 발생 후 강도와 시간을 감소시켜야 함

CHAPTER 07 내분비계와 운동

기출 핵심 포인트

01 내분비계

1 내분비계의 정의 2016, 2021, 2022

신체의 항상성 유지, 생식, 발달 등 신체 기능을 지배하는 다양한 호르몬의 생산과 분비를 담당하는 기관[선(gland), 호르몬, 표적 세포(target cell)]로 구성

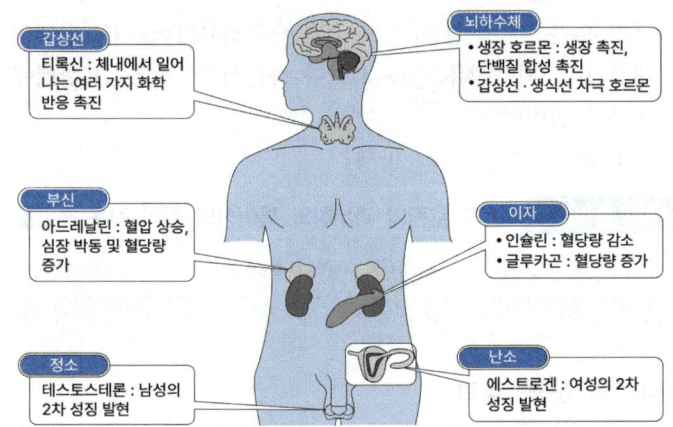

갑상선
- 티록신 : 체내에서 일어나는 여러 가지 화학 반응 촉진

뇌하수체
- 생장 호르몬 : 생장 촉진, 단백질 합성 촉진
- 갑상선·생식선 자극 호르몬

부신
- 아드레날린 : 혈압 상승, 심장 박동 및 혈당량 증가

이자
- 인슐린 : 혈당량 감소
- 글루카곤 : 혈당량 증가

정소
- 테스토스테론 : 남성의 2차 성징 발현

난소
- 에스트로겐 : 여성의 2차 성징 발현

2 호르몬의 정의와 기능

(1) 호르몬의 정의
   ① 우리 몸의 한 부분에서 분비되어 혈액을 타고 표적기관으로 이동하는 일종의 화학물질
   ② 표적 기관에 도착한 호르몬은 세포 외부 혹은 내부에 위치하는 수용체와 결합하여 작용

(2) 호르몬의 일반적 기능
   ① 내적인 환경유지   ② 스트레스 환경에 대응
   ③ 성장 발달 유도   ④ 생식기능 조절
   ⑤ 적혈구 생산조절   ⑥ 순환 및 소화기계 조절

(3) 호르몬의 특성
   ① 내분비샘에서 생성, 분비되며 관 없이 직접 혈액이나 조직액 속으로 분비
   ② 호르몬 수용체를 가진 특정 표적 세포와 기관에만 작용
   ③ 극소량으로 생리적 기능을 조절
   ④ 분비량이 적으면 결핍증, 많으면 과다증 작용
   ⑤ 혈액을 통해 이동하는 시간이 걸리기 때문에 느리게 작용

⑥ 한번 작용하게 되면 지속 효과는 단시간 내에 사라지지 않고 유지됨
⑦ 각기 표적 기관이 다르며 수행하는 역할도 다름
⑧ 신체의 전반적인 기능을 최상의 상태로 만들기 위해 서로 협동 또는 길항 작용

> **개념 플러스** 신경과 호르몬의 비교

구분	전달속도	작용범위	효과	전달 매체	특징
신경	빠름	좁음	일시적	뉴런	일정한 방향으로 전달
호르몬	느림	넓음	지속적	혈액	표적 세포(기관) 적용

3 내분비선과 분비되는 호르몬 작용

2016, 2017, 2018, 2020, 2021, 2022, 2023, 2024, 2025

내분비선	호르몬	주요 기능	표적 조직
시상하부	갑상선자극호르몬 방출호르몬(TRH)	갑상선자극호르몬과 프로락틴 분비 자극	뇌하수체 전엽
	부신피질자극호르몬 방출호르몬(CRH)	부신피질자극호르몬 분비	
	성장호르몬 방출 호르몬(GHRH)	성장호르몬 분비	
	성장호르몬 억제 호르몬(GHIH)	성장호르몬 분비 억제	
	성선자극호르몬 분비호르몬(GnRH)	여포자극호르몬, 황체형성호르몬 분비	
	프로락틴 방출 호르몬(PRH)	프로락틴 분비 촉진	
	멜라닌세포자극호르몬 방출 호르몬(MSHRH)	멜라닌세포자극호르몬 분비 촉진	
뇌하수체 전엽	성장호르몬	조직의 성장 촉진, 단백질 합성 속도 증가, 지방 사용 증가, 탄수화물 사용 속도 증가	모든 세포
	갑상선자극호르몬(TSH)	티록신과 트리요오드티로닌의 양 조절	갑상샘
	부신피질자극호르몬(ACTH)	부신피질 호르몬 분비 조절	부신피질
	프로락틴	유방 발달과 유즙 분비 촉진	유방
	여포자극호르몬(FSH)	여포 성장, 정자 성숙	난소, 고환
	황체형성호르몬(LH)	황체 형성, 성호르몬 합성	난소, 고환

> 기출 핵심 포인트

뇌하수체 후엽	항이뇨호르몬(ADH, 바소프레신)	수분 재흡수 증가, 혈압 상승	콩팥 세뇨관
	옥시토신	혈관 수축으로 혈압 상승, 젖 분비 자극, 자궁 수축	세동맥, 자궁, 젖샘
갑상선	티록신(T4), 트리요오드티로닌(T3)	세포 대사 속도 증가, 심장 박동과 수축력 향상	모든 세포
	칼시토닌	뼈의 칼슘이 혈액으로 방출되는 것을 억제(혈장 칼슘 농도 감소)	뼈
부갑상선	부갑상선호르몬(PTH)	뼈를 자극하여 칼슘을 혈장으로 방출함(혈장 칼슘 농도 증가)	뼈, 소장, 콩팥
부신피질	코티졸	각종 대사 조절과 항염증 작용	대부분 세포
	알도스테론	Na^+ 재흡수, K^+과 H^+ 분비 촉진	콩팥
부신수질	에피네프린	글리코겐 분해, 골격근으로의 혈액 흐름 증가: 심박수와 심장근육의 수축력 향상	대부분 세포
	노르에피네프린	세동맥과 세정맥 수축시켜 혈압 상승	
췌장	인슐린(베타세포)	포도당 수준의 감소로 혈당 농도 조절: 포도당 사용과 지방 합성 증가	대부분 세포
	글루카곤(알파세포)	혈당 수준 증가: 단백질과 지방분해 촉진	
정소	테스토스테론	남성 생식 기관 발달, 2차 성징 발현	성 기관, 근육
난소	에스트로겐	여성 생식 기관 발달, 2차 성징 발현	다수의 조직, 뇌하수체 전엽, 자궁 근육
	프로게스테론	자궁내분비계 활성, 임신 유지, 배란 억제	
콩팥	레닌	혈압 조절	부신 겉질
	에리스로포이에틴	적혈구 생산	뼈의 골수
	칼시페롤	칼슘 흡수의 증가	창자

(1) 뇌하수체와 호르몬 2017, 2018, 2022

뇌하수체 전엽	갑상선자극호르몬 (TSH)	갑상선으로부터 갑상선호르몬분비 조절
	부신피질자극호르몬 (ACTH)	부신을 자극하여 코르티졸 분비를 촉진함

	난포자극호르몬 (FSH)	난소의 난포 성장 유도, 난소로부터의 에스트로겐 분비 촉진, 고환의 정자 성장 촉진
	황체형성호르몬(LH)	테스토스테론이나 에스트로젠을 분비 자극
	성장호르몬(H)	인슐린유사성장인자 분비 자극, 성장관여, 혈중 글루코스 유지
	프로락틴	유방의 발달과 모유 분비 자극
뇌하수체 후엽	항이뇨호르몬 (ADH)	체수분 손실억제, 혈장량 유지, 신장에서 수분 재흡수
	옥시토신 (Oxytocin)	자궁 수축 유발

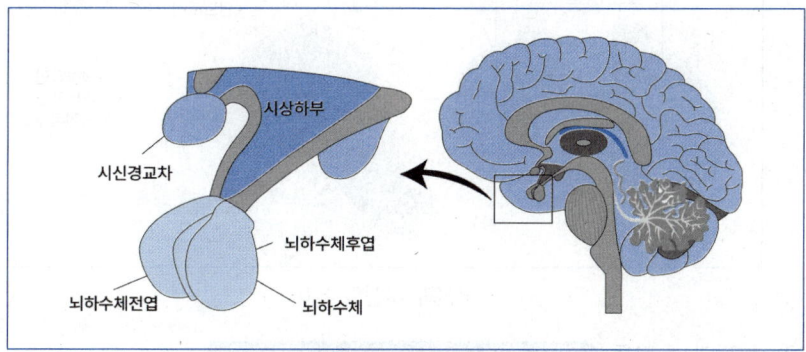

뇌하수체의 분비

(2) 부신선과 호르몬 2015, 2017, 2019, 2021, 2022

부신수질 호르몬		• 에피네프린(아드레날린), 노르에피네프린(노르아드레날린) 2종류의 호르몬 생성 • 에피네프린(아드레날린), 노르에피네프린(노르아드레날린), 도파민을 합성함 • 위 3가지 호르몬을 카테콜아민(catecholamine)이라고 하며 혈압의 변화에 관여함 • 뇌와 신경 조직에서 생성되는 카테콜아민은 신경전달물질(neurotransmitters)로 기능
부신피질 호르몬	전해질 코티코이드	• 세포외액의 전해질, 소디움(Na^+)과 포타시움(K^+)의 균형 유지 • 알도스테론이 주요 전해질 코티코이드로, 신장의 소디움 재흡수를 증가시켜 인체가 더 많은 소디움을 보유하도록 만들고 탈수 현상 방지
	글루코 코티코이드	• 코티졸이 대표적인 호르몬 • 탄수화물, 지방, 단백질 대사 조절 • 아미노산을 형성하기 위해 단백질 합성을 억제, 단백질 분해를 촉진하고 간에 의해 새로운 포도당 생성 (글루코스 신생합성) • 지방조직의 유리지방산 동원 촉진 • 포도당 합성을 유도하는 대사 경로에 관련된 간 효소 자극

기출 핵심 포인트

부신피질호르몬 코티졸의 6대 작용
- 간의 포도당 신생합성을 촉진
- 포도당 신생합성을 위한 골격근 단백질을 분해
- 저열량을 섭취하거나 장시간 보통 강도의 신체활동을 할 때 지방 대사 (지방분해)를 촉진
- 면역 체계의 활동을 억제
- 부적 칼슘 균형(칼슘 흡수 감소)을 유도
- 두뇌 기능에 영향을 주어 기분, 기억, 학습에 변화를 일으킴

> **개념 플러스** 부신수질 호르몬의 복합작용
> - 심장의 박동수와 수축력 향상
> - 신진대사의 증가
> - 간과 근육의 글리코겐 분해
> - 혈액 속으로 글루코스와 유리지방산 방출 증가
> - 골격근으로 혈액 공급 증가
> - 혈압 증가
> - 호흡량 증가

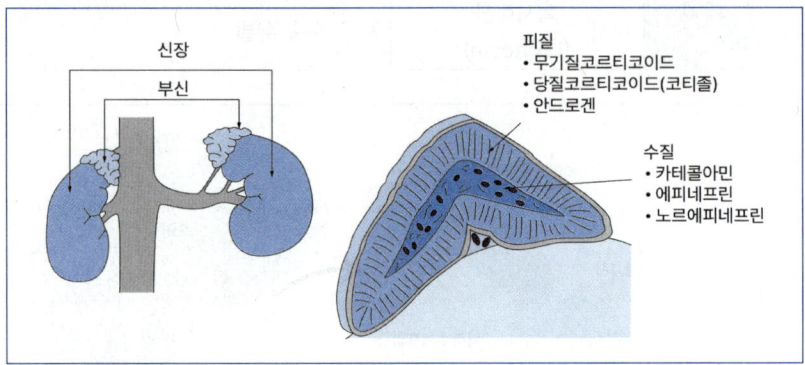

부신과 부신의 분비

(3) 췌장과 호르몬 2015, 2017, 2018, 2019, 2022, 2023, 2024

인슐린	• 랑게르한스섬의 β세포에서 분비되며, 소장에서 혈액으로 영양소가 흡수될 때 가장 중요한 호르몬 • 포도당, 아미노산, 단백질, 지방, 당원과 같은 영양 분자를 흡수하기 위해 조직 자극 • 혈장 포도당 농도가 증가하면 인슐린이 분비되어 조직의 포도당 흡수를 높이고 혈장의 포도당 농도를 낮춤 • 인슐린 부족은 혈장 내 포도당 축적을 일으키며, 혈장 포도당 농도가 높으면 신장에서 재흡수 과정이 과부하 되어 다량의 수분과 함께 포도당이 소변으로 빠져나가서 다량의 수분을 섭취하게 되는데, 이 상태를 당뇨병이라 함
글루카곤	• 랑게르한스섬의 α세포에서 분비되고 인슐린과 반대 효과 • 혈장 글루코스가 정상 수준 이하로 떨어질 때 글루카곤이 분비 • 인슐린과는 반대로 간의 글리코겐 분해와 글루코스 신생합성을 촉진해 혈장 글루코스 농도를 증가시킴 • 운동 중 인슐린 수준은 감소하고 글루카곤은 점차 증가

> **개념 플러스** 인슐린의 특징
> - 세포 내부로의 글루코스 이동 촉진
> - 글리코겐 생성 증가
> - 글루코스 신생합성 감소
> - 혈액 속의 글루코스 양 감소
> - 단백질과 지방 대사에 관련, 세포의 아미노산 흡수를 증가시키고 단백질과 지방 합성을 촉진

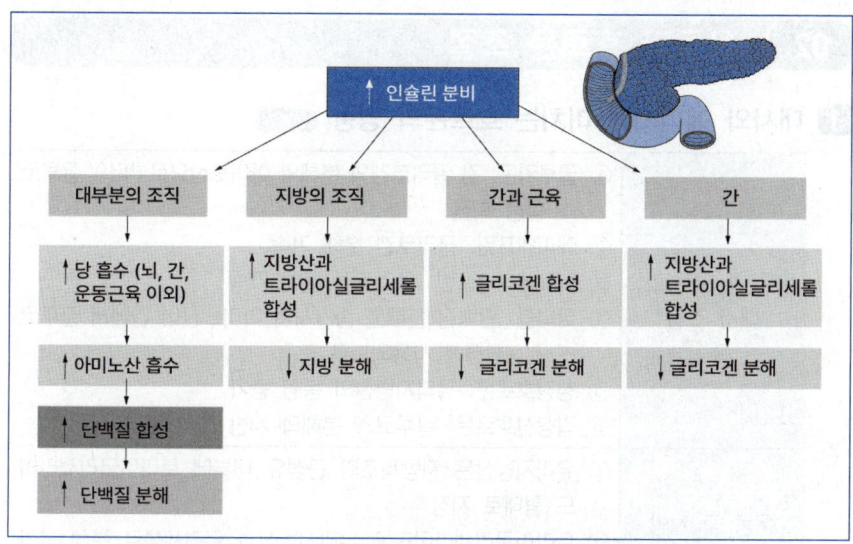

인슐린의 증가는 글리코겐, 단백질, 지방의 합성을 촉진함

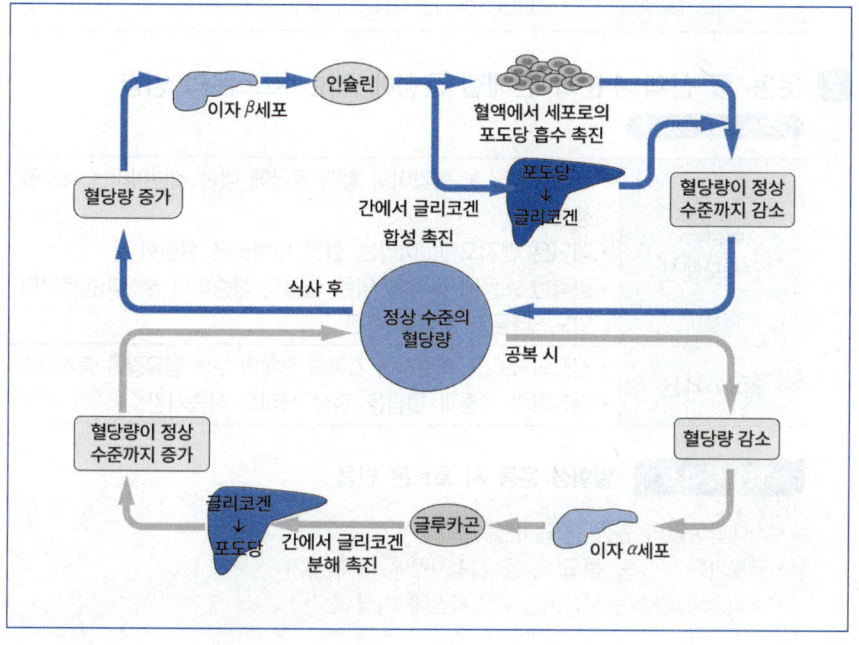

기출 핵심 포인트

호르몬 변화에 영향을 미치는 요인
- 호르몬이 소실되고 재생되는 속도인 대사적 또는 제거율
- 분비율의 증가
- 호르몬 교체율 또는 제거의 감소
- 땀으로 인한 혈장량 감소
- 트레이닝의 정도
- 심리적 상태 변화
- 저산소증
- 운동 강도 불안정

코티졸
- 운동 시 혈당 유지를 위해 유리지방산의 혈액유입을 촉진
- 스트레스에 반응하여 손상된 조직을 보상하기 위해 아미노산을 생성하여 항염증 작용함

인슐린
- 췌장 베타세포에서 분비
- 제2형 당뇨의 주된 원인
- 혈당 낮추는 작용
- 간 및 근육세포의 글리코겐 합성 촉진
- 중강도 장시간 운동 시 혈중 농도 감소

글루카곤
- 췌장 알파세포에서 분비
- 간에서 글리코겐이 글루코스(당)로 분해되는 것을 촉진

02 운동과 호르몬 조절

1 대사와 에너지에 미치는 호르몬의 영향 2017

운동 중 글루코스 대사 조절	① 글루카곤: 간 글리코겐의 분해와 아미노산으로부터의 글루코스 형성 촉진 ② 에피네프린: 글리코겐 분해 가속 ③ 노르에피네프린: 글리코겐 분해 가속 ④ 코티졸: 단백질 분해를 증가시켜 아미노산이 간에서 글루코스 신생합성에 사용되도록 도움 ⑤ 성장호르몬: 유리지방산의 동원 증가 ⑥ 갑상선호르몬: 글루코스 분해와 지방 대사 증가
운동 중 지방 대사 조절	① 유리지방산은 지방세포와 근섬유 내부에 트라이글리세라이드 형태로 저장 ② 트라이글리세라이드는 유리지방산과 글리세롤로 분해, 4가지 호르몬에 의해 활성화(㉠ 코티졸, ㉡ 에피네프린, ㉢ 노르에피네프린, ㉣ 성장호르몬)

2 운동 중 신체 수분과 전해질 균형에 대한 호르몬의 영향
2016, 2017, 2024

레닌-앤지오텐신	• 신장은 감소한 혈압이나 혈액 공급에 대한 레닌이라는 효소를 생성 • 레닌은 앤지오텐신이라는 혈장 단백질을 활성화 • 강력한 소동맥 수축에 의한 혈압의 상승이나 부신피질로부터 알도스테론의 분비를 촉진
알도스테론	• 신장의 소디움 재흡수에 기여해 신체의 수분 함유량을 증가시킴 • 혈장량의 보충과 혈압을 정상 상태로 상승시킴

개념 플러스	일회성 운동 시 호르몬 반응

- 카테콜아민의 혈중 농도: 운동강도에 비례 증가
- 글루카곤의 혈중 농도: 운동 지속시간에 비례 증가
- 코티졸의 혈중 농도: 운동 지속시간에 비례 증가

호흡·순환계와 운동

01 호흡계의 구조와 기능

1 호흡의 주요개념
① 환기: 폐를 통해 공기가 들어갔다 나오는 과정
② 확산: 농도가 높은 곳에서 낮은 곳으로 분자가 이동하는 것(산소: 폐→혈액, 이산화탄소: 혈액 → 폐)
③ 폐호흡: 호흡과 폐에서 일어나는 가스 교환
④ 세포호흡: 조직에서 일어나는 산소 사용과 이산화탄소 생산

2 운동 시 호흡계의 목적
운동 중 혈액 내 가스 평형(산소와 이산화탄소의 항상성 유지)

3 호흡계의 기능
① 산소 교환을 위한 이동 경로이자 넓은 면적 제공
② 공기 접촉 부분의 탈수, 온도 변화 및 환경적 요인으로부터 보호
③ 병균의 침투로부터 보호 기능과 음성 발생
④ 기체 교환 방식에 따른 호흡의 종류

외호흡	• 호흡 기관에서 이루어지는 기체 교환 • 폐와 모세혈관 사이의 기체 교환은 산소와 이산화탄소 사이의 분압차로 인해 발생
내호흡	• 모세혈관을 통해 조직 세포를 지날 때 조직 세포와 모세혈관 사이의 기체 교환 • 조직 세포는 모세혈관을 통해 산소를 공급받고 영양분의 산화 과정을 거치면서 에너지를 얻음

4 호흡계의 구조 2021

전도구역 (conducting zone)	• 공기를 통한 통로로써 제공할 뿐만 아니라 폐의 호흡구역(respriatiory zone)을 향해 공기가 움직일 때 습도와 필터 기능을 제공 • 기도, 구강, 비강, 기관지
호흡구역 (respiratory zone)	• 가스 교환을 위해 확산에 쉬운 구역 • 호흡 세기관지, 종말세기관지, 허파 꽈리(폐포)

기출 핵심 포인트

호흡계의 주요개념
• 호흡: 산소를 들이마시고 이산화탄소를 배출하여 생활에 필요한 에너지를 만드는 작용
• 환기: 폐를 통해 공기가 들어갔다 나오는 과정
• 확산: 농도가 높은 곳에서 낮은 곳으로 분자가 이동하는 것

가스 교환
• 허파 꽈리의 가스 교환은 가스 분압차에 의해 확산(분압이 높은 곳에서 낮은 곳으로 이동)
• 모세혈관으로 산소가 확산(허파 꽈리 공기의 산소 분압은 100mmHg, 모세혈관 산소 분압은 40mmHg, 60mmHg의 분압차)
• 이산화탄소가 허파 꽈리로 확산(이산화탄소의 모세혈관 분압은 46mmHg, 허파 꽈리의 이산화탄소 분압은 40mmHg, 6mmHg의 분압차)

> **기출 핵심 포인트**
>
> **호흡기 기능별 구분**
> - 전도영역: 호흡 시 공기의 통로(인두, 후두, 기관, 기관지, 종말 세기관지)
> - 호흡영역: 호흡 시 가스교환 영역(호흡 세기관지), 허파 꽈리관(폐포관)

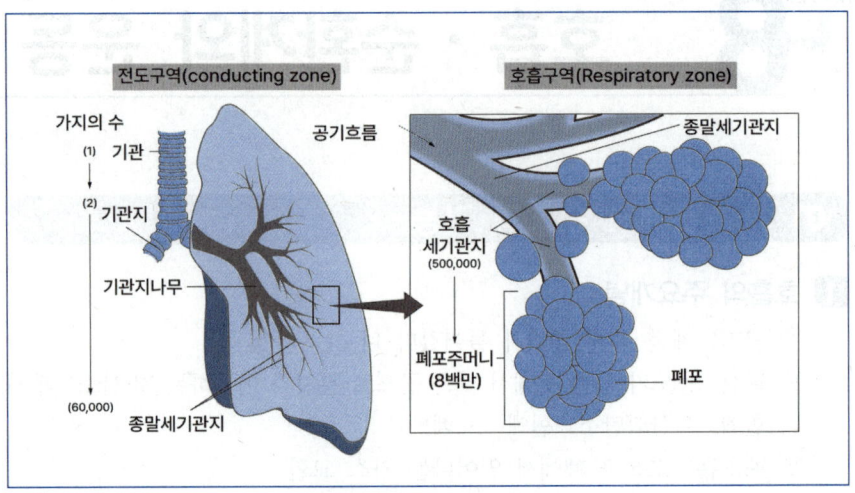

폐의 전도영역과 호흡영역

5 폐용적과 폐용량 (2016, 2022)

(1) 폐용적

구분	약호	정의	평균치(성인남자)
1회 호흡량	TV	1회 호흡 시 들이마시거나 내쉰 공기량	약 500ml
호흡 예비 용적	IRV	TV에서 최대한 더 들여 마실 수 있는 양	약 1,000~1,200ml
호기 예비 용적	ERV	TV에서 최대한 배출시킬 수 있는 양	약 1,000~1,200ml
잔기 용적	RV	모두 배출한 상태에서 폐에 남아 있는 양	약 1,200ml

(2) 폐용량

구분	약호	정의	산출식
흡기 용량	IC	정상 호흡에서 최대한 흡입할 수 있는 양	TV + IRV
기능적 잔기 용량	FRC	정상 호흡에서 TV를 배출하고 남아 있는 양	ERV + RV
폐활량	VC	최대한 공기를 들여 마신 후 최대한 배출시킬 수 있는 공기의 양	RV + TV + ERV
총폐용량	TLC	최대 흡기 시 폐 내 총 가스양	VC + RV

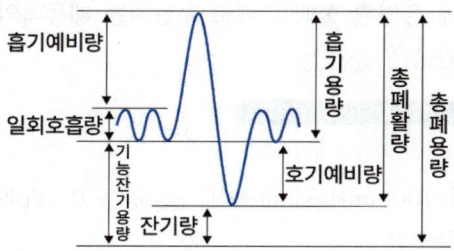

02 운동에 대한 호흡계의 반응과 적응

1 운동과 호흡기계의 반응

(1) 호흡 작용 `2018, 2020`

흡기(들숨) 작용 (능동적 과정)	• 안정 상태의 흡기 작용 중 흉곽의 용적은 증가 • 횡격막은 아래 방향, 외늑간근의 수축 때문에 외상방으로 증가 • 외늑간근은 흡기 중에 수축하며 늑골 간의 사이를 벌리면서 늑골을 위쪽으로 끌어올려 흉강의 크기를 증가시킴 • 폐는 팽창, 폐 내압이 감소하고 공기가 폐 속에 흡입됨
호기(날숨) 작용 (안정 시-수동적 과정) (운동 시-능동적 과정)	• 호기 중 횡격막과 외 늑간근은 이완, 흉강은 원래의 크기로 돌아옴 • 흡기로 인해 신전되었던 흉벽과 폐의 탄성 조직에 의해 원래의 상태로 위축됨으로써 흉강의 내압이 증가하고 공기가 폐 속에서 대기로 나감 • 안정 시의 호기 작용은 수동적, 운동 시에는 능동적으로 이루어짐

호흡의 원리
- 안정 시 흡기는 흡기에 동원되는 호흡근의 능동적인 수축으로 발생
- 안정 시 호기는 흡기 시 수축했던 호흡근이 이완되면서 수동적으로 발생
- 운동 시 호기는 횡격막과 내늑간근의 능동적인 수축으로 발생

(2) 안정 시와 운동 시 호흡근의 작용

단계	휴식 시	운동 시	작용
흡기(들숨) 과정	횡격막, 외늑간근	횡격막	평평해짐
		외늑간근	늑골의 외측 상방 이동
		사각근	제1·2 늑골의 거상
		흉쇄유돌근	흉곽의 외측 이동
호기(날숨) 과정	없음	내늑간근	늑간 내측 하방 이동
		복근	늑골 하방 이동과 횡격막 상방 이동

2 가스 교환과 운반

(1) 폐포 내에서의 가스 교환 `2019`

① 폐포의 가스 교환은 가스의 분압차에 의한 확산으로 발생
② 기체분자는 분압이 높은 곳에서 낮은 곳으로 이동

③ 정맥을 통해 유입된 혈액을 폐로 운반하는 폐동맥의 산소량이 낮을수록 산소교환율은 증가

(2) 산소의 운반 `2017, 2019, 2020, 2025`
① 용해된 산소
산소분압이 100mmHg에서 용해 산소량은 0.3Vol%
② 산화 헤모글로빈
㉠ 동맥혈 1L에 200mmHg의 산소가 있어 그중 3mL는 혈액에 녹아 있고 197mL는 헤모글로빈과 결합하여 운반
㉡ 산소와 결합한 헤모글로빈-산화 헤모글로빈, 산소와 결합하여 있지 않은 헤모글로빈-환원 헤모글로빈
㉢ 근육 내의 산소는 마이오글로빈과 결합하여 미토콘드리아로 운반
③ 동정맥 산소 차 `2017`
㉠ 동맥혈과 정맥혈 사이의 산소 농도 차이를 말함
㉡ 트레이닝 후 안정 시, 최대운동 시 모두 동정맥 산소 차는 증가
㉢ 동정맥 산소 차는 근육세포의 산소 소비량에 비례
㉣ 동정맥 산소 차의 향상은 조직에서 더욱 많은 산소를 추출하여 쓰며, 혈액을 보다 효율적으로 배분
④ 산소-헤모글로빈 해리곡선 `2020, 2025`

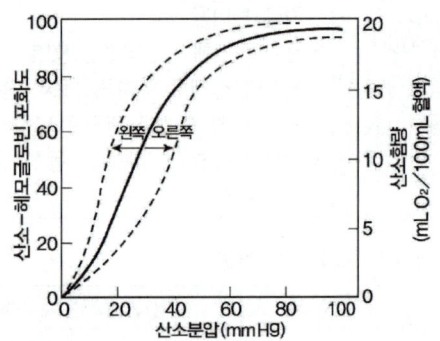

㉠ 산소의 분압과 헤모글로빈의 산소 포화도의 상관관계를 나타낸 곡선
㉡ pH, 온도, 이산화탄소 분압에 따라 곡선의 위치가 좌우로 이동
㉢ 곡선이 오른쪽 이동 시: pH 감소, 체온 상승, 이산화탄소 분압 증가
㉣ 곡선이 왼쪽 이동 시: pH 증가, 체온 감소, 이산화탄소 분압 감소

(3) 이산화탄소의 운반 방법 및 비율 `2015, 2017`
① 혈장 및 적혈구 안에 물리적으로 녹아든 상태에서 운반하는 방법(10%)
② 중탄산염이온(HCO_3^-) 형태로 이산화탄소 운반하는 방법(65%)
③ 카바미노 화합물로 미오글로빈 혹은 단백질과 결합하여 이산화탄소 운반하는 방법(25%)

혈액 내 이산화탄소 운반 방법
- 혈장 내 용해된 상태로 운반
- 적혈구의 헤모글로빈과 결합하여 운반
- 중탄산염이온(HCO_3^-) 형태로 운반
- 카바미노 화합물로 미오글로빈 혹은 단백질과 결합하여 운반

개념 플러스 　카바미노 화합물(카르바미노헤모글로빈)

- 헤모글로빈과 이산화탄소의 화합물
- 혈장 단백질 또는 적혈구 안 헤모글로빈 단백질의 아미노기가 이산화탄소와 결합하여 생성
- 전체 이산화탄소의 10%~23%를 운반

3 운동 중 산염기평형

(1) 산–염기 평형의 호흡성 조절 　2018
　① 강한 운동을 하면 젖산과 수소이온(H^+)이 생성되고 축적
　② 이와 같은 상태는 에너지 대사를 저해하고 근육의 수축력을 저하시킴

(2) 안정 시 신장을 통한 산염기평형 조절
　① 신장이 수소이온의 농도를 조절하는 주된 방법은 중탄산염의 농도를 증가시키거나 감소시키는 것
　② 체액의 수소이온 농도가 증가하면 신장이 중탄산염의 배출 속도를 감소시키는 반응
　③ 혈액 내의 중탄산염 농도가 증가하면 수소이온의 증가를 완충

(3) 운동 중 산염기평형 조절
　① 최대하운동 중 근육에 생성되는 젖산이 증가 결과로 근육과 혈액의 pH는 감소
　② 세포완충체제: 인산염(10~20%), 단백질(60%), 중탄산염(20~30%)
　③ 혈액완충체제: 중탄산염, 헤모글로빈, 단백질

개념 플러스 　운동 중 생성되는 젖산의 양을 좌우하는 요인

운동 강도, 사용된 근육의 양, 운동기간

개념 플러스 　유산소 운동 중 호흡계의 환기량 증가 요인과 운동 능력

- 운동 시 환기량은 운동 강도에 비례하여 증가
- 특정 수준부터는 운동 강도에 따라 급격히 증가(이산화탄소 생성량 급증 원인)
- 산소 소비량은 운동 강도에 비례해서 증가
- 분당 환기량과 이산화탄소 생성량의 급격한 증가 시점을 무산소성 역치라고 함
- 무산소성 역치는 유산소 운동 능력을 나타내는 지표로 활용됨

03 순환계의 구조와 기능

1 심혈관계

(1) 심혈관계의 구조 2018
① 심장, 혈관 및 혈액으로 구성
② 좌심, 중격, 우심 및 각 심장에 심방 및 심실
③ 심장의 우측과 좌측은 두 개의 심방과 심실로 구성
④ 심실중격은 좌·우심실 간 혈액의 혼합을 방지
⑤ 심방과 심실은 방실판막이라는 일방향 판막으로 연결
⑥ 판막은 심방에서 심실로 한 방향으로만 흐르게 고안, 혈액의 역류 방지

(2) 심혈관계의 기능 2016, 2023
① 운송기능: 산소와 영양분
② 제거기능: 이산화탄소나 노폐물
③ 운반기능: 호르몬을 목표 수용체까지 운반
④ 유지기능: 체온 유지, pH 유지
⑤ 방어기능: 기관의 감염 방지

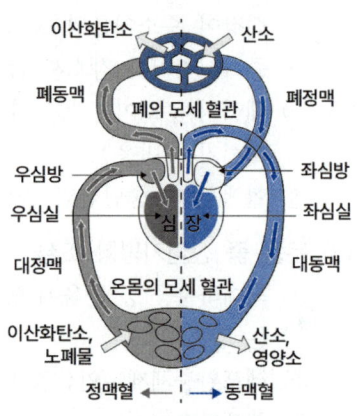

심혈관계 순환 종류
- 폐순환: 우심실 → 폐동맥 → 폐(가스 교환) → 폐정맥 → 좌심방
- 체순환: 좌심실 → 대동맥 → 전신(가스 교환) → 대정맥 → 우심방

(3) 심혈관계 순환 2017
① 폐순환
이산화탄소 농도가 높은 혈액이 폐를 순환하면서 이산화탄소를 내보내고 산소를 받아들이는 과정.
우심실 → 폐동맥 → 폐(가스 교환) → 폐정맥 → 좌심방
② 체순환
산소 농도가 높은 혈액이 몸 전체를 순환하면서 산소를 전달하는 과정.
좌심실 → 대동맥 → 전신(가스 교환) → 대정맥 → 우심방

개념 플러스 심장에서 혈액의 순환 과정 2021
- 관상동맥은 대동맥에서 갈라져 심장근육에 있는 모세혈관까지 혈액을 운반
- 혈액은 다시 관상정맥으로 이동해서 다른 우심방으로 이동

정맥혈 회기
- 세정맥에서 우심장으로 혈액이 되돌아오는 경로
- 근육펌프, 호흡펌프, 정맥 수축으로 발생

(4) 혈압과 혈류 순환 2018
① 혈압: 혈관을 흐르는 혈액이 혈관 내벽을 미는 힘
  ㉠ 수축기: 심장 수축 시 대동맥벽에 미치는 혈압의 최고치
  ㉡ 이완기: 심장 이완 시 혈압이 낮아져서 최저치에 이를 때의 혈압
② 정맥혈 회귀(세정맥에서 우심장으로 혈액이 되돌아오는 경로): 근수축에 의한 펌프 작용과 호흡에 의한 펌프 작용 때문에 이루어짐

(5) 폐로 가는 혈류 2022, 2023
  ① 폐순환
    ㉠ 낮은 압력의 순환체계(낮은 혈관 저항)
    ㉡ 혈류속도는 체조직을 순환하는 혈류속도와 동일
    ㉢ 서 있는 상태에서 대부분의 혈류는 중력 때문에 폐의 기저면(하위 바닥 부분)에 모여 있음
  ② 환기와 폐혈액 관류의 관계
    ㉠ 정상적인 가스교환이 일어나려면 환기량과 혈류가 조화를 이루어야 함
    ㉡ 이상적인 환기량 대 관류 비율(V/Q)은 1.0이거나 이보다 약간 큼 (그러나 V/Q 비율은 폐의 구획에 따라 다름)

    - 폐 꼭대기의 V/Q 비율: 0.24/0.07 = 3.4(가스교환 저조해짐)
    - 폐 기저면의 V/Q 비율: 0.82/1.29 = 0.64(0.5보다는 크기에 안정 시 요구되는 가스교환에 적당)

    ㉢ 저강도 운동은 V/Q의 관계를 향상시킴. 고강도 운동은 V/Q 비율에 작은 불균형 초래, 가스 교환 약간 감소시킴. 그러나 V/Q 비율의 불균형의 증가가 낮은 환기량에 의한 것인지 또는 적은 관류에 의한 것인지는 확실하지 않음

(6) 혈관 저항 원인 2022, 2024
  ① 기관 내 혈액 순환을 결정하는 주요 요인은 혈관의 지름
  ② 혈액은 혈관 수축과 팽창의 변화 정도에 따라 한 기관에서 다른 기관으로 이동되어 고강도 운동 중에 수축하는 골격근으로 더 많은 혈류를 보냄
  ③ 혈액의 흐름에서 가장 큰 혈관의 저항은 소동맥(세동맥)에서 일어나며 평균 동맥압의 약 70~80%의 감소가 소동맥을 가로질러 발생함

2 심장 2018, 2020, 2021, 2025

(1) 심방과 심실
  ① 심방: 심장 중에서 정맥과 직접 연결된 부분
  ② 심실: 심장 중에서 동맥과 직접 연결된 부분

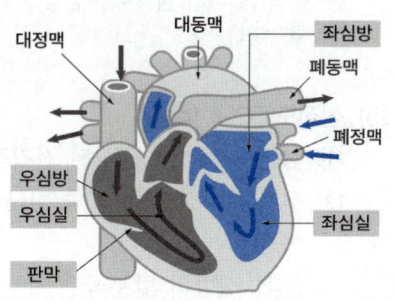

(2) 판막
  ① 혈액의 역류를 막기 위해 심장에 존재하는 막
  ② 심장의 수축과 이완에 따라 열리고 닫혀 혈액이 한 방향으로 흐르도록 하고 혈액이 역류하는 것을 방지함
  ③ 반월판: 대동맥과 좌심실 사이, 폐동맥과 우심실 사이에 위치

심장의 구조와 기능
- 판막은 혈액의 역류 방지
- 심장은 2개의 방과 실로 구성
- 심실중격은 좌·우심실 간 혈의 혼합을 방지

(3) 심근
① 심근 세포는 활동 전위를 자발적으로 생성(자율 박동 세포라는 특수화된 심근 세포에서 기원)
② 심근 세포는 가로무늬근(횡문근)
③ 사이 원판(개재판)이 잘 발달되어 심근 세포가 거의 동시에 수축
④ 심근이 수축할 때를 수축기, 이완할 때를 이완기라 함
⑤ 심장 근육에 혈액을 공급하는 역할을 하는 동맥을 관상동맥이라고 함

(4) 심장의 전기적 활동 2017, 2020
① 동방결절(SA node)에서 전기자극이 발생: 처음 탈분극이 시작되는 장소(Pacemaker: 스스로 전기자극 발생)
② 전기자극이 심방 전체에 퍼지고, 심방 전체가 수축
③ 전기자극의 일부가 방실결절(AV node)에 도착: 심방 탈분극
④ 전기자극이 방실결절에서 히스다발, 방실다발(푸르킨예섬유)에 전달되어 심실 전체에 한번에 퍼져나가 심실 전체가 강하게 수축

> **개념 플러스**
>
> **동방결절** 2025
> - 우심방 벽에 위치
> - 전기적 신호로 심장의 수축 주기를 조절
> - 전기적 자극이 시작되는 지점, 심장박동의 중추
>
> **방실결절**
> - 심장 근육 섬유의 작은 덩어리로 심장의 우심방 벽에 위치
> - 동방결절에서 심실까지 심장 근육 수축을 유도하는 전기 신호를 전달하는 임무를 수행

(5) 심전도(ECG) 2021
① 심근에 의해서 생성된 전기적 활동은 몸 전체에 걸쳐 전기장을 형성함
② 심전도는 심장 주기 중 심근의 연속적인 전기적 변화에 대한 기록을 보여줌
③ P파: 심방의 탈분극
④ QRS: 심실 탈분극과 심방 재분극
⑤ T파: 심실 재분극

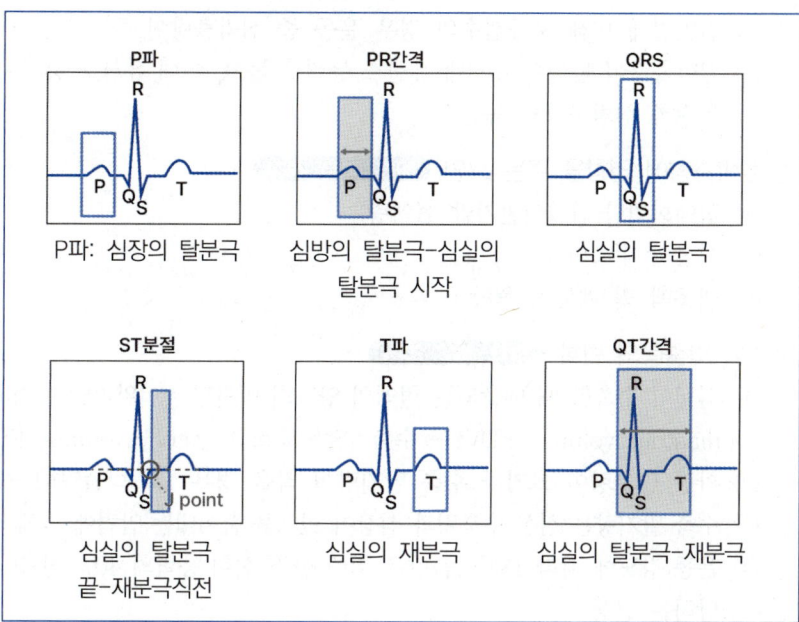

3 혈관

(1) 혈관의 종류와 역할

구분	기능과 역할
동맥	• 심장으로부터 혈액 운반 • 폐동맥을 제외한 모든 동맥은 산소의 함량이 많은 동맥혈액을 운반
정맥	• 심장으로 들어오는 혈관 • 폐정맥을 제외한 모든 정맥은 산소의 함량이 적은 정맥혈액을 운반
모세혈관	• 소동맥과 소정맥을 이어주는 혈관

(2) 혈관의 특징 2015
① 대동맥은 크고 대부분이 근육(민무늬근)으로 되어 있음
② 항상 혈액을 심장으로부터 소동맥을 거쳐 세동맥으로 운반하는 통로
③ 세동맥으로부터 혈액은 모세혈관으로 들어감
④ 동맥의 직경은 대동맥 25~10mm, 소동맥 10~0.1mm, 세동맥 0.1~0.005mm

4 심장과 순환

(1) 심박출량의 변화 2017, 2018, 2023, 2024
① 심장 수축에 의해 1분간 펌프되는 혈액량(심박출량 = 심박수 × 1회 박출량)
② 운동 중 심박출량은 운동 강도에 따라 비례
③ 심박출량의 증가는 운동 강도에 따라 산소요구량이 증가하고 이를 충족시키기 위해 산소운반을 증가시킴

혈관의 종류
• 동맥: 심장으로부터 혈액 운반
• 정맥: 심장으로 들어오는 혈관
• 모세혈관: 소동맥과 소정맥을 이어주는 혈관

기출 핵심 포인트

④ 일반인에 비해 운동선수의 경우 운동 중 심박출량이 큼
⑤ 심박출량이 높을수록 최대 유산소 능력도 높고, 최대 유산소 능력이 높을수록 심박출량도 높음

(2) 심박출량에 영향을 주는 요인 2021, 2023, 2024
① 정맥회귀량(심실이완기말 혈액량)
② 심장의 수축력
③ 대동맥 및 폐동맥 혈압

(3) 1회 박출량의 변화 2019, 2023, 2024
① 심실이 수축할 때 배출되는 혈액의 양[1회 박출량 = 이완기말 용적(end diastolic volume, EDV) − 수축기말용적(end systolic volume, ESV)]
② 확장 말기량이 크거나 수축 말기량이 작을 경우 1회 박출량이 커짐
③ 수축 말기량은 심실 수축력과 심장이 혈액을 뿜어내는 압력에 의해 좌우
④ 운동 강도에 따라 1회 박출량은 최대 산소 섭취 능력의 40% 정도에 해당하는 운동
⑤ 최대하운동 부하에서 최대에 이르고 더 증가하지 않음
⑥ 이는 지구성 운동의 경우 심장에 무리를 주지 않고 가장 많은 산소를 공급받는 운동이 되는 것
⑦ 여자 선수 또는 일반인의 경우 남자 선수보다 항상 1회 박출량이 적음

(4) 1회 박출량을 결정하는 요인 2016, 2018, 2022, 2023, 2024

구분	내용	상관관계
전부하(preload) 이완기말 용적(EDV)	심실수축 이전에 심실로 들어오는 피의 양과 관련(근육세포 이완하면서 심실수축 준비)	비례
심장수축력 (Contractibility)	심장근육을 수축할 수 있는 힘과 관련	비례
후부하 (afterload)	심실수축 시에 심장에 걸리는 저항과 관련	반비례

5 혈압과 혈류 순환

(1) 혈압 2016, 2022
① 운동 중 혈압 상승의 원인
  ㉠ 1회 박출량 및 심박수의 증가
  ㉡ 혈액량 증가
  ㉢ 혈액의 점도 증가
  ㉣ 말초 저항의 증가
② 혈압의 변동
  ㉠ 심장에서 순환이 시작된 이후 멀어질수록 낮아지는 것이 대전제
  ㉡ 혈관의 마찰, 혈류저항으로 인해 에너지를 소비해야 하기 때문에 순환이 계속될수록 낮아짐

ⓒ 대동맥(대략 100mmHg) → 작은 동맥(혈압강하가 본격적으로 발생) → 세동맥(전체 혈관계에서 저항이 가장 큰 부분)
ⓓ 혈압강하가 발생하는 건 점차 혈관에 저항이 발생하기 때문

(2) 정맥혈 회귀 2018

운동 중 정맥혈 회귀를 촉진시키는 요인

근육에 의한 펌프 작용	수축에 의해 근육에 있는 정맥 혈관이 압박을 받아 혈액이 심장 쪽으로 유입
호흡에 의한 펌프 작용	심장으로 가는 흉곽 및 복부의 정맥 혈관은 숨을 들이마시면 혈액이 밀려 나갔다가 숨을 내쉬면 다시 차게 되는 펌프 작용
정맥 혈관 압축에 의한 펌프 작용	정맥 혈관 수축은 온몸의 정맥 계통의 용적을 줄이도록 작용하여 혈액을 심장으로 밀어 넣는 역할

(3) 동정맥산소차(arterial-venous oxygen difference) 2022

① 체순환 중인 조직에서 혈액 100mL당 섭취된 산소의 양
② 훈련으로 동정맥산소차의 증가는 혈액으로부터 산소추출능력의 증가로 인함
③ 훈련에 따른 산소를 추출하는 증가된 근육수용능력은 주로 미토콘드리아수의 증가와 함께 모세혈관 밀도의 증가로 인함
④ 근육에서 미토콘드리아의 밀도증가는 최대운동 중 근육의 혈류량을 증가시키고 미토콘드리아의 확산거리를 줄이며, 충분한 확산시간이 일어나도록 혈류속도를 늦춤

개념 플러스 | 운동 시 동정맥산소차

- 근육세포의 산소소비량에 비례
- 고강도 운동 시 동정맥산소차 증가
- 골격근의 모세혈관 분포 증가로 동정맥산소차 증가
- 지구력 훈련은 최대산소섭취량을 높이고 동정맥산소차 증가

기출 핵심 포인트

운동 중 정맥혈 회귀를 촉진시키는 요인
- 근육에 의한 펌프 작용
- 호흡에 의한 펌프 작용
- 정맥 혈관 압축에 의한 펌프 작용

기출 핵심 포인트

04 운동에 대한 순환계의 반응과 적응

1 운동에 따른 순환계의 반응(환기량의 변화)

필요한 산소량을 공급하기 위해 폐포에서 활발한 기체 교환이 증가함

구분		내용
안정 시		환기량의 변화없음
운동 전		대뇌피질의 예측으로 환기량 약간 증가
운동 중	초기	운동피질의 자극으로 환기량 급격히 증가
	중기	• 환기량이 안정되며 느리게 증가 • 혈액에서 이산화탄소 증가, 산소분압 감소, pH 감소
	후기	• 최대하 운동 시 환기량은 유지상태, 최대 운동 시에는 환기량 계속 증가 • 혈액에서 이산화탄소 증가, 산소분압 감소, pH 감소 지속
운동 후		• 운동피질의 영향으로 환기량의 급격한 감소 후, 환기량의 느린 감소 발생 • 혈액 속 산소 감소, 이산화탄소 증가 등 pH의 항상성 유지

2 운동에 대한 순환계의 적응 2016, 2018, 2019, 2025

운동 효과로 인해 심장과 순환계의 변화에 따른 적응 현상이 일어남

구분	내용

안정 시	• 심장크기의 변화
	  – 지구력 운동으로 심실강 크기 증가
	  – 비지구력 운동으로 심근층 두께 증가
	• 심박수 감소: 안정 시 운동성 서맥 발생
	• 1회 박출량 증가: 운동선수 > 일반인
	• 혈액량과 헤모글로빈량의 증가(최대산소섭취량 증가)

최대하운동 시	• 1회 박출량의 증가: 안정 시와 최대하 운동 모두 증가 • 심박출량이 비훈련자에 비하여 다소 낮음 • 심박수의 감소: 훈련에 의한 1회 박출량 증가로 심박수는 감소 • 인체 효율성 증대: 산소 소비량 감소
최대운동 시	• 최대심장박출량과 1회 박출량의 증가(심장 비대와 심근섬유 수축력 증대) • 심박수의 변화(지구력 훈련에 관련된 선수의 최대심박수는 감소) • 최대유산소능력의 향상 • 총 근육혈류량의 증가: 활동근으로 공급되는 혈류 증가

운동에 대한 순환계의 적응
- 산소소비량 증가
- 모세혈관 증가
- 폐포수 증가
- 헤모글로빈 증가
- 심박출량 증가

환경과 운동

01 체온 조절과 운동

1 체온 조절 기전

(1) 열 생성과 열 손실 2017, 2021, 2022
   ① 열 생성
      대사과정을 통해 내부의 열을 생성
      ㉠ 수의적(운동)
      ㉡ 불수의적(오한, 근육의 떨림, 호르몬의 분비에 의한 생화학적 열 생성)
   ② 열 손실
      ㉠ 복사: 서로 다른 물체의 표면으로 물리적 접촉 없이 열전달
      ㉡ 전도: 직접적인 분자 접촉을 통한 한 물질에서 다른 물질로의 열 이동
      ㉢ 대류: 열이 한 장소에서 다른 장소로 이동되는 것
      ㉣ 증발: 운동 중 열 발산을 위한 땀의 증발로 열이 제거

(2) 체온 조절과 운동
   ① 운동 시 체온조절: 간뇌의 시상하부에서 체온조절중추를 작동
   ② 수의적 근육운동 및 불수의적(떨림) 운동으로 열을 생성
   ③ 증가 된 체온을 피부혈관 확장과 발한(땀)으로 열을 발산
   ④ 음성피드백
      ㉠ 체온 증가 → 발한 증가, 피부혈류 증가
      ㉡ 체온 감소 → 떨림, 피부혈류 감소

2 고온에서 운동 시 생리적 반응 2015, 2017, 2018, 2020, 2024

구분	내용
생리적 반응	• 근육과 피부의 혈류요구량 증가(지구력 저하) 　- 정맥환류량 감소 → 1회 박출량 감소 → 심박수 증가 　- 최대산소섭취량 감소, 동정맥산소차 감소 • 체내 수분 손실로 인한 혈액 농축 시 반응 　- 혈액량이 감소함에 따라 근육 글리코겐의 활용과 젖산의 생성이 증가하여 피로와 탈진이 시작됨(젖산 제거율이 감소하여 혈중 젖산 농도 상승함) 　- 피부로 가는 혈류가 감소하면 체온이 크게 상승함 　- 혈장량 감소로 1회 박출량, 혈압의 감소(순환 기능 저하)

신체의 열 생성 및 손실
- 열 생성: 운동, 생화학적 열 생성(오한, 근육의 떨림)
- 열 손실: 복사, 전도, 대류, 증발

고온환경 운동수행 시 생리적 반응
- 피부혈관 확장 및 피부 혈류량 증가
- 교감신경계 자극으로 심박출량 및 심박수 증가

기출 핵심 포인트

저온환경 운동수행 시 생리적 반응
- 평균 피부 온도 감소
- 노르에피네프린 분비 증가(대사적 열 생성)
- 혈액순환 증가(말초 혈관 확장 신경)
- 수면능력 향상

고온에서의 생리적 순응	• 반복되는 열 자극을 통해 체온 조절 기능에 적응
	• 열 내성을 증가시키는 생리적 적응 현상을 열 순응이라고 함
	  – 열 순응 과정은 피부 혈류 증가와 발한 반응 촉진으로 열을 효과적으로 제거
	  – 순응 후 발한량은 증가하고 농도는 희석되며, 그 결과 혈액의 피부 순환량 감소
	• 피부로 가는 혈류의 감소가 발생하면서 잉여 심박출량은 활동적인 근육에 할당되어 운동능력이 향상
	• 최대하운동 중 열 순응의 결과로 심박수와 심부 온도 감소
	  – 혈장량 증가
	  – 발한 시점의 조기화
	  – 발한율 증가
	  – 땀에 의한 염분 손실 감소
	  – 피부의 혈류량 감소
	  – 세포에서 열 상해 단백질 증가

3 저온에서 운동 시 생리적 반응 `2015, 2017, 2018, 2020`

구분	내용
생리적 반응	• 피부 혈관 수축 • 골격근의 떨림 • 열 생산 증가 • 열 손실을 최소화하기 위해 증가된 혈류가 신체 중심부로 흐름(외부와 심부와 단열 효과) • 심부 혈류의 증가로 정맥 환류량과 1회 박출량 증가 • 심박수가 감소하더라도 심박출량은 일정하게 유지됨 • 혈압이 올라가면 압력 수용기가 작동하여 심장 활동이 감소하고 심박수가 낮아짐 • 심부 및 근육 온도가 감소하면 최대 유산소 능력도 감소 • 근육의 온도 저하로 순발력 저하
저온에서의 생리적 반응	• 오한이 시작되는 평균 피부 온도 감소(낮은 피부 온도에서 떨림 시작) • 노르에피네프린의 분비 증가로 대사적 열 생성 증가 • 추운 기온에 적응하게 되면 손과 발이 평소보다 따뜻해지면서 해당 부위의 혈액순환이 좋아짐(말초 혈관 확장 신경 증가) • 추운 환경에서 수면 능력 향상 • 추위에 적응하는 데는 약 1주일 정도 소요

02 인체 운동에 대한 환경 영향

1 고지대 환경의 특성과 영향 2015, 2016, 2017, 2018, 2019, 2021, 2025

(1) 고지대에서의 운동
  ① 기압의 감소와 산소분압의 저하
  ② 폐환기량 증가: 말초부위의 화학수용체 감지로 인함
  ③ 환기량의 증가: 말초 화학수용체의 민감도(sensitivity)가 증가함

(2) 고지와 생리적 반응
  ① 산소분압 감소로 동맥혈 산화헤모글로빈 포화도 감소
  ② 환기량의 증가에 따른 호흡기 수분손실 발생
  ③ 수면장애
  ④ 급성 고산병
  ⑤ 고산뇌부종 및 고산폐부종
  ⑥ 인지능력 감소

(3) 고지에서의 운동반응
  ① 폐환기량 증가
  ② 동맥혈 산화헤모글로빈 포화도는 크게 감소 혹은 변화 없음
  ③ 최대산소섭취량의 감소(고도에 비례)는 유산소 운동능력 감소 의미

	안정 시	최대하운동	최대운동
심박수	증가	증가	유지/감소
일회박출량	감소	감소	감소
심박출량	감소	감소	감소

(4) 고지 적응 2019
  ① 조혈 촉진 인자의 방출 → 적혈구와 헤모글로빈의 농도 증가 → 산소 운반 능력 향상
  ② 근육 내의 모세혈관 증식 → 근육 내 마이오글로빈 양 증가 → 미토콘드리아의 산화 효소 활동 증가(미토콘드리아의 양 증가)

(5) 고지에 적응된 사람의 특징 2025
  ① 폐환기량 증대
  ② 심박출량 증대
  ③ 폐확산능력의 증대
  ④ 적혈구수의 증가 또는 헤모글로빈 농도 증가
  ⑤ 조직혈관 증가
  ⑥ 말초조직의 산소 흡착력 증가

기출 핵심 포인트

고지에서의 생리적 반응
- 호흡수 증가
- 심박수 증가
- 심박출량 증가
- 수면장애 발생
- 급성 고산병, 고산 뇌부종, 고산 폐부종 발생

PART 05 단원문제: 운동생리학

운동생리학의 개관

01 신체활동의 효과로 옳지 <u>않은</u> 것은?
① 조기 사망과 심장병의 위험 감소
② 심리적 안정감 감소
③ 당뇨병과 고혈압의 예방
④ 체중 유지 및 뼈, 근육 및 관절의 건강

02 트레이닝 원리에 대한 설명으로 적절하지 <u>않은</u> 것은?
① 개별성의 원리: 수행자의 체력 수준, 건강 및 목적 등을 고려하여 프로그램을 제공함
② 특수성의 원리: 트레이닝이 적용된 근육 동작, 부위, 형태 등에 따라 효과가 달라짐
③ 전면성의 원리: 고른 신체적 능력을 향상시키기 위해 다양한 운동을 지속적으로 수행
④ 과부하의 원리: 수행자의 능력보다 약한 자극을 제공하여 적응 수준을 높임

03 〈보기〉에서 건강관련 체력요인으로 옳은 것만을 모두 고른 것은?

[보기]
㉠ 근력　　　　㉡ 유연성
㉢ 근지구력　　㉣ 신체구성
㉤ 심폐지구력

① ㉠, ㉡, ㉣
② ㉠, ㉢, ㉤
③ ㉡, ㉢, ㉣, ㉤
④ ㉠, ㉡, ㉢, ㉣, ㉤

정답해설

01 신체활동을 통해 심리적 안정감이 증가한다.
02 과부하의 원리는 수행자의 능력보다 강한 자극을 제공하여 적응 수준을 높임을 말한다.
03 ㉠, ㉡, ㉢, ㉣, ㉤은 모두 건강관련 체력요인이다.

|정답| 01 ② 02 ④ 03 ④

04 〈보기〉의 ㉠, ㉡에서 설명하는 용어로 바르게 연결된 것은?

[보기]
㉠ 근육이 순간적으로 빨리 수축하면서 발생되는 힘
㉡ 신체의 움직임을 매끄럽고 정확하게 하는지에 대한 신체 각 분절의 조화

	㉠	㉡
①	순발력	평형성
②	순발력	협응성
③	민첩성	협응성
④	민첩성	평형성

인체 내부의 환경 조절

05 항상성 유지를 위해 자극에 대해 반대 방향으로 작용하는 반응 조절체계는 무엇인가?

① 삼투압조절 ② 긍정피드백
③ 부정피드백 ④ 전해질조절

06 혈압과 같이 정상 범위 내로 일정하게 유지하는 인체 내 기전은 무엇인가?

① 향광성 ② 항상성
③ 항정상태 ④ 평형상태

정답해설

04 ㉠ 순발력은 근육이 순간적으로 빨리 수축하면서 발생하는 힘이다.
㉡ 협응성은 신체의 움직임을 매끄럽고 정확하게 하는지에 대한 신체 각 분절의 조화이다.

[심화해설]
체력의 구분
• 건강 관련 체력

근력	근육에서 발생하는 힘의 최대 근력
근지구력	긴 시간 동안 근육이 일정한 힘의 수준으로 지속할 수 있는 능력
심폐지구력	심장, 폐, 순환계가 움직이는 근육에 효율적으로 산소를 공급하는 능력
유연성	부상 없이 최대 관절가동범위에 걸쳐 부드럽게 관절을 움직이는 능력
신체조성	인체를 구성하는 기관이나 조직 등을 정량적 또는 상대적인 비율로 나타낸 것

• 기술 관련 체력

민첩성	운동의 목적에 따라 신체를 신속히 정확하게 조작하는 능력
평형성	신체를 일정한 자세로 균형을 유지하는 능력
협응성	신체의 움직임을 매끄럽고 정확하게 하는가에 대한 신체 각 분절의 조화
스피드	움직임이 진행되는 빠르기
순발력	근육이 순간적으로 빨리 수축하면서 나는 힘
반응시간	자극이 주어진 순간부터 반응이 일어날 때까지의 시간

05 체내 심부 온도를 일정하게 유지하기 위해 체온 증가(자극) 시 뇌의 시상하부(조절센터)에서 피부로 혈관 확장, 땀 배출이라는 열 손실 신호를 통해 체온이 감소(반응)하도록 한다. 신체 대부분은 부정피드백을 통해 항상성을 유지한다.

06 혈압이 증가하는 경우 반사적으로 심장 박동수를 감소시키고 혈압을 정상 범위를 유지하도록 하며 반대의 경우도 자동으로 이루어진다.

|정답| 04 ② 05 ③ 06 ②

07 〈보기〉의 ㉠에 해당하는 단계로 적절한 것은?

[보기]
혈당 조절
음식 섭취 → 혈당 증가 → 췌장 베타세포에서 인슐린 분비 → 혈당 (㉠)

① 증가 ② 감소
③ 확산 ④ 유지

08 항정상태에 관한 설명 중 〈보기〉의 ㉠, ㉡ 안에 들어갈 말이 바르게 연결된 것은?

[보기]
신체 내부 환경을 일정하게 (㉠)하는 상태로서, 세포 조직의 요구량과 요구에 대응하는 신체 반응이 (㉡)을 이룬 상태

	㉠	㉡
①	증가	균형
②	감소	불균형
③	유지	균형
④	유지	불균형

에너지 대사와 운동

09 ATP 생성체계에 대한 설명 중 적절하지 <u>않은</u> 것은?

① ATP - PC 과정을 통해 ATP는 AMP와 Pi로 분해된다.
② ATP - PC는 가장 빠르고 쉽게 ATP를 생성하는 과정이다.
③ 무산소성 해당 과정은 ATP가 고갈된 후 두 번째로 빠르게 ATP를 생성한다.
④ 무산소성 해당 과정을 통해 젖산 또는 피루브산을 형성한다.

10 〈보기〉의 에너지 대사 과정에 관한 설명 중 옳은 것만을 모두 고른 것은?

[보기]
㉠ 해당과정 중 NADH는 생성되지 않는다.
㉡ 크렙스 회로와 베타산화는 미토콘드리아에서 관찰되는 에너지 대사 과정이다.
㉢ 포도당 한 분자의 해당과정의 최종산물은 ATP 2분자와 피루브산염 2분자(또는 젖산염 2분자)이다.
㉣ 낮은 운동강도(예 VO_2max 40%)로 30분 이상 운동 시 점진적으로 호흡교환율이 감소하고 지방 대사 비중은 높아진다.

① ㉠, ㉡ ② ㉠, ㉣
③ ㉡, ㉢ ④ ㉡, ㉢, ㉣

정답해설

07 부정피드백에 대한 설명이다. 혈당 증가 후 췌장 베타세포에서의 인슐린 분비는 혈당을 일정 수준으로 유지하려는 항상성의 예이다.

08 항정상태는 생리학적인 내부 환경이 일정하게 유지하는 상태를 말한다.

09 ATP - PC 과정을 통해 ATP는 ADP와 Pi로 분해된다.

10 ㉡ 유산소성 과정은 크렙스 회로와 전자 전달계를 통한 복합적인 상호작용으로 세포 내 미토콘드리아에서 만들어진다.
㉢ 해당 과정은 포도당 또는 당원을 분해시켜 젖산 또는 피루브산을 형성하며 최종 산물로 ATP 2분자와 피루브산염(또는 젖산염) 2분자를 생성한다.
㉣ 호흡교환율이란 배출되는 이산화탄소의 양과 소비되는 산소의 양 사이의 비율을 의미한다. 이러한 호흡교환율이 높아질수록 탄수화물의 기여도가 높아지는 반면 감소할수록 지방의 대사 비중이 높아진다.

[오답해설]
㉠ 해당과정에서 NAD^+는 기질로부터 방출된 전자와 수소이온(H^+)을 받아들여 환원되며, 그 결과 NADH가 생성된다.

|정답| 07 ② 08 ③ 09 ① 10 ④

11 〈보기〉에서 설명하는 에너지 대사 과정은?

[보기]
- 무산소성 에너지 시스템이다.
- 에너지 투자와 에너지 생산 단계로 구성된다.
- 대사 과정의 최종 산물로 피루브산염 또는 젖산염을 생성한다.

① 지방분해(lipolysis)
② 해당과정(glycolysis)
③ 동화작용(anabolism)
④ 산화적 인산화(oxidative phosphorylation) 과정

12 대사과정에서 사용되는 에너지원의 특성에 대한 설명으로 적절하지 않은 것은?

① 단백질은 안정 시 에너지원으로 참여하는 비율은 매우 적은 편이다.
② 지방이 에너지원으로 사용되기 위해서는 반드시 산소 공급이 필요하다.
③ 지방이 초기에 빠르게 에너지원으로 기여하는 양은 탄수화물보다 많은 편이다.
④ 고강도 운동에서 가장 빠르고 효율적으로 사용되는 에너지원은 탄수화물이다.

운동 대사

13 호흡 교환율에 대한 설명으로 옳지 않은 것은?

① 운동강도가 올라갈수록 RER은 증가한다.
② RER이 1.0 이하인 경우 대사의 주 연료는 탄수화물이다.
③ 상대적으로 낮은 강도에서의 RER은 1.0 이하이다.
④ VO_2max 80% 이상의 고강도 운동 수행 시 RER은 1.0 이상이다.

14 〈보기〉에서 장기간의 무산소 트레이닝에 따른 생리학적 적응으로 옳은 것만을 모두 고른 것은?

[보기]
㉠ 산화 능력 증가
㉡ 근육의 수축 속도 증가
㉢ 미토콘드리아 밀도 증가
㉣ PCr 또는 PFK 효소의 양 및 활성도 증가

① ㉠, ㉡
② ㉡, ㉣
③ ㉠, ㉡, ㉣
④ ㉠, ㉢, ㉣

정답해설

11 해당과정(glycolysis)은 무산소성 에너지 시스템으로 ATP-PC와 함께 단기간의 고강도 근수축에 필요한 에너지를 공급한다. 세포 내에 있는 포도당을 사용하여 비교적 빠른 과정에 속하지만 부산 물질인 젖산 또는 피루브산염을 생성하여 근피로를 유발하는 것이 특징이다.

12 근육에는 적은 양의 지방이 저장되어 있어 초기에 빠르게 에너지원으로 기여하는 양은 탄수화물에 비해 적은 편이다.

13 RER 1.0 이하인 경우 에너지 대사의 주 연료는 지방이다.

14 ㉡, ㉣은 무산소 트레이닝에 따른 효과이며, ㉠, ㉢은 유산소 트레이닝에 따른 효과이다.

| 정답 | 11 ② 12 ③ 13 ② 14 ②

15 유산소성 트레이닝을 통한 근육 내 미토콘드리아 변화와 관련된 설명으로 옳지 <u>않은</u> 것은?

① 근원섬유 사이의 미토콘드리아 밀도 증가
② 근육 내 젖산과 수소 이온(H^+) 생성 감소
③ 손상된 미토콘드리아 분해 및 제거율 감소
④ 근육 내 크레아틴인산(phosphocreatine) 소모량 감소

16 운동강도와 대사에 대한 설명으로 적절하지 <u>않은</u> 것은?

① 저강도 운동(장시간) 시 지방이 주된 연료이다.
② 고강도 운동(단시간) 시 탄수화물이 주된 연료이다.
③ 저강도 운동(장시간) 시 유산소 과정을 통해 많은 ATP를 생산한다.
④ 고강도 운동(단시간) 시 유산소 과정을 통해 많은 ATP를 생산한다.

신경 조절과 운동

17 〈보기〉에서 설명하는 감각수용기는?

─[보기]─
- 주동근의 수축을 억제한다.
- 근육 손상을 예방하는 기능을 한다.
- 근육-건 복합체의 장력 변화를 감지한다.

① 근방추
② 파치니소체
③ 골지건기관
④ 마이스너소체

18 탈분극 상태에 대한 설명으로 옳지 <u>않은</u> 것은?

① 조직을 자극하면 세포막의 Na^+, K^+의 투과성이 변화하여 안정 막전위가 깨진다.
② 세포막 안팎의 전극을 역전시키기 위해서는 일정 정도 이상의 강도로 자극해야 한다.
③ 안정 막전위에서 세포막 안쪽의 음극(−)이 양극(+)으로, 밖은 양극(+)은 음극(−)으로 역전한다.
④ 활동 전위를 유발할 수 있는 최대한의 자극강도를 역치라고 한다.

19 세포막 물질 수송에 대한 설명으로 옳지 <u>않은</u> 것은?

① 능동적 수송의 경우 농도 또는 에너지 경사를 따라 이루어진다.
② 수동적 수송의 경우 운반체와 인체에너지를 사용하지 않는다.
③ 수동적 수송의 경우 세포막을 통해 물질이 이동될 때 농도 또는 경사를 따라 움직인다.
④ 수동적 수송의 경우 운반체를 이용한 물질의 이동이 이루어진다.

정답해설

15 유산소성 트레이닝에 의한 대사적 적응으로 미토콘드리아의 크기와 수가 증가하여 많은 양의 ATP를 생성할 수 있다.

16 단시간의 고강도 운동 시 주된 에너지 생산 시스템은 ATP-PCr(인원질 과정)이며, 젖산, 유산소 순으로 에너지를 공급한다.

17 골지건기관은 근육의 힘줄에 있는 감각 수용기이다. 과도한 장력이 발생할 경우 주동근의 수축을 억제하며, 근육 손상을 예방하는 중요한 역할을 한다.

18 활동 전위를 유발할 수 있는 최소한의 자극강도를 역치라고 한다.

19 능동적 수송의 경우 농도 또는 에너지 경사를 따르지 않는다.

| 정답 | 15 ③ 16 ④ 17 ③ 18 ④ 19 ①

20 〈보기〉의 ㉠, ㉡에 들어갈 단어를 올바르게 연결한 것은?

[보기]
세포 내로 (㉠) 유입 → 시냅스 소포에서 신경 전달 물질인 (㉡) 방출

	㉠	㉡		㉠	㉡
①	칼슘	아세틸콜린	②	칼슘	세로토닌
③	나트륨	아세틸콜린	④	나트륨	세로토닌

골격근과 운동

21 근육에 대한 설명으로 옳지 않은 것은?

① 심장근과 내장근은 불수의근에 해당한다.
② 심장근은 수의근에 해당하며 심장의 벽을 이루는 근육이다.
③ 골격근은 수의근에 해당하며 뼈 또는 피부에 부착된 근육이다.
④ 내장근은 불수의근에 해당하며 내장의 기관이나 혈관 등의 벽을 이루는 근육이다.

22 〈보기〉의 ㉠에 적절한 것은 무엇인가?

[보기]
액틴에 있는 (㉠)과 트로포마이오신 단백질이 근수축 과정을 조절한다.

① 마이오신
② 트로포닌
③ 십자형 가교
④ 칼슘

23 〈보기〉에서 속근섬유(type II)에 관한 특성으로 옳은 것만을 모두 고른 것은?

[보기]
㉠ 피로 저항이 높음
㉡ 수축 속도가 빠름
㉢ 산화 능력이 높음
㉣ 칼슘이온 방출 속도가 빠름

① ㉠, ㉡   ② ㉠, ㉢
③ ㉡, ㉣   ④ ㉢, ㉣

정답해설

20 신경 전달 과정에 대한 설명이다. 세포 내로 칼슘이 유입된 후 시냅스 소포에서 신경 전달 물질인 아세틸콜린을 방출한다.

21 심장근은 불수의근에 해당한다.

22 액틴에 있는 트로포닌과 트로포마이오신 단백질이 근수축 과정을 조절한다.

23 속근섬유(Type IIx, Type IIa)형태와 지근섬유(Type I)형태의 특성

구분	속근	지근
용어	백근, FT, Type IIx, Type IIa	적근, ST, Type I
특성	• 모세혈관 밀도 및 미오글로빈 함유량이 적음 • 순발력 운동 수행을 가짐 • 힘의 발현이 크나 수축 이완시간이 빠름 • ATP-PC, 글리코겐의 저장량이 많음 • 해당작용 효소가 발달 • 해당작용 능력이 높음	• 모세혈관 밀도 및 미오글로빈 함유량이 많음 • 지구성 운동 수행을 가짐 • 에너지의 효율이나 피로에 대한 저항이 강함 • 미토콘드리아의 수나 크기가 큼 • 산화 효소가 발달해 있음 • 미토콘드리아의 산화 능력이 높음

|정답| 20 ① 21 ② 22 ② 23 ③

24 〈보기〉에서 근육의 힘, 파워, 속도의 관계에 대한 설명 중 옳은 것만을 모두 고른 것은?

[보기]
㉠ 단축성(concentric) 수축 시 수축 속도가 빨라짐에 따라 힘(장력) 생성은 감소한다.
㉡ 신장성(eccentric) 수축 시 신장 속도가 빨라짐에 따라 힘(장력) 생성은 증가한다.
㉢ 근육이 발현할 수 있는 최대 근파워는 등척성(isometric) 수축 시에 나타난다.
㉣ 단축성 수축 속도가 동일할 때 속근섬유가 많을수록 큰 힘을 발휘한다.

① ㉠, ㉡, ㉢   ② ㉠, ㉡, ㉣
③ ㉠, ㉢, ㉣   ④ ㉡, ㉢, ㉣

내분비계와 운동

25 〈보기〉에서 설명하는 호르몬은?

[보기]
• 간의 글리코겐을 분해한다.
• 췌장 알파세포에서 분비된다.
• 혈중 글루코스 농도를 높인다.

① 인슐린   ② 코티졸
③ 글루카곤   ④ 에피네프린

26 호르몬에 대한 설명으로 옳지 <u>않은</u> 것은?
① 성장호르몬 억제 호르몬은 성장호르몬 분비를 억제한다.
② 인슐린은 포도당 수준을 감소시켜 혈당 농도 조절에 도움을 준다.
③ 에피네프린은 혈액 흐름을 감소시켜 심박수와 심장근육의 수축력을 감소시킨다.
④ 노르에피네프린은 세동맥과 세정맥을 수축시켜 혈압 상승효과를 가져온다.

27 운동 중 수분과 전해질 균형에 관한 설명으로 옳은 것만을 모두 고른 것은?

[보기]
㉠ 장시간의 중강도 운동 시 혈장량과 알도스테론 분비는 감소한다.
㉡ 땀 분비로 인한 혈장량 감소는 뇌하수체 후엽의 항이뇨호르몬 분비를 유도한다.
㉢ 충분한 수분 섭취 없이 장시간 운동시 체내 수분 재흡수를 위해 레닌-안지오텐신 II 호르몬이 분비된다.
㉣ 운동에 의한 땀 분비는 수분 상실을 초래하며 혈중 삼투질 농도를 감소시킨다.

① ㉠, ㉢   ② ㉠, ㉣
③ ㉡, ㉢   ④ ㉡, ㉣

정답해설

24 근육이 발현할 수 있는 최대 근파워는 운동속도와 관련 있으며 많은 근육이 수축할수록 커진다. 또한 지근섬유보다 속근섬유 비율이 높을수록 높은 근파워가 나타날 수 있다.

25 글루카곤은 췌장 알파세포에서 분비되며, 간의 글리코겐을 분해하여 혈중 글루코스 농도를 증가시킨다.

26 에피네프린은 글리코겐 분해를 촉진하며, 골격근으로의 혈액 흐름을 증가시키고, 심박수와 심장근육의 수축력을 증가시킨다.

27 ㉡ 항이뇨호르몬은 땀 분비로 인한 혈장량 감소와 그에 따른 혈중삼투압을 증가시킨다.
㉢ 안지오텐신 II는 알도스테론 분비를 촉진하고 알도스테론은 나트륨과 물의 재흡수를 증가시킨다.

| 정답 | 24 ② 25 ③ 26 ③ 27 ③

28 운동 중 지방분해를 촉진하는 요인으로 옳지 않은 것은?

① 인슐린 증가
② 글루카곤 증가
③ 에피네프린 증가
④ 순환성(cyclic) AMP 증가

호흡 · 순환계와 운동

29 폐 용적과 폐 용량에 대한 설명으로 옳지 않은 것은?

① 흡기량은 1회 호흡량과 기능적 잔기량을 합한 값을 말한다.
② 흡기 예비량은 1회 호흡량을 들이쉰 후 다시 최대로 들이쉴 수 있는 공기의 양이다.
③ 폐활량은 최대로 공기를 들이쉰 후 최대한 내쉴 수 있는 공기의 양을 말한다.
④ 호기 예비량은 1회 호흡량을 내쉰 후 다시 최대로 내쉴 수 있는 공기의 양이다.

30 <보기>에서 동방결절(SA node)에 관한 특성으로 옳은 것만을 모두 고른 것은?

[보기]
㉠ 심장의 페이스메이커(pacemaker)로 불림
㉡ 전도체계 중 가장 빠른 내인성 박동률을 가짐
㉢ 심실이 혈액을 충만하게 모을 수 있도록 자극전도 시간을 지연시킴
㉣ 다른 심장 전도 시스템보다 약 6배 빠르게 전기적 자극을 심실 전체로 전달하여 심실의 거의 모든 부위가 동시에 수축할 수 있게 함

① ㉠, ㉡
② ㉠, ㉡, ㉢
③ ㉠, ㉢, ㉣
④ ㉡, ㉢, ㉣

31 운동에 대한 심혈관 반응에 관한 설명으로 옳은 것은?

① 점증 부하 운동 시 심근산소소비량 감소
② 고강도 운동 시 내장 기관으로의 혈류 분배 비율 증가
③ 일정한 부하의 장시간 운동 시 시간 경과에 따른 심박수 감소
④ 고강도 운동 시 활동근의 세동맥(arterioles) 확장을 통한 혈류량 증가

정답해설

28 인슐린은 리파아제의 활성을 상승시켜 지방 세포 내의 중성지방 저장량을 증가시키고, 호르몬 감수성 리파아제의 활성을 저하시켜 중성지방 분해를 억제한다.

29 흡기량은 1회 호흡량과 예비 흡기량을 합한 값을 말한다.

30 ㉠ 동방결절은 스스로 작동하며 심장 박동을 조절하는 역할을 한다.
㉡ 동방결절은 전도체계 중 가장 빠른 내인성 박동률을 갖는다.

31 고강도 운동 시 비활동성 기관으로부터 활동성 골격근으로의 혈류 재분배가 이루어지며 세동맥 확장은 골격근 모세혈관의 보강으로 혈류량을 증가시킨다.
[오답해설]
① 점증부하 운동 시 산소요구량이 증가되어 심근산소소비량이 증가한다.
② 고강도 운동 시 근육으로의 혈류가 증가되며 내장 기관으로의 혈류 분배 비율은 감소한다.
③ 일정한 부하의 장시간 운동 시 산소요구량 증가에 따라 시간 경과에 따른 심박수는 증가한다.

|정답| 28 ① 29 ① 30 ① 31 ④

32 운동에 대한 순환계의 적응으로 옳지 않은 것은?

① 운동으로 인해 산소 소비량이 증가한다.
② 최대 운동 시 최대 심박출량이 증가한다.
③ 안정 시 또는 최대하 운동 시 심박수가 증가한다.
④ 혈액 이동과 산소 운반 능력이 증가한다.

환경과 운동

33 열 손실에 대한 설명으로 옳지 않은 것은?

① 복사는 서로 다른 물체의 표면으로 물리적 접촉 없이 열전달이 이루어진다.
② 전도는 직접적인 분자 접촉을 통해 열이 이동하는 것을 말한다.
③ 대류는 열이 한 장소에서 다른 장소로 이동되는 것을 말한다.
④ 증발은 운동 중 땀 생성을 통해 열이 제거되는 것을 말한다.

34 저온에서 운동 시 생리적 반응으로 옳은 것은?

① 저온에서 운동 시 열 생산이 감소한다.
② 노르에피네프린의 분비가 감소하여 대사적 열 생성이 증가한다.
③ 심부 혈류의 증가로 정맥 환류량과 1회 박출량이 증가한다.
④ 추운 환경에서 수면 능력이 감소한다.

35 고온에서 운동 시 생리적 반응으로 옳지 않은 것은?

① 피부 혈류 감소로 인해 체온이 과다하게 상승한다.
② 최대산소섭취량과 동·정맥 산소 차가 감소한다.
③ 고온에서 운동 시 근육과 피부의 혈류요구량이 감소한다.
④ 혈장량 감소로 1회 박출량과 혈압이 감소한다.

36 〈보기〉에서 고지대 환경에서 장기간 노출 시 나타나는 생리학적 적응으로 옳은 것만을 모두 고른 것은?

┌─[보기]─────────────────┐
㉠ 심박출량 증가   ㉡ 모세혈관 밀도 증가
㉢ 근육 단면적 증가   ㉣ 산소운반능력 증가
└─────────────────────┘

① ㉠, ㉢
② ㉡, ㉣
③ ㉠, ㉢, ㉣
④ ㉡, ㉢, ㉣

정답해설

32 안정 시 또는 최대하 운동 시 심박수는 감소한다.

33 운동 중 체온 조절의 기전은 땀 생성이 아니라 땀 증발로 인해 열이 제거되어 나타난다.

34 ① 저온에서 운동 시 열 생산이 증가한다.
② 노르에피네프린의 분비 증가로 대사적 열 생성이 증가한다.
④ 추운 환경에서 운동 시 수면 능력이 향상된다.

35 고온에서 운동 시 근육과 피부의 혈류요구량이 증가한다.

36 고지대환경에서 장기간 노출되면 적혈구 수와 모세혈관 밀도가 증가하여 산소운반능력이 향상된다.

|정답| 32 ③ 33 ④ 34 ③ 35 ③ 36 ②

MEMO

2025년 기출분석

- 실제 스포츠 장면을 수치적으로 해석·적용하는 계산형 문항 중심으로 출제
- 토크·운동량보존·에너지전환 등 핵심 공식을 정확히 이해해야 해결 가능한 응용형 문제가 다수 출제
- 정의와 원리 확인 중심의 단답형 문항으로 제한되어, 난이도는 전반적으로 중상 수준

2025년 필기 출제비율

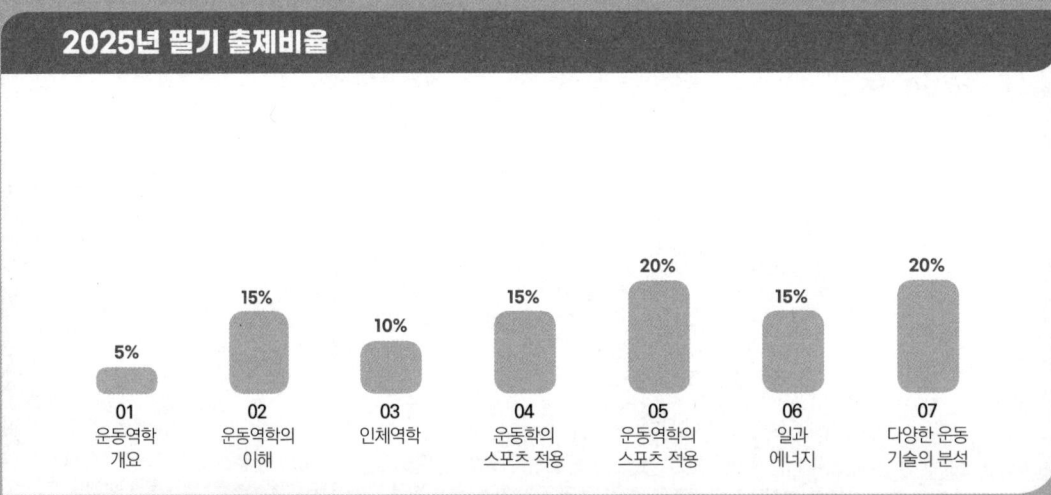

01 운동역학 개요	02 운동역학의 이해	03 인체역학	04 운동학의 스포츠 적용	05 운동역학의 스포츠 적용	06 일과 에너지	07 다양한 운동기술의 분석
5%	15%	10%	15%	20%	15%	20%

PART 06

운동역학

01 운동역학 개요
02 운동역학의 이해
03 인체역학
04 운동학의 스포츠 적용
05 운동역학의 스포츠 적용
06 일과 에너지
07 다양한 운동 기술의 분석

운동역학 개요

기출 핵심 포인트

01 운동역학의 정의

1 운동역학의 정의
① 역학, 생리학, 해부학의 기초지식을 활용하여 인간의 움직임을 연구하기 위한 응용과학
② 물체를 움직이게 하는 힘과 그에 따른 물체의 움직임을 연구하는 데 중점을 두는 학문

2 운동역학의 학문 영역 2016, 2017, 2018, 2020, 2021, 2023

정역학 (statics)	정적 평형 상태에 있는 구조물이나 물체에 가해지는 힘을 조사하여 해당 물체에 작용하는 미지의 힘을 식별하고 분석하는 연구 분야
동역학 (dynamics)	물체의 힘과 운동의 관계, 가속에 영향을 받는 시스템을 연구하는 학문
운동학 (kinematics)	• 공간과 시간의 관계를 통해 움직임을 탐구하는 학문 • 운동을 일으키는 힘과 관계없는 위치, 속도, 각도, 각속도 등 운동의 다양한 상태에 중점을 두고 연구하는 분야 • 최대 속도 계산, 이동 거리 측정, 각 세그먼트의 속도 분석, 구간별 속도 측정, 무릎 관절의 각도 측정, 궤적 측정, 각속도 측정 등을 수행함
운동역학 (kinetics)	• 운동을 유발하거나 변화시키는 힘을 연구하는 학문 • 스포츠와 관련된 움직임에 초점을 맞춘 특정 전문 분야
인체 측정학 (anthropometry)	인체의 형태 및 기능을 측정하여 측정 치에 의해 인체의 여러가지 성질을 수량적으로 밝히려고 하는 학문

02 운동역학의 목적과 내용

1 운동역학의 목적과 필요성 2015, 2016, 2017, 2019, 2021, 2022, 2025

(1) 운동역학의 목적

운동기술의 향상	운동 수행의 최적화와 경기력의 극대화 추구
안전성의 향상	• 상해의 원인을 분석, 이를 예방할 수 있는 동작 방법 제시 • 보호를 위한 상해 예방 기구 개발
운동 기구의 개발	수행력 향상을 위한 각종 운동 도구 개발

운동역학의 목적
• 운동수행의 최적화
• 경기력 극대화
• 상해 원인 분석
• 상해 예방 기구(운동 보호 장비) 개발

(2) 운동역학의 필요성
   ① 스포츠 지도자는 운동역학 전문 지식을 활용하여 운동 습득을 효과적으로 높일 수 있음
   ② 스포츠 과학자들은 실제 상황에서 운동역학에 대한 지식을 활용하기 위해 스포츠 지도자들과 긴밀히 협력해야 함
   ③ 스포츠 과학자들은 운동역학 이론을 연구에 적용하여 운동 능력을 향상시키는 데 중요한 역할을 함

2 운동역학의 주요 연구 영역

(1) 운동 동작의 분석과 개발
   코치 또는 지도자가 운동 수행 과정을 평가하여 단점을 분석하고, 문제를 식별하여 동작 기술의 오류를 수정하기 위한 피드백을 제공함
   ① 개선된 운동수행 기준을 소개하고 혁신적인 운동 방법 개발
   ② 선수 분석을 통해 강점과 약점을 파악하고 개선할 수 있는 피드백을 제공

(2) 운동 기구의 개발과 평가
   최근 과학기술의 발전으로 인해 선수들의 경기력 향상과 부상 방지를 목표로 빠르게 발전하는 분야
   ① 선수의 운동 수행 능력을 향상시키고 부상 위험을 최소화
   ② 성과를 향상시키기 위해 다양한 유형의 운동 장비 및 도구를 개발

(3) 측정 방법과 자료처리 기술의 개발
   운동 기술의 정밀 측정 방법과 데이터 처리 기술의 발전으로 운동 능력에 대한 빠르고 정확한 분석이 가능해지며, 이를 통해 실제 환경에서 신속한 적용이 가능해짐
   ① 정확한 측정과 분석을 위한 장비 개발
   ② 동작 분석, 힘 측정 및 분석, 근육활동 측정 및 분석 등

3 운동역학의 연구 방법 2022, 2025

(1) 정성적 분석(qualitative analysis)
   ① 비디오 영상 장비와 소프트웨어 프로그램을 활용해 움직임을 정확하게 관찰하고 분석하는 방법
   ② 일정 수준의 객관성을 확보하는 것이 필수
   ③ 영상 장비와 프로그램은 정성적 분석을 강화하고 현장 적용에 용이함

(2) 정량적 분석(quantitative analysis)
   ① 다양한 도구와 장비를 사용하여 수치 정보를 수집하고 분석하여 움직임과 힘의 영향을 연구하는 기술
   ② 정성적 분석과 달리 주관적인 판단을 배제하고 객관적이고 정확한 정보를 수집함
   ③ 중요하지만 데이터 처리에 필요한 상당한 시간이 필요하므로 실제 현장 구현에 제약이 있음

운동역학의 주요 연구 영역
- 운동 동작의 분석과 개발
- 운동 기구의 개발과 평가
- 측정 방법과 자료처리 기술의 개발

운동역학의 연구 방법
- 정성적 분석: 영상 장비와 소프트웨어를 활용하여 움직임 관찰 분석
- 정량적 분석: 다양한 장비를 활용하여 객관화된 수치 정보 수집 분석

CHAPTER 02 운동역학의 이해

기출 핵심 포인트

01 해부학적 기초

1 인체의 근골격계 2024

(1) 근골격계
골격을 서로 연결하여 운동을 돕는 근육과 골격을 통틀어 부르는 말

(2) 근골격계의 근육
골격을 움직일 수 있게 만드는 관절을 유기적으로 움직이게 하는 역할을 함

(3) 근골격계의 특징
① 골격근의 수축은 관절에서 회전운동을 일으킴
② 인대는 골격근의 뼈와 뼈 사이를 연결해주는 섬유성 조직임
③ 작용근(주동근)은 의도한 운동을 발생시키는 근육

2 해부학적 자세와 방향용어

해부학적 자세
- 시선은 전방을 향함
- 인체를 곧게 세운 직립자세
- 각 분절의 운동축과 운동면은 해부학적 자세를 기준으로 함

(1) 인체의 해부학적 자세 2015
① 정면을 바라보며 양팔을 몸통 옆에 늘어뜨린 채 자연스럽게 선 자세
② 양발은 11자로 나란히 하고, 손바닥이 전면을 향하도록 함
③ 해부학적 자세에서 상부는 머리 쪽, 하부는 발끝을 의미함

(2) 인체해부학의 방향용어 2018, 2019, 2021
① 상(superior): 인체 중심의 위쪽
② 하(inferior): 인체 중심의 아래쪽
③ 전(anterior): 인체 중심의 앞쪽
④ 후(posterior): 인체 중심의 뒤쪽
⑤ 내측(medial): 인체의 중심쪽
⑥ 외측(lateral): 인체 중심의 바깥쪽
⑦ 저측(plantar): 발바닥 쪽
⑧ 배측(dorsal): 발등 쪽
⑨ 근위(proximal): 몸통부에 가까운 쪽으로, 운동이나 근육이 끝나는 부분
⑩ 원위(distal): 몸통부에서 먼 쪽으로, 운동이나 근육이 끝나는 부분
⑪ 표층(superficial): 인체의 표면쪽
⑫ 심층(deep): 인체의 내부, 신체 표면으로부터 멀음

3 인체의 축(axis)과 운동면(plane)

(1) 운동축(회전축)

좌우축(Frontal Axis)	인체의 좌우를 통과하는 축(전후면과 직교)
전후축(Sagittal Axis)	인체의 전후를 통과하는 축(좌우면과 직교)
장축/수직축(Longitudinal Axis)	인체의 위아래를 통과하는 축(횡단면과 직교)

(2) 운동면(평면) 2016, 2017

전후면/시상면 (Sagittal Plane)	인체의 전후로 형성되어 인체를 좌우로 나누는 평면
좌우면 (Frontal Plane)	인체의 좌우로 형성되어 인체를 앞뒤로 나누는 평면
횡단면/수평면 (Transverse Plane)	인체를 횡단하여 인체를 상하로 나누는 평면

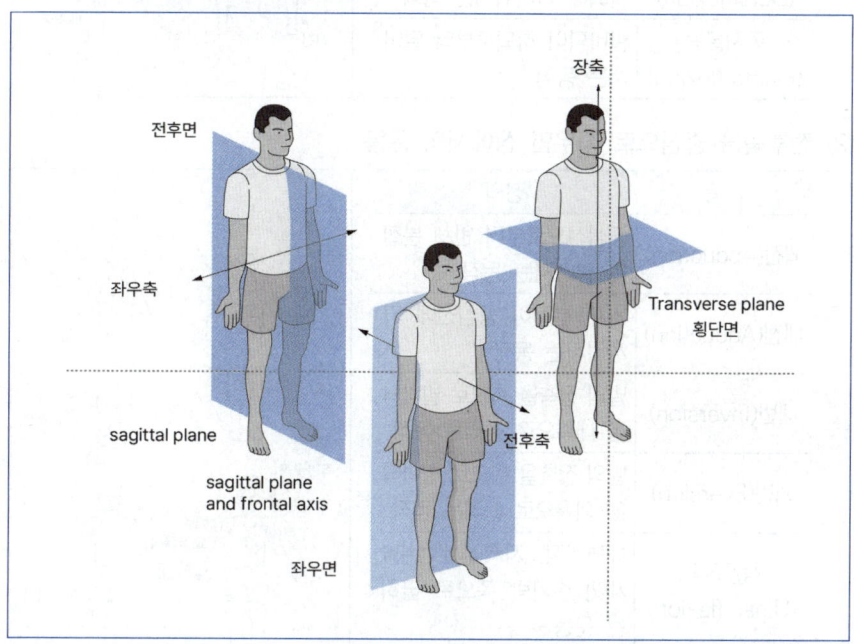

해부학적 자세의 운동면과 운동축

개념 플러스 · 운동축과 운동면의 관계

- 좌우축과 전후면: 사이클의 다리동작, 앞/뒤 공중돌기, 윗몸일으키기 등
- 전후축과 좌우면: 옆 돌기, 팔 벌려 뛰기 등
- 장축과 횡단면: 피겨스케이트의 스핀, 야구의 스윙, 좌우로 머리 돌리기 등

> 기출 핵심 포인트

4 관절운동 (2015, 2018, 2019, 2022)

(1) 좌우축을 중심으로 전후면 상에서의 운동

운동	정의
굴곡 (Flexion)	관절을 형성하는 두 분절 사이의 각이 감소하는 굽힘 운동
신전 (Extension)	굴곡의 반대운동으로 두 분절 사이의 각이 증가하는 운동
과신전 (Hyper extension)	과도하게 신전되는 동작
배측굴곡 (Dorsiflexion)	발목관절 주위에서 발등이 하퇴에 가까워지는 동작
족저굴곡 (Plantarflexion)	발바닥이 하퇴로부터 멀어지는 동작

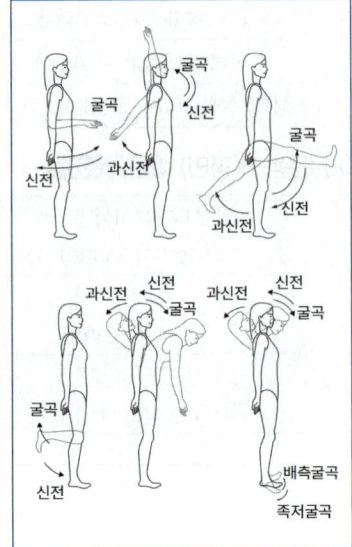

(2) 전후축을 중심으로 좌우면 상에서의 운동

운동	정의
외전(Abduction)	중심선으로부터 인체 분절이 멀어지는 동작
내전(Adduction)	인체 분절이 중심선에 가까워지는 동작
내번(Inversion)	발의 장축을 축으로 발바닥을 내측으로 돌리는 동작
외번(Eversion)	발의 장축을 축으로 발바닥을 외측으로 돌리는 동작
척골굴곡 (Ulnar flexion)	해부학적 자세에서 손을 새끼 손가락 쪽으로 굽히는 운동
요골굴곡 (Radial fexion)	해부학적 자세에서 손을 엄지 손가락 쪽으로 굽히는 운동

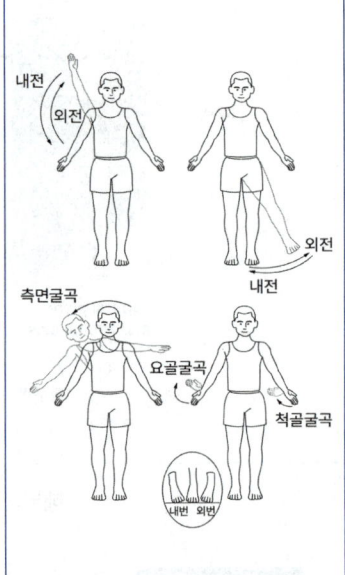

(3) 장축을 중심으로 횡단면 상에서의 운동

운동	정의
회전 (Rotation)	인체 분절의 장축을 중심으로 분절내의 모든 점이 동일한 각거리로 이동하는 운동
내회전 (Internal rotation)	몸의 중심선으로의 회전
외회전 (External rotation)	몸의 중심선으로부터 바깥쪽으로 하는 회전
수평외전 (Horizontal abduction)	좌우면이 아닌 수평면에서 이루어지는 외전
수평내전 (Horizontal adduction)	좌우면이 아닌 수평면에서 이루어지는 내전
회내 (Supination)	전완이 내측 회전하는 동작 (손등을 전방으로 돌림)
회외 (Pronation)	전완이 외측 회전하는 동작 (손바닥이 바깥으로 향함)

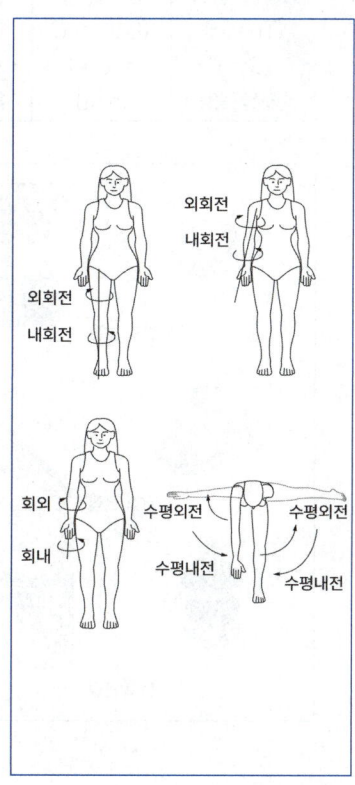

(4) 회전축에 따른 가동 관절의 종류

무축 관절 (Nonaxial joint)	미끄럼 관절 (Gliding joint) (활주 관절)	• 표면이 서로 평평하거나 약간 오목하고 볼록한 표면이 마주보는 구조 • 관절이 미끄러지며 운동이 발생 예 손목뼈, 발목뼈, 견쇄 관절
1축성 관절 (Uniaxial joint) (자유도1)	경첩 관절 (Hinge joint) (접번 관절)	• 경첩처럼 볼록한 표면이 오목한 표면과 마주한 구조 • 굴곡, 신전 운동에 사용 예 팔꿈치, 무릎, 손가락 관절
	중쇠 관절 (Pivot joint) (차축 관절)	• 세로축 방향으로 형성된 오목한 뼈에 축모양의 돌기를 가진 뼈가 회전하는 구조 • 회전 운동에 사용 예 팔꿈치에서 아래팔이 회내 혹은 회외 동작 시
2축성 관절 (Biaxial joint) (자유도2)	타원 관절 (Condyloid joint) (과상 관절)	• 타원 모양의 오목한 뼈의 면이 볼록한 뼈의 면과 만나는 형태 • 타원의 장축과 단축을 중심으로 회전하는 운동에 사용 예 손목뼈, 관절
	안장 관절 (Saddle joint) (안상 관절)	• 한쪽 관절 표면이 한 방향은 오목하게 들어가 있고 다른 쪽은 볼록하게 나와 있는 구조 • 굽힘, 신전, 모음, 벌림 운동에 사용 예 손목뼈, 손바닥뼈 관절

자유도
- 관절에서 허용되는 독립적인 움직임 방향의 수를 의미
- 하나의 관절이 움직일 때 몇 개의 운동면에서 관절운동이 가능한지를 뜻함

| 3축성 관절
(Triaxial joint)
(자유도3) | 절구 관절
(Ball and socket joint) | • 공 모양의 뼈 머리가 절구처럼 오목하게 들어가 뼈에 끼워진 구조
• 모든 운동면에서 회전이 가능한 운동에 사용
예 어깨 관절, 엉덩 관절 |

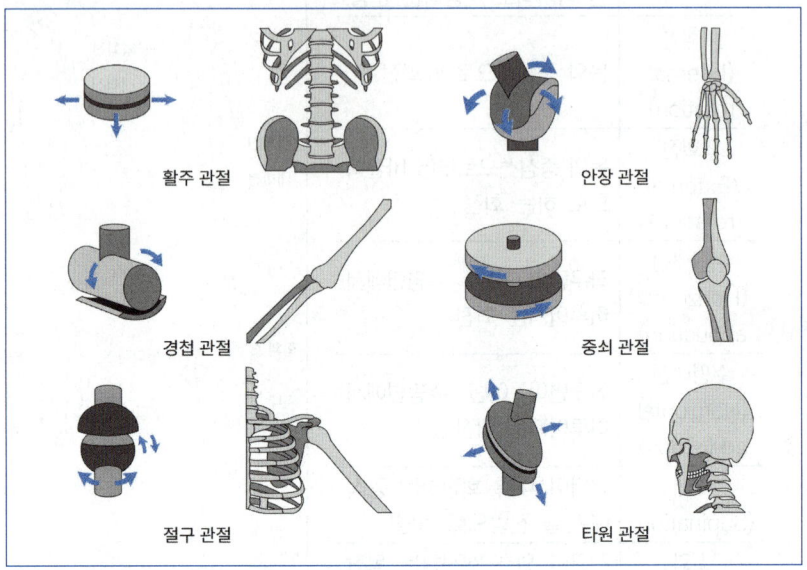

활주 관절 / 안장 관절 / 경첩 관절 / 중쇠 관절 / 절구 관절 / 타원 관절

02 운동의 종류

1 운동의 정의와 원인

(1) 운동의 정의
  ① 위치나 장소를 바꾸는 작용
  ② 스포츠 활동에는 일반적으로 근육 수축에 의해 생성되는 힘이 필요함

(2) 운동의 원인
  ① 모든 물체에 힘이 작용함
  ② 모든 물체는 관성을 가지며, 관성의 크기는 질량에 비례함
  ③ 몸 전체나 특정 부위를 움직일 때 근육이 가하는 힘인 근력은 단면적에 정비례함

개념 플러스 선운동의 예

- 100m 달리기 시 신체중심의 이동궤적
- 스키점프 비행구간에서 신체 중심의 이동궤적
- 선수의 손을 떠난 투포환 질량중심의 투사궤적

2 운동의 형태 2016, 2020, 2021, 2025

(1) 병진운동(선운동)
  ① 일정 시간 동안 신체의 모든 부분이나 물체가 함께 동일한 거리, 동일한 방향으로 움직이는 유형의 움직임
  ② 신체의 특정 지점이 동시에 동일한 거리를 이동하면서 평행 이동을 보이는지 파악
  ③ 무게중심이 직선으로 움직이는 직선 선운동과 무게중심이 곡선으로 움직이는 곡선운동으로 구분
  ④ 물체의 질량중심점으로 힘이 작용했을 때 선운동이 발생

(2) 회전운동(각운동) 2016, 2024
  ① 인체 또는 물체의 모든 부분이 회전축에 대하여 동일한 시간에 동일한 각도로 움직이는 운동
  ② 회전축은 인체 내외부에 존재(원운동, 회전운동, 스윙 및 스핀 등으로 표현)
  ③ 모든 각운동은 관절을 축으로 하여 발생
  ④ 회전하는 물체의 접선속도는 각속도와 반지름의 곱으로 구함

(3) 복합운동
  ① 선운동(병진운동)과 각운동(회전운동)이 동시에 일어나는 운동
  ② 대부분의 인체 운동은 복합운동이기 때문에 일반운동이라 함(스포츠 현장에서의 운동이 해당)

회전운동(각운동)의 예
- 피겨스케이터의 스핀회전
- 철봉의 대차돌기
- 기계체조의 공중회전

운동의 형태
- 병진운동(선운동)
- 회전운동(각운동)
- 복합운동(선운동 + 각운동)

CHAPTER 03 인체역학

01 인체의 물리적 특성

1 체중과 질량 2021

(1) 체중(무게)
① 일반적 의미: 체중계에 무게가 가해졌을 때 저울의 스프링이 얼마나 압축되는지를 측정한 것
② 역학적 의미: 역학적 체중은 지구가 신체를 끌어당기는 힘인 중력으로 지구를 당기는 신체의 인력을 말함
③ 특성: 크기와 방향을 가지는 벡터(vector)의 특성을 가지며, 단위는 뉴턴(N)임

(2) 질량 2022
① 의미: 물체가 물리적 실체와 함께 공간을 차지할 때 질량을 갖는다는 의미
② 특징: 질량이 있는 물체는 질량이 있는 다른 물체를 자신 쪽으로 끌어당기는 힘(인력)을 가짐
③ 특성: 크기만 있는 스칼라(scalar)의 특성을 가지며, 단위는 킬로그램(kg)임

> **개념 플러스** MKS 단위계(기본물리량의 국제단위) 2015
> 가장 널리 사용되는 단위계로서 길이는 미터(m), 질량은 킬로그램(kg), 시간은 초(s)로 표시

2 인체의 무게중심 2015, 2016, 2017, 2019, 2020, 2021, 2022, 2023, 2024

(1) 인체 무게중심의 개념
① 인체 각 분절마다 무게중심 존재, 이러한 분절들은 무게가 균형을 이루는 점이 전신의 무게중심(신체중심)
② 자세에 따라 분절의 상대적 위치가 변하고, 무게중심도 수시로 변하며, 신체 외부에도 존재
③ 남성보다 여성의 무게중심이 낮고, 동양인의 무게중심이 서양인보다 낮으며, 유아는 성인보다 높음

(2) 인체 무게중심의 이동
① 인체의 무게중심 위치는 고정되어 있지 않으며, 운동 중에 신체의 질량이 재분배되면서 끊임없이 변화함
② 무게중심의 변위(이동거리)는 재배치된 질량의 양에 따라 결정됨

기출 핵심 포인트

MKS 단위계
- 길이: 미터(m)
- 질량: 킬로그램(kg)
- 시간: 초(s)

무게중심 특성
- 물체의 전체 무게가 모여있다고 가정할 수 있는 가상의 점
- 물체 각 부분의 무게로 인한 회전력은 무게중심점에 대하여 균형을 이룸
- 무게중심(회전축)에 대한 회전력의 합이 0이 됨

경기력 향상을 위한 무게중심 활용 예
- 높이뛰기 선수의 배면뛰기 기술
- 레슬링 선수 무게중심 낮춤
- 배구 스파이크 시 타점을 높이기 위한 무게중심 높임

개념 플러스   인체운동과 신체중심

- 신체중심은 전신의 운동을 대표
- 각 분절에 작용하는 중력의 영향을 모두 합하면 전신의 무게가 신체중심에 작용한 효과와 동일
- 공중 동작에서 회전축은 신체중심을 지남
- 신체중심의 위치는 인체 평형과 안정성에 영향을 미침

02 인체 평형과 안정성

1 평형과 안정성 2015, 2017, 2023

(1) 평형과 균형
강한 균형 감각을 가지면 효율적인 조정과 제어가 가능해지며, 신체 활동을 방해할 수 있는 외부 힘을 효과적으로 관리하는 능력이 가능해짐

(2) 균형의 유지
스포츠에서는 정지 운동과 움직이는 운동 능력 모두 균형을 유지하는 것이 중요함

(3) 안정성
평형 상태를 깨뜨리기 어려운 정도를 일컫는 것으로, 안정성이 높은 운동체는 넘어뜨리거나 뒤집기 어렵다는 것을 의미함

개념 플러스   안정의 원리

- 안정성이 높으면 물체나 인체를 넘어뜨리기 어려움
- 외부의 힘(중력, 마찰력 등)에 의한 회전력은 안정성을 깨뜨리는 요인
- 무게중심의 연직선이 지지면 내에 있으면 안정상태가 유지됨

2 기저면과 안정성 2017, 2021, 2022, 2023, 2024

(1) 기저면
물체 또는 물체가 지면과 접촉하는 각 점들로 연결된 전체 면적

(2) 기저면과 안정성의 관계
① 외부의 힘이 기저면 내에 작용하면 회전력이 발생하지 않지만 기저면 밖에서 작용하면 회전운동을 일으켜 안정을 깨뜨림
② 기저면이 넓을수록 물체의 안정성이 높아짐

(3) 안정성에 영향을 미치는 기타 요인
① 무게중심의 높이가 낮을수록 안정성이 높음
② 무게중심의 연직선(수직선)이 기저면의 중앙에 가까울수록 안정성이 높음
③ 동일한 조건일 때, 질량(몸무게)이 클수록 안전성이 증가
④ 지면과의 마찰력이 클수록 안정성이 증가

기출 핵심포인트

안정을 깨뜨리는 요인
외부의 힘(중력, 마찰력)에 의한 회전력

안정성이 높은 순서 예시
평균대 위에서 한 발 서기 < 차렷 자세 < 태권도 주춤 서기 자세 < 레슬링에서 옆굴리기 저항 자세

안정성을 높이는 요인
- 기저면의 넓이
- 무게중심의 높이
- 마찰력
- 질량

안정성을 높이는 동작 전략 2018, 2023
- 신체중심을 낮게 유지
- 기저면을 넓게 유지
- 신체중심을 기저면의 중앙에 근접하게 유지

03 인체의 구조적 특성 2025

1 인체 지레

(1) 개요
   ① 인체는 근수축력과 분절의 가동력을 이용하여 지레, 바퀴와 축, 도르래 등과 같은 간단한 기계적 작용을 수행
   ② 모든 지레는 힘점, 저항점, 받침점(회전축)이 존재하는데 특히 인체의 경우에는 분절이 지렛대의 역할을 수행
   ③ 움직이는 근육의 정지점에는 힘점, 움직이는 분절의 무게중심에는 저항점, 운동하는 관절은 받침점이 위치

> **기출 핵심 포인트**
>
> 지레의 3요소
> • 힘점
> • 작용점(저항점)
> • 받침점(축)

(2) 인체 지레의 요소
   ① 지레의 3요소: 힘점(주동근의 착점), 작용점(저항점), 받침점(관절 축)
   ② 힘팔: 힘이 작용되는 지점에서부터 받침점(관절 축)까지의 수직거리
   ③ 작용팔(저항팔): 저항이 작용하는 지점에서 받침점(관절 축)까지의 수직거리

구분	내용	구분	내용
힘점	근육 부착점	받침점	관절 축
작용점	저항점, 무게	지렛대	뼈

(3) 지레의 종류와 특징 2018, 2019, 2020, 2021, 2022, 2023, 2024
   ① 1종 지레
      ㉠ 가위와 같이 작용점(R)과 힘점(F) 사이에 받침점(A)이 있는 지레
      ㉡ 가운데 받침점이 있는 유형
         예 시소, 저울, 연탄집게, 손톱깎이, 목관절 등
      ㉢ 힘팔과 작용팔의 상대적 길이에 따라 다양함
      ㉣ 역학적 이득(기계적 이득)은 다양함

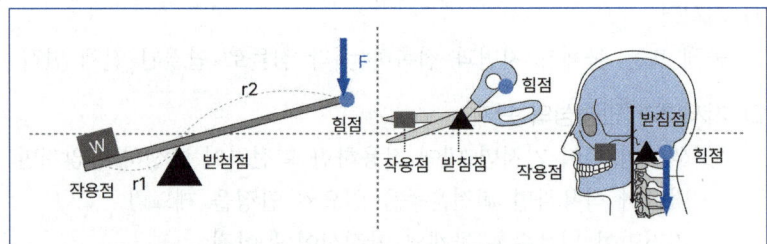

   ② 2종 지레
      ㉠ 종이절단기처럼 받침점과 힘점 사이에 작용점이 있는 유형의 지레
      ㉡ 작용점이 가운데 있으며 힘팔(FA)이 작용팔(RA)보다 항상 큼
         예 발뒤꿈치들기, 엎드려 팔굽혀펴기
      ㉢ 힘의 이득과 거리의 손해
      ㉣ 역학적 이득(기계적 이득)은 항상 1보다 큼

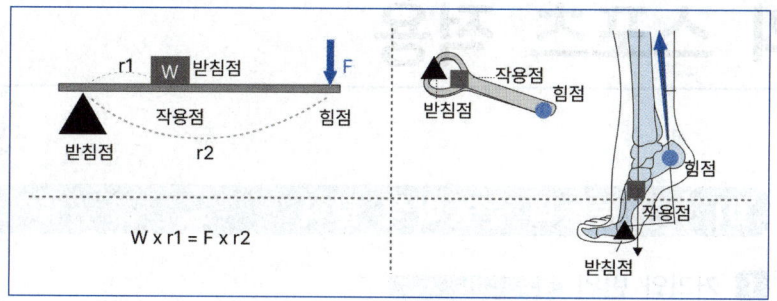

$W \times r1 = F \times r2$

③ 3종 지레
  ㉠ 핀셋과 같이 힘이 작용점과 받침점 사이에서 작용되는, 즉 가운데서 힘이 작용되는 유형의 지레
  ㉡ 힘이 가운데 있기 때문에 작용팔(RA)이 항상 큼
    예 팔꿈치 굽히기, 바벨 운동
  ㉢ 힘의 손해와 거리의 이득
  ㉣ 역학적 이득(기계적 이득)은 항상 1보다 작음

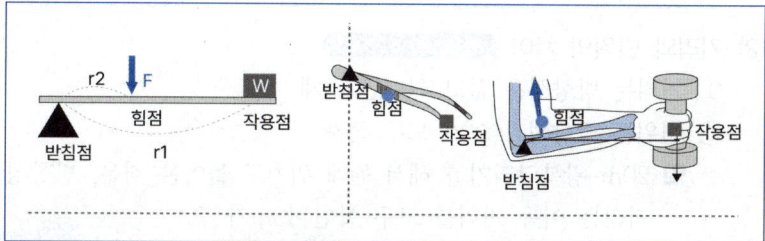

개념 플러스 지레의 원리

- 지레는 받침점을 중심으로 힘점과 작용점에 발생하는 토크를 이용하는 도구
- 힘점이 받침점에서 멀어지면, 작용점에 가해야 하는 힘은 커짐
- 힘점이 받침점에 가까우면, 힘을 조금 가해도 작용점에 가해지는 힘은 커짐

운동학의 스포츠 적용

01 선운동의 운동학적 분석

1 거리와 변위 2015, 2016, 2022

(1) 거리와 변위의 개념

거리	변위
물체가 한 위치에서 다른 위치로 이동하였을 때 그 물체가 지나간 궤적의 총 길이	이동거리라는 크기에 방향성을 더한 물리량으로 그 물체의 이동시점과 종점 사이의 직선거리
크기가 나타내는 스칼라량	크기와 방향을 나타내는 벡터량
물체의 처음 위치부터 마지막 위치까지 운동경로에 따른 길이의 측정치	처음 위치부터 마지막 위치로의 방향과 직선거리를 나타내는 벡터의 양

(2) 거리와 변위의 차이 2015, 2016, 2023
① 거리는 방향성은 없고 크기만 존재
② 변위는 방향성과 크기 모두 존재
  예 20m 왕복달리기를 해서 원래 위치로 돌아온 경우, 방향성이 없는 거리는 이동 거리를 모두 합친 40m가 됨
  예 방향성을 지닌 변위는 처음 이동한 변위(+20m)와 원래 위치로 돌아온 변위(-20m)가 합쳐져 0m가 됨

2 속력과 속도

속력(speed)	속도(velocity)
• 방향성이 없고 단순히 빠르기를 의미 • 속력의 단위에는 m/s, cm/s, m/min, km/h 등을 사용 • 크기만 나타내는 스칼라량으로 속력 = 이동거리/소요시간 • 즉, 단위시간에 움직인 거리를 나타내는 스칼라량	• 물체의 빠르기와 이동한 방향을 함께 나타낸다는 점에서 속력과 차이 • 속도의 단위는 속력과 동일 • 크기와 방향을 나타내는 벡터량으로서 속도 = 변위/소요시간 또는 나중위치 - 처음위치/나중시간 - 처음시간 • 즉, 단위시간에 움직인 변위(직선거리)를 나타내는 벡터량

개념 플러스 │ 속력과 속도의 차이 2019

일상에서는 속력과 속도는 구분 없이 사용하지만 역학적 측면에서 속력과 속도는 구분
예 20초에 20m 왕복달리기를 한 경우, 속력은 초속 2m/s(40m/20초)가 되지만, 속도는 초속 0m[0m/20초 또는 (2 + -2)m/s]가 됨

기출 핵심 포인트

속도와 속력의 개념
• 속력: 단위시간에 움직인 거리를 나타내는 스칼라량
• 속도: 단위시간에 움직인 변위를 나타내는 벡터량

스칼라와 벡터
• 스칼라: 크기
• 벡터: 크기와 방향

평균속력과 순간속도
• 평균속도 = 대상이 이동한 총 거리 / 대상이 소요된 총 시간
• 순간속도 = 어느 순간의 거리 / 그 순간의 시간

3 가속도 2025

(1) 가속도의 개념 2017, 2020, 2023
① 단위 시간에 따른 속도의 변화율, 단위 시간에 대한 속도의 변화량
② 속도의 크기 변화나 방향 변화 혹은 크기와 방향의 변화를 고려한 벡터량
③ 평균 가속도와 순간 가속도의 개념은 속도와 동일
④ 가속도의 방향은 합력의 방향과 항상 같음
⑤ 단위: m/s^2
⑥ 계산식: 속도 = (나중 속도 - 처음 속도) / 소요 시간

(2) 가속도의 해석
① 가속도는 물체에 작용하는 힘의 크기와 방향과 관계있음
   예 100m 달리기 출발 초기에는 진행 방향으로 힘이 작용하고 속도가 증가하여 가속도가 양(+)인 반면, 결승선을 지난 후에는 반대 방향으로 힘이 작용하기 때문에 속도가 감소하고 가속도는 음(-)이 됨
② 가속도는 속도의 크기뿐만 아니라 속도의 방향이 변해도 발생함
   예 곡선 주로를 같은 크기의 빠르기로 돌고 있다면 운동 방향이 변하기 때문에 가속도가 존재하며, 운동장 중심으로 향하는 힘이 작용하고 있음

개념 플러스 등속도 운동과 등가속도 운동
- 등속도 운동: 물체의 속도가 변하지 않고 일정한 운동으로, 가속도가 0임
- 등가속도 운동: 가속도가 일정한 운동을 말함

기출 핵심 포인트

가속도의 개념
- 단위 시간에 따른 속도의 변화율
- 단위 시간동안 이동한 거리와 방향을 고려한 벡터량
- 가속도의 단위: m/s^2

4 포물선 운동 2016, 2019, 2022, 2023

(1) 포물선 운동
① 투사체는 좌우대칭의 포물선 운동
② 투사체 운동은 수평과 수직운동으로 구분, 두 운동이 합쳐져 궤적이 결정

수평운동	초기 수평 투사속도가 일정하게 유지되는 등속운동 • 물체 작용의 힘이 없음, 수평방향으로 가속도는 0 • 등속운동으로 시간당 수평으로 이동한 거리가 일정
수직운동	수직 투사속도가 일정한 비율로 증가/감소하는 등가속도 운동 • 아래 방향으로 중력(9.8m/s)의 영향 받음 • 정점에서 수직방향의 속도는 $0m/s^2$ • 수직가속도는 중력가속도와 같음

(2) 포물선 운동의 3요소(투사높이, 투사각도, 투사속도) 2015, 2017, 2018, 2023

투사높이	지면에서 높은 곳에서 던질수록 비거리 증가
투사각도	• 수평선에 대한 각도로 수평속도와 수직속도를 결정 • 각도 45°에서 가장 큰 투사거리를 나타냄(투사점과 착지점의 높이 같을 경우)
투사속도	비거리와 정점의 높이에 영향(궤적 각도) • 비거리: 수평속도와 수직속도가 모두 영향 • 상승 높이: 수직속도가 클수록 증가

투사거리에 영향을 주는 것
- 투사각도
- 투사속도
- 투사높이

공의 포물선 운동
- 최고 높이까지는 속도가 점차 감소
- 중력의 영향으로 떨어지면서 등가속도 운동
- 공의 수평가속도는 0m/s

기출 핵심 포인트

> **개념 플러스**   투사각도와 투사거리에 따른 투사체 운동의 특성
>
> - 투사높이와 착지높이가 같은 경우: 투사체 운동은 45°로 던질 때 최대 거리에 도달
> - 투사높이가 착지높이보다 낮은 경우: 투사체 운동은 45°보다 큰 각도로 던질 때 최대 거리에 도달
> - 투사높이가 착지높이보다 높은 경우: 투사체 운동은 45°보다 작은 각도로 던질 때 최대 거리에 도달

02 각운동의 운동학적 분석

1 각운동 2016, 2019, 2020, 2022

(1) 각운동의 개념

각운동의 운동학은 회전운동이나 각운동을 다루게 되는데 기본 개념은 직선운동과 매우 밀접한 관계

> **개념 플러스**   각도의 단위
>
> - 도(degree), 라디안(radian), 회전(revolution)
> - 라디안(rad): 원호의 길이 s를 반지름 r로 나눈 것으로 쎄타(θ) = s/r로 표시
> - 1rad은 호의 길이가 반지름과 같을 때의 중심각
> - 1rad = 360°/2π = 57.3°
> - 1° = 1rad/57.3° = 0.0175rad
> - 360° = 2πrad = 1회전

(2) 각운동의 요소

각위치	특정 시점에 물체가 특정 축에 대하여 만드는 각도
각거리	물체가 한 지점에서 다른 지점으로 이동하였을 때 물체가 이동한 경로를 측정한 총각도의 크기
각변위	처음 각위치와 나중 각위치가 이루는 각도로 회전하는 물체의 각위치 변화량을 의미

2 각속력과 각속도의 개념 2023

각속력	각거리/소요시간(각거리는 0~360도), 방향성이 없고 단순히 빠르기를 의미. 즉, 각속도의 절대값을 의미
각거리	각변위/소요시간, 크기와 방향 모두 포함
각가속도	각속도의 크기나 방향의 변화. (마지막 각속도 - 처음 각속도)/시간

> **개념 플러스** 인체운동과 각속도 2019
>
> - 분절운동은 관절을 축으로 한 회전운동으로, 분절의 각속도는 분절이나 도구의 선속도에 영향
>   - 예 야구 배팅 시 몸통의 각속도가 클수록 배트의 회전속도가 증가, 결국 배트 끝의 선속도 증가
> - 공중회전에 이은 착지 동작에서 인체의 각속도는 착지의 안정성에 영향
>   - 예 체조의 공중돌기 후 전신의 각속도가 지나치게 크면 착지 안정성이 감소, 안정된 착지를 위해 착지 전 웅크린 몸을 펴며 각속도를 감소

3 선속도와 각속도 2025

① 선속도와 각속도의 관계

ㄱ. 회전하는 물체의 선속도는 각속도와 회전반경의 곱으로 결정

> 선속도 = 각속도 × 회전반경(라디안 각도가 적용)

ㄴ. 각속도가 동일하다면, 회전축으로부터 가까운 지점의 선속도보다 먼 지점의 선속도가 더 크며 이는 회전반경이 클수록 선속도가 크다는 것을 의미

   예 골프 스윙에서 클럽의 회전속도(각속도)가 동일하다면, 길이가 긴 클럽의 선속도가 짧은 클럽의 선속도보다 크며, 공을 보다 멀리 보낼 수 있음

> **개념 플러스** 인체운동과(선속도, 각속도)의 관계
>
> - 배구 스파이크, 골프 스윙, 야구 배팅, 배드민턴 스매싱 등의 충격 상황에서 도구의 선속도는 중요한 역학적 변인
> - 선속도를 증가시키기 위해 각속도와 회전반경을 증가시켜야 함
>   - 각속도 증가: 충격 이전의 회전운동에서는 관절을 굽혀 질량을 회전축에 가깝게 하여(관성모멘트 감소) 각속도를 증가
>   - 회전반경의 증가: 충격 직전에 관절을 신전시켜 회전반경을 늘림

각운동의 요소
- 각위치: 어떤 고정된 축에 대하여 물체가 만드는 각
- 각거리: 주어진 시간 동안의 각의 변화량
- 각변위: 회전하는 물체에 대한 각위치의 변화

투포환선수가 공을 던치는 사례
- 던지는 팔의 회전속도는 공의 선속도에 영향
- 선수의 팔 길이가 길면 공의 선속도 증가
- 공의 선속도 = 팔의 길이 × 팔의 각속도

CHAPTER 05 운동역학의 스포츠 적용

기출 핵심 포인트

01) 선운동의 운동역학적 분석

1 힘의 정의와 단위

(1) 힘의 정의 및 특성 `2017, 2022, 2024`
  ① 물체를 특정 방향으로 밀거나 당길 때 작용하는 물리량
  ② 힘은 밀거나 당겨서 사람이나 물체의 운동 상태를 변화시키려는 경향
  ③ 물체의 변형을 일으키기도 함
  ④ 정지해 있는 물체를 움직이게 하거나 움직이고 있는 물체의 운동 속도, 방향 변화, 물체의 형태를 변형시키기 위해 반드시 그 물체가 지닌 관성(저항)을 이겨낼 수 있는 힘이 작용해야만 함

물리량
- 압력은 단위면적당 가해지는 힘, 벡터이다.
- 토크는 회전을 일으키는 효과이며 벡터이다.

(2) 힘의 단위 `2020, 2022`
  ① 힘 = 질량 × 가속도
  ② N(뉴턴) 또는 $kg \cdot m/s^2$
  ③ N은 물체에 힘이 작용할 때 속력이 변하는 정도를 비교하여 약속한 힘의 단위로 힘을 나타내는 절대 단위

$$1N = 1kg \times 1m/s^2$$

2 힘의 벡터적 특성

스칼라와 벡터
- 스칼라: 크기만 존재(거리, 속력 등)
- 벡터: 크기와 방향 존재(변위, 속도, 가속도, 힘 등), 화살표로 표현

(1) 힘 벡터의 개념 `2016, 2017, 2019, 2022`
  속도나 가속도와 마찬가지로 힘도 크기 외에 작용하는 방향 및 방향을 지정해야 하는 양, 즉 벡터량으로 나타낼 수 있음

(2) 힘 벡터의 표기
  힘 벡터는 화살표를 사용하여 힘의 3요소(크기, 방향, 작용점)를 나타냄

힘의 3요소
- 힘의 크기
- 힘의 방향
- 힘의 작용점

(3) 힘의 합성과 분해 `2022`
  ① 힘의 합성
    ㉠ 힘의 합성은 임의의 물체에 여러 개의 힘이 작용할 때 여러 개의 힘이 동시에 작용하여 나타나는 것을 하나의 힘으로 표현하기 위한 것
    ㉡ 동일 선상에 있는 경우: 같은 방향은 두 크기를 합한 값으로, 반대 방향은 두 값을 합한 절대값으로 표기

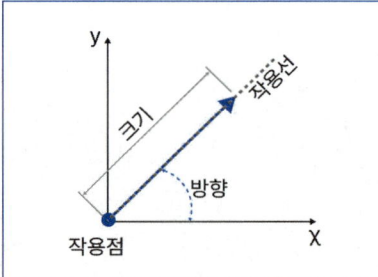

② 힘의 분해
  ㉠ 힘의 분해란 물체에 하나의 힘이 작용하는 것을 여러 개의 힘으로 나누어 표현하기 위한 것
  ㉡ 하나의 벡터는 수평 성분과 수직 성분으로 각각 나누어지는데 하나의 벡터를 두 개의 성분으로 나누는 것을 분해라고 함

3 힘의 종류 2025

(1) 근력 2019, 2020, 2021, 2023
  ① 근육 수축에 의해 생기는 근육의 힘
  ② 최대 강축에서 발생되는 힘을 절대 근력이라고 함

근수축의 형태		상태	비교	예 팔씨름, 줄다리기
등척성 수축		길이가 유지됨	근력 = 외부힘	중량을 들고 유지, 서로 팽팽히 맞설 때
등장성 수축	단축성 수축	근육이 짧아짐	근력 > 외부힘	중량을 위로 들어 올릴 때, 상대를 끌어당길 때
	신장성 수축	근육이 길어짐	근력 < 외부힘	중량을 아래로 내릴 때, 상대에게 끌려갈 때
등속성 수축			근육이 일정한 속도로 수축하는 경우	

(2) 중력 2018, 2024
  ① 물체에 작용하는 지구 중심 방향으로 끌어당기는 힘
  ② 스포츠 활동은 중력의 영향을 항상 받음
  ③ 중력의 크기는 물체의 무게와 중력가속도(약 $9.8m/s^2$)의 곱으로 결정

(3) 마찰력 2018, 2019, 2021, 2022
  ① 물체가 다른 물체와 접촉하면서 운동할 때, 접촉 면에서 생기는 운동을 방해하는 반대 방향의 힘
  ② 마찰력 = 마찰계수 × 수직 반력 (표면에 직각으로 작용하는 힘)

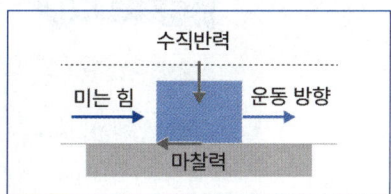

개념 플러스 ─ 마찰력의 특징

- 마찰계수는 접촉면의 형태나 성분에 따라 결정되는데, 표면이 거칠수록 마찰계수는 증가
- 수직반력이 클수록 마찰력은 증가
- 접촉 면적은 마찰력에 영향을 미치지 않음
- 운동 마찰력은 외부의 힘에 의해 움직이기 직전의 최대정지마찰력보다 항상 작음
- 마찰력은 운동에 도움(추진력)과 방해(저항력)를 제공
  예 스키, 컬링

중력의 개념
- 물체의 질량과 중력가속도의 곱
- 물체의 질량에 비례
- 인체나 물체를 지구 중심을 향해 끌어당기는 힘

마찰력의 종류
- 정지 마찰력(정지해 있는 물체)
- 미끄럼 마찰력(썰매, 스키)
- 구름 마찰력(공, 바퀴, 타이어)

기출 핵심 포인트

베르누이의 원리
유체의 속도와 압력은 반비례

(4) 양력 2018, 2020, 2021, 2022, 2023
  ① 유체(공기나 물)속의 물체에 운동방향의 수직방향으로 작용하는 힘
  ② 물체 모양에 따라 위아래를 지나는 공기의 흐름차이(베르누이 원리)
    ㉠ 속도가 빠를수록 압력이 낮아짐(저기압대 - 기류 가속)
    ㉡ 속도가 느릴수록 압력이 높음(고기압대 - 기류 감속)

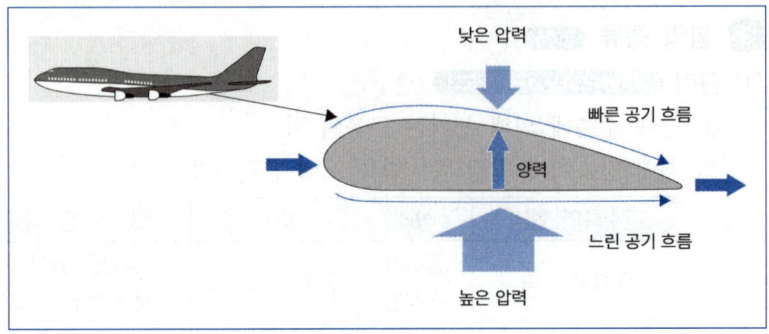

베르누이 원리

  ③ 마구누스 효과: 물체가 회전하면서 유체 속을 진행할 때 압력이 높은 곳에 낮은 곳으로 양력이 작용하여 경로가 휘어지는 현상
    예 야구의 커브볼, 골프의 슬라이스

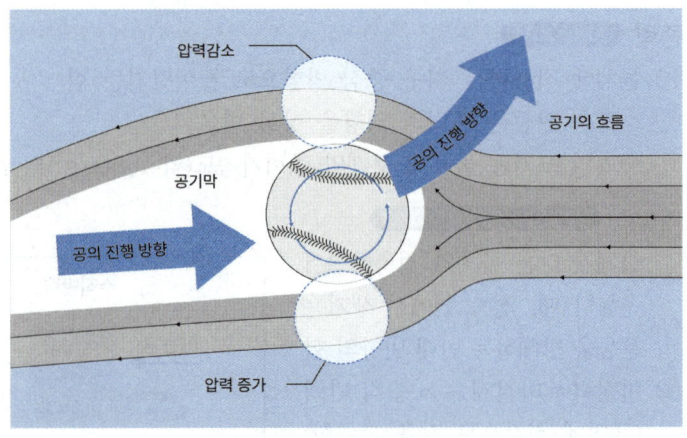

마구누스 효과

(5) 부력
  물체를 둘러싼 물이나 공기와 같은 유체가 물체를 위로 밀어 올리는 힘으로, 방향은 수직이고, 크기는 유체와 같다.

(6) 항력 2024
  ① 유체에서 이동하는 물체가 운동 방향의 정면으로 받게 되는 힘
  ② 파도와 같이 물과 공기의 접촉면에서 형성된 난류에 의하여 발생
  ③ 유체의 흐름방향에 수직인 물체의 면적(날아가는 골프공의 단면적)에 비례

(7) 압력
    ① 물체가 누르는 힘으로 중력에 비례하고 접촉면적에 반비례
    ② 압력(P) = 힘(F)/면적(A)

4 뉴턴의 선운동 법칙 2024, 2025

(1) 관성의 법칙(제1법칙) 2018
    ① 외력이 작용하지 않는 한 물체나 인체는 원래의 운동 상태를 그대로 유지
        ㉠ 외력이 작용하지 않는다는 것은 모든 힘들의 합이 0을 의미
        ㉡ 원래의 운동 상태를 유지한다는 것은 정지된 물체는 계속 정지해 있고, 운동하는 물체는 원래의 속도 유지
    ② 관성은 외부의 힘에 저항하며 원래의 운동 상태를 유지하려는 특성
        ㉠ 선운동에서 관성의 크기: 질량
        ㉡ 각운동에서 관성의 크기: 관성모멘트(질량과 질량의 분포로 결정)
        ㉢ 물체의 관성이 클수록 물체를 움직이는데 큰 힘이 요구됨

(2) 가속도의 법칙(제2법칙) 2021, 2022
    ① 물체에 힘을 가하면 힘이 작용한 방향으로 가속도가 발생, 가속도는 물체에 가해진 힘에 비례

    $$힘(F) = 질량(m) \times 가속도(a)$$

    ② 물체의 힘이 작용하면 운동 상태가 변화, 이 변화는 물체의 빠르기와 운동 방향을 포함
    ③ 가속도는 힘에 비례, 질량에 반비례

(3) 반작용의 법칙(제3법칙)
    ① A가 B에 힘을 가하면(작용력), B도 A에게 크기가 같고 방향이 반대인 힘(반작용)이 작용
    ② 힘은 작용과 반작용의 형태로 항상 함께 작용
    ③ 작용과 반작용은 서로 다른 물체에 작용하기 때문에 상쇄되지 않음

> **개념 플러스** 뉴턴의 운동법칙을 달리기에 적용
> - 관성의 법칙(제1법칙): 가속을 하는 경우 추진력에 의해 계속 앞으로 전진
> - 가속도의 법칙(제2법칙): 지면을 강하게 밀수록 외력이 더해져 가속이 커짐
> - 반작용의 법칙(제3법칙): 지면을 후방으로 밀면 그 반작용에 의해 앞으로 추진

5 선운동량과 충격량 2024

(1) 운동량 2018, 2020
    ① 물체가 가지고 있는 운동의 양으로서 질량과 선속도의 곱으로 결정
    ② 운동량 = 질량 × 속도
    ③ 단위는 kg·m/s
    ④ 질량과 속도가 클수록 물체의 운동량은 증가

> 기출 핵심 포인트

충격량 개념
- 질량과 속도의 곱인 운동량의 변화량
- 가해진 충격력과 접촉시간의 곱
- 운동량과 충격량의 단위는 같음

(2) 충격량 `2018, 2019, 2020`
① 일정 시간동안 어떤 물체에 작용한 힘의 총합
② 충격량 = 힘 × 시간
③ 단위는 kg·m/s
④ 큰 힘을 오랫동안 물체에 작용할수록 충격량은 증가

(3) 운동량과 충격량의 관계 `2017`
① 물체에 작용한 충격량은 물체의 운동량의 변화량과 같음
② 반대로, 운동량의 변화량은 물체에 작용한 충격량과 같음
③ 추진 방향의 충격량은 운동량을 증가시키고, 반대 방향의 충격량은 운동량을 감소시킴

> **개념 플러스** 충격력의 증가와 감소
>
> - 충격력을 증가시키기 위해서는 작용 시간을 감소시킴
>   예) 태권도 격파, 권투의 펀치
> - 충격력을 감소시키기 위해서는 작용 시간을 연장시킴
>   예) 높이뛰기 착지, 유도의 낙법, 야구의 슬라이딩

6 선운동량과 보존의 법칙 `2019`
① 외력이 작용하지 않는 한, 한 시스템 내에서 어떠한 힘이 상호 작용하고 있더라도 총 운동량은 변하지 않음
② 충돌 전후의 운동량은 일정
③ 뉴턴의 3법칙 중 제1법칙 관성의 법칙과 제3법칙 반작용의 법칙 적용

7 충돌

(1) 충돌(탄성력)의 이해 `2020, 2022`
① 외력에 의해 일시적으로 변형된 물체가 원래의 모양으로 돌아가려는 힘
   예) 라켓으로 공 타격, 선수끼리의 충돌, 공의 바운드 등
② 두 물체가 충돌할 때 각각의 물체는 일시적으로 압축되며 변형되지만 탄성에 의해 원래의 형태로 복원하려는 성질이 존재함
③ 탄성은 충돌하는 물체의 재질, 온도, 충돌 강도 등에 따라 그 정도가 달라짐
④ 충돌 시 두 개의 물체 속도 변화는 각각의 질량에 반비례

(2) 충돌의 형태

완전 탄성 충돌 (반발계수 1)	충돌 후 상대 속도와 충돌 전 상대 속도가 같은 경우 예) 당구
완전 비탄성 충돌 (반발계수 0)	충돌 후 두 물체가 한 덩어리가 되는 충돌, 상대 속도가 0인 경우 예) 양궁
불완전 탄성 충돌 (반발계수 0~1)	충돌 후 에너지 손실로 속도가 작아지는 경우 예) 바운드된 공, 골프 임팩트 등

(3) 반발계수(충돌계수, 탄성계수) 2025

충돌 전의 상대 속도와 충돌 후의 상대 속도의 비, 즉 충돌 전 두 물체가 가까워지는 속력과 충돌 후 두 물체가 멀어지는 속력의 비를 의미함

> 반발계수(탄성계수) = 충돌 후의 상대속도(분리속도) ÷ 충돌 전의 상대속도(접근속도)

02 각운동의 운동역학적 분석

1 토크(힘의 모멘트) 2025

(1) 토크의 개념 2018

① 물체를 회전시켜 각운동량을 만드는 힘을 토크라고 하며, 돌림힘 또는 회전력이라고 함
② 토크의 크기는 작용된 힘, 힘의 연장선, 회전중심 사이의 수직 거리에 비례
③ 물체의 중심점에서 벗어나 작용된 힘은 그 물체를 회전시키려는 힘이 발생함
④ 외부의 토크를 가하지 않으면 각운동량은 보존된다는 운동량 보존 법칙이 적용됨
⑤ 회전축에 대한 힘 작용선의 위치에 따라 회전 방향이 결정

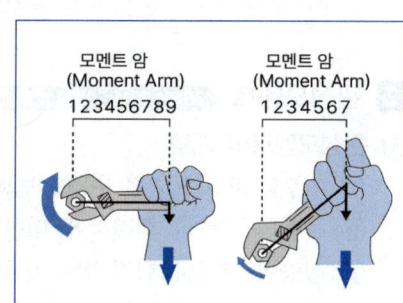

(2) 토크의 계산 2016, 2018

토크의 크기는 힘의 크기와 모멘트 암의 곱으로 결정

> 토크(T) = 모멘트 암(d)* × 힘(F)
> * 모멘트 암(d) = 축에서 힘의 작용선까지의 수직거리

개념 플러스 모멘트 암(moment arm) 2019, 2021

- 회전축과 힘의 작용선 사이의 수직거리
- 모멘트를 일으키는 힘과 이 힘에 의해 회전 작용이 발생하는 지점과의 거리
- 모멘트 암이 짧을수록 회전력은 커짐

(3) 인체운동과 토크 적용 2016

① 인체운동의 많은 부분이 관절을 축으로 한 분절의 회전운동으로 구성
② 근력에 의한 추진 토크와 외부 저항에 의한 저항 토크의 관계에 의해 움직임이 결정

기출 핵심 포인트		
	추진토크 (내부 토크)	• 근력 × 관절에 대한 근력의 모멘트 암 • 물체가 외부로부터 힘을 받았을 때 내부에서 버티는 힘 예 근수축의 의한 근력, 관절사이의 반작용력, 관절 내부의 마찰력
	저항토크 (외부 토크)	• 저항부하 × 관절에 대한 저항부하의 모멘트 암 • 물체가 외부로부터 받는 힘 예 중력, 공기저항, 원심력 구심력 등

토크의 개념
- 토크 = 회전력
- 토크 = 가해진 힘 × 축에서 힘의 작용선까지 수직거리
- 모멘트 암 = 축에서 힘의 작용선까지의 수직거리
- 토크의 2가지 구성요소: 작용하는 힘, 모멘트 암

> **개념 플러스** 토크 활용 사례
> - 유도의 업어치기 시 상대와 자신의 신체 중심 거리를 최대한 좁힘
> - 테니스 서브를 강하게 하기 위해서 공을 임팩트할 때 신체를 최대한 신전을 함
> - 역도에서 바벨을 몸의 중심에 가까이 유지하면서 들어 올림
> - 볼트를 쉽게 돌리기 위한 렌치, 시소 놀이기구

2 관성모멘트 2016, 2018, 2022, 2023, 2025

(1) 관성모멘트의 개념
 ① 외부의 토크가 회전 운동을 변화시키려 할 때 저항하는 물체의 회전 관성
 ② 물체의 질량과 회전축에 대한 질량의 분포에 의해 결정
 ③ 질량이 크거나 회전 반경이 클수록 관성모멘트가 큼
 ④ 각운동량과 회전반경의 길이에 비례하고 각속도에 반비례 함

$$\text{관성모멘트} = \text{질량} \times \text{회전 반경}^2 \ (\text{단위 } kg \cdot m^2)$$

관성모멘트의 개념
- 질량이 회전축으로부터 멀리 분포될수록 커짐
- 어떤 물체를 회전시키려 할 때 잘 돌아가지 않으려는 속성

(2) 인체 및 스포츠에서 관성모멘트
 ① 자세 변화에 따라 회전축에 대한 분절의 상대적 위치도 변하기 때문에 전신의 관성모멘트는 변함
 ② 회전축의 방향에 따라 관성모멘트는 차이가 있음
 ③ 회전축의 위치에 따라 관성모멘트로 달라짐

> **개념 플러스** 관성모멘트 활용 사례
> - 피겨스케이팅: 스핀동작에서 팔을 몸통에 가깝게 붙이면 관성모멘트가 감소하여 회전속도가 증가
> - 다이빙: 입수 전 몸을 펴면 관성모멘트가 증가하여 회전속도가 감소하고 입수동작을 조절하기 쉬움
> - 야구: 배팅 스윙에서 배트를 몸통으로 붙이면 관성모멘트는 감소하여 빠르게 회전시킬 수 있음

3 뉴턴의 각운동 법칙

각관성의 법칙 (제1법칙)	외부에서 토크(회전력)가 작용하지 않으면 각운동량은 변하지 않고 회전상태 지속
각가속도의 법칙 (제2법칙)	토크(회전력)가 작용하면 토크(회전력)의 방향과 일치하면서 토크(회전력)의 크기와 비례하고 관성모멘트에 반비례하는 각가속도가 발생
각반작용의 법칙 (제3법칙)	어떤 물체에 토크(회전력)를 가하면, 그 물체에 발생한 토크(회전력)와 반대 방향으로 크기가 같고 방향이 반대인 반작용 토크(회전력)가 발생

4 각운동량과 회전충격량

(1) 각운동량
  ① 회전하는 물체가 가지는 운동량
  ② 물체의 관성모멘트와 각속도의 함수
  ③ 관성모멘트가 클수록, 빠른 각속도로 움직일수록 각운동량이 큼

(2) 회전충격량
  ① 주어진 시간동안 가해진 회전력의 총량
  ② 각운동량의 변화 원인

5 각운동량의 보존과 전이 2016, 2017, 2018, 2020, 2023, 2025

(1) 각운동량의 보존
  ① 물체로 이루어진 체계의 각운동량은 보존(모든 외부 토크의 합이 0일 때)
  ② 물체나 인체의 투사체 운동에서 각운동량은 그대로 유지(공기저항 무시)
  ③ 각운동량이 보존되는 상황에서 관성모멘트와 각속도를 곱한 전체 값은 일정
    ㉠ 각운동량이 보존될 때, 관성모멘트를 변화시켜 각속도를 변화시킬 수 있음
    ㉡ 관성모멘트와 각속도는 반비례

> 각운동량 = 관성모멘트(회전관성) × 각속도

(2) 각운동량의 전이
  ① 각운동량이 일정할 때 신체의 일부가 각운동량을 만들면 신체의 나머지 부분이 그것을 보상하게 되는 원리
  ② 즉, 전체 각운동량이 일정할 때, 각운동량은 신체의 어떤 부분에서 다른 부분, 혹은 전체로 전이
  ③ 각운동량이 보존되지 않을 시에도 각운동량 전이는 발생

> **개념 플러스** 　**각운동량 보존과 전이 활용 사례**
>
> - 다이빙에서 공중회전을 할 때 팔을 몸통 쪽으로 모으는 동작
> - 배구에서 공중 스파이크를 하기 전에 팔과 다리를 함께 뒤로 굽히는 동작
> - 멀리뛰기에서 착지하기 전에 팔과 다리를 함께 앞으로 당기는 동작

6 구심력과 원심력 　2017, 2020, 2024

(1) 구심력
　① 원운동을 발생시키는 원인으로 원의 중심 방향으로 작용하는 힘
　② 구심력은 질량과 선속도의 제곱에 비례하고, 반지름에 반비례함

(2) 원심력
　① 원운동을 하는 물체가 바깥으로 벗어나려고 하는 경향을 나타내는 힘
　② 구심력에 작용할 때 발생하는 힘으로 구심력이 사라지면 원심력도 사라짐

(3) 구심력과 원심력의 성질
　① 구심력과 원심력은 정반대이며 정확한 원운동을 한다면 두 힘의 크기도 같음
　② 원심력이 구심력보다 크면 회전반경이 점점 커지는 원운동의 형태를 나타내고, 반대로 구심력이 원심력보다 커지면 회전반경이 점점 작아지는 형태를 보임
　③ 구심력의 방향은 속도의 방향과 항상 직각을 이루며, 원 중심인 구심 방향으로 작용

> **개념 플러스** 　**구심력과 원심력 활용 사례**
>
> - 쇼트트랙: 곡선주로에서 원심력을 줄이려고 왼손으로 빙판을 짚는 동작
> - 해머던지기: 직선으로 운동하려는 해머의 관성을 이기고 안쪽으로 당겨 원형경로를 유지함

CHAPTER 06 일과 에너지

01 일과 일률 2025

1 일의 개념 2015, 2016, 2017, 2018, 2021, 2023
① 물체에 힘을 작용하여 물체가 움직였다면, 작용한 힘이 물체에 일을 했다는 것을 의미
② 단위는 J(Joule, 줄) 또는 Nm/1J = 1Nm
③ 힘이 물체가 움직이는 방향으로 움직였을 때는 양(+)의 일, 반대 방향으로 움직였을 때는 음(-)의 일이이라 함

$$일(W) = 힘(F) \times 거리(d), \ J=1N \times 1m$$

2 일률(Power)의 개념 2017, 2018, 2019, 2021, 2022, 2023
① 단위시간당 수행한 일의 양
② 역학적 일의 강도를 나타내는 지표로 사용
③ 단위는 Watt 혹은 J/s
④ 스포츠에서 파워는 순발력의 개념으로 이해

$$일률(P) = 한\ 일(W) \ / \ 시간(t) = 힘(F) \times 속도(v)$$

일과 일률의 계산식
- 일 = 작용하는 힘 × 힘 방향의 변위
- 일률 = 작용하는 힘 × 힘 방향의 속도

02 에너지 2025

1 에너지(energy)의 개념과 종류 2016, 2017, 2019, 2020, 2023
에너지(Energy)란 운동의 원천으로 일을 할 수 있는 능력

운동 에너지	① 운동하고 있는 물체가 가진 에너지 ② 움직이는 물체가 생기는 운동에너지는 그 운동체 속도의 제곱에 비례 ③ 운동량은 속도에 비례, 운동에너지는 속도의 제곱에 비례관계	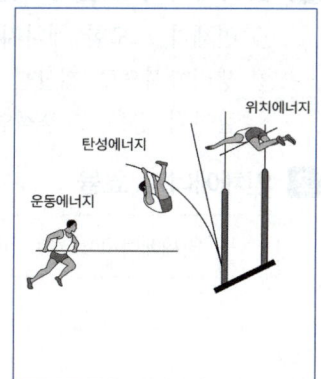
위치 에너지	① 물체의 위치에 따라 갖는 에너지 ② 위치에너지는 운동에너지로 전환되어 일을 수행할 수 있음 ③ 위치에너지의 크기는 질량과 높이에 비례	
탄성 에너지	① 탄성을 지닌 물체가 변형되었을 때 복원시킬 수 있는 에너지 ② 탄성에너지 또는 변형에너지라 함	

장대높이 뛰기의 특성 2015, 2022
- 운동에너지: 장대를 들고 뛰는 단계
- 탄성에너지: 장대를 짚고 올라가는 단계
- 위치에너지: 장대를 높고 최고점에 있는 단계 탄성에너지

> 기출 핵심 포인트

2 역학적 에너지 보존의 법칙

(1) 역학적 에너지의 개념

여러 종류의 에너지 중 운동에너지와 위치에너지를 합한 것을 말함

(2) 역학적 에너지 보존의 법칙

① 운동하는 모든 물체는 외력이 작용하지 않는 한 형태만 바뀔 뿐, 에너지의 총합은 일정함

② 역학적 에너지의 계산

> 역학적 에너지 = 운동에너지($1/2mv^2$) + 위치에너지(mgh) → 항상 일정

3 역학적 에너지의 변환 2021, 2022

운동하는 모든 물체는 외력이 작용하지 않는 한 형태만 바뀔 뿐, 에너지의 총합은 일정

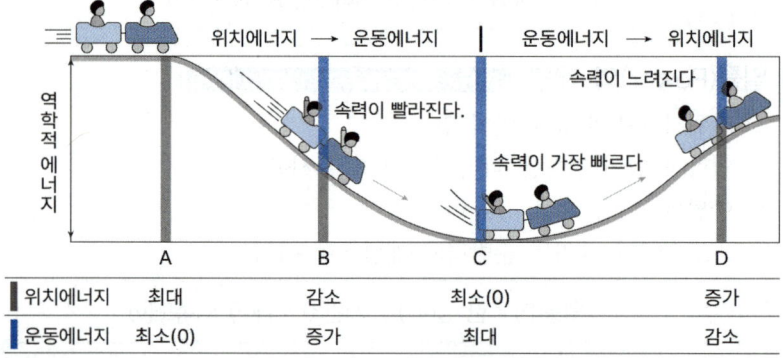

	A	B	C	D
위치에너지	최대	감소	최소(0)	증가
운동에너지	최소(0)	증가	최대	감소

03 인체에너지 효율

1 인체에너지 효율의 개념

① 인체가 소모한 에너지양과 역학적으로 한 일의 비율

② 생리학적으로 계산한 인체가 소모한 에너지양과 역학적인 일의 양이 같아질 경우, 효율적인 운동을 했다고 평가함

2 인체에너지 효율

> 인체에너지 효율 = 역학적으로 한 일의 양/인체가 소모한 에너지 양

다양한 운동 기술의 분석

01 동작 분석

1 동작 분석과 영상 분석

(1) 동작 분석의 개념
  ① 인체 운동의 구성 요소인 동작을 다양한 방법으로 분석하는 것
  ② 운동역학에서 활용도가 높으며, 영상 분석을 가장 많이 사용함

(2) 영상 분석의 개념 2015, 2016, 2021, 2022, 2024
  ① 운동수행을 기록한 영상을 통해 시간과 위치 정보를 추출하고, 이를 통해 변위, 속도, 가속도 등의 운동 정보 분석
  ② 분절의 질량, 관성모멘트 자료와 외부의 힘 정보를 영상 분석에 활용하면 인체 내부에서 작용하는 힘을 추정할 수 있음
  ③ 수행한 동작을 즉시 재생하고 분석하여 선수나 지도자에게 동작의 개선점 등을 제공할 수 있게 됨

2 영상 분석의 구분 2017, 2019, 2020

(1) 2차원 영상 분석
  ① 1개의 영상 기록을 통해 2차원의 평면상의 운동 분석
  ② 운동 평면상의 실제 좌표와 영상 좌표 사이의 일정한 배율 관계를 이용
  ③ 단일 평면상에서 이루어지는 운동 동작(철봉의 대차돌기, 직선 걷기, 100m 달리기 등)의 분석에 활용

(2) 3차원 영상 분석 2017, 2020
  ① 2개 이상의 영상 기록을 통해 입체적인 3차원 공간상의 운동 분석
  ② 2차원의 영상정보들 간의 관계를 이용해 3차원 공간 정보 추출
  ③ 야구 피칭, 골프 스윙 등의 공간상에서 입체적으로 이루어지는 운동의 분석에 활용

(3) 배율법 2024
  ① 동작이 수행되는 평면에 직교하게 카메라를 설치
  ② 분석 대상이 운동평면에서 벗어나면 투사오차가 발생
  ③ 기준자는 영상평면에서의 분석 대상 크기를 실제 운동 평면에서의 크기로 조정

영상 분석의 변인
- 운동의 변위
- 속도
- 가속도

영상 분석의 사례
- 보행 시 지면반력 측정
- 테니스 포핸드 스트로크에서 그립 압력의 크기 측정
- 스쿼드 동작에서 대퇴사두근의 근활성도 측정
- 축구 헤딩 후 착지 시 무릎관절의 모멘트 계산

2차원 영상 분석 특징
- 카메라를 사용하여 분석
- 한 대의 카메라로도 측정 가능
- 2차원상의 평면 운동을 분석

3차원 영상 분석 특징
- 2차원 분석법에서 발생하는 투사오차 해결
- 2대 이상의 카메라 사용
- 하나의 인체 분절 정의에 필요한 최소 반사마커 수는 3개

02 힘 분석

1 힘 측정 원리
인체 운동을 분석하기 위해서 인체의 내부 외부에 작용하는 힘의 원리를 활용하여 측정
① 힘의 양은 작용 반작용 법칙을 활용하여 측정 예 압력판
② 물체가 늘어나는 정도는 힘에 비례하고, 이 변화에 따라 전기의 세기가 변하는 원리를 활용 예 근전도기

2 다양한 힘 측정 방법 (2017, 2019, 2020, 2022, 2023)

측정기기	측정방법
지면반력기	• 인체가 지면에 작용한 힘에 대한 반작용력인 지면반력을 측정 • 여러 개의 힘 변환기를 이용해 지면과의 접촉면에서 작용하는 모든 힘들이 합쳐진 하나의 합력을 측정
압력분포 측정기	• 접촉면의 각 부분에 작용하는 압력을 측정 • 접촉면 전체를 단위 면적으로 분할하여 측정 센서를 장착해 개별 힘 측정
등속성 동력계	• 관절의 회전 운동 시 특정 각도에서 발생하는 토크를 측정하여 근력을 평가 • 등척성 또는 등속성 조건에서 측정
스트레인게이지	• 물체가 외력으로 변형될 때 변형을 측정하는 측정기 • 사용 기구에 부착하여 힘을 측정·분석
근전도기	• 근수축이 일어나고 있는 근육 주위에 발생하는 미세한 전위차를 활용한 측정기 • 미세한 전위차를 증폭시켜 근육의 활동을 추정 및 분석

3 지면반력 측정의 활용 (2019, 2020, 2022, 2025)

(1) 지면반력의 이해
① 지면반력은 중력과 더불어 인체 운동을 변화시키는 중요한 외력
② 수직방향의 지면반력은 중력과 함께 수직 방향의 운동 결정
③ 전후 및 좌우 방향의 지면반력은 지면과의 마찰력을 의미, 해당 방향의 운동 결정
④ 뉴턴의 작용–반작용 법칙으로 설명

(2) 지면반력을 통한 인체 운동 분석 (2017)
① 지면반력(전후, 좌우, 수직)을 통해 걷기, 달리기, 점프 동작 등에서 인체에 작용하는 충격력, 충격량 등을 분석
② 지면반력이 작용하는 지점인 압력중심점을 통해 체중의 이동과 안정성 등을 분석

지면반력
- 지면반력기로 측정
- 발이 지면에 가는 족압력에 대한 지면의 반발을 측정
- 지면이 신체에 가는 반력을 측정
- 보행 시 지면반력기에 발이 착지하면서 미는 힘은 제동력
- 발 앞꿈치가 지면반력기에 떨어지기 전에 뒤로 미는 힘은 추진력

> **개념 플러스** 운동 상황에서 지면반력 활용 사례
> - 보행, 달리기, 점프 등의 동작에서 신체에 작용하는 힘, 충격력, 추진력 등의 분석에 활용
> - 높이뛰기 도약 동작 분석 활용

03 근전도 분석

1 근전도의 개념 및 원리 `2015, 2018, 2019, 2020, 2022`

(1) 근전도(EMG, Electromyography)의 개념
  ① 근육의 수축활동에서 발생하는 전기적 신호를 그래프로 나타낸 것
  ② 근육의 수축과 근전도 신호의 생성
  ③ 근전도 검사를 통해 근육의 동원 순서를 알 수 있음

(2) 근전도의 원리
  ① 근수축과 관련된 전기적 신호를 증폭시켜 측정하며, 근전도 신호는 양과 음의 값을 가짐
  ② 근육 수축에 관여하는 근섬유에 의해 생성된 개별 활동 전위는 근육 내부와 외부의 전극을 사용하여 시간적, 공간적으로 축적되고 감지함

2 근전도의 측정 `2019`

근전도의 측정은 전극이라는 전도체를 통해 이루어짐

측정방법	특징
표면전극	• 피부 표면에 전극을 부착하여 측정 • 실험 과정이 간편하고 다양한 상황에 적용 가능 • 심층의 근육활동 분석에는 부적합하지만, 큰 근육의 활동 분석에는 적합
침전극 및 극세선전극	• 바늘이나 가는 전선을 근육에 직접 삽입하여 측정 • 심층 근육이나 미세 근육 활동 분석에 적용 가능 • 인체의 안정성 및 활동에 제약이 많아 활동적인 운동기술의 분석에는 부적합

3 근전도의 분석과 활용

(1) 근전도 분석의 개념 `2019, 2020, 2021`

근육이 동원되는 순서, 근육이 활성화되는 시점, 근육 활성도, 근육 피로도, 운동 중 각 근육별 수축 및 활성 세부정보를 제공

근육의 활동 여부	특정 동작에서 근육의 활동 여부
근육의 활동 정도	특정 동작에서 근육이 어느 정도 활동을 하는지 여부
근육의 피로 정도	근육의 피로 상태 여부

(2) 근전도 분석의 활용

근육의 기능성 이상 여부 진단 및 근 활성도의 정량적 확인 가능

기출 핵심 포인트

근전도 측정 과정
운동 신경활동전위가 근육의 흥분 유도 → 근섬유 활동전위 생성 → 근섬유 내 활동전위의 전파 → 운동단위의 활동전위 → 근전도의 측정

근전도 측정 방법
- 표면전극: 피부 표면에 전극 부착
- 침전극 및 극세선전극: 바늘이나 가는 전선을 근육에 삽입하여 측정

PART 06 운동역학

단원문제

운동역학 개요

01 학문 영역에 대한 정의로 올바르지 <u>않은</u> 것은?
① 운동을 유발하거나 변화시키는 원인인 힘에 대해 연구하는 학문이다.
② 스포츠와 관련된 움직임을 전문적으로 다루는 분야를 부르는 용어이다.
③ 정역학은 동적 평형 상태에 있는 물체에 작용하는 힘을 연구하는 학문이다.
④ 동역학은 물체의 힘과 운동의 관계를 연구하는 학문이다.

02 운동역학의 목적으로 올바르지 <u>않은</u> 것은?
① 스포츠 동작 신기술 개발을 통한 경기력 향상
② 재활 현장에서 발생하는 상해 원인 분석
③ 역학적 이해를 통한 스포츠 동작의 효율성 극대화
④ 경기력 향상을 위한 운동 장비 개발

03 다음 설명의 ( )에 들어가는 말이 순서대로 나열된 것은 무엇인가?

> 코치나 지도자는 운동 수행 상황을 파악하여 ( )를 분석하고, 문제점을 찾아내어, 피드백을 제공하여 ( )의 오류를 수정한다.

① 단점 - 기술 동작
② 단점 - 운동 기구
③ 장점 - 기술 동작
④ 장점 - 운동 기구

04 운동역학의 연구 방법 중 정량적 분석에 대한 설명으로 올바르지 <u>않은</u> 것은?
① 분석에 어느 정도 객관성이 확보되어야 한다.
② 분석에 다양한 장비를 활용하여 수치적 자료를 통해 동작을 분석하고자 한다.
③ 분석에 객관적이고 정확한 정보를 획득하며 주관적인 판단을 배제해야 한다.
④ 분석에 필수적이나 자료처리 시간의 지연으로 현장 적용에는 한계가 있다.

정답해설

01 ③ 정역학은 정적 평형 상태에 있는 어떤 구조물 혹은 물체에 작용하는 힘을 연구하는 학문이다.
02 ② 스포츠 상황에서 역학적으로 발생하는 상해 원인 분석이 목적이다.
03 ① 코치나 지도자는 운동 수행 상황을 파악하여 단점을 분석하고 문제점을 찾아내어 피드백을 제공하여 기술 동작의 오류를 수정하고자 한다.
04 ① 정성적 분석에 대한 내용이다.

| 정답 | 01 ③ 02 ② 03 ① 04 ① |

운동역학의 이해

05 인체 부위 방향 용어에 대한 설명으로 올바르지 <u>않은</u> 것은?

① 상(superior)은 인체 중심의 위쪽을 말하는 용어이다.
② 후(posterior)는 인체 중심의 뒤쪽을 말하는 용어이다.
③ 저측(plantar)은 발등 쪽을 말하는 용어이다.
④ 표층(superficial)은 인체의 표면 쪽을 말하는 용어이다.

06 관절운동 중 전후축 운동에 대한 설명이다. 이 설명에 해당하는 용어는 무엇인가?

> 인체 분절이 중심선에 가까워지는 동작

① 내전   ② 외전
③ 내번   ④ 외번

07 관절운동 중 횡단면 운동에 대한 설명이다. 올바른 것은 무엇인가?

① 회내는 아래팔과 손이 외측으로 회전하는 운동을 말한다.
② 외회전은 분절의 장축을 중심으로 인체 중심선으로부터 바깥으로 향하는 회전을 말한다.
③ 회외는 아래팔과 손이 내측으로 회전하는 운동을 말한다.
④ 내회전은 분절의 장축을 중심으로 인체 중심선으로부터 바깥으로 향하는 회전을 말한다.

08 다음의 설명이 말하는 가동관절은 무엇인가?

> 한쪽 관절 표면이 한 방향은 오목하게 들어가 있고 다른 쪽은 볼록하게 나와 있는 구조이며 손목뼈, 손바닥뼈 관절에서 분포되어 있다.

① 절구 관절
② 경첩 관절
③ 활주 관절
④ 안장 관절

정답해설

05 ③ 저측은 발바닥 쪽을 말하는 용어이다. 발등 쪽을 말하는 용어는 배측(dorsal)이다.

06 ① 인체 분절이 중심선에 가까워지는 동작을 내전이라고 한다.

07 ② 외회전은 분절의 장축을 중심으로 인체 중심선으로부터 바깥으로 향하는 회전을 말한다.
[오답해설]
① 회내는 아래팔과 손이 내측으로 회전하는 운동을 말한다.
③ 회외는 아래팔과 손이 외측으로 회전하는 운동이다.
④ 내회전은 분절의 장축을 중심으로 인체 중심선으로 향하는 회전을 말한다.

08 ④ 안장 관절은 한쪽 관절 표면이 한 방향은 오목하게 들어가 있고 다른 쪽은 볼록하게 나와 있는 구조이며 손목뼈, 손바닥뼈 관절에서 굽힘, 신전, 모음 및 벌림 운동에 이용된다.

|정답| 05 ③ 06 ① 07 ② 08 ④

인체역학

09 인체 무게중심의 개념에 대한 설명으로 올바르지 <u>않은</u> 것은?

① 인체의 중심은 모든 질량이나 중량이 한 점에 집중된 것으로 생각한다.
② 무게의 중심은 순간적으로 고정된 자세에 따라 결정된다.
③ 일반적으로 여성의 무게중심이 남성보다 낮은 편이다.
④ 유아의 무게중심은 성인에 비해 낮은 편이다.

10 기저면과 안정성의 관계에 대한 설명으로 올바르지 <u>않은</u> 것은?

① 기저면은 크면 클수록 안정성이 높아진다.
② 무게중심선이 기저면 밖에 있으면 인체는 불안정한 상태에 높이게 된다.
③ 무게중심선이 기저면 중앙에 가까울수록 안정성은 낮아지게 된다.
④ 무게중심선이 기저면 가장자리에 근접할수록 평형이 깨지게 된다.

11 인체 지레에 대한 설명으로 올바르지 <u>않은</u> 것은?

① 모든 지레는 힘점, 저항점, 받침점이 존재한다.
② 힘팔은 저항이 작용하는 지점에서부터 축까지의 수직거리이다.
③ 저항팔은 저항이 작용하는 지점에서부터 축까지의 수직거리이다.
④ 인체의 경우 분절이 지렛대의 역할을 수행한다.

12 2종 지레의 순서로 올바른 것은?

① 축 - 작용점 - 힘점
② 힘점 - 축 - 작용점
③ 축 - 힘점 - 작용점
④ 축 - 힘점 - 작용점

운동학의 스포츠 적용

13 거리와 변위에 대한 설명으로 올바르지 <u>않은</u> 것은?

① 거리는 방향성과 크기가 모두 존재한다.
② 변위는 방향성과 크기가 모두 존재한다.
③ 거리는 스칼라량으로 표현한다.
④ 변위는 벡터량으로 표현한다.

정답해설

09 ④ 유아의 무게중심은 성인에 비해 높은 편이다.
10 ③ 무게중심선이 기저면 중앙에 가까울수록 안정성은 높아지게 된다.
11 ② 힘팔은 힘이 작용되는 지점에서부터 축까지의 수직거리를 말한다.
12 ① 2종 지레는 작용점과 힘점 사이에 받침점이 있는 형태를 말한다.
13 ① 거리는 방향성은 없고 크기만 존재한다.

| 정답 | 09 ④ 10 ③ 11 ② 12 ① 13 ①

14 포물선 운동 3요소 중 투사속도에 대한 설명으로 올바르지 않은 것은?

① 투사속도는 수평속도와 수직속도의 합력으로 나타낸다.
② 수직속도가 빠를수록 투사높이가 증가한다.
③ 투사속도가 빠를 경우 투사체의 최고점 높이는 증가한다.
④ 수평속도가 느릴수록 투사거리가 증가한다.

15 다음의 설명이 말하는 것은 무엇인가?

> 방향이 존재하며 회전하는 물체의 최초와 최후 지점의 각 위치 간의 차이 값

① 각가속도　　② 각변위
③ 각거리　　　④ 각속력

16 다음의 설명으로 올바르지 않은 것은?

① 회전하는 물체의 선속도는 각속도와 회전 반경의 곱으로 결정된다.
② 각속도가 동일하다면 회전축으로부터 먼 쪽 지점의 선속도가 가까운 쪽보다 더 크다.
③ 선속도를 증가시키기 위해서는 각속도와 회전 반경을 감소시켜야 한다.
④ 회전 반경이 클수록 선속도가 크다.

운동역학의 스포츠 적용

17 다음의 설명으로 올바르지 않은 것은?

① N은 힘을 나타내는 절대 단위이다.
② 추진력은 운동을 유발하는 힘이다.
③ 힘은 질량과 속력의 곱이다.
④ 저항력은 운동을 방해하는 힘이다.

18 다음 설명의 (　)에 해당하는 것은 무엇인가?

> 마찰력 = (　) × 수직반력

① 마찰계수
② 정지 마찰력
③ 부력
④ 운동 마찰력

19 다음 설명에 해당하는 것은 무엇인가?

> 이동하는 물체 주변의 유체의 상대 속도 차이에 의해 물체의 이동 방향에 수직으로 작용하는 힘

① 부력　　② 양력
③ 항력　　④ 마찰력

정답해설

14 ④ 투사속도의 경우 수평속도가 빠를수록 투사거리가 증가한다.
15 ② 각변위는 시계 방향과 반시계 방향으로 표시하며, 회전하는 물체의 최초 지점 각 위치와 최후 지점 각 위치 간의 차이 값을 말한다.
16 ③ 선속도를 증가시키기 위해서는 각속도와 회전반경을 증가시켜야 한다.
17 ③ 힘은 질량과 가속도의 곱으로 표현된다.
18 ① 마찰력은 마찰계수와 수직반력의 곱으로 나타낸다.
19 ② 양력은 유체(공기나 물)속의 물체에 운동방향의 수직방향으로 작용하는 힘이다.

[오답해설]
① 부력은 물체를 둘러싼 공기와 같은 유체가 물체를 위로 밀어 올리는 힘이다.
③ 항력은 유체에서 이동하는 물체가 운동 방향의 정면으로 받게 되는 힘이다.

|정답| 14 ④　15 ②　16 ③　17 ③　18 ①　19 ②

20 다음 설명의 ( )에 해당되는 순서로 올바른 것은?

> 물체가 원운동을 할 때 중심 방향으로 작용하는 힘은 ( )이고, 중심으로부터 멀리 벗어나려는 힘을 ( )이라 한다.

① 관성력 - 모멘트
② 관성력 - 구심력
③ 회전력 - 원심력
④ 구심력 - 원심력

일과 에너지

21 일(work)에 대한 설명으로 올바르지 않은 것은?

① 힘을 주는 방향으로 물체가 움직였을 때 부적일이라고 한다.
② 일의 단위는 J(줄)로 나타낸다.
③ 역학적으로 일은 힘이 작용했다는 것을 말한다.
④ 부적일은 힘의 반대 방향으로 움직였을 때를 말한다.

22 에너지에 대한 설명으로 올바르지 않은 것은?

① 운동에너지는 운동으로 인해 물체가 갖는 에너지를 말한다.
② 질량의 변화가 없을 때 위치에너지는 물체의 위치에 관계없이 모두 동일하다.
③ 운동에너지는 운동체 속도의 제곱에 비례한다.
④ 지구상의 모든 물체는 일정한 중력의 작용을 받는다.

23 다음의 설명에 해당되는 것은 무엇인가?

> 물체의 형태가 변했다가 원래의 형태로 복원시킬 수 있는 에너지

① 운동에너지   ② 위치에너지
③ 탄성에너지   ④ 역학적 에너지

24 다음의 설명 중 올바른 것은 무엇인가?

① 물체가 상승할 때 위치에너지는 감소하고 운동에너지는 감소한다.
② 물체가 상승할 때 위치에너지는 증가하고 운동에너지는 증가한다.
③ 물체가 하강할 때 위치에너지는 감소하고 운동에너지는 감소한다.
④ 물체가 하강할 때 위치에너지는 감소하고 운동에너지는 증가한다.

정답해설

20 ④ 물체가 원운동을 할 때 원의 중심 방향으로 작용하는 힘은 구심력이고, 원운동을 하는 물체가 궤도를 이탈하려는 힘, 원의 중심으로부터 멀리 벗어나려는 힘을 원심력이라 한다.

21 ① 힘을 주는 방향으로 물체가 움직였을 때는 정적일 이라고 한다.

22 ② 질량의 변화가 없다면 위치에너지는 물체의 위치에 의해 달라진다.

23 ③ 탄성에너지는 저장에너지의 형태이며, 물체를 원래의 형태로 복원시킬 수 있다.

24 ④ 물체가 하강할 때 위치에너지는 감소하고 운동에너지는 증가한다.

| 정답 | 20 ④ 21 ① 22 ② 23 ③ 24 ④

다양한 운동 기술의 분석

25 다음 설명이 말하는 것은 무엇인가?

> 수행한 동작을 즉시 분석하여 선수나 지도자에게 동작의 개선점을 제공하는 분석

① 영상 분석
② 심리 분석
③ 체력 분석
④ 영양 분석

26 다음 설명이 올바르지 않은 것은?

① 2차원 영상 분석은 1개의 영상 기록을 통해 평면상의 운동 분석을 말한다.
② 2차원 영상 분석은 운동 평면상의 실제 좌표와 영상 좌표 사이의 일정한 배율 관계를 이용한다.
③ 3차원 영상 분석은 2개 이상의 영상 기록을 통해 입체적인 3차원 공간상의 운동 분석을 말한다.
④ 3차원 영상 분석은 2차원 분석에 비해 오차가 크다는 단점이 있다.

27 다음 설명의 ( )에 해당되는 것은 무엇인가?

> 인체가 지면에 작용한 힘에 대한 ( )인 지면반력을 측정함

① 작용력
② 반작용력
③ 상호작용력
④ 원심력

28 다음 설명으로 올바르지 않은 것은?

① 근전도 분석을 통해 운동 신경계의 활동 상황을 알 수 있다.
② 근전도 분석은 골격근 수축에 수반하여 일어나는 근활동 전류를 유도해서 증폭을 기록한 것이다.
③ 안근이나 손가락 운동과 같은 섬세한 근 활동 분석에는 이용할 수 없다.
④ 근전도 분석을 통해 근육 활성도, 피로도 및 수축 시점을 알 수 있다.

정답해설

25 ① 선수가 수행한 동작이 촬영된 영상을 통해 시간과 위치 정보를 추출하여 변위, 속도 및 가속도 등의 운동 정보를 통해 동작의 개선점 등을 제공하는 것이 영상 분석이다.

26 ④ 3차원 영상 분석은 2차원 영상 분석에 비해 오차가 적은 편이다.

27 ② 지면반력 측정의 활용에 대한 설명이다. 인체가 지면에 작용한 힘에 대한 반작용력을 측정하는 것이다.

28 ③ 근전도 분석을 통해 안근이나 손가락 운동과 같은 섬세한 근 활동 분석에도 이용할 수 있다.

|정답| 25 ① 26 ④ 27 ② 28 ③

2025년 기출분석

- 일제강점기 체육 정책 · 무예도보통지 · 학교체육 제도 등 제도사 중심으로 출제
- 제천행사, 화랑도, 씨름 등 전통 신체문화 사례를 묻는 문항이 중심
- 한국체육사 출제 경향은 시대별 흐름보다 정책 · 제도 변천의 이해를 중점적으로 평가

2025년 필기 출제비율

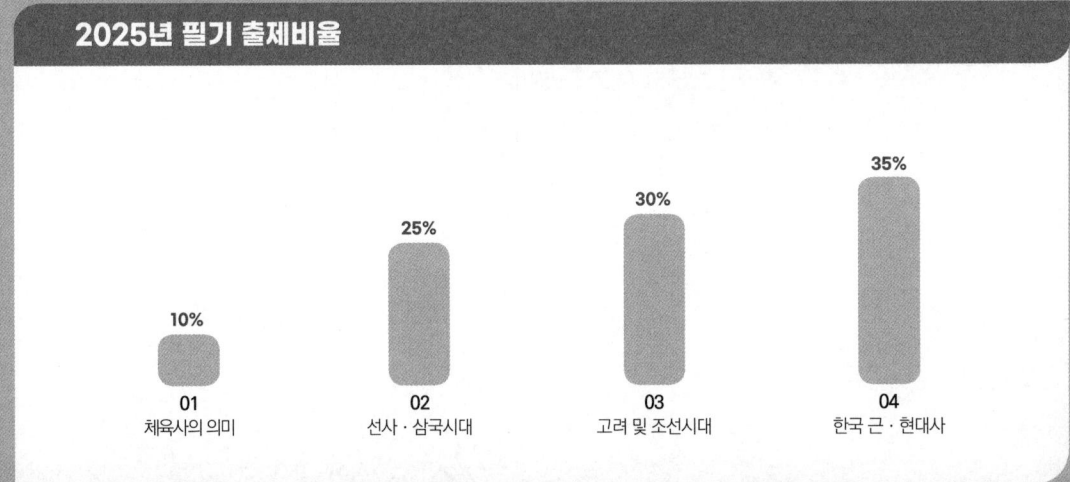

PART 07

한국체육사

01 체육사의 의미
02 선사·삼국시대
03 고려 및 조선시대
04 한국 근·현대사

체육사의 의미

> 기출 핵심 포인트
>
> **체육사 연구의 사료(史料)** 2025
> - 역사를 고찰하는 데 단서가 되는 자료
> - 물적 사료: 유물, 유적, 현존하는 모든 물질적 유산 등
> - 기록 사료: 문헌, 구전 등
> - 구술 사료: 과거 기억에 대한 증언 등
>
> **체육사 연구의 사관(史觀)** 2025
> 역사가의 역사에 대한 의식으로 과거의 사실을 확인할 때 역사가의 가치관과 해석 원리에 따라 그 기준이 달라지는 것

01 체육사의 개념

1 체육사의 정의 및 의의

(1) 체육사의 정의 2017, 2022
① 현재의 체육 상황을 인식하여 미래를 현명하게 통찰하기 위한 학문
② 인간이 수행해 온 신체활동의 역사와 인간 운동을 본질적으로 이해하기 위한 학문
③ 사회적·시간적 변화에 따라 나타나는 스포츠와 체육과의 관련성을 탐구하는 학문

(2) 체육사의 의의 2016, 2017, 2018
① 체육의 역사를 통해 현재를 인식할 수 있는 기준을 마련
② 체육과 관련된 과거의 사건을 파악하고 이해하는 데 도움
③ 과거의 사실로 현재에 대한 근거를 파악하고, 체육의 현상을 총체적으로 보는데 도움

2 체육사의 연구대상과 영역 2024

(1) 체육사의 연구대상 2016, 2017
① 연구방법론: 체육사의 연구 방법 및 현황 분석 등
② 스포츠와 문화: 각 시대의 스포츠를 통한 문화 현상 등
③ 스포츠와 유사행위: 각 시대의 신체활동, 전통 놀이, 무예, 스포츠 등
④ 스포츠와 사상: 각 시대의 인물과 관련된 체육 사상 및 건강, 종교 등
⑤ 스포츠와 정치: 각 시대의 스포츠와 정치, 정책, 제도 등
⑥ 스포츠와 종목: 스포츠의 기원과 종목의 발달 과정 등
⑦ 스포츠와 단체: 각 시대의 스포츠 발전에 기여한 단체 등

(2) 체육사의 연구영역 2015, 2016, 2018, 2022
① 통사적, 세계사적 연구영역: 전 시대와 전 지역에 걸쳐 통관한 종합적 연구
② 시대적, 지역적 연구영역: 어떤 시대와 지역의 한국 체육과 스포츠의 과거를 살펴보고, 현재를 직시하고 미래를 바라보는 연구
③ 개별적, 특수적 연구영역: 스포츠의 사적 내용을 연구할 때의 개별적이고, 특수한 상황적 측면을 연구

> **개념 플러스** 체육사의 연구방법
>
> - 기술적 연구: 과거의 사실을 객관적으로 밝히는 연구로 모든 역사 연구의 기초적인 단계로 사료(史料)에 근거하여 규명
> - 해석적 연구: 과거의 사실에 대한 의미를 해석하는 것으로 평가와 해석의 기준을 중요시하는 것

3 체육사의 시대 구분

	전통 체육기	태동·성장기	융성기	암흑기	발전기
중심적 활동	• 무사체육 시대 • 무예	• 형식 체조 중심 시대 • 병식 체조, 보통 체조, 학교 체조, 스웨덴 체조	스포츠, 유희 중심 시대	군사 훈련 중심 시대 (체육통제)	현대 체육 활동 시대
시대 구분	• 원시 부족 사회 • 삼국 및 통일신라	• 1895 근대학교 • 1910~1914 경술국치, 학교체조, 교수요목	1927 경기 단체 결성	1939 ~ 1945 제2차 세계 대전	1945 ~ 해방

선사·삼국시대

기출 핵심 포인트

01) 선사 및 부족국가시대의 체육

1 부족국가시대의 생활과 신체문화

(1) 부족국가시대의 생활
 ① 고조선 건국 후, 본격적 농경 생활 실시
 ② 고구려, 옥저, 동예 등의 건국과 병농 일치 시대 출현
 ③ 주로 자연에 의존하면서 야생 동물과 같은 생활 실시

(2) 부족국가시대의 신체활동 2016, 2017, 2018, 2019, 2020, 2021, 2022, 2025
 ① 농경 사회의 발달로 생산 기술과 전투 기술이 분화(농민과 병사가 점차 분리)
 ② 무기가 생산되기 시작하여 궁술(弓術)과 기마술(騎馬術)이 발달
 ③ 민속놀이로 저포(樗蒲), 기마(騎馬), 수박(手搏), 격검(擊劍), 씨름 등을 즐김

개념 플러스 부족국가의 제천행사 2022, 2024

파종과 수확을 할 때에 모든 사람들이 하늘에 지내는 제사이며, 제천행사 때는 각종 무예와 유희, 음주가무 등 실시

고구려	동맹(10월)
부여	영고(12월)
동예	무천(10월)
삼한	수릿날(5월), 시월제(10월)

02) 삼국 및 통일신라시대의 체육

1 삼국시대의 사회와 교육

(1) 삼국시대
 ① 고대국가의 틀을 갖춘 시기이며, 국방 체육이 발달
 ② 불교가 삼국시대의 사회와 문화, 교육 등에 큰 영향을 미침
 ③ 민속적 유희가 생기며 발전하였고, 교육과 관련된 신체 운동이 완성

(2) 고구려
 ① 태학: 최초의 관학으로 국가의 관리 양성을 목적으로 설립된 고등 교육 기관
 ② 경당: 서민을 대상으로 한 사립 초등 기관

(3) 백제

교육담당관 직책인 박사 제도(모시박사, 의박사, 역박사, 오경박사 등)

(4) 신라

① 화랑도: 청소년 수련단체 혹은 군사 관련 교육 실시
② 국학: 관리의 양성에 목적을 둔 귀족 자제의 교육기관

2 삼국시대의 체육

(1) 삼국시대의 무예 교육 2015, 2016, 2017, 2018, 2021, 2024

① 기마술(騎馬術): 말을 타고 활을 쏘는 것
② 궁술(弓術): 교육 활동의 한 분야로 고구려의 경당, 신라에서는 궁전법, 백제에서도 기사를 중요하게 취급
③ 각저(角觝): 두 사람이 서로 맞잡고 힘을 겨루는 경기로 각력, 각희, 상박, 쟁교 등으로 불림
④ 수박(手搏): 겨루기 형식의 투기 스포츠
⑤ 입산수행: 산에 들어가 고행을 통해 신체와 정신을 강화하는 수련
⑥ 편력(遍歷): 야외 교육 활동의 교육과정으로 산과 강을 순회하며 신체적, 정신적 수양

(2) 삼국시대의 민속 스포츠와 오락 2015, 2016, 2017, 2018, 2019, 2021, 2022, 2025

① 수렵(狩獵): 사냥 활동으로 군사적 수렵과 레저 스포츠로의 수렵 등 다양함
② 축국(蹴鞠): 가죽 주머니로 공을 만들어 발로 차고 노는 게임
③ 석전(石戰): 동편과 서편으로 나누어서 하는 돌팔매질(돌싸움) 놀이
④ 투호(投壺): 일정한 거리에 항아리를 놓고 화살을 던져 넣는 오락
⑤ 격구(擊毬): 말을 타고 달리거나 뛰어다니며 막대기로 공을 쳐서 승부를 겨루는 놀이
⑥ 방응(放鷹): 매를 길러 꿩이나 새를 사냥하는 일종의 수렵인 매사냥
⑦ 마상재(馬上才): 달리는 말 위에서 여러 가지 동작을 보이는 것
⑧ 저포(樗蒲): 윷가락처럼 만든 다섯 개의 나무를 던져 승부를 겨루는 놀이
⑨ 악삭(握槊): 주사위를 던져 여러 개로 된 말을 사용하여 궁에 들어가는 게임
⑩ 농주(弄珠): 여러 개의 구슬을 공중에 던져 그것을 기술적으로 받아서 돌리는 놀이
⑪ 풍연(風鳶): 종이에 댓가지를 가로세로 붙이고 실로 벌이줄을 매어 공중에 날리는 놀이
⑫ 죽마(竹馬): 대나무를 휘어 가랑이에 넣고 달리는 놀이
⑬ 위기(圍碁): 흑백의 돌로 집 싸움을 하는 바둑 게임
⑭ 도판희(跳板戲): 널빤지 양쪽 끝에 한 사람씩 올라가서 번갈아 뛰어오르는 놀이('축판희'라고도 함)

기출 핵심 포인트

기출 핵심 포인트

신라 화랑도의 교육적 목적
- 군사적 측면: 용감한 병사의 육성은 물론 실천적 인간을 육성하고자 함
- 교육적 측면: 단체 활동을 통해 심신을 단련시키고, 도덕적 인간을 육성하고자 함

(3) 신라 화랑도 체육의 특징 2015, 2016, 2017, 2018, 2020, 2021, 2022
① 화랑도 체육의 역사적 의미
  ㉠ 고대 사회에 체육의 체계적인 유형이 존재함
  ㉡ 심신일체론적 사상을 바탕으로 전인교육을 지향함
  ㉢ 체육활동을 통해 역동적인 국민성 함양을 추구
② 세속오계(世俗五戒): 신라 진평왕 때 승려 원광이 화랑에게 알려준 다섯가지 계율을 바탕으로 우수 인재 양성
  ㉠ 사군이충(事君以忠): 충성으로 임금을 섬김
  ㉡ 사친이효(事親以孝): 부모를 효로써 섬김
  ㉢ 교우이신(交友以信): 신의로 벗을 사귐
  ㉣ 임전무퇴(臨戰無退): 전쟁에 임하여 후퇴를 삼가함
  ㉤ 살생유택(殺生有擇): 생명체를 함부로 죽이지 않음

3 삼국시대의 체육 사상 2025

(1) 삼국시대의 체육 사상
① '문무의 균형', '심신의 조화', '지덕체의 병행'을 교육으로 추구
② 효(孝)와 신(信) 등을 강조하는 도의체육(道義體育)
③ 신의 조화라는 가치관을 바탕으로 신체의 덕(德)을 함양하는 데 목적
④ 화랑도의 체육은 광명정대사상(光明正大思想)을 기초로 신체적 단련을 통해 심신의 발달을 강조

(2) 화랑도의 체육 사상 2016, 2018, 2022

체육 사상	내용
신체미의 숭배 사상	신체의 미와 탁월성 중시(신체 자체에 높은 가치를 부여하며 신체의 미를 중시)
심신일체론적 신체관	신체활동을 통한 수련 자체를 덕(德)의 함양 수단으로 생각
군사주의 체육 사상	국가를 위해 자신을 희생할 수 있는 인재 육성 요구
불국토 사상	• 국토를 신성하게 여기며 목숨을 걸고서라도 지켜야 한다는 사상으로 편력 활동과 연계 • 입산수련과 편력은 종교의숙과 연관되었으며, 스포츠 활동과 음악, 무용, 노래 등이 포함

고려 및 조선시대

01 고려시대의 교육 `2015, 2016, 2021, 2022`

1 고려시대의 사회와 교육 특징
① 정치적으로는 유교, 종교적으로는 불교 중심 사회
② 체계적인 교육기관이 설립되었고, 과거제도의 도입
③ 도덕적 합리주의에 입각한 중앙집권적 귀족 정치의 실현

2 고려시대의 교육기관

교육기관	내용
관학	• 국자감(國子監): 문무관 8품 이상의 귀족 자제를 위한 고려시대 최고의 종합 교육기관(7재라는 교육과정 존재) • 향교(鄕校): 유학의 전파와 지방민의 교화를 목적으로 지방에 설치된 관립학교 • 학당(學堂): 서민을 위한 순수유학기관으로 지방의 향교와 유사한 교육기관
사학	• 12도(十二徒): 인격 완성과 과거 준비의 목적으로 최충에 의해 설립된 교육기관 • 서당(書堂): 향촌의 부락에 설치된 초보적인 교육을 가르치는 민간 교육기관

02 고려시대의 무예 체육

1 국학 및 향학의 무예 체육 `2015, 2017, 2018, 2019, 2020, 2021, 2022, 2024`
① 국학의 체육: 강예재(講藝齋)는 국자감에 설치된 칠재(七齋)의 하나로, 무학(武學)을 교육하는 분과이며, 무학(武學)으로 장수(將帥)를 육성함
② 향학의 체육: 향학에서 궁사와 음악을 즐김

2 무신정권과 무예의 발달 `2017, 2018`
① 무신들의 사병이 무술을 연마하여 무예가 발달
② 문신들도 무예 수련을 게을리 하지 않음
③ 무인정신은 충, 효, 의에 기반

3 무예 체육 `2019, 2021, 2024`
(1) 수박(手搏)
① 맨손과 발을 이용한 격투기로 치기, 주먹지르기 등의 기술을 포함함
② 무인들에게 적극 권장, 명종 때 수박을 겨루어 승자에게 벼슬을 주어 출세를 위한 방법으로 활용

기출 핵심 포인트

수박희(手搏戲)
• 인재 선발을 위한 기준
• 승자에게 벼슬을 주어 출세를 위한 방법으로 활용
• 무신 반란의 주요 원인 중 하나

③ 인재 선발을 위한 기준이 되었으며, 무신반란의 주요 원인 중 하나

(2) 궁술(弓術)
① 신라시대 궁술에 의해 인재를 뽑던 전통이 전승
② 관직의 자질을 평가하기 위해 활쏘기 능력이 영향을 미쳤으며, 문무를 겸비한 인재 양성과도 관련
③ 국난을 대비하여 장려

(3) 마술(馬術)
① 말을 타고 여러 가지 자세나 기예를 보여주는 것
② 무인의 덕목 중 하나

03 고려시대의 민속 스포츠와 오락 2025

1 서민사회의 민속 스포츠와 오락 2016, 2018, 2019, 2024

(1) 씨름
① 각저(角觝), 각력(角力), 상박(相撲), 각지(角支), 각희(角戲) 등 씨름과 유사한 신체 활동
② 충혜왕 때 전국적으로 성행했으며, 공민왕 때 씨름꾼에게 벼슬을 주기도 함

(2) 추천(秋韆)
① 두 줄을 붙잡고 온몸을 흔들어 발의 탄력을 이용해 온몸을 마음껏 날려 보내는 놀이
② 부녀자들이 그네를 타고 노는 놀이로 단오절 행사에 인기
③ 귀족, 서민 모두 민속 유희로 널리 성행

(3) 석전(石戰) 2024
① 두 편으로 나뉘어 서로 돌팔매질을 하여 승부를 겨루던 놀이
② 음력 정월 대보름날 각 지방에서 행해지며, 편쌈, 변전(邊戰), 편전(便戰)이라고 함
③ 민속놀이, 군사훈련, 구경거리 제공의 성격을 가짐
④ 전쟁에 대비한 군사훈련에 활용
⑤ 석투군과 관련이 있음

(4) 연날리기
① 삼국시대부터 있었던 놀이로 지연(紙鳶) 또는 풍연(風鳶)이라고 함
② 종이에 댓가지를 가로세로 붙이고 실로 벌이줄을 매어 공중에 날리는 놀이
③ 군사적 목적이나 놀이의 성격을 띠고 고려시대로 전승됨

2 귀족사회의 민속 스포츠와 오락 2015, 2017, 2020, 2021

(1) 격구(擊毬)
  ① 페르시아 폴로 경기에서 유래한 마상 스포츠
  ② 군사훈련의 수단으로 기창, 기검, 기사를 능숙하게 하기 위한 용도
  ③ 귀족들의 오락 및 여가활동으로 부유한 귀족의 사치성 활동

(2) 방응(放鷹)
  ① 매를 잡았다가 놓아주면서 사냥하는 수렵 활동 및 무예 훈련의 성격
  ② 신라에서 1세기경 시작되어 고려시대 후기에 크게 번창
  ③ 왕이나 귀족들의 유희이자 스포츠로 즐김

(3) 투호(投壺)
  ① 화살 같은 막대기를 일정한 거리에 있는 항아리 안에 던져 넣는 게임
  ② 왕실과 귀족사회에 매우 성행함

04 조선시대의 체육

1 조선시대의 교육 2015, 2017, 2018, 2020, 2025

국가에서 운영하는 관학(官學), 개인이 운영하는 사학(私學), 과거제도로 구분

(1) 관학(官學)
  ① 성균관(成均館)
    ㉠ 교육 목표 중 덕(德)의 함양을 위해 활쏘기를 실시
    ㉡ 육일각(六一閣)에서 대사례를 거행
    ㉢ 대사례에서 사용된 궁은 예궁(禮弓) 또는 각궁(角弓)
  ② 사학(四學): 서울의 네 곳에 세운 교육기관으로 인재를 기르기 위해 설립된 기관
  ③ 향교(鄕校): 지방에서 유학을 교육하기 위해 설립된 기관

> **개념 플러스** **기술교육기관**
> 잡학교육(역학, 율학, 의학, 천문학 등)과 무예교육(훈련원, 사정, 사적)을 가르침

(2) 사학(私學)
  ① 서원: 고등교육기관으로 학통에 따라 학문을 연마(과거 준비)
  ② 서당: 천자문, 사서오경의 강독, 문장 공부인 제술, 실용적인 글쓰기 등을 가르치는 교육기관

(3) 과거제도 2025
  ① 문관(문과), 무관(무과), 잡과(기술관)를 채용하는 시험
  ② 과거제도를 통해 탁월한 무인을 선발(고등무관시험)

구분	내용	
시작년도	고려말기	
시험단계	초시, 복시, 전시의 3단계로 이루어짐(소과와 대과의 구분 없음)	
시험과목	무예	궁술, 기창, 격구, 조총 등
	병법서	경서, 병서 등
시험장소	초시	훈련원(서울), 병사(지방)
	복시, 전시	병조와 훈련원

2 조선시대의 무예 서적 〔2015, 2016, 2019, 2021, 2022, 2024〕

① 고병서해제: 병서에 대한 연구 서적
② 무예제보(武藝諸譜): 1598년 한교(韓嶠)가 편찬된 우리나라에서 가장 오래된 무예서로 6기(六技)(곤봉, 등패, 장창, 당파, 낭선, 쌍수도) 수록
③ 무예신보(武藝新譜): 1759년 사도세자가 모든 정사를 대리하던 중 기묘년(1759)에 명하여 12가지 기예를 넣어 편찬한 무예서
④ 무예도보통지(武藝圖譜通志): 1790년 무예제보(武藝諸譜)와 무예신보(武藝新譜)를 근간으로 새로운 훈련 종목을 더한 후 간행한 무예 훈련 교범

3 조선시대의 체육 〔2015, 2016, 2017, 2019, 2020, 2024〕

(1) 궁술(弓術)
① 교육적 궁술: 육예의 하나로 활쏘기를 통한 인간 형성 및 심신 수련을 위한 학사 사상을 지향하는 유교적 교육의 한 방식으로 인식
② 스포츠 성격의 궁술: 무술로서 군사 훈련의 수단이었지만, 전쟁 기술이 아닌 일종의 게임으로 승부
③ 편사(便射): 5인 이상 편을 구성하여 각 선수가 맞힌 화살의 총수로 승부를 겨루는 궁술대회
④ 무과 시험의 필수 과목

(2) 격구(擊毬)
① 나무로 만든 공을 장시라는 채로 쳐서 구문에 공을 넣는 경기
② 능숙한 승마 기술과 무예적 기량을 요구하여 귀족 스포츠에 속함
③ 단순한 오락이 아닌 체육의 성격을 지닌 무예 활동으로 국방력 강화 차원에서 하나의 무예로서 장려된 활동

(3) 수박희(手搏戱)
맨손과 발을 이용하여 상대방을 공격하고 방어하는 격투

(4) 이황의 활인심방(活人心方)
① 퇴계 이황이 도교의 양생사상을 바탕으로 구성한 의학서적
② 도인법(導引法): 도가에서 무병장수를 하기 위해 행한 건강법으로, 치료보다는 예방을 위한 보건체조

육예(六藝)
- 예(禮): 예용(禮容)
- 악(樂): 음악(音樂)
- 사(射): 궁술(弓術)
- 어(御): 마술(馬術)
- 서(書): 서도(書道)
- 수(數): 수학(數學)

(5) 주(走)와 역(力)
① 주: 일정 시간 동안 멀리 달리는 능력을 시험하는 과목
② 역: 무거운 물건을 들고, 멀리 달리는 능력을 시험하는 과목

05 조선시대의 민속 스포츠 오락

1 귀족사회의 민속 스포츠 2015
① 궁도(弓道): 민속무예, 스포츠, 오락의 성격으로 편사(便射)로 주로 시행
② 봉희(棒戲): 공중에서 공을 쳐서 구멍에 넣는 놀이로 골프와 유사
③ 방응(放鷹): 매를 훈련시켜 꿩이나 토끼 종류의 사냥감을 잡는 것
④ 격구(擊毬): 말을 타고 막대기로 공을 쳐 승부를 겨루는 것
⑤ 투호(投壺): 병 속에 화살을 던져 넣은 개수로 승부를 가리는 스포츠

2 민중 사회의 유희와 스포츠 2017, 2019, 2021, 2024
① 장치기: 긴 막대기를 쳐서 상대편 문 안에 넣는 경기
② 석전(石戰): 양편으로 나누어 서로 마주 보고 돌을 던지던 놀이
③ 씨름: 삼국시대부터 지금까지 행하여지고 있는 대표적인 민속 스포츠
④ 추천: 그네뛰기를 말하는 것으로 단오절이나, 한가위에 즐기는 여성 중심의 민속놀이
⑤ 각저, 각력: 마을 간 겨룸이 있었지만, 풍년 기원의 의미
⑥ 삭전, 갈전: 농경사회의 대표적인 민속놀이, 농사의 풍흉을 점치는 의미
⑦ 이 외에도 제기차기, 연날리기, 팽이치기, 썰매, 널뛰기, 그네뛰기, 줄넘기, 줄다리기 등

3 조선시대의 체육 사상 2018
(1) 숭문천무(崇文賤武)
① '글을 숭상하고 무력을 천시한다'는 뜻
② 조선시대는 성리학과 유교주의적 특성으로 인해, 문과에 비해 무인교육에 소홀함
③ 유교와 성리학은 도덕과 인을 중시, 신체적 힘을 기른다는 것은 전쟁이나 폭력을 유발할 수 있다고 판단

(2) 문무겸전(文武兼全)
① '문식(文識)과 무략(武略)을 다 갖춘다'는 뜻
② 정조는 천시되었던 무에 대한 새로운 인식을 끌어내 국정 운영의 철학으로 발전
③ '무적(武的) 기풍 확산을 통한 국정 쇄신'이라고 함
④ 병전(兵典)을 중심으로 법전을 변화시키고, 병학통(兵學通)과 무예도보통지 등 병서를 간행

줄다리기
삭전(索戰), 갈전(葛戰)으로도 불리며, 촌락공동체의 의례적 연중 행사로 성행

학사 사상
심신 수련의 활쏘기로 교육적 가치가 있음

한국 근·현대사

기출 핵심 포인트

각종 교육기관 2025

원산학사
- 1883년(고종 20년) 민간에 의해 함경남도 원산에 설립된 중등학교로, 한국 최초의 근대 학교
- 교과과정은 문무반 공통으로 산수, 과학, 기계, 농업 등 실용적인 과목이 있었고, 특수과목으로 문예반에는 경서, 무예반은 병서를 교육

대성학교
- 1907년 국권회복운동의 일환으로 도산 안창호가 평양에 설립한 중등교육기관
- '주인정신'을 강조하고, 무실역행(務實力行)이 기본철학이며, 체육시간에는 군대식 훈련을 강행

배재학당 2024
- 1885년(고종 12년) 서울에 설립되었던 중등과정의 사립학교
- 미국 선교사 아펜젤러가 세운 근대적 사학(私學)
- 근대 문명의 지식을 주고, 과학을 이해하도록 교육
- 과외활동으로 야구, 축구, 농구 등의 스포츠를 실시

이화학당
- 1886년(고종 23년) 해외여성선교회에서 파견된 메리 F. 스크랜튼이 설립한 한국 최초의 사립여성교육기관
- 교육이념은 기독교 교육을 통하여 한국여성들을 '더 나은 한국인으로 양성하는 것'

01 개화기의 체육

1 개화기의 교육 2016, 2017, 2018, 2019, 2020, 2021
① 문호 개방 후, 해외 시찰단 파견, 근대학교 설립 등을 통해 이루어짐
② 근대 학교 설립주체는 정부, 민간인, 선교사로 구분(신교육과 신문화 수용, 부국강병의 자각적 민족주의 확립)

(1) 관립 교육기관
주로 통역관을 양성하기 위한 목적으로 설립(동문학, 통변학교, 육영공원)

(2) 민간 교육기관
① 을사늑약 체결 이전
  ㉠ 일본 제국주의에 대한 위기의식으로 설립
  ㉡ 원산학사, 흥화학교, 낙영의숙, 중교의숙 등이 있음
② 을사늑약 체결 이후
  ㉠ 을사늑약 체결 계기로 설립
  ㉡ 보성학교, 대성학교, 오산학교 등이 있음
③ 선교단체 교육기관
  ㉠ 외국선교단체의 의해 기독교 확장 수단으로 설립
  ㉡ 광혜원, 배재학당, 이화학당, 경신학교 등이 있음

2 개화기의 교육 개혁 2016, 2017, 2019

(1) 갑오개혁을 통한 교육 혁신
신분계급을 타파한 인재 등용과 과거제 폐지 등으로 교육 혁신

(2) 고종의 '교육입국조서(敎育立國詔書)' 2024
① 1895년 교육입국조서 반포
② 덕양(德養), 체양(體養), 지양(智養), 즉 삼양(三養)을 강조
③ 소학교 및 고등과정에 체조가 정식과목으로 채택되는 데 영향
④ 교육의 기회가 전 국민적으로 확대되는 데 기여

3 개화기 체육의 발전 단계 2019
① 제1기 근대 체육의 태동기(1876~1884): 무예학교와 원산학사의 정규 교육과정에 무예 체육 포함
② 제2기 근대 체육의 수용기(1885~1904): 기독교계 사립학교와 관립학교의 정규 교과과정에 체조 과목이 편성되고 과외활동으로 서구 스포츠가 도입됨. 운동회 및 체육 구락부의 활동 활성화

㉠ 1885년 배재학당, 1886년 이화학당, 1886년 경신학당 등과 같은 미션 스쿨 설립
　　㉡ 1895년 관립 외국어학교설립과 1903년 황성 YMCA 조직으로 서구 스포츠 유입
　　㉢ 관립·공립학교에서도 근대적인 교육과 체육이 실시
　③ 제3기 근대 체육의 정립기(1905~1910): 기독교계 사립학교를 비롯하여 일반학교체계에 학교체조, 병식체조, 유희 등이 필수교과로 지정
　　㉠ 1905년 을사조약의 체결로 대한제국의 교육제도를 대대적 개편
　　㉡ 체조가 정식 교과목으로 채택

02 개화기의 스포츠 2017, 2020

1 학교 스포츠의 발달
① 과외 활동의 일환으로 영어 학교나 기독교계 학교를 중심으로 운동회 확산
② 운동회에서 실시된 종목은 주로 육상에서 축구, 씨름 등으로 확대
③ 최초의 운동회인 화류회(花柳會)가 영어 학교에서 개최

> **개념 플러스　학교운동회 개최의 목적 2024**
> - 주민과 향촌의 공동체 의식 강화
> - 사회 체육의 발달 촉진
> - 민족주의와 애국심 고취
> - 근대스포츠의 도입과 확산에 기여

2 근대 스포츠의 도입과 보급 2018, 2020, 2022
① 테니스: 1884년 미국공사관과 개화파 인사들이 했으며, 미국인 푸트에 의해 소개. 1908년 탁지부 일반관리의 운동회 때 정구 경기 종목 채택
② 축구: 1890년 구기 종목 중 우리나라에 가장 먼저 소개. 1896년 외국어학교에서 운동회 종목으로 채택, 최초경기는 1899년 삼천평 횡성 기독교청년회와 오학교의성 경기
③ 체조: 1895년 한성사범학교의 교과목을 채택 후 정식과목으로 채택
④ 육상: 1896년 운동회(화류회)에서 처음 시작
⑤ 수영: 1898년 「무관학교칙령」에서 수영 도입의 기록 확인
⑥ 씨름: 1898년 관립·사립학교 운동회에서 정식 종목 채택
⑦ 빙상: 1890년대 후반 미국인 알렌 부부에 의해 소개
⑧ 야구: 1905년 황성기독교청년회(YMCA) 회원들에게 야구를 가르침
⑨ 농구: 1907년 황성기독교청년회(YMCA) 질레트에 의해 소개
⑩ 검도: 1896년 경무청에서 검도를 경찰 교습 과목을 채택
⑪ 사격: 1904년 육군연성학교에서 정규 교과목으로 선정
⑫ 유도: 1906년 일본인 우치다료헤이에 의하여 소개

⑬ 사이클: 1906년 첫 사이클 경기 개최. 1913년 경성일보·매일신보의 공동 주최로 전 조선 자전거 경기대회가 개최되었으며 엄복동이 승리함
⑭ 승마: 1909년 근위 기병대 군사들이 기병 경마회를 개최

3 체육단체의 결성 2016, 2018, 2019, 2021, 2024

(1) 대한체육구락부(1906)
① 우리나라 최초의 근대적인 체육단체
② 회원 간의 운동회 및 친선경기 등을 통해 우리나라 체육계에 기여

(2) 황성기독교청년운동부(1906)
① 개화기에 결성된 체육단체 중 가장 많은 활동을 하는 단체
② 회장 터너와 총무 질레트 등의 노력으로 근대스포츠 발달에 큰 역할

(3) 대한국민체육회(1907)
① 근대 체육의 선구자 노백린 등이 창립
② 체육의 올바른 이념 정립과 체육 관련 정책의 개혁을 목표로 체육단체 운영

(4) 대동체육구락부(1908)
① 사회진화론적 자강론에 입각하여 체육의 가치를 국가의 부강과 존폐의 근간으로 인식
② 체육 계몽 운동을 통해 강력한 국가 건설 지향

(5) 기타 체육단체
① 회동구락부: 우리나라에서 연식 정구(테니스)를 제일 먼저 행한 단체로 알려짐
② 광학구락부: 운동을 통한 정신과 육체의 배양을 목표로 하여 1908년에 발족된 단체로 남상목 등에 의해 발기·조직됨
③ 대한흥학회운동부: 1909년 도쿄에서 결성된 단체로 모국에 새로운 스포츠를 보급하고 체육계를 계몽하는데 힘 씀
④ 체조연구회: 1909년 체육교사였던 조원희 등에 의해 보성중학교에서 조직된 단체, 우리나라 체육을 병식체조에서 학교체육으로 개혁하는데 크게 이바지함

4 개화기 체육의 사상 2016, 2018

(1) 유교주의와 체육
① 19세기 말까지 유교적인 전통의 지속으로 민족의 역동적인 기질을 약화시키는 결과 초래
② 유교의 왜곡으로 개화기 체육과 스포츠의 도입과 확산에 역기능

(2) 체육 사상가
일본 제국주의의 팽창 정책으로 국권 상실의 위기를 맞게 되자 민족 지도자들은 체육과 스포츠의 필요성을 인식하고 체육의 강화를 주장

개화기 체육의 사회진화론적 민족주의
- 다원주의적인 민족주의 사상 전제
- 국권 상실이란 민족의 위기를 진화론적 인식을 바탕으로 민족주의적 이데올로기로 잉태

5 개화기 체육 사상가

(1) 문일평
  ① 조선일보사 편집 고문으로 체육을 국가의 운명을 결정하는 중요한 영역으로 인식
  ② 태극학보에 「체육론」을 실었고, 신체의 중요성은 정신에 선행한다고 했으며, 육체의 단련은 정신의 그릇에 대한 단련이라고 평가
  ③ 체육학교 설치 및 체육교사 양성, 학술 연구를 위한 청년을 해외 파견 등을 주장

(2) 노백린 2024
  ① 신민회를 조직하여 구국운동을 전개하고 만주에 독립운동 전초 기지를 건설하기 위한 계획을 세우고, 고향인 송화에 민립학교 광무학당을 설립하는 등 구국교육운동을 전개
  ② 구한말 정부의 육군 참위로서 영재 양성에 남다른 관심을 쏟았으며, 체육을 지·덕 두 가지 교육과 함께 국민교육에 필수적인 영역이라고 주장
  ③ '대한민국체육회'의 설립 과정에 발기인으로 참가, 병식체조 일변도의 학교체육 문제점을 바로 잡기 위하여 1907년 우리나라 최초의 체조강습회를 개최

(3) 조원희 2020
  ① 휘문의숙 체육 교사직과 학감을 지낸 인물이며, 학교 체조에 지대한 관심을 갖고 이론적·실천적인 개선을 위하여 노력
  ② 종래 병식 체조의 문제점을 지적하고 일반 학도들에게 근대식 학교 체조를 보급

03 일제 강점기의 체육 2025

1 일제 강점기의 교육 2017, 2020

(1) 1차 조선교육령(1911~1922): 조선의 우민화 교육에 착수
  ① 무단정치를 배경으로 이루어진 '충량한 국민화'
  ② 일본어 사용의 강요, 일본 문화와 생활양식 동화

(2) 2차 조선교육령(1922~1938): 3·1운동 이후 한국인들의 불만을 무마하기 위함
  ① 일본과 유사하게 학교의 편제와 수업 연한을 조정
  ② 대학교육의 기회 제공

(3) 3차 조선교육령(1937~1945): 한국민족 말살 정책기 또는 황국신민화 정책기
  ① 군국주의 정치하에서 황국신민교육
  ② 교육을 동화 혹은 황민화의 수단으로 적극 활용하는 '내선일체' 교육

(4) 4차 조선교육령(1943~1945): '황국의 도에 따른 국민연성'을 교육목적의 주안점으로 함
　① 중등학교 과목에서 조선어를 삭제
　② 국어 사용자와 비사용자의 구분을 철폐하여 적극적으로 '내선융화' 도모

2 일제 강점기의 체육 2017, 2018, 2020, 2024

(1) 조선교육령 공포의 체육(1911~1914)
　① 일제에 순응하는 국민을 양성하는데 체육의 목표를 설정
　② 병식체조를 스웨덴 체조로 변경 및 각종 놀이 도입
　③ 국권 회복 말살을 위해 체조교원을 일본 군인으로 충당해 민족주의적 체육활동 규제

(2) 학교체조 교수요목의 제정과 개정기의 체육(1914~1927)
　① 학교의 체조교육을 통일시키기 위한 조치
　② 군사훈련 성격의 병식체조를 교련으로 분리, 유희는 경쟁적 유희와 발표적 동작을 하는 유희로 구분
　③ 일상 및 과외활동 속에 야구, 수영, 테니스 등의 종목 실시
　④ 학교교육체계에서 체육 필수화 및 교육의 교수 방법, 목적 개념 등을 구체화
　⑤ 교수요목의 개정에 따라 소학교, 보통학교, 체조교수서를 개발

(3) 학교체육 교수요목기의 체육(1927~1941)
　① 체조 중심에서 유희 및 스포츠 중심으로 변화
　② 체육활동에 대한 요구 증가로 각종 운동경기대회가 성행

(4) 체육 통제기의 체육(1941~1945)
　① 태평양 전쟁 이후 군국주의 체육은 인적 자원의 확보를 위해 국민의 체력관리 측면의 체력장 제도를 시행
　② 전시체제에 맞게 체육이 체조과에서 점차 체련과로 변경
　③ 전쟁 수행을 위해 각종 체육 경기 통제 및 전투 체력의 강화를 위한 체육활동 실시(중량 운반, 수류탄 투척, 행군 등)

3 일제 강점기의 스포츠

(1) 근대 스포츠의 도입과 발달 2017, 2020, 2021, 2022
　서구의 근대 스포츠는 기독교 선교사들에 의해 소개

(2) YMCA나 일본인을 통해서 각종 스포츠 소개
　① 권투: 1912년 YMCA체육부의 실내 운동회 정식 종목 등장
　② 탁구: 1914년 조선교육회와 경성구락부 원유회의 탁구 시합으로 시작
　③ 배구: 1916년 기독교청년회에서 도입하여 보급
　④ 테니스: 1919년 조선철도국에서 소개
　⑤ 스키: 1921년 일본인 나카무라에 의해 소개

⑥ 골프: 1921년 영국인 던트에 의해 효창원 골프코스가 만들어지면서부터 시작
⑦ 럭비: 1924년 조선철도국 사카구치에 의해 소개
⑧ 역도: 1926년 일본체육회 체조학교를 졸업한 서상천에 의해 국내 소개

4 일제 강점기의 민족주의적 체육활동 2016, 2017, 2019, 2021, 2022

(1) YMCA의 스포츠 운동
① 1903년 초대 체육부장 터너와 총무 질레트로 '황성기독교청년회' 창설
② 일제의 무단통치기에 비해 스포츠 활동을 활발히 전개할 수 있었던 단체
③ 1916년 YMCA에 한국 최초로 실내 체육관이 건립되면서 스포츠에 참여하는 계기 제공

(2) 체육단체의 결성과 청년회 활동

조선체육회	• 1920년 현 대한체육회의 전신인 조선체육회가 창립되어 한국 현대 올림픽 운동과 스포츠 발전을 주도 • 1920년 첫 사업으로 제1회 전조선야구대회 개최(오늘날 전국체육대회의 시작) • 1938년 일제에 의해 해산되고 조선체육협회로 통합 • 종합체육대회 성격의 전조선종합경기대회를 개최 • 국내 운동가, 일본 유학 출신자 등이 설립함
관서체육회	• 1925년 평양기독교청년회관에서 결성, 전국적인 체육단체의 성격과 민족주의적 체육단체 • 씨름, 수상, 야구, 탁구 대회를 개최, 관서체육회체육대회, 전평양농구연맹전 등

5 일제 강점기의 체육과 스포츠의 탄압 2015, 2016, 2018, 2019, 2021

(1) 체육의 교련화와 연합운동회의 탄압
① 1930년대 전·후로 학교체육은 군사적 팽창에 필요한 인력 양성 교육의 수단
② 민족주의 정서로 전이되는 연합운동회를 금지

(2) 체육단체의 해산과 통합
1938년 조선체육협회로 통합은 조선체육회의 창립과 해산을 의미

(3) 조선체육협회와 조선체육회 2022
① 조선체육협회(1919): 일제 강점기 조선 내 스포츠 단체를 관리하기 위해 1918년 조선에 있는 정구단이 모여 만들어진 '경성정구회'와 1919년 1월 만들어진 '경성야구협회'가 1919년 2월 18일 통합하여 근대스포츠 단체를 만들었으며, 이것이 조선체육협회(朝鮮體育協會)이다. 재조선 일본인을 중심으로 운영되었고, 조선신궁대회의 개최 및 메이지신궁경기대회 조선대표 선발·출전을 주관하였다.
일본인들에 의해 운영된 점, 일제에 의해 외삽된 대회를 주관한 점, 조선인에 의해 설립된 조선체육회와 경쟁 관계에 있었던 점 등에서, 여러모로 한국 체육계에서 어두웠던 단체로 통한다.

YMCA가 한국 체육에 미친 영향
• 일본의 탄압에도 불구하고 한국 스포츠 발달에 기여
• 서구 스포츠(야구, 농구, 배구 등) 도입
• 많은 스포츠 지도자를 배출
• 조직망을 통해 스포츠를 전국으로 확산하는데 기여

일장기 말소 사건과 일제의 탄압
• 손기정과 남승룡은 1936년 베를린 올림픽에 참가하기까지 일본인들로부터 많은 차별을 받음
• 손기정 선수가 베를린 올림픽에서 금메달을 따고 일장기를 달고 시상대에 오른 사진이 보도
• 동아일보 기자 이길용은 이 사진에서 일장기를 지워버린 채 보도를 하여 혹독한 고문을 받음
• 이에 동아일보는 무기정간처분을 받음

② 조선체육회(1920): 조선체육계를 대표하는 조선체육회는 1920년 7월 13일 국내 체육인, 일본 유학 출신자, 동아일보의 적극적인 후원으로 한국 체육통합단체로 창립되어 운동가를 양성하고 운동을 장려할 뿐만 아니라 운동가에 대한 편의를 도모할 수 있는 중요한 역할을 하였다. 조선체육회가 주최한 최초의 경기대회인 제1회 전조선야구대회를 계기로 오늘날 권위 있는 대한체육회 주최인 '전국체육대회'가 되었다. 또한, 1923년 육상경기연구위원회를 구성하여 육상경기에 대한 과학적 연구를 하게 되었다.

6 일제 강점기의 체육 사상

(1) 민족주의 체육활동
　① 일제 탄압의 저항 문화운동의 일환으로 체육활동 장려
　② YMCA 및 체육단체를 중심으로 순수 체육 지향
　③ 민족 전통경기의 부활과 보급을 시도

(2) 민족주의적 체육활동의 결실
　① YMCA와 청년단체 등 근대 스포츠의 보급 및 확산
　② 활쏘기, 씨름 부활을 통해 민속 스포츠의 계승 발달
　③ 민족주의 체육활동을 통해 민중 스포츠의 발달
　④ 민족주의적 경향을 바탕으로 체육을 일제의 탄압에 저항하는 수단으로 이용

(3) 일제 강점기의 체육인 `2024, 2025`
　① 유억겸(1896~1947): 조선기독교청년회 회장, 미군정청 문교 부장, 조선체육회 회장 등을 역임
　② 이길용(1899~미상): 1924년 11월 조선체육회 실무위원이 되었으며, 1925년 제1회 전조선축구선수권대회 임원, 전조선중학교 농구선수권대회 위원 등을 역임
　③ 서상천(1902~미상): 일제 강점기 역도연맹회장, 대한씨름협회 회장 등을 역임한 체육인
　④ 이상백(1904~1966): 한국체육회장과 한국올림픽위원회 위원장으로서 한국의 체육 발전과 국제적 지위 향상에 크게 기여하였으며, 우리나라 출신의 두 번째 IOC(국제올림픽위원회) 위원임
　⑤ 최승희(1911~1969): 우리나라 최초로 서구식 현대적 기법의 춤을 창작하고 공연함
　⑥ 손기정(1912~2002): 1936년 베를린 올림픽의 마라톤 금메달리스트로 해방 이후 대한체육회 부회장, 육상경기연맹 회장 등을 역임
　⑦ 여운형(1886~1947): '체육 조선의 건설'이라는 글에서 사회를 강하게 하는 것은 구성원의 힘을 강하게 하는 것이며, 그 방법은 교육, 여러 교육의 기초는 체육이라고 강조함

04 광복 이후의 체육 및 스포츠

1 체육 및 스포츠 진흥운동의 전개 양상 2016, 2024
① 정치적·경제적으로 안정된 사회를 기반으로 대중 스포츠 운동발달
② 정치적·사회적 이데올로기를 바탕으로 특정 단체나 정권이 스포츠 운동을 주도
③ 엘리트 스포츠를 중심으로 스포츠 문화가 확산된 이후 대중 사회에 스포츠가 확산됨
④ 대한민국 정부의 체육정책 부처의 순서: 체육부 → 문화체육부 → 문화체육관광부

2 학교 스포츠의 발달 2016
박정희 정권의 등장과 함께 한국 스포츠의 대변혁 시작, 본격적인 학교체육 진흥정책이 시행되었다.
① 교기육성제도: 청소년들의 체력 강화를 위한 체육 정책으로, 지리적 환경이나 사회적 상황에 적합한 하나의 스포츠 종목을 채택, 발굴·육성하는 정책
② 소년체전: 우수 선수를 육성하기 위한 엘리트 스포츠 정책으로, 스포츠를 통해 강인하고 건전한 청소년을 육성함은 물론 우수 선수를 조기 발굴하고 육성하는데 의의

3 사회 스포츠의 발달

(1) 이승만 정권기의 스포츠(1948~1960) 2016
① 제1공화국 시대로 스포츠 문화의 발흥기나 뚜렷한 스포츠 진흥정책은 없음
② 1948년 최초로 제14회 런던 하계 올림픽에 출전, 조선체육회가 '대한체육회'로 변경
③ 1950년 보스턴 마라톤대회에서 함기용, 송길윤, 최윤칠 선수가 1위, 2위, 3위 차지
④ 한국전쟁으로 1951년 제1회 아시안게임과 1950년 제31회 전국체육대회 무산

(2) 박정희 정권기의 스포츠(1960~1979) 2015, 2016, 2017, 2018, 2019, 2020
① 제2~4공화국 시대 한국 스포츠 문화가 급속도로 발달 '스포츠 혁명기'로 불림
② 1961년 '체력은 국력'이라는 슬로건 채택, '국민재건체조' 개정
③ 1962년 체육의 날 제정, '체육주간' 제정
④ 1962년 체육진흥법 시행령 공포(법률1146호, 1926년 9월 17일)
⑤ 1963년 장충체육관 개관 및 각 시·도청 소재에 체육관 건립
⑥ 1966년 태릉선수촌 완공 및 대한체육회관 개관

> 기출 핵심 포인트

⑦ 1968년 체육 조직 일원화 방침 공포, 대한체육회, 대한올림픽위원회, 대한학교 체육회를 대한체육회로 통합
⑧ 1972년 학생들의 기초체력을 향상시키기 위해 체력장 제도 실시
⑨ 1974년 메달리스트 종신연금계획 확정, 우수선수병역면제제도 도입
⑩ 1976년 사회체육진흥 5개년 계획 발표: 지역사회와 직장 체육진흥
⑪ 1977년 대한체육회 산하 사회체육위원회 설치

(3) 전두환·노태우 정권의 스포츠(1981~1993) `2019, 2020, 2021, 2022, 2025`
  ① 사회 스포츠 진흥운동이 '엘리트 스포츠' 중심에서 '대중 스포츠' 중심으로 전환
  ② 아시안게임과 올림픽게임 유치를 통한 한국 엘리트 스포츠 운동발달의 촉진
  ③ 대중 스포츠 운동(Sports for All Movement)으로 생활체육의 확산에 관심
  ④ 1980년 복싱과 골프, 1982년 프로야구, 1983년 프로축구, 1983년 프로씨름의 시대 열림
  ⑤ 1990년 '호돌이 계획'으로 불리는 '국민생활체육진흥 3개년 종합계획'을 위해 '국민생활체육협의회'가 창설

> **개념 플러스** 국민체육진흥정책
> - 제1차 국민체육진흥 5개년 계획은 김영삼 정권기의 문민정부 체육정책
> - 제2차 국민체육진흥 5개년 계획은 김대중 정권기의 국민정부 체육정책
> - 제3차 국민체육진흥 5개년 계획은 노무현 정권기의 참여정부 체육정책

4 국제스포츠대회 참가 역사 `2015~2019, 2021, 2022, 2024, 2025`

(1) 대한민국의 올림픽 경기대회 참가 역사
  ① 1948년 제5회 스위스 생모리츠 동계올림픽 경기대회 참가 및 제14회 런던올림픽 경기대회에 'KOREA'라는 이름으로 태극기를 들고 참가
  ② 1952년 한국전쟁 중 제15회 헬싱키올림픽 경기대회 참가
  ③ 1973년 사라예보 세계선수권대회에서 탁구 단체전 우승 달성
  ④ 1976년 제21회 몬트리올올림픽 경기대회에서 양정모(레슬링) 첫 올림픽 금메달 획득
  ⑤ 1976년 몬트리올올림픽대회에서 배구(구기) 종목 사상 최초의 동메달 획득
  ⑥ 1984년 로스앤젤레스올림픽에서 우리나라 여성이 최초로 금메달을 획득, 서향순이 양궁 개인전에서 금메달을 획득
  ⑦ 1986년 한국 첫 제10회 하계아시안 경기대회 개최
  ⑧ 1988년 한국 첫 제24회 올림픽 경기대회 서울에서 개최
  ⑨ 1988년 서울올림픽대회에서 핸드볼 최강국을 이기고 금메달 획득

⑩ 1992년 제16회 알베르빌 동계올림픽 경기대회에서 김기훈(쇼트트랙) 첫 금메달 획득, 바르셀로나올림픽 사상 처음 도입된 배드민턴 종목에서 한국이 금메달 2개, 은메달, 동메달 획득, 마라톤에서 황영조 선수 우승
⑪ 1999년 한국 첫 제4회 동계아시안 경기대회 강원도에서 개최
⑫ 2014년 제17회 인천아시안 경기대회 개최
⑬ 2018년 한국 첫 제23회 동계올림픽 경기대회 평창에서 개최

(2) 남북체육 교류 `2025`
① 1990년 남북통일축구대회(평양과 서울에서 번갈아 개최)
② 1991년 지바세계탁구선수권대회, 포르투갈 세계 청소년축구 선수권대회 남북 단일팀 구성
③ 1999년 남북통일농구대회, 남북노동자축구대회
④ 2000년 남북통일탁구대회, 시드니올림픽 공동입장
⑤ 2002년 태권도 시범경기
⑥ 2003년 제주도 민족통일 평화축전
⑦ 2004년 아테네올림픽 공동입장
⑧ 2018년 평창 동계올림픽 남북 공동 입장 및 아이스하키 남북 단일팀 구성

5 광복 이후의 체육 사상 `2016, 2025`

(1) 건민주의
① 박정희 정권이 주도한 체육과 스포츠 진흥운동은 범국민적인 체육과 스포츠 진흥운동을 통해 건전하고 강인한 국민성을 함양하려는 '건민주의(健民主義)' 사상 토대
② 부강한 국가를 건설하기 위해서는 우선적으로 건전한 국민성을 길러야 한다는 신념체계를 의미

(2) 국가주의와 엘리트주의
① 체육진흥운동을 하나의 민족주의 운동으로 생각하여, 엘리트 선수들을 민족의 자존심과 탁월성, 기상을 상징하는 전사로 여김
② 국가주의에 바탕을 둔 엘리트 체육정책은 체육과 스포츠의 대중화와 우수선수 육성을 위한 다양한 조치와 법안의 입안으로 이어짐

6 광복 이후의 우리나라 체육인

① 박봉식: 1948년 런던올림픽 경기대회에서 유일한 여성 선수
② 박신자: 1967년 세계여자농구 선수권대회에서 최우수상 수상
③ 조오련: 1970년 방콕아시아 대회 수영 경기, 1974년 테헤란아시아 대회에서 수영 자유형에서 금메달 획득
④ 서향순: 1984년 로스엔젤레스올림픽 대회 첫 금메달 획득
⑤ 이봉주: 1996년 애틀랜타올림픽 대회 남자 마라톤 금메달 획득
⑥ 김연아: 2010년, 2014년 동계올림픽에서 여자 싱글 각각 금메달, 은메달 획득

PART 07 한국체육사

단원문제

체육사의 의미

01 체육사 연구에서 사료(史料)에 대한 설명으로 옳지 않은 것은?

① 유물, 유적 등의 유산은 물적 사료이다.
② 공문서, 사문서, 출판물 등은 문헌 사료이다.
③ 과거의 기억에 대한 증언 등은 구술 사료이다.
④ 각종 트로피, 우승기, 메달, 경기 복장 등은 구전 사료이다.

02 체육사 연구에 대한 설명으로 옳지 않은 것은?

① 스포츠를 통해 변화하는 인체의 생리적 반응 연구
② 신체나 신체활동에 관한 사상이나 제도 연구
③ 체육과 스포츠의 역사적 한 분야를 연구
④ 어떤 시대나 특정 지역을 한정하여 시도하는 역사 연구

03 체육사의 의의에 대한 설명으로 옳지 않은 것은?

① 현재에 대한 근거를 파악하고 체육이라는 문화적 현상을 이해하는 데 도움을 준다.
② 체육의 역사를 통해 현재를 인식할 수 있는 기준을 제공해준다.
③ 체육과 관련된 과거 현상을 밝혀내고 이해하게 해준다.
④ 체육과 관련된 현재의 사건을 파악하며, 미래를 예측할 수 있게 해준다.

04 〈보기〉에서 설명하는 체육사 연구의 사료(史料)로 옳은 것은?

[보기]
㉠ 기록 사료는 문헌 사료와 구전 사료가 있다.
㉡ 물적 사료는 물질적 유산인 유물과 유적이 있다.
㉢ 기록 사료 중 민요, 전설, 시가, 회고담 등은 문헌 사료이다.
㉣ 전통적인 분류 방식에 따르면 물적 사료와 기록 사료로 구분된다.

① ㉠, ㉡
② ㉡, ㉢
③ ㉠, ㉡, ㉣
④ ㉡, ㉢, ㉣

정답해설

01 ④ 사료(史料)는 역사를 고찰하는 데 단서가 되는 자료를 의미한다. 역사가가 역사를 연구하고 기술할 때 이용하는 모든 것이 사료이다. 물적 사료는 유물, 유적 등 현존하는 모든 물질적 유산을 의미하며, 기록 사료에는 문헌, 구전 등이 있고, 구술 사료는 과거 기억에 대한 증언 등을 말한다.

02 ① 스포츠를 통해 변화하는 인체의 생리적 반응 연구는 운동생리학 분야의 연구 영역이다.

03 ④ 체육사는 체육과 관련된 과거와 현재의 사건을 파악하여 미래를 예측하게 할 수는 없다.

04 ㉢ 민요, 전설, 시가, 회고담 등은 기록 사료 중 구전 사료에 속한다.

| 정답 | 01 ④ 02 ① 03 ④ 04 ③

선사·삼국시대

05 선사 및 부족국가시대에 대한 설명으로 옳지 <u>않은</u> 것은?

① 촌락의 형성과 공동체 구성
② 생존을 위한 신체활동이 놀이 및 유희의 수단이 됨
③ 경험을 통해 체력 단련의 방법 체득
④ 농경 사회의 발달로 인해 농민과 병사가 분리

06 삼국시대의 민속놀이에 대한 설명으로 옳은 것은?

① 저포(樗蒲)는 나무로 만든 막대기(주사위)를 던져서 승부를 겨루는 놀이이다.
② 축국(蹴鞠)은 말 위에서 여러 동작을 보이는 것이다.
③ 추천(鞦韆)은 화살 같은 막대기를 일정한 거리에서 항아리나 병 안에 넣는 놀이다.
④ 투호(投壺)는 동편과 서편으로 나누어 돌팔매질 방법으로 승부를 겨루는 놀이다.

07 신라의 화랑도에 대한 설명으로 옳지 <u>않은</u> 것은?

① 심신일체론적 신체관을 바탕으로 신체의 덕(德) 함양에 목적을 두고 있었다.
② 세속오계(世俗五戒)를 교육 핵심으로 두고 있었다.
③ 효(孝)와 신(信) 등 국민적 윤리를 강조하는 도의 체육(道義體育)이었다.
④ 교육기관으로 풍류도(風流徒), 국선도(國仙徒) 등이 있었다.

08 화랑도의 교육 방법에 관한 설명으로 옳지 <u>않은</u> 것은?

① 삼강오륜의 붕우유신을 바탕으로 도의 교육을 실시하였다.
② 편력은 명산대천을 돌아다니며 수련하는 야외 활동이었다.
③ 심신일체론적 사상을 바탕으로 전인교육을 지향하였다.
④ 입산 수행은 화랑도 교육 활동의 하나였다.

정답해설

05 ④ 선사 및 부족국가시대의 수렵활동은 가장 중요한 일이었으며 불의 사용, 도구의 제작, 식물 채집 등을 통해 경험과 지식을 축적했을 뿐만 아니라 촌락을 형성하고 공동체를 구성하였다

06 ① 저포(樗蒲)는 윷가락 같이 만든 다섯 개의 나무를 던져 승부를 겨루는 놀이다.

[오답해설]
② 축국(蹴鞠): 가죽 주머니로 공을 만들어 발로 차고 노는 게임
③ 추천(秋韆): 두 줄을 붙잡고 온몸을 흔들어 발의 탄력을 이용해 온몸을 마음껏 날려 보내는 놀이
④ 투호(投壺): 화살 같은 막대기를 일정한 거리에서 있는 항아리 안에 던져 넣는 게임

07 ④ 신라의 교육기관에는 화랑도와 국학이 있었다.

08 ① 삼강오륜은 유교 윤리에서의 세 가지 기본 강력과 다섯 가지 실천적 도덕 강목이며 붕우유신은 친구 사이의 도리는 믿음에 있다는 의미의 오륜 중 하나이다.

| 정답 | 05 ④ 06 ① 07 ④ 08 ① |

고려 및 조선시대

09 〈보기〉에서 설명하는 고려시대의 무예는?

[보기]
- 손을 써서 상대방을 공격함
- 무신 반란의 주요 원인 중 하나
- 승자에게 벼슬을 주어 출세를 위한 방법으로 활용함

① 석전(石戰) ② 방응(放鷹)
③ 추천(秋韆) ④ 수박희(手搏戲)

10 〈보기〉에서 고려시대 서민의 민속놀이를 모두 고른 것은?

[보기]
㉠ 축국(蹴鞠) ㉡ 격구(擊毬) ㉢ 추천(秋韆)
㉣ 투호(投壺) ㉤ 각저(角觝) ㉥ 방응(放鷹)

① ㉠, ㉢, ㉤
② ㉡, ㉤, ㉥
③ ㉢, ㉣, ㉥
④ ㉣, ㉤, ㉥

11 조선시대 체육활동으로 옳지 않은 것은?

① 봉희(棒戲): 공중에서 공을 쳐서 구멍에 넣는 놀이로 골프와 유사
② 격구(擊毬): 능숙한 승마 기술과 무예적 기량을 요구하여 귀족 스포츠에 속함
③ 투호(投壺): 화살 같은 막대기를 일정한 거리에 있는 항아리 안에 던져 넣는 게임
④ 추천(鞦韆): 궁정에서 행해진 유희적 스포츠

12 〈보기〉의 ㉠, ㉡에 들어갈 말로 옳은 것은?

[보기]
조선시대는 유교의 영향으로 인하여 (㉠) 사상이 만연하였다. 그러나 정조는 (㉡) 사상이 국가를 부강하게 한다고 생각하였다.

	㉠	㉡
①	단련주의(鍛鍊主義)	문무겸전(文武兼全)
②	숭문천무(崇文賤武)	문무겸전(文武兼全)
③	숭문천무(崇文賤武)	심신일여(心身一如)
④	금욕주의(禁慾主義)	단련주의(鍛鍊主義)

정답해설

09 ④ 〈보기〉의 내용은 수박희에 대한 설명이며, 맨손을 이용한 격투 기술로 삼국시대의 무예를 그대로 계승한 고려시대의 대표적인 체육이다.

10 ① 고려시대 서민의 민속놀이에는 석전(石戰), 추천(秋韆), 축국(蹴鞠), 각저(角觝), 연날리기 등이 있다.

11 ④ 추천(鞦韆)은 그네뛰기를 말하는 것으로, 단오절에 가장 많이 행하였다.

12 숭문천무(崇文賤武)
- '글을 숭상하고 무력을 천시한다'는 뜻
- 조선시대는 성리학과 유교주의적 특성으로 인해, 문과에 비해 무인교육에 소홀한 편
- 유교와 성리학은 도덕과 인을 중시, 신체적 힘을 기른다는 것은 전쟁이나 폭력을 유발할 수 있다고 판단

문무겸전(文武兼全)
- '문식(文識)과 무략(武略)을 다 갖춘다'는 뜻
- 정조는 천시되었던 무에 대한 새로운 인식을 끌어내 국정 운영의 철학으로 발전
- '무적(武的) 기풍 확산을 통한 국정 쇄신'이라고 함
- 병전(兵典)을 중심으로 법전을 변화시키고, 병학통(兵學通)과 무예도보통지 등 병서를 간행

| 정답 | 09 ④ 10 ① 11 ④ 12 ②

한국 근·현대사

13 〈보기〉에서 설명하는 사립학교는?

[보기]
- 1907년 국권회복운동의 일환으로 도산 안창호가 설립하였다.
- 구(舊) 한국군 출신이 체육교사로 부임하였다.
- 일반 체조를 포함하여 군대식 조련을 실시하였다.

① 대성학교 ② 오산학교
③ 배재학당 ④ 원산학사

14 일제 강점기에 YMCA가 한국스포츠 발전에 미친 영향으로 옳지 않은 것은?

① 선교를 바탕으로 스포츠를 전국적으로 확산시키는 역할을 하였다.
② 야구, 농구, 배구와 같은 서구식 스포츠를 한국에 도입하였다.
③ 조선의 독립을 위해 스포츠를 전파하였다.
④ 많은 스포츠 종목의 지도자를 배출하였다.

15 일제 강점기의 스포츠단체 결성과 활동에 대한 설명으로 옳지 않은 것은?

① 1920년 조선스포츠계를 대표하는 조선체육회가 설립되었다.
② 조선체육회는 일제 강점기를 대표하는 스포츠단체로 오늘날까지 운영되고 있다.
③ 조선체육회는 일제 강점기 조선에서 스포츠 활동을 주도한 단체로서 한국 근대 스포츠사에 많은 영향을 미쳤다.
④ 1919년 조선체육회는 경성정구단과 경성야구협회가 중심이 되고 조선신문사의 후원에 힘입어 설립되었다.

16 박정희 정권의 등장 이후 학교체육의 발달과 관련된 내용으로 옳지 않은 것은?

① 체력장 제도 ② 학교신체검사
③ 소년체전   ④ 학교보건법

정답해설

13 ① 대성학교는 1907년 국권회복운동의 일환으로 도산 안창호가 평양에 설립한 중등 교육기관이다. 인재 양성을 통한 교육 구국의 이념 아래, 건전한 인격의 함양, 애국정신이 투철한 민족운동가 양성, 실력을 구비한 인재의 양성, 건강한 체력의 훈련 등을 강행하였다.

14 YMCA의 스포츠 활동
- 개화기부터 외국인 선교사가 근대스포츠를 도입 및 보급하면서 한국 근대스포츠의 발전에 많은 영향을 미침
- 독자적인 스포츠 활동을 전개함
- 강건한 기독교주의와 민족주의 사상을 바탕으로 함

15 ② 일제 강점기 조선을 대표하는 스포츠단체로서 조선스포츠계를 이끌어온 조선체육회는 중일전쟁으로 전시체제가 되자 일본의 조선체육협회에 흡수되면서 해산되었다.

16 ③ 소년체전은 우수선수를 육성하기 위한 엘리트 스포츠 정책이다.

|정답| 13 ① 14 ③ 15 ② 16 ③

2025년 기출분석

- 실제 수업 현장에서의 장애유형별 지도 역량과 과제 변형 능력을 평가하는 문항이 다수
- PDMS-2 · BOT-2 · PAPS-D 등 표준화 검사에 대한 이해가 요구
- 전반적으로 실제적 교수전략과 장애인 스포츠 현장 적용 중심의 실천형 출제 경향이 뚜렷

2025년 필기 출제비율

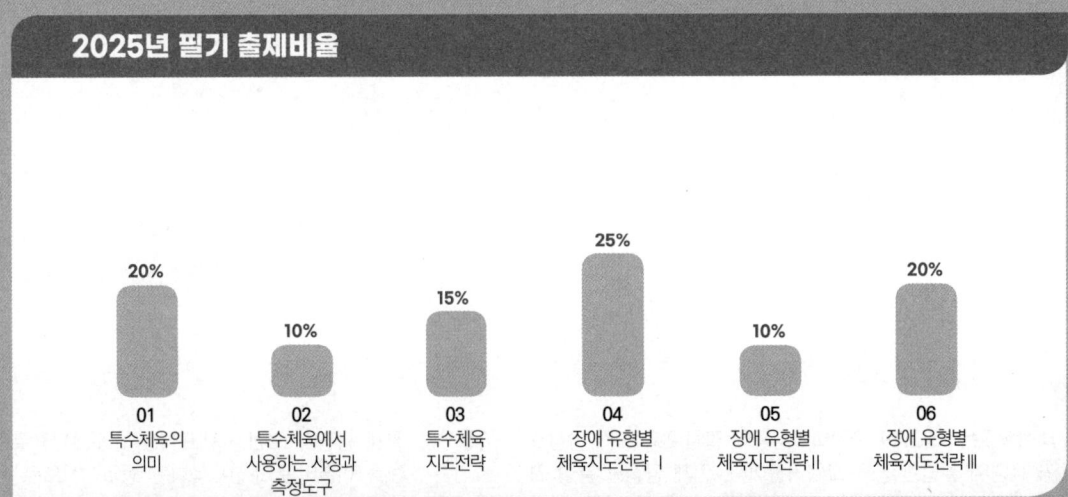

PART 08 특수체육론

01 특수체육의 의미
02 특수체육에서 사용하는 사정과 측정 도구
03 특수체육 지도 전략
04 장애 유형별 체육지도전략 I
05 장애 유형별 체육지도전략 II
06 장애 유형별 체육지도전략 III

특수체육의 의미

기출 핵심 포인트

01) 특수체육과 장애

1 특수체육의 의미
① 특수체육의 대상자는 장애인 또는 '특수'교육 대상자를 말함
② 국내에서 일반적인 특수체육은 장애를 가진 사람들과 체육과 연관된 분야에서 사용
③ 장애인의 자아실현을 위한 현장 위주의 학문 특성을 가지고, 삶의 질적 향상을 도모하는데 그 목적이 있는 학문

2 특수체육의 대상이 되는 사람 2017
① 일반적으로 장애가 있는 사람을 대상으로 하되, 신체적 활동이 불편한 사람들을 모두 포함
② 경쟁 스포츠의 경우 공정하고 평등한 경쟁을 위해 장애의 유형에 따라 구분
③ 지체 장애, 뇌병변 장애, 시각 장애, 지적 장애, 청각 장애 등 경쟁 스포츠에 참여할 수 있는 장애의 유형을 구분

3 특수교육 대상자와 장애인의 의미
① 특수교육 대상자와 장애인은 그 목적에서부터 차이가 있으며, 지정된 범위 또한 차이가 존재
② 특수체육과 교육은 장애인을 지칭하는 것
③ 특수교육 대상과 장애인은 법적인 의미, 법에서 표현하는 적용 대상과 차이를 보임

4 장애인스포츠지도사
장애인스포츠지도사는 장애 유형마다 최적의 운동 효과 향상을 위한 전문 지식을 함양하고, 장애인을 대상으로 한 자격 종목의 생활체육을 지도할 수 있는 전문가를 뜻함

5 장애인스포츠지도사의 역할 2024
① 장애인의 독특한 요구를 확인
② 장애인에게 적합한 지도환경과 지도내용 결정
③ 스포츠와 관련된 과제, 환경 등을 장애인 요구의 맞게 변형

개념 플러스   **장애인스포츠지도사(국민체육진흥법과 동 시행령) 근거**

- 장애 유형에 따른 운동방법 등에 대한 지식을 갖추고, 34개의 자격종목에 대하여 장애인을 대상으로 전문체육이나 생활체육을 지도하는 사람
- 2급 장애인스포츠지도사는 자격검정에 합격하고 연수과정을 이수한 사람
- 2급 연수과정은 스포츠윤리, 장애특성 이해, 지도역량, 스포츠 매니지먼트, 현장실습 등이 있음

6 장애의 정의(WHO) 2020

(1) 장애의 정의(1980)
  ① 질병과 장애는 같은 것이 아님(장애는 질병으로부터 이어진 결과로 봄)
  ② 장애는 손상, 장애, 핸디캡 등 3개의 차원이 존재

(2) 장애의 정의(2001)
  ① 부정적 용어 사용 규제(핸디캡 등)
  ② '신체 기능과 구조'는 손상을, '활동의 제한'은 '장애'를, '참여 제약'은 '핸디캡'으로 용어를 변경하도록 함
  ③ 총체적인 개념으로 장애를 인식하기 시작하였으며, 환경과 개인적 요인을 포함해 누구에게나 발생할 수 있는 일반적 현상으로 이해하기 시작함

7 장애인스포츠대회

(1) 국제장애인스포츠대회 비교분석

구분	패럴림픽	스페셜 올림픽	데플림픽 (농아인 올림픽)
자격요건	지체 장애, 지적 장애, 뇌병변 장애인	만 8세 이상의 지적·자폐성 장애인	보청기, 달팽이관 이식 등을 하지 않은 청각 장애인(55dB 이상)
개최목적	신체적·감각적 장애가 있는 운동선수들의 스포츠를 통한 경쟁 도모	지적·자폐성 장애인의 지속적인 스포츠 훈련 기회 제공	스포츠를 통한 심신 단련, 세계 청각 장애인들의 친목 도모와 유대 강화
경기기간	동·하계 올림픽과 같은 해 개최	4년마다 동·하계 대회로 개최	4년마다 동·하계 대회로 개최(올림픽 다음 해에 개최)
경기방식	신체장애 구분에 따라 분류하여 진행	선수들의 나이, 성별, 운동 능력에 따라 디비전 그룹이 나뉘어져 본 경기를 진행하는 디비저닝(divisioning)	신체장애 구분에 따라 분류하여 진행
순위선정	올림픽과 같음	1등부터 3등까지는 올림픽과 마찬가지로 금메달, 은메달, 동메달을 수여하고 4등부터는 리본을 수여	올림픽과 같음

기출 핵심 포인트

세계보건기구(WHO) 장애의 개념 및 용어 변경
- 1980년: 3개의 차원(손상, 장애, 핸디캡)으로 분류가 가능하다고 정의
- 2001년: '손상' → '신체 기능과 구조', '장애' → '활동의 제한', '핸디캡' → '참여 제약'으로 용어 변경

패럴림픽(IPC) 2025
- 창시자는 구트만(L. Guttmann)
- 제1회 하계대회는 1960년 로마에서 개최
- 참가 대상은 척수손상, 절단 및 기타 장애, 뇌성마비, 시각 장애, 지적 장애

스페셜 올림픽 종목 2024
- 보체
- 플로어볼
- 보치아
- 넷볼

> 기출 핵심 포인트

장애 유형별 국제스포츠위원회
- IPC: 국제패럴림픽위원회
- SOI: 국제스페셜올림픽위원회
- CSD: 국제농아인스포츠위원회

경기종목	동계 6개 종목, 하계 22개 종목	동·하계 포함해 총 32개	동계 18개 종목, 하계 5개 종목
국제기구	IPC(International Paralympics Committee)	SOI(Special Olympics International)	ICSD(International Committee of Sports for the Deaf)

(2) 국제 장애인 경기 개최로 인한 이점
① 실질적 고용 창출을 통한 경제적 효과 증대
② 세계적 국가 브랜드 이미지 제고 및 홍보 효과 증대
③ 장애인의 긍정적인 사회 인식 개선과 더불어 장애인 인식의 사회 통합

(3) 국내 장애인 체육대회 개최 의의
① 장애를 가진 체육인의 경기력 증가
② 지방 조직단위 체육의 활성화
③ 장애인 스포츠의 범국민적 이해관계 증진

장애인 스포츠대회의 발자취
- 1960년 제1회 로마 패럴림픽(이탈리아)
- 1976년 제1회 외른셸스비크 동계 패럴림픽(스웨덴)
- 1981년 제1회 전국장애인체육대회(대한민국)
- 1988년 제8회 서울 하계패럴림픽(대한민국)
- 2005년 대한장애인체육회 설립(대한민국)
- 2009년 이천 장인체육종합훈련원 개원식(대한민국)
- 2018년 평창 동계패럴림픽(대한민국)

02 특수체육과 통합체육

1 특수체육

(1) 특수체육의 정의(Joseph P. Winnick) 2015
특수체육은 신체 활동의 어려움으로 인해 심동적 문제를 지닌 사람들을 대상으로 하는 체육의 하위 분야
① 독특한 요구의 충족을 위해 계획된 개별화 프로그램
② 학생들의 신체적 능력에 따라 안전한 스포츠 경험을 주목적으로 함
③ 신체 교정, 훈련, 치료 등 전통적이고 계획적인 프로그램의 요소를 포함
④ 장애인은 독특한 요구를 지닌 사람으로 보고 있으며, 이는 심동적 어려움을 지닌 모든 사람을 지칭함

(2) 특수체육의 유형

적응체육	안전하고 만족스러운 참여의 기회를 장애인에게 제공하기 위해 전통 체육을 변형한 유형
교정체육	기능적·물리적 신체 결함의 교정을 주목적으로 훈련하거나 재활하는 체육 유형
발달체육	장애 아동의 체육 능력을 일반 아동에 근접한 수준으로 향상시키기 위해 대근육 운동과 체력 위주로 계획된 건강 프로그램 유형
의료체육	특정 부위의 신체 활동의 운동 능력 회복과 향상에 초점을 둔 체육 유형

(3) 특수체육의 특징
① 평생교육의 영역에서 강조
② 법률적인 기초의 상위 관계에서 제공되는 서비스

③ 주요 요구자(장애 학생)의 심동적 문제를 총괄적 평가를 통해 확인
④ 심동적 특성이 평균 이하 또는 정상과 다른 학습자 위주의 교육 진행
⑤ 문화의 일부로서 인식하고 있음
⑥ 연속성을 가진 서비스를 제공
⑦ 책무성을 보유하고 있음
⑧ 모든 학생은 장애의 정도와 관련 없이 체육 교육에 대한 권리를 보유하고 있음

(4) 특수체육의 목표 2023

정의적 영역	긴장 이완과 즐거움, 사회적 능력의 증대, 긍정적 자아 형성
심동적 영역	체력 향상, 운동 스킬과 패턴, 여가 및 취미활동에 필요한 스킬
인지적 영역	인지적·운동적 기능의 감각 통합, 창조적 표현능력, 놀이(게임) 행동

2 통합체육(스포츠) 2016

(1) 통합 관련 개념

정상화	• 장애인이 일반적인 사회구성원처럼 적응할 수 있도록 함 • 장애 유무를 떠나 모두가 인간의 존엄성을 존중받아 마땅하다는 신념 • 모든 인간의 존엄성은 장애 유무와 관계없이 존중받아야 한다는 신념
주류화	• 장애 학생을 분리된 공간에서 교육하지 않음 • 교육 환경에서 제한적인 요소의 최소화 강조 • 장애 아동이 특수교육에 소속되어 있으면서 일반 학급의 일원으로서 들어가는 것
통합	• 장애 학생과 비장애 학생의 공간적 구분이 없는 동일한 환경에서 서비스를 제공받는 것을 의미

개념 플러스 제한 환경의 최소화(Least Restrictive Environment: LRE)

정상화를 실현하기 위해 장애가 있는 학생을 가능한 한 또래 학생들과 동일한 교육 환경에 배치하되 부족한 부분에 대해서만 특수교육을 받도록 하는 단계적 통합 교육

(2) 통합교육 운영 시 주의사항
① 개인 지도 과정 후 전체 지도 과정을 설정할 것
② 특수한 경우를 제외하고 장애 학생과 비장애 학생이 최대한 함께 참여하는 수업을 실시할 것
③ 수업을 실시할 때 교수적 통합이 용이한 방향으로 수업을 진행할 것
④ 장애 학생의 특성을 고려, 이해한 상태에서 지도할 것
⑤ 통합 형태와 지도에 관한 사전 합의가 진행된 상태에서 수업을 실시할 것

기출 핵심 포인트

(3) 통합체육의 장단점 2016

장점	• 장애를 가진 학생의 운동 실행 능력은 체육 교육 환경에서 더 나은 능력을 발휘함 • 비장애 학생은 장애 학생에게 모범적 본보기가 됨과 동시에 존중하는 방식의 습득을 통해 장애 학생들의 더 나은 성취를 위한 자극을 받음 • 체육 활동을 하며 장애 학생과 상호 작용하는 방식을 통해 일상생활에 녹일 수 있는 방식의 교육을 진행하나, 통합적 교육 환경에 속하는 것만으로는 사회적 상호 작용이 완벽하게 수행된다고 할 수 없음 • 재정적 측면에서 수행력이 다양한 학생들의 통합은 예산 절감 등 다방면으로 도움이 됨
단점	• 통합체육 운영은 별도 시설과 도구 필요, 준비와 계획에 다소 시간이 소요됨 • 일반 체육교사는 대부분 장애 학생의 올바른 지도방법에 대한 인지가 다소 부족함 • 수행 능력의 정도에 따라 장애 학생의 스포츠 활동 진행에 어려움이 있음 • 장애 학생은 대단위 수업보다 소단위 수업에 안정적으로 참여하는 경향이 있음

(4) 스포츠 통합의 연속체(J. Winnick)

Level 1	일반 스포츠	일반적인 스포츠 환경에서 장애인과 비장애인이 동등한 자격과 위치, 조건으로 참여가 가능한 경기
Level 2	조정한 일반 스포츠	장애 유무가 경기력에 영향을 주지 않는 수준에서 상호 합리적인 방법 제공을 통해 적응하며 스포츠에 참여할 수 있도록 하는 경기
Level 3	일반 스포츠와 장애인 스포츠	• 부분 통합(또는 완전 통합) 스포츠 환경에서 진행되는 일반 스포츠와 장애인 스포츠를 포함 • 일반(비장애인) 선수와 장애인 선수가 한 팀이 되어 상대와 경기를 진행하는 경우
Level 4	통합 환경의 장애인 스포츠	• 장애인 스포츠 종목에 일반(비장애인) 선수와 장애인 선수가 함께 참가하는 것 • 일반(비장애인) 선수가 장애인 스포츠의 규칙을 적용받으며 참여하는 것
Level 5	분리 환경의 장애인 스포츠	• 오로지 장애인 선수만 출전하는 스포츠 환경을 의미하며, 등급 분류에 따른 지정된 선수만 경기에 참여하는 것 • 주 개최단체(장애인 스포츠 경기단체)에 의해 개최되는 대부분의 대회를 포함

특수체육에서 사용하는 사정과 측정 도구

01 사정과 측정 평가 도구

1 사정의 개념과 종류

(1) 사정의 개념 2015, 2016
① 교육적 의사결정에 필요한 자료수집 과정으로, 평가와 측정의 중간적 개념에 해당함
② 양적·질적인 자료를 모두 포함
③ 측정 활동을 거쳐 목적달성을 위한 근거 자료수집에 의의를 둠

(2) 사정의 종류 2024

검사	수량적 자료, 점수 산출을 위한 질문 혹은 과제
관찰	일상적 상황에서 드러나는 아동의 행동을 관찰, 기록하는 행위(서술·간격·사건·평정 기록 등)
면접	대화 수단을 통해 피면접자의 반응을 기록하는 방법
교육 과정 중심 사정	아동을 교육하는 과정에서 행동에 관한 자료를 수집하는 것
수행 사정	아동의 행동 수행에 따른 관찰을 통해 판단하는 사정 방법
포트폴리오 사정	아동 및 교사가 아동의 작품, 결과물을 통해 성취 정도를 평가하는 것
사정	개인의 행동 특성을 다양한 형태의 증거를 근거로 종합적으로 판단하는 과정
측정	행동 특성을 수량화하는 과정
평가	수집된 자료에 근거하여 가치 판단을 내리는 과정

2 사정의 분류 2017
① 공식적 사정: 특정 목적을 통해 체계화된 표준 검사절차를 사용하는 것
② 비공식적 사정: 체계화된 표준 절차가 아닌 관찰을 통해 표준화되지 않은 절차를 사용하는 것
③ 직접 사정: 대상자를 통해 직접적인 접촉을 거쳐 정보를 수집하는 것
④ 간접 사정: 가족 및 보호자를 통해 대상자에 대한 직접적인 정보를 수집하는 것

> **개념 플러스** 사정의 필요성
> 장애인 스포츠 현장에서 지도자들은 장애인들의 요구를 파악하여 프로그램을 계획하고, 진행된 프로그램의 성과를 확인하는 과정에서 필요

기출 핵심 포인트

3 측정 평가 도구의 종류 2017, 2020

표준화검사	• 표준화된 절차를 통해 정보 수집 • 검사 지침서를 통해 제시된 방법과 절차에 따라 검사 진행 • 타당성을 가진 결과 도출을 위해 규준지향검사(표준화검사) 실시 • 구성 및 요소, 실시(진행) 과정, 결과해석 및 채점방법 등 구조적 과정을 통해 제작된 검사
수정된 검사 (비표준화)	• 장애인의 특성에 적합한 능력을 알아보는 절차를 수정, 보완하여 사용 • 검사 절차 또는 항목을 수정 • 특정 장애의 특성을 고려하여 적법하게 고안된 방식(절차)을 사용
규준지향검사 (상대평가)	성별 및 연령 등 동일한 특성을 갖춘 구성원의 점수 분포 기준에 검사자의 점수를 비교하여 동일한 객체(집단)에서 상대적인 위치를 확인하는 것 예 내신등급제, 수능등급제 등
준거지향검사 (절대평가)	기존에 지정한 준거(숙달 기준)에 대상자의 점수를 비교, 지정된 영역에서 대상자의 수준을 확인(검사)하는 것 예 비만율, 유연성, 심폐지구력 등

4 검사 도구 선택 기준 2020

타당성	초보적, 기본적 움직임, 스포츠 스킬의 지식, 행동을 비롯한 인지, 정의적 요소의 능력, 특성을 측정하는 정도
신뢰성	동일 검사 반복 실시에 따른 일관성 있는 동일한 결과를 창출하는 것
객관성	두 평가자의 측정에 따른 결과 값이 동일하게 나타나야 함
적합성	특정 기준(나이, 성별 등), 장애와 관련하여 검사 시 동일한 유형의 대상을 포함하여야 함
변별성	검사에 대한 실질적인 수행도가 높은 사람과 저조한 사람의 특징을 구분하여 진행할 수 있어야 함
용이성	측정은 가능한 쉽게 실행 가능하여야 하며, 수행적 측면에서 어려움이 적고 지도자의 이해가 용이해야 하고 이를 쉽게 지도에 적용하여야 함

02 장애인을 대상으로 하는 사정 및 평가

1 장애인 대상 사정

(1) 목적
① 신체적 발달의 지체 또는 장애의 유무 확인
② 기능 손상 문제 또는 특성 진단
③ 교육 프로그램의 개별화 및 개발을 위한 근거 있는 자료수집
④ 장애 학습자의 적절한 배치를 위한 판단 준거를 마련하는 일련의 과정

⑤ 직접적인 장애 학생의 요구(수요)에 부응하기 위한 지도 준비 및 실천 과정

(2) 장애인 대상 표준화검사 진행 시 유의사항
① 수정 작업 실시 전 지침에 따른 완전한 검사 실시
② 수정 전 지침서에 기존에 수정된 내용의 지침이 있는지 살펴봐야 함
③ 지침서 내 제시된 범위를 초과하여 수정할 경우 해당 내용을 상세히 기술해야 함
④ 수정된 내용은 비교하였을 때 검사 결과를 해석하는 것에 유의하여야 함

2 장애인 스포츠 사정

(1) 장애인 스포츠 사정 및 평가 시 주의사항
① 수많은 사정을 베이스로 평가가 진행되어야 함
② 검사 도구의 사용법을 완벽히 숙지하여야 함
③ 학습자와 긴밀한 친밀감(유대관계)을 형성해야 함
④ 도구의 타당성과 신뢰성이 검증된 것을 사용해야 함
⑤ 학습자 개인의 특성에 따른 적절한 도구가 사용되어야 함
⑥ 관찰 자료를 수집하여 보존하여야 함
⑦ 정돈된 환경에서 평가하여야 하며, 산만한 환경에서 평가가 진행되지 않도록 주의해야 함
⑧ 개별적인 학습자의 의학적 제한사항, 행동상 발생한 문제가 결과에 영향을 줄 수 있음을 인지해야 함
⑨ 학습자의 충분한 이해를 위해 시범이 동반되어야 함
⑩ 연습기회는 충분하게 제공되어야 함
⑪ 가급적 게임 상황에서 검사가 시행되어야 하며, 학습자의 요구는 검사 시행 전 충족되어야 함
⑫ 대단위 검사를 시행할 경우, 과제 카드 또는 비디오 녹화 등 다양한 수단을 이용할 수 있음

(2) 장애 유형에 따른 스포츠 사정 및 평가 시 주의사항
① 휠체어를 사용하는 장애인은 낮은 높이의 철봉에서 턱걸이와 팔 굽혀 매달리기 실시
② 지적 장애인은 스피드 검사 시행 시 결승점을 실제 거리보다 멀리 설치해 기록 측정(결승점을 인지하고 속력이 저하될 수 있음)
③ 지적 장애인 또는 산만한 대상자는 버피 테스트 시행 시 2박자로 실시
④ 지적 장애인은 심폐지구력 측정 시 수중 도보 또는 암 에르고미터를 활용하여 검사
⑤ 평형 능력에 불편이 있는 장애인은 수직 점프를 통해 순발력 검사 실시

기출 핵심 포인트

> **개념 플러스**
> - 버피 테스트: 유산소성 근력운동으로 제2차 세계대전 당시 미국 특수부대원들의 체력테스트 목적으로 만들어진 전신운동 방법으로 체력강화, 체지방 감소, 근력 강화 효과
> - 암 에르고미터: 팔 사이클, 암바이크라고도 하며, 상체를 사용하기에 심폐지구력을 측정하는 장비로도 이용하며, 심혈관 재활 훈련에도 적용됨

(3) 장애인 및 비장애인 아동 대상 운동 기술 검사 도구
2015, 2017, 2018, 2019, 2024, 2025

검사 도구	검사 목적	항목	검사 분류	대상
AMPS	운동 기술 숙련	36개	준거지향	모든 연령
BOTMP	기본 운동 기술 및 특정 운동 검사	46개	규준지향	약 5~15세
BPFT	건강 관련 체력	27개	준거지향	약 10~17세
Denver II	유아 신체 발달 지표 및 기본 움직임 기술	61개	규준지향	출생~6세
EMPDDC	기본 움직임 기술과 자세	10개	준거지향	5세 이상
Fitnessgram	건강 관련 체력	13개	준거지향	(학령기)장애·비장애 아동
GMPM	영유아 움직임 발달 및 기본 운동 기술	20개	준거지향	20세 미만 뇌성마비인
MABCT	기본 운동 기술 및 특정 운동 기술	32개	준거지향	4~12세
MDC	영유아 움직임 발달	35개	준거지향	대상 미확정
OSUSGMA	기본 운동 기술	11개	준거지향	약 2.5~14세
PAPS-D	장애 학생 건강 체력(장애 유형 6개로 구분)	21개	준거/규준	초등학생 시기의 장애인
PDMS	기본 운동 기술 및 움직임 발달	12개	준거/규준	출생~6세
TGMD	기본 운동 기술	12개	준거/규준	3~10세
TGMD-2	기본 운동 기술 중 이동/조작 기술	12개	준거/규준	3~10세
YMCAYFT	건강 관련 체력	5개	준거지향	6~17세
TGMD - 3	대근운동발달검사	11개	준거/규준	3세~11세

03 과제분석

1 과제분석의 개념 2016, 2020

시작단계부터 최종단계까지 디테일하게 목표 과제를 구분하여, 쉬운 방향에서 어려운 단계까지 점진적으로 제시하는 것을 의미

2 과제분석의 목적

① 학생들을 지도할 때 논리적이고 체계적인 순서로 지도할 수 있도록 교수 계획 단계에서부터 이를 활용
② 학습을 한 번에 하기 어려운 경우, 점진적으로 개선하여 학습할 수 있도록 활용
③ 가능한 것과 불가능한 것이 무엇인지 학생 스스로 파악할 때 사용
④ 학생 개인의 성취도 점검을 위해 알아보는 과정에서 활용
⑤ 교수의 성취와 효과에 대하여 점검할 때 활용

3 과제분석의 유형 2016, 2020

동작 중심 과제분석	동작의 질적 향상을 목적으로 하는 과제분석
유사활동 중심 과제분석	지정 목표와 연관된 활동을 병렬로 구분
영역 중심 과제분석	게임, 경기 활동에서 분류의 구분을 폭넓게 잡아야 할 때
생태학적 과제분석	• 운동 스킬, 선호도 등 움직임과 더불어 학생의 특성과 선호도, 운동 기술이나 움직임의 수행에 영향을 줄 수 있는 외부 요소를 고려한 것 • 수행자를 중심에 두고 평가하는 방법으로 환경과의 상호작용을 통한 수행자의 인지적, 정의적, 심동적 발달을 위해 과제를 세분화하여 설계함 • 환경적 요인을 다양하고 심도 있게 다룰 때 주로 사용함

생태학적 과제분석의 3대 구성요소
• 수행자
• 수행과제
• 수행환경

개념 플러스 특수체육의 발달 영역

• 인지적 영역: 지식, 이해력, 적용력, 분석력, 종합력, 문제 해결력, 논리적 사고력, 비판적 사고력, 창의력, 평가 능력 등과 같이 하위 정신 기능부터 고등 정신 기능까지 정신적 능력에 해당하는 모든 지적 행동 특성을 포함
• 정의적 영역: 어떤 일에 단순히 주의를 기울이는 것에서부터 복잡하면서도 일관성 있는 인격, 양심에 이르기까지 넓은 범위로서, 인간의 흥미, 태도, 감상, 가치관 감정, 신념 등에 관련된 특성을 포함
• 심동적 영역: 인간의 조작적 기능, 운동 기능, 신경 근육의 발달 정도나 숙련 정도, 신체의 운동 기능을 사용하고 조절하는 능력과 관련된 행동 대부분의 운동 기능, 신경 근육과 관련된 기능 및 지각 활동 등을 포함

4 과제분석의 단점

① 발달에 관한 부분을 지나치게 강조할 경우 기능적인 학습 과제에 관한 장애 학생의 학습 가능성을 저조하게 할 우려가 있음
② 학습해야 하는 과제 적용 시 세부적, 단계적으로 구분하기 힘들고 적용에 어려움이 있음

특수체육 지도전략

기출 핵심 포인트

01 개별화 교육 계획(IEP) 2015, 2023, 2024

1 개별화 교육 계획의 의의와 구성요소

(1) 개별화 교육 계획의 의의
  ① 개별화 교육은 꼭 1:1 교육을 지칭하는 것은 아님
  ② 특수한 요구를 가진 장애 학생 개개인의 능력을 고려하여 조정된 교육 내용을 지도하는 과정을 의미하며, 위 지도 과정에 대한 프로그램의 과정, 문서 등을 IEP(Individualized Education Plan, 개별화 교육 계획)라고 함

(2) 개별화 교육 계획의 구성 요소
  ① 특수교육 수요자의 필요 인적 사항
  ② 수행 가능한 현재 학습 수행 수준
  ③ 장기 목표(연간) 및 단기 목표
  ④ 보조 인력 및 지원 서비스
  ⑤ 정식 편성된 교과 교육과정의 참여
  ⑥ 평가법(방식)의 변형
  ⑦ 서비스 플랜 또는 전환 서비스
  ⑧ 평가 과정의 부모 또는 보호자 통보

2 개별화 교육 계획(플랜)을 구성하는 기능과 절차
  ① 기능: 평가 및 점검 도구, 관리 도구(수단), 의사소통 수단
  ② 절차: 준비 → 진단 → 계획 → 지도 → 평가 → 최종평가(비표준화 검사)

3 개별화 교육 계획의 지도전략 2018, 2020, 2024, 2025

(1) 또래 교수가 체육수업 활동에서 장애인을 지도할 때 학생을 보조 교사로 이용하는 것을 의미

동급생 또래 교수	• 같은 연령의 학생을 보조 교사로 이용 • 서로 잘 알고 있다는 장점(같은 학년, 같은 반) • 초등학교 저학년의 경우와 중증 장애 학생에게는 효과가 거의 없음
상급생 또래 교수	• 대상 학생보다 나이가 많은 학생을 보조 교사로 이용 • 동급생 또래 교수보다 초등학교 저학년 또는 중증 장애 학생에게 효과가 큼

양방·상호 또래 교수	• 장애 학생과 비장애 학생이 짝꿍이 되어 역할을 변경하는 유형 • 경도 장애 학생에게 효과적임
일방 또래 교수	• 학습 전 보조 교사로 선택된 학생이 지도 • 뇌성마비, 시각 장애, 중증 자폐, 지적 장애 학생 지도에 효과적임
전 학급 또래 교수	• 전 학급의 학생들을 짝꿍·소규모 집단으로 구성하여 서로 피드백 제공 • 수업 목표에 맞는 과제 카드를 활용하여 지도 • 전 학급 학생이 참여하기 때문에 장애 학생이 제외되지 않음 • 경도 장애 학생에게 효과적임

(2) 팀 티칭

두 명의 지도자의 협력으로 체육 활동을 지도하며 수업하는 것을 의미

교대 팀 티칭 (교대 교수)	두 명의 지도자가 전체 대상을 두 집단으로 나누어 다양한 다른 내용의 수업을 진행하고, 이를 다시 반복하여 진행
팀 티칭	두 명 이상의 지도자가 동일한 수업을 한 학습에서 진행하고, 지도자의 학습에 대한 책임은 공동으로 부담하는 것

(3) 스테이션 교수

그룹별 교수 학급을 소규모 단위로 분류하여 스킬을 연습할 수 있는 환경을 조성, 각 그룹이 순환하는 방식으로 학습을 진행하는 것을 의미

(4) 활동 변형 및 촉구(보조)
① 장애인의 지도자는 장애인 개인의 특성과 요구에 최적화된 학습 과제를 변경하여 학습 과정을 운영하는 것
② 촉구 시 체계적으로 분석된 종류를 교수자에게 제시하는 것이 중요
③ 촉구는 그 자체로 동일한 성격이 아닌 위계적 성격을 가짐
④ 촉구의 위계는 언어신호, 신체를 통한 제스처(몸짓), 수행 가능한 적절한 과제, 실제 사례를 적용한 시범, 신체를 활용한 촉구 순으로 그 양이 점차 증가

(5) 협동 학습

수업 형태 중 하나의 세부 형태로, 서로 돕기 위해 팀 또는 집단으로 학습하는 형태임

(6) 역주류화 수업

일반 학생이 장애를 가진 학습자들과 수업에 참여하여 교육받는 것을 의미함

4 개별화 교육 계획 작성 시 고려 사항 2019

① 장애 학생의 장점을 고려해야 함
② 장애 학생에게 어떤 운동이 필요한지를 고려해야 함
③ 1:1로 만나서 작성해야 함
④ 부모의 동의를 서면으로 받아야 함

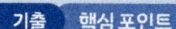

⑤ 장기 목표와 단기 목표가 구체적으로 계획되어야 함
⑥ 작성 이후 임의로 한 사람이 변경할 수 없음

02 장애인 스포츠의 활동 변형 전략

1 장애인 스포츠의 활동 변형 전략의 의미 2021
① 장애인을 위한 스포츠지도 전략에서 효과적으로 스포츠 활동을 유도하고, 효율적인 목표 달성을 위해 주어진 환경과 규칙을 변형하여 실제 사례에 적용하는 전략
② 대상자의 운동 수행 능력을 파악하기 위하여 실전과 동일한 환경에서 평가를 진행하되, 목표 진술에 필요한 명확한 기준, 행동, 조건이 포함되어 있어야 하고, 주어진 환경을 비틀어 활용할 수 있는 방법과 체계화된 관련 서비스, 폭넓은 보조 인력의 활용(배치) 등을 반드시 명시해야 함

2 장애인 스포츠 활동 변형 전략의 세부 분류 2021

환경 변형	장애인의 지도 시 스포츠 활동의 효과 증대를 위해 공간은 가장 중요하게 고려되어야 하며, 장애인 스포츠지도 시 공간 분만이 아니라 안전, 흥미, 접근(유도)성, 효율성 등을 다방면으로 검토하여 고려하여야 함
용·기구 변형	• 스포츠 활동에 필요한 기구가 무겁고 딱딱하거나, 너무 빨리 움직일 경우 장애 아동에게 부담을 줄 수 있으므로 일상적으로 안전한 도구(풍선, 비치볼 등)를 활용하여 느린 속도에서 게임을 진행하거나, 시각적으로 비대한 도구를 사용하여 성공 확률을 높여줌 • 교수자의 근력 수준, 신체적 상태를 고려하여 불편함이 있을 경우 작고 가벼운 도구를 사용해야 함 • 기구는 기본적으로 정해진 틀을 유지하되, 반드시 필요한 경우에만 변형하도록 함
규칙 변형	• 다양한 상황을 고려하여 난이도를 조정 및 경기 환경 변형, 기술 대체 등을 진행함 • 짧은 경기시간 편성 및 잦은 선수 교체가 가능하도록 규칙을 변경 • 피로를 줄이고 즐거움을 느낄 수 있게 하기 위해 잦은 휴식 시간을 취하게 함

3 장애인 스포츠의 활동 변형 시 고려 사항 2020
① 최소한의 규칙을 사용해야 함
② 참여 극대화를 유도해야 함
③ 협동심이 필요한 활동을 제시해야 함
④ 스포츠의 본질을 유지해야 함
⑤ 활동 변형에도 어려워하면 수정 및 보완 후 다시 시도함

03 유형별 장애 스포츠 활동 변형

기출 핵심 포인트

1 지체 장애인

각종 신체 보조기구(장애인 휠체어, 의수·족, 브레이스, 클러치)를 사용하여 신체 활동에 제약이 발생
① 신체 활동의 선택과 분석이 요구됨
② 신체 활동으로 인해 발생하는 문제점에 대하여 파악하여야 함
③ 최소한의 신체 활동 변형을 유지할 수 있도록 구성해야 함
④ 상황에 최적화된 경기 규칙, 배점, 플레이 타임 등을 변형해야 함
⑤ 진행 공간(장소)의 크기, 용·기구의 크기와 유형을 변형해야 함

2 지적 장애인 2018, 2023

단기 기억 및 인지적 능력에 어려움이 있고, 운동학습 능력·주의집중·체력이 낮으며, 체격 이상 등의 문제를 가지고 있음
① 경기 규칙을 단순화해야 함
② 다양한 강화 도구 및 지도법을 활용해야 함
③ 반복 연습을 적용해야 함
④ 간단하고 명확하게 설명해야 함
⑤ 흥미와 관심을 유도해야 함
⑥ 활동 공간을 정리하여 주의 산만을 예방해야 함

3 자폐증 장애인

자폐성 장애인은 의사소통과 상호작용, 감각지각, 감각통합능력, 공격적 행동 등의 문제를 지니고 있음
① 경기 규칙의 단순화를 통해 쉽고 간편하게 변형해야 함
② 안전중심의 시설 및 환경을 구성하며, 늘 정리정돈 되어있어야 함
③ 일관성을 가지고 수업 분위기를 유지해야 함
④ 간단명료한 설명을 통해 알기 쉽게 전달해야 함
⑤ 경쟁이 아닌 성취 위주의 활동으로 구성해야 함
⑥ 돌발적인 신체 접촉이 잦은 활동은 지양하여야 함
⑦ 지도 시 보조요원 또는 자원봉사자 등 즉각적으로 도움을 줄 수 있는 인원을 충분히 배치하여야 함
⑧ 요구에 적합한 강화 도구 및 교수(지도)법을 사용해야 함

4 시각 장애인 2023

방향 탐색 및 이동에 다소 어려움이 있으나, 청각과 촉각 등 다른 감각을 더욱 세밀하게 활용할 수 있다.
① 청각과 촉각에 관한 정보가 충분히 제공되어야 함
② 안전장비 및 시설이 익숙해지도록 충분한 설명이 제공되어야 함
③ 활동 공간을 정리 정돈해야 함

기출 핵심 포인트

④ 공간적 부상 요인(바닥, 벽, 기둥 등)을 제거해야 함
⑤ 구체적인 계획 수립을 통해 시설 및 용·기구의 위치를 구성해야 함
⑥ 활동 시 단서 제공과 동작에 관한 사항을 촉각을 통해 인지할 수 있도록 도움을 제공해야 함
⑦ 충분한 지도 시간과 연습 시간이 제공되어야 함
⑧ 2인 1조로 활동을 구성하여 진행하여야 함

5 청각 장애인

평형 유지 능력(균형감각), 방향 감각, 협응 능력 등에 문제를 가지고 있음

① 고도에서 수행하는 운동과 급격한 순발력을 요구하는 활동은 귀의 가장 안쪽 부분(내이)이 손상될 수 있어 많은 주의가 필요함
② 수중 운동(다이빙, 잠수, 수영 등) 활동은 불필요한 경우 자제하여야 함
③ 기존에 합의된 다양한 신호(수신호, 기수, 빛을 활용한 신호)를 지정해야 함
④ 언어적 지도보다 시범을 통한 동작 설명의 비중이 높아야 하며, 시각적 요소가 반영된 설명을 해야 함
⑤ 지도자는 정확하고 구체적인 교육 진행을 위해 태양이나 조명을 등지지 않은 상태에서 교육하여야 함
⑥ 지도자는 구화 또는 수화 등 장애인을 위한 언어의 기본적인 소통 능력을 갖춰야 함
⑦ 청각 장애인을 위해 지도자의 말하는 입 모양새를 확인할 수 있어야 함

개념 플러스 장애 학생의 지도 과정에서 효율적인 보조를 위해 필요한 사항

- 개개인별 장애 학생의 특성 고려 필요
- 과잉 보조에 유의하여야 하며, 보조 형식에 오판이 없도록 주의하여야 함
- 보조는 부가적 수단으로 활용하되, 활동하여 성취할 수 있는 과제에 집중하도록 환경을 유도하여야 함
- 안내 및 제공되는 보조의 효과에 대해 지도자의 확신이 있어야 함
- 보조 수단을 제공할 때 적절한 수준을 고려해야 함
- 제공하는 보조를 점진적으로 줄이는 방향으로 가야 함
- 언어 형태의 보조와 언어가 아닌 형태의 보조, 수단과 도구를 활용한 보조가 활용되어야 함
- 언어적 보조는 점진적으로 증가되어야 함

04 장애인 교육 계획 및 지도 모델

지도 모델	내용
저학년 I CAN	유치원생~초등학교 저학년의 체육 활동을 지도하기 위한 교육 방법 변형 및 교육적 모델
I CAN	장애 학생들을 위한 체육 및 여가 활동 등을 포함한 종합 프로그램 모델

MOVE	하향식 활동을 근거로 발전시킨 교육 모델로 최중도 장애 학생을 대상으로 일상생활에 적응하는데 필요한 운동 기술 학습을 돕기 위한 모델
Moving to Inclusion	장애 집단의 다양성과 관련한 모델로 정규 체육수업에서 장애 학생들을 포함한 수업 진행을 돕기 위한 모델
Special Olympics	장애인의 체육 활동 교육의 지침서로 목표, 운동 기술 평가, 지도전략 등과 관련한 정보로 구성됨
SPMC	취학 전 모든 아동을 대상으로 적합한 움직임과 관련한 교육 과정을 제공하기 위한 모델
The Data-Based Gymnasium	응용행동분석기법을 토대로 학습 목적을 성취하기 위한 모델

05 수업 형태 세분화

1 교사 위주의 수업 운영
① 수업의 최종 결정권은 교사에게 있으며, 내용, 구체적인 방법, 진도 등은 교사가 정함
② 교사는 권위적이고 주입식 위주의 교육 방식 활용하며, 학생은 피동적으로 수업을 받아들임
③ 교사의 판단 하에 지정된 계획에 맞춰 수업이 진행되며, 수업의 진행이 적절한 속도로 유지됨
④ 개인의 자율 학습 활동 성과가 저조하고 개개인별 특성을 고려한 세부적인 기준을 적용하기 어려움
⑤ 외부로부터 선행 학습을 수행한 학생들에게 설명식 수업은 유리하게 작용함

2 학생 중심의 수업 운영
① 학생의 주요 요구에 따라 학생 중심으로 내용, 방법, 진도 등이 결정됨
② 교사는 학생의 지도를 위한 상담가, 안내원, 정보원 등 다양한 역할 모델을 수행함
③ 개인차를 고려하여 적절한 수준과 속도의 진도를 조정함
④ 수업의 주요 목적은 수업 참여를 통해 즐거움과 학생의 발달 성취에 중점을 둠

3 토의 중심 수업
① 구성원의 상호작용을 거쳐 개인의 정보와 의사를 교환함
② 상호간에 의견을 존중하는 자세로 임함
③ 탈권위적 교사로서 특정 상황에 적절하게 반영할 수 있는 역할을 수행함

> 기출 핵심 포인트

④ 민주사회의 일원으로서 사회적 태도를 배양하고 의식 수준을 함양할 수 있음
⑤ 수업의 주요 의의와 토의 주제가 부합한 지, 전반적인 학생의 수준을 감안하여 진행함

4 발견 중심 학습
① 교사는 최소화된 안내 활동을 제공하고, 학습자는 스스로 목표를 성취할 수 있도록 함
② 교육 제공자의 탐구 능력과 학습 의욕 향상을 주목적으로 함
③ 발견 학습 과정은 적절한 단계를 구성[수행 과제 파악(인지) → 가설 검증 → 실사 적용]하여 체계적인 단계를 통해 수행할 수 있도록 함
④ 귀납적 사고방식을 통해 시행착오를 거쳐 문제를 해결함
⑤ 교사의 역할은 발견 중심으로 스스로 탐구할 수 있도록 보조자의 역할을 수행함

5 문제해결과 학습
① 주어진 과제해결을 위해 과거의 학습 내용을 활용하는 것
② 문제 및 구성요소 정의 > 가설 설정 > 자료수집 및 분석 > 결론 탐색 및 도출 > 검증
③ 소규모 그룹 중심의 협동 학습으로 운영하며, 문제해결에 큰 효과를 나타냄
④ 문제해결 학습은 과거 학습한 내용을 활용하지만, 발견 학습은 실질적인 내용과 스킬을 습득하는 과정을 의미함

6 개별화 교수
① 학습 대상자 개개인의 개별성에 대한 존중과 학습 능력을 고취하고 증진하는데 그 목적이 있음
② 학습 대상자 개개인의 경험, 욕구, 흥미, 능력 등을 고려하여 지도의 방향성과 구성이 정해짐
③ 문제해결을 위해 학습자가 스스로 자율적인 해결 방식을 찾기 위한 학습 활동
④ 개개인의 수요에 최적화된 학습을 의미하며, 스스로 학습자의 속도, 교재, 방법 등을 탐구할 수 있도록 선택권을 부여함

7 기능적 접근(하향식 접근)
① 전체적인 동작에 익숙해질 수 있도록 먼저 교육하고, 하위 동작을 교육하는 것을 의미함
② 전체적인 동작 교육 후 학습자 스스로 흐름을 인지하게 한 후 동작 과정에서 가장 복잡하고 중요한 과정을 먼저 습득하고 추후에 쉬운 동작을 교육하는 것

8 발달적 접근(상향식 접근) 2018
① 체육수업 시 세부 동작을 먼저 습득하게 하고 전체 동작을 가르치는 것을 말함
② 비장애 학생 지도 시 유용하게 활용됨
③ 동작을 세부적으로 하나씩 배워 발달을 도모함

06 특수체육 지도 시 행동관리

1 행동관리의 의미
지적 장애 또는 자폐 장애인을 위한 스킬, 체력 지도에 있어 가장 우선시되는 교육 전략으로 바르지 못한 언행에 관한 적절한 관리를 의미함

2 행동관리의 필요성 인식
① 징계와 체벌 등 결과에 따른 행동관리보다, 주 지도자가 먼저 사전에 학습자의 문제 행동을 파악하고 적절한 선제조치를 취하는 것이 우선시 됨
② 지도자의 인식 하에 사전 조치가 취해질 경우 예상되는 문제 행동은 예방이 가능하므로 징계와 같은 수단은 운영하지 않아도 됨

3 행동관리의 주요 이론
① 행동주의: 경험의 결과로 나타나는 것은 학습이고, 이는 관찰 가능한 행동의 변화를 의미함
② 조작적 조건 형성: 일정한 환경에서 발생하는 다양한 행동에서 나타나는 긍정·부정적 결과 혹은 부정적 결과와 합쳐져 미래의 행동의 증감에 영향을 주는 형태의 학습을 의미
③ A-B-C 모델: 특정 행동의 발생에 따라 자극이 먼저 발생, 이로 인해 연관성이 있는 행동이 발생하여 그것에 대한 결과(성취)를 얻거나, 특정 보상을 받는 형태로 행동이 나타남

4 행동관리 강화 기법 2016, 2017, 2018, 2024, 2025
(1) 강화
특정 행동이 반복될 가능성을 증가시키기 위해 어떤 것을 제시하거나 혹은 소거하는 것
① 정적강화: 올바른 행동이 일어난 뒤 이를 유지하거나 증가시킬 수 있는 것을 제시하는 방법

토큰 경제 체계	미리 결정된 행동 기준에 대상자가 도달하였을 경우, 이에 대한 대가를 지불하며, 대가로 받은 토큰이나 점수는 어떤 강화물로도 교환이 가능
프리맥 원리	빈도가 높은 행동을 활용하여 올바른 행동을 유도하는 강화 체계
칭찬	바람직한 행동에 대한 격려 및 지지

기출 핵심 포인트

행동 계약	지도자와 학생 혹은 부모와 학생이 서로 계약서를 써서 보관하는 방법
촉진	과제를 수행하는 데 부모 또는 교사가 도와주는 방법
용암법	지원 혹은 도움을 점진적으로 제거하는 것

② 부적강화: 문제행동이 발생했을 때 대상자가 싫어하는 자극을 감소시킴으로써 올바른 행동을 강화하는 방법

타임아웃	정해진 시간에 정적강화의 환경에서 대상자가 문제행동을 나타낼 경우, 대상자를 그 환경에서 퇴출시켜 제외하는 방법
과잉 교정	대상자에게 문제행동에 대한 책임을 지게 하거나 원래 상태보다 더 개선된 상태로 강화하는 방법
소거	문제행동에 대한 강화 원인을 알아보고, 문제행동을 제거하는 방법
벌	야단 혹은 벌을 주는 방법으로 좋아하는 것을 못하게 하는 것
체계적 둔감법	대상에게서 느끼는 불안 혹은 공포감을 점차 감소시키는 방법
박탈	원하는 물건 혹은 강화를 박탈시키거나 중지하도록 하는 방법
포화	문제행동에 대해 싫증을 느낄 때까지 반복시키는 방법

5 행동관리 시 유의사항
① 교사는 행동에 일관성을 가지고 있어야 함
② 부적절한 행동에 관한 이해를 제공할 수 있어야 함
③ 모든 처벌은 공정해야 함
④ 부적절한 행동에 관한 비난보다는 행동에 관한 정확한 지적 후 처벌해야 함
⑤ 폭력성을 띤 체벌 및 보복성 운동으로 압박하는 것은 금지해야 함
⑥ 처벌에 대한 일관성을 가지고 있어야 함
⑦ 개개인의 잘못에 대한 책임은 묻되, 연대책임으로 이어져선 안 됨
⑧ 처벌과 잘못의 규모는 적절하게 운영되어야 하며, 지나친 처벌은 금지해야 함

07 운동 능력 발달과 체력 증진

1 장애와 운동 능력 발달 2024
(1) 발달의 원리 2015
① 발달은 위에서 아래로, 중심 부위에서 말초 부위로, 전체 운동에서 특수 운동으로 진행됨
② 대근육에서 소근육으로 발달이 진행됨
③ 머리는 다른 신체 부위에 비하여 먼저 발달됨
④ 태어나면서 사망할 때까지 연속적으로 이루어짐
⑤ 발달의 순서는 동일성을 가지나, 발달의 속도는 개인차가 존재함

⑥ 신경 계통의 발달이 있어야 운동 기능에 발달을 가져옴
⑦ 인지적, 사회적, 정서적, 신체적 등의 발달은 상호 연관성을 가짐
⑧ '양방향 → 일방향 → 교차성' 순으로 발달함

(2) 운동 능력 발달의 단계와 주기에 따른 특성(Gallahue)

발달 단계	발달 시기	내용
반사 움직임 단계	출생 후 1년 이내	눈과 손의 협동 동작, 도달 동작, 잡기 동작 등 가능
초보적 움직임 단계	2세	• 시력의 발달 • 기어 다니기, 걷기, 이동, 물체 잡기 가능 • 물건의 크기, 모양, 무게에 따라 물건에 대한 구분 가능
기초적 움직임 단계	2~6세	던지기, 차기, 회전하기, 굽히기 등의 다양한 운동기술 가능
전문화 움직임 단계	초등학생의 시기	동작의 연결과 일관된 동작 수행 등의 협응력 발달
성장과 세련 단계	청소년기	호르몬 분비 등 신체적 변화로 인한 2차 성징이 일어남
최고 수행 단계	20~30세	근력, 심폐지구력, 신경활동 등이 최고인 시기
퇴보 단계	30세 이상	신경 기능, 근육 기능, 폐호흡 기능, 유연성 등의 운동 능력이 점차 감소

2 장애와 체력 육성 2019

(1) 체력 요소의 정의

체력은 건강 체력과 운동 체력으로 구분이 가능하며, 체력의 요소에는 근력, 근지구력, 민첩성, 심폐지구력, 순발력, 유연성, 평형성, 협응성 등이 포함됨
① 건강 체력: 건강과 관련이 있는 체력으로 심폐지구력, 근력 및 근지구력, 신체 구성 등
② 운동 체력: 스포츠를 수행하는 것과 관련이 있는 체력으로 민첩성, 반응 시간, 순발력, 스피드, 평형성 등

(2) 체력 증진을 위한 운동 원리

과부하의 원리	수행자에게 약간 큰 부하를 제공하며, 수행 가능한 정도의 부하를 추가함
점증부하의 원리	서서히 신체가 적응함에 따라 점진적으로 운동의 세기와 주기를 점점 늘려나가는 원리
특수성의 원리	적절한 코칭이 적용되어 세부 근육의 동작 여부, 부위, 형태에 따라 그 효과가 지속적으로 달라지는 원리

기출 핵심 포인트

다양성의 원리	적절한 운동에 따른 휴식, 운동 세기, 코칭 방법 등 흥미 유발을 위해 다양한 방식을 변경하여 운영하는 것으로, 흥미 유발이 주 목적이 되는 원리
개별성의 원리	대상자의 복합적 신체 능력 및 진행 목적 등을 고려하여 개별적으로 프로그램을 운영 및 제공하는 원리
반복성의 원리	체력은 장기적으로 발달하는 것이기 때문에 지속적, 반복적으로 진행하여 발달을 유도하는 원리
전면성의 원리	피지컬 향상을 위해 적재적소에 다양한 운동을 배치하여 규칙적으로 실시해야 하는 원리

(3) 체력 훈련 시 운동 처방을 구성하는 요소
  ① 양적 요인
    ㉠ 운동 시간: 특정 운동의 1회 지속 시간
    ㉡ 운동 빈도: 특정 운동의 1회, 1주 등 운동을 실행하는 주기(횟수)
    ㉢ 운동 기간: 장기적으로 몇 주~몇 년 이상의 기간 동안 지속적으로 운동을 수행해 온 장기적 기간
  ② 질적 요인
    ㉠ 운동 강도: 운동의 강도를 얼마나 높게 할 것인지를 선택
    ㉡ 운동 유형: 운동의 유형(유산소 혹은 무산소)을 선택

양적 요인	• 운동 시간: 특정 운동의 1회 지속 시간 • 운동 빈도: 특정 운동의 1회, 1주 등 운동을 실행하는 주기(횟수) • 운동 기간: 장기적으로 몇 주~몇 년 이상의 기간 동안 지속적으로 운동을 수행해 온 장기적 기간
질적 요인	• 운동 강도: 운동의 강도를 얼마나 높게 할 것인지를 선택 • 운동 유형: 운동의 유형(유산소 혹은 무산소)을 선택

(4) 장애인의 체력 측정 시 유의사항
  ① 개인별로 내재된 가능성과 장점을 탐색하기 위한 측정이 유도되어야 함
  ② 체력 요소에 따른 다채로운 방식의 측정 도구(방법)가 준비되어야 함
  ③ 측정에 필요한 도구와 방식을 다양하게 구비하여야 함
  ④ 체력의 기준은 개인마다 모두 다르지만 0점은 없기 때문에 0점은 나와선 안 됨
  ⑤ 검사 방식은 준거지향적 검사를 활용하여야 함
  ⑥ 다양한 관측 단위를 측정하는 형태 측정 또한 체력을 측정할 때 필요한 하나의 요소로 취급함
  ⑦ 체력 측정 시 측정값에 대한 명확한 기준에 근거한 이해와 경험이 동반되어야 함
  ⑧ 측정을 진행하기에 적합한 장소와 보조자가 확보되어야 함
  ⑨ 타당도 및 신뢰도에 근거가 될 수 있는 도구가 활용되어야 함

⑩ 장애아의 유형을 고려하여 지적 장애 아동은 평소 많이 접해본 익숙한 종목으로 대체해야 함
⑪ 개인의 향상 폭을 토대로 결과를 평가하여야 함

(5) 장애 유형별 운동 특성과 체력 훈련 시 고려 사항

`2016, 2018, 2019, 2024, 2025`

구분	내용
뇌성마비	• 수의적 운동과 운동제어에 손상을 갖는 증상을 말함 • 훈련 전에 관절 가동 범위, 근장력, 균형, 협응력 등을 반드시 평가 • 근력의 증가보다는 신체적인 제어 능력이나 협응력 향상에 중점 • 기능적으로 잡기 능력이 부족한 경우, 랩 어라운드 중량을 사용해 대상자가 수동으로 운동을 할 수 있도록 도움 • 빠른 움직임이나 반동은 근경련을 일으킬 수 있으므로 주의 • 운동량에 비해 높은 비율의 산소를 소비하기 때문에 피로감을 빨리 느낌
외상성 뇌손상	• 주원인은 교통사고로 운동과 협응력 손상, 움직임 손상, 비규칙적인 근육 움직임, 인지적 손상, 행동의 문제, 발작 등이 발생 • 뇌성마비의 특성과 유사하기 때문에 뇌성마비 체력 훈련 시 고려 사항을 참고
척수 장애	• 척수 외상에 기인한 것으로 척수 조직이 손상되어 나타나는 증상 • 훈련 전에 기능적 관절 가동 범위, 근력, 근장력, 평형성, 유산소 운동에 대한 내성 등을 반드시 평가 • 전 관절 가동 범위의 능동적인 움직임이 어려울 경우 중력-감소 운동, 지지 탁자, 보조자를 이용 • 장시간 운동에 앞서 기립성 저혈압의 병력 확인 • 사지 마비의 경우, 유산소 운동에 앞서 휠체어 롤러 또는 암 크래킹으로 2분 내외의 준비 운동 실시 • 동체 균형이 부족할 경우, 스트랩 또는 벨트를 이용해 몸을 고정시키고 운동 실시 • 마비된 부위의 움직임을 보충하기 위한 운동에서 스프린트를 지속적으로 사용하면 약한 근육의 근력을 향상시키지 못하기 때문에 장기적 사용은 피해야 함 • 휠체어를 앞으로 기울인 자세 지양 • 운동 시 상해에 주의하여 기능적인 근육의 힘을 최대한 강화시킴 • 손기능이 완전하지 않은 경우, 손목 커프에 고리를 다는 방식, 상체 에르고미터에 벨크로 장갑, 특수하게 제작된 장갑을 사용하거나 에이스랩을 사용 • 손의 기능이 제한된 사지 마비일 경우, 손목 커프를 활용해 손목이 과신전 되지 않도록 함
회백수염	• 위나 내장에 바이러스가 혈류로 침투하여 뇌의 부위 또는 전각 세포에 영향을 주어 영구적 마비를 가져오는 증상 • 훈련 전에 기능적 관절 가동 범위, 근력, 평형성, 동체 안정 정도를 평가 • 교감 신경계는 영향을 받지 않아 척수 장애인 보다 더 높은 운동 심박수를 보임 • 회백수염 진단 후 3년 이내는 회복 중이므로 이를 고려하여 운동 실시 • 사지에 구축 또는 골다공증이 있을 시, 스트레칭과 근력 강화 운동이 가능한지 의학적 진단 필요

기출 핵심 포인트

절단 장애	• 신체 부위 중 하나 이상의 사지 또는 전체가 없는 증상 • 훈련 전에 근력, 기능적 관절 가동 범위, 동체 안정, 절단 유형, 평형성, 피부 보호 등을 평가 • 관절 가동 범위의 감소는 규칙적인 스트레칭 등 다양한 훈련을 통해 예방 가능 • 규칙적인 동체와 자세 운동으로 척추 측만증 또는 머리 위치 변화 등을 예방 • 보장구를 착용한 훈련 필요(수영 훈련 시에는 의족 착용 지양) • 선천성 또는 외상에 의한 절단인 경우 운동에 대한 특별한 제약은 없음 • 당뇨, 고혈압, 심장질환 등으로 인한 절단은 의학적 검사 실시 • 절단된 부위의 2차 상해 방지를 주의하여 훈련 실시 • 유연성 향상을 위해 항상 스트레칭 실시 • 체중 지지가 필요한 운동 시 사지와 보장구에 체중이 균형 있게 배분되도록 함 • 하지 절단의 경우 걷는 운동은 비장애인들보다 50% 정도 많은 산소가 필요함
시각 장애	• 안구, 시신경 또는 대뇌 중추 등 시각 기관에 손상이 나타난 증상 • 시각 장애인을 위한 운동 프로그램의 처방은 비장애인 지침을 참고 • 신체 활동을 통해 근력과 감각 단서 활용 능력이 향상되어 보행에 도움이 됨 • 선천성 장애인보다 후천성 장애인의 이동 능력이 뛰어남 • 시각 장애 중 망막 박리는 추가 분리 위험이 있으므로 보호용 안경 또는 헬멧을 착용할 것 • 녹내장은 운동 강도가 높을 시 안압이 증가할 수 있으므로 피해야 함 • 운동 시 지도자와 자신이 서 있는 위치, 물체와의 거리, 기구의 크기, 모양 등을 확인시켜 줌 • 달리기 활동은 가이드 와이어, 로프, 보조자 등 활용 가능 • 에어로빅 운동 시 습득 후 복잡한 움직임을 형성할 수 있도록 함 • 지형지물을 충분히 숙지시킴 • 저항 운동과 스트레칭은 변형 없이 활용 가능 • 시각 장애인 지도 시 녹음된 기악(가사 없는)을 사용하는 것이 효과적임

개념 플러스 RICE 요법(스포츠 급성 손상 시 응급처치) 2022

- Rest(휴식): 휴식을 취하며 활동의 양을 줄이고 목발, 지팡이 등을 사용하여 체중 부하를 분산시키는 것으로 통증이 심하고 지속되면 확진될 때까지 부목 등을 사용하여 국소 안정을 시킴
- ICE(냉찜질): 부상 부위에 20분씩 하루에 4~8회 정도 사용하면 도움이 되며 한 번에 장시간 실시하거나 얼음을 직접 피부에 대는 것은 위험함
- Compression(압박): 압박 붕대로 고정하여 붓기와 통증 등을 가라앉히고 부상 부위의 움직임을 최소화하여 부상의 악화를 방지함
- Elevation(올림): 누워서 다친 부위를 심장보다 높게 올려 부종을 감소시킴

장애 유형별 체육지도전략 I

01 지적 장애(정신 지체)

1 지적 장애의 정의 2020, 2024

(1) 「장애인 복지법」에 의한 정의
  정신 발육이 지속적으로 지체되어 지적 능력의 발달이 불충분하거나 불완전하고 자신의 일을 처리하는 것과 사회생활에 적응하는 것이 곤란한 사람

(2) 「장애인 등에 대한 특수교육법」에 의한 정의
  지적 기능과 적응 행동상의 어려움이 함께 존재하여 교육적 성취에 어려움이 있는 사람

(3) 미국 지적장애 및 발달장애협회의 정의
  ① 미국 지적장애 및 발달장애협회(AAIDD, 2010)가 제시한 지적 장애는 지적 기능과 실제적 적응 기술로서 표현되는 모든 적응 행동에서 제한적인 면이 명백히 나타나는 특징이 있으며, 22세 이전에 시작됨
  ② 지적 장애는 지적 능력, 적응 행동, 시작 연령 22세 이전 등 3가지의 기준을 충족해야 하며, 지적 기능은 지수가 평균 미만의 2표준 편차(하위 약 2.2% 범위) 이하임

2 지적 장애의 원인

(1) 시기에 따른 지적 장애의 원인
  ① 출생 전: 염색체 이상(다운 증후군), 수두증, 소두증, 대사 이상, 산모의 질병, 부모의 혈액형, 산모 중독 등
  ② 출생 시: 미숙아, 조숙아, 저체중아, 난산 등
  ③ 출생 후: 질병, 발달상 지체, 환경적 문제, 중독, 대사 장애 등
  ④ 복합적 발생(출생 전·중·후): 사고, 대뇌 산소 결핍, 종양, 매독, 특발성 증상 등

(2) 지적 장애의 원인별 구분
  ① 염색체 이상

터너증후군	45번 염색체에 성염색체인 X자 하나만 있어서 나타나는 증상
윌리엄스 증후군	7번 염색체 이상과 관련한 증상으로 모든 연령대에 걸쳐 나타나는 흔한 불안 장애 증상
다운증후군	지적 장애의 가장 큰 원인 중 하나로 정상 염색체 외에 21번 염색체를 하나 더 가지게 되어 나타나는 증상

기출 핵심 포인트

② 유전자 오류

약체 X 증후군	지적 장애의 주요 원인 중 하나로 X염색체에서 발견되는 1개 이상의 유전자가 관여하는 열성 질환이며, 보통 남성에게 더 많음
프라더·빌리 증후군	부(父)로부터 원인이 되는 유전학적 증후군으로 15번 염색체의 일부가 소실되어 발생
페닐케톤뇨증	유전자에 의한 단백질 대사 이상으로 선천성 대사 장애가 원인

3 지적 장애인의 등급 분류 기준

(1) 지능검사 점수에 의한 분류
① 지능검사(IQ 50-55~70-75): 경도
② 지능검사(IQ 35-40~50-55): 중등도
③ 지능검사(IQ 20-25~35-40): 중도
④ 지능검사(IQ 20-25 이하/20~34): 최중도

(2) 「장애인 복지법」의 분류(장애 등급 판정 기준) 2015

1급 (지능지수 34 이하)	일상생활과 사회생활에 적응이 불가능하며 타인의 보호가 필요한 사람
2급 (지능지수 35~49 이하)	일상에서의 단순한 행동 가능, 어느 정도 감독과 도움이 있다면 일상생활이 가능한 사람
3급 (지능지수 50~70 이하)	교육과 훈련을 통해 사회적, 직업적으로 재활이 가능하다고 보는 사람

(3) 미국 지적장애 및 발달장애협회(AAIDD)의 지원에 따른 분류
① 간헐적 지원: 필요한 시기에 기초적인 지원, 일회적이며 단기간의 지원이 필요
② 제한적 지원: 일정한 시간 동안 지속적으로 이루어지는 지원, 시간이 제한적이며 지원 인력이 적게 필요하고 비용이 적게 듦
③ 확장적 지원: 일부 환경에서 정규적으로 이루어지는 지원, 시간제한 요소가 없음
④ 전반적 지원: 고강도의 지원, 전반적인 모든 환경에서 지원이 제공되며 많은 인력과 개입이 요구됨

4 지적 장애의 특성 및 지도전략 2015, 2019, 2020, 2025

신체활동 특성	• 운동 수행 능력 및 체력 수준 낮음 • 주의집중 어려움 • 과제의 중요도 판단 미흡·신체적 제어 부족
체육활동 지도전략	• 운동 수행의 발달 정도에 따라 꾸준히 지도 • 현재 수행 능력의 세밀한 파악 후 지도(과제분석) • 안전 지도 방안 구체화 • 언어 지도, 시범 지도, 직접 지도 등을 활용 • 필요에 따른 용·기구의 변형 • 간단한 언어 및 단어 사용

- 단순한 규칙 놀이 제공
- 독립적 경험 제공
- 주의집중할 수 있도록 관련 단서 제공
- 고관절 과신전 부상 주의
- 직접 지도 시 최소한의 신체 접촉 유지
- 쉬운 과제에서 어려운 과제 순으로 또는 익숙한 과제에서 새로운 과제 순으로 제공
- 반복학습을 하면서 지도
- 다양한 감각적 단서를 제공하면서 지도

02 정서 장애

1 정서 장애의 정의

(1) 「장애인 복지법」의 정의 2023

장애에 대한 직접적인 의미가 아닌, 자폐성 장애와 정신적 장애로 나누어 정의하며, 일상과 사회에 많은 제약이 따라 다른 이들의 보조가 필요함

자폐성 장애인	소아기, 비전형적 자폐증에 따른 자기표현, 감정 조절, 사회 적응 등 전반적인 기능과 능력에 장애가 있음
정신 장애인	정신분열증(조현병), 분열형 정동 장애(마주한 여러 현실 속에서 정서 반응의 부적절한 표출, 반응을 나타내는 장애), 양극성 정동 장애, 반복성 우울 장애와 같은 감정, 사고 컨트롤의 장애

(2) 「장애인 등에 대한 특수교육법」의 정의

정서 장애와 행동 장애를 포괄적으로 분류하여 정서 및 행동 장애로 규정하는데, 이러한 장애를 지닌 이들은 오랜 시간에 걸쳐 아래의 하나의 특성에 해당하는 사람들이며, 특별한 교육적 보조와 조치가 필요한 특수교육 대상자

① 특정한 사유(감각, 지적, 건강상의 사유)로 인해 특별한 사유를 설명할 수 없이 학습상에 어려움이 있는 사람

② 주변 관계(또래) 또는 교육자(교사)와의 관계 형성에 어려움이 있어 학습 수행에 어려움이 있는 사람

③ 부적절한 감정 또는 행동의 지속적 표출로 인해 일반적인 환경에서 학습에 어려움이 있는 사람

④ 평소 우울감, 불행감 등이 만연해 있어 학습에 어려움이 있는 사람

⑤ 신체 구조에 따른 통증, 심리적인 공포가 집단(예 학교) 또는 개인과의 관계와의 관련성으로 인해 학습에 어려움이 있는 사람

(3) 「미국 장애인 교육법」에 의한 정의

① 특수교육법에서 정립된 5가지 내용 중 1개 이상 오랜 시간에 걸쳐 극명하게 나타나며, 위와 같은 행동이 교육 활동 수행에 부정적인 영향을 주는 사람

기출 핵심 포인트

② 극심한 정서적 장애를 가지고 있는 경우 조현병을 포함하고 있으나, 정서적 문제로 인한 장애의 유형이 확정되지 않는 한 사회 부적응 아동은 이 범주에 포함되지 않음

③ 정서 및 행동 장애 유형 2018

주의력 결핍 과잉 행동 장애 (ADHD: Attention Deficit Hyperactivity Disorder)	• 주로 학령기에 나타나며, 성인들에게서도 나타남 • 여아보다 남아에게서 많이 나타남 • 과잉 행동, 부주의, 충동성이 주요 특징 • 주의력 결핍은 주의력을 조절하지 못해 학습의 문제를 나타냄
품행 장애 (CD: Conduct Disorder)	• 여자보다는 남자에게서 많이 발생 • 사람과 동물에 대한 공격성, 재산의 파괴, 사기 또는 도둑질, 심각한 규칙 위반 등의 행동 양상을 최소 6개월 지속하는 경우(공격 행동은 타인에 대한 언어 및 신체적 공격 행동을 의미하는 반면, 반사회적 행동은 재산의 파괴, 도둑질 등을 의미함)

2 정서 장애의 원인

생물학적 원인	유전적, 기질적 문제, 뇌 관련 손상 및 이상, 신체에서 발생한 질병 또는 문제, 영양학적 문제 또는 결핍, 생리학적 장애의 발생 등
가족력에 의한 원인	• 행동 장애의 주목적으로 지목되는 것은 병리적 가족 관계 등이 있으며, 가정불화, 정상적인 가족관계의 미형성, 외부모와 학대, 가정폭력 등을 포함 • 가정의 분열로 인한 행동 장애의 상관성이 입증된 것은 아니지만, 가정의 환경을 비롯한 다양한 환경적 요인이 동시에 2회 이상 제시되었을 때 정서적 장애의 유발 가능성이 높음
문화적 원인	가족을 포함한 주변 지인, 지역사회에서 오는 정서적 압박, 사회적 지위, 계층, 민족 정체성, 주변관계
학교 요인	학업 수행으로 인해 발생하는 스트레스, 타인과의 비교에서 찾아오는 불안감, 서열화에 따른 성적 요건 등 행동 장애 발생의 원인

3 정서 장애인의 등급 분류 기준

(1) 교육학·심리학 측면에서의 분류
행동 장애, 품행 장애, 성격 장애로 구분함

(2) 미국 정신의학회에 따른 분류
지체 장애, 기질성 뇌증후군 등 다양한 기능에 장애를 유발하는 신경증적 행동, 인격적 장애, 정신적 장애와 심신증 등으로 분류함

(3) 소아정신과적 분류
정서적 장애(자폐장애 및 정신분열 등), 신경적 장애(우울증, 불안감), 정동 장애(조증, 조울증 등 감정적 장애)로 분류함

4 정서 장애의 행동 특성 2015
① 품행 장애
② 사회화된 공격
③ 운동 과잉
④ 정신병적 행동
⑤ 불안(회피)
⑥ 주의력 문제(미성숙)

5 정서 장애의 특성 및 지도전략 2017, 2025

신체활동 특성	• 자기-방임 행동 문제 • 불순종적 행동 • 공격적 행동 • 자기-자극 행동 등이 스포츠 활동을 방해
체육활동 지도전략	• 구조화된 체육 활동 프로그램 기획 • 비경쟁적인 자기 향상 활동에 우선적 참여 유도 • 구조화된 환경 내에서의 교사 통제력 발휘 • 기분 상태 조절 방안 • 긍정적 피드백 제시 • 안정적이고 편안한 호흡 운동을 위주로 함 • 유산소 운동과 무산소 운동의 균형적 조화 • 스포츠를 통한 성공 경험을 할 수 있는 환경 조성 • 격렬한 스포츠 활동 시 주의 • 스포츠 활동 시 스트레스의 최소화

03 자폐성 장애

1 자폐성 장애의 정의

(1) 미국 자폐협회의 정의
① 통상 생후 3년 이내에 발현하는 증상을 의미하며, 이 증상으로 인해 정상 기능에 영향을 주며 발현함
② 통상적으로 자폐는 사회적 관계 형성에 필요한 소통, 놀이, 상호작용 등에 불편함을 나타내는 사람

(2) 「장애인 복지법」에 의한 정의
소아 자폐, 비전형적 자폐는 증상에 따라 언어와 동작 표현, 사회적 관계 형성 등에 대한 장애를 의미하며, 정상적인 일상생활이 불가능하기에 타인의 보조가 필요함

(3) 「장애인 등에 대한 특수교육법」에 의한 정의
일상 속에서 사회적인 소통과 타인과의 상호 관계 형성에 불편함이 발생하여, 일상 속에서 적응을 위해 도움이 필요함

| 기출 | 핵심 포인트 |

자폐성 장애의 유형
- 아스퍼거증후군
- 레트 장애
- 소아기 붕괴성 장애
- 비전형 전반적 발달 장애

2 자폐성 장애의 원인
① 장애의 발생 원인은 크게 유전적인 요인과 신경계 손상으로 인한 요인으로 나뉨
② 대표적인 유전적 요인에는 X 증후군이 있음
③ 정신분열(일반적인 발달 과정에서 발현하는 증상)과는 그 성격이 다름

3 자폐성 장애의 유형별 진단 기준

아스퍼거 증후군	• 만성적 신경 정신 질환에는 언어 발달의 저하와 사회적 발달의 지연 • 타인의 감정에 공감하지 못하고, 불통적인 성격을 가지고 사회적으로 표현되는 신호에 무감각
레트 장애	• 발달 장애의 전반적인 하위 유형으로 구분되며, 여아에게 발현하는 것으로 알려져 있음 • 신체적 특징으로 머리 크기의 성장 속도가 느리고, 걸음 형태의 조정이 힘듦
소아기 붕괴성 장애	2~3세 소아기에 발현되는 장애로 언어적, 사회적, 운동 기술 등에서 정상적 발달을 멈추고 지연이 시작되는 것이 특징인 희귀 장애
비전형 전반적 발달 장애	의사소통 기술, 상동 행동, 사회적 상호 작용 등 정상적인 발달에서 결함이 있다고 확정된 경우

4 자폐성 장애의 특성 및 지도전략 2020, 2017, 2016

신체활동 특성	• 인지적 장애 • 외부 세계와의 단절로 다양한 문제행동 발생 • 감각, 회피, 관심 끌기, 선호 물건·행동 등으로 구분 가능
체육활동 지도전략	• 소음과 활동에 저해되는 환경 관리 • 지시의 패턴화 • 연속된 동작의 스포츠에 적합(수영, 사이클, 인라인스케이트 등) • 언어 지시와 시각적 단서를 제공 • 환경적 단서가 효과적일 수 있음 • 학습자의 행동을 언어로 설명 • 사회적 관계 형성 도움 • 선호하는 스포츠를 우선 선정 • 접하기 쉬운 스포츠를 선정 • 동일한 스포츠 활동 시 동일한 환경과 장비들로 구성할 것

개념 플러스 지적 장애인, 정서 장애인, 자폐성 장애인의 지도전략 방안

- 참가자 주변 지인들과 정보를 공유하여 정보를 습득
- 지적 장애는 운동 수행의 가능성이 있으나, 운동 수행 능력을 파악하는 것이 중요
- 참가자의 안전 확보를 위해 주변 안전 관리 및 참가자의 의학적 정보 및 사회적 능력 등 숙지
- 참가자의 특수한 요구에 맞는 적절한 구조와 절차를 고안하여 활동을 제시
- 능동적 참여를 위한 소음, 조명, 온도 등의 환경적인 요인을 고려
- 참가자들의 목표 성취를 위해 과제분석, 반복된 경험 제시 등을 마련하여 제공
- 지도 활동에서 예상치 못한 순간에 대처하기 위하여 수정·보완도 병행

장애 유형별 체육지도전략 II

01 시각 장애

1 시각 장애의 정의

국내에서 시각 장애에 관한 정의는 「장애인 복지법」과 「장애인 등에 대한 특수교육법」에 의해 서로 다른 의미로 정의되고 있음

(1) 「장애인 복지법」에 의한 정의
  ① 제1급: 좋은 눈의 시력이 0.02 이하인 사람
  ② 제2급: 좋은 눈의 시력이 0.04 이하인 사람
  ③ 제3급: 좋은 눈의 시력이 0.06 이하인 사람 또는 두 눈의 시야가 각각 모든 방향에서 약 5° 이하로 남은 사람
  ④ 제4·5급: 좋은 눈의 시력이 약 0.1 이하 또는 시야가 약 10° 이하 남은 사람 등

(2) 「장애인 등에 대한 특수교육법」에 의한 정의

시각 장애	시각적 요소를 통한 학습의 참가가 힘든 상황적 요인으로 인해 다양한 기구를 활용하거나, 별도로 구성된 학습 매체를 필요로 하는 이로, 맹인이나 저시각자를 포함
맹	시각적 기능의 심각한 손상으로 인해 시각적 기능의 활용을 전혀 하지 못하는 상태
저시각	시각적 기능의 활성화를 위해 보조 기구를 활용해야 하는 상태

개념 플러스 미국 장애인 교육법(IDEA)에 의한 정의

부분적 시각 장애 또는 맹을 모두 아울러 총칭하며, 시력 교정 또는 의료적 기법을 활용하였음에도 교육 활동에 차질이 있는 경우를 의미함

2 시각 장애의 원인

(1) 시각 장애의 발생원인
  ① 누구에게나 나타날 수 있는 전염병, 사고로 인한 상해, 종양 등 폭넓은 범위에서 발생함
  ② 현대 사회에서는 신체적 노화 또는 사고로 인한 장애가 증가 추세임
  ③ 흔한 질환으로 굴절 이상으로 인해 나타나는 근시, 원시 등이 있음

(2) 시각 장애의 원인과 종류

굴절 이상	가장 흔한 굴절 이상의 원인으로 근시, 원시, 난시 등이 있으며, 이러한 시각 장애는 보조 수단(안경, 콘택트렌즈) 등을 이용해 교정할 수 있음

기출 핵심 포인트

각막 질환	원추 각막, 병균에 의한 감염, 상해, 알레르기성 질환 등으로 인해 각막에 상처 또는 훼손이 생긴 경우가 대표적임
수정체 질환	가장 대표적인 질환으로 백내장이 있으며, 수정체 이상으로 인해 발병함
시신경 질환	가장 대표적인 질환으로는 녹내장이 있으며, 안구의 손상 또는 신체의 노화로 인해 주로 발생함
망막 질환	망막으로 혈액 공급이 제대로 이루어지지 못하거나, 수용기에 다양한 요인의 질병으로 발생할 수 있으며, 수용기에는 망막 박리, 황반 변성, 당뇨 망막 병증, 망막 색소 변성 등이 포함되어 있음
기타 질환	선천적으로 발생하는 안구 결함(질환) 또는 안구 진탕증, 백색증 등이 있음

3 시각 장애의 분류

(1) 기능적 분류
   ① 완전 실명: 시각적 기능을 완전히 상실한 상태
   ② 광각: 어두운 공간에서 빛 정도의 인식만 가능한 상태
   ③ 수동: 바로 눈앞에서 보이는 움직임 정도만 구분할 수 있는 상태
   ④ 지수: 짧은 거리의 움직임 구분이 가능한 상태
   ⑤ 저시각: 일반적인 시력으로 일상생활에 크게 문제가 없는 상태

(2) 세계보건기구(WHO)의 분류

정상	• 정상 시력: 일상적 상황에서 별도의 도움을 요하지 않고 대부분의 일상생활이 가능한 상태 • 중등도: 정상적인 과제 수행 시 보조를 통해 수행이 가능한 상태
저시력	• 중도: 보조를 통해 최소한의 과제 수행이 가능한 상태 • 최중도: 보조를 받아도 시각적 능력을 요하는 과제에 어려움이 있고, 디테일한 작업의 과제
맹(실명)	• 실명 근접 시력: 시력 외 다른 감각에 의존하고 시력의 사용이 거의 불가능한 상태 • 맹: 다른 감각에 의존하여야 하는 완전한 무시력 상태

(3) 「장애인 복지법」에 의한 장애 정도 분류

장애의 정도가 심한 장애인	• 1급 1호: 좋은 눈의 시력이 0.02 이하인 사람 • 2급 1호: 좋은 눈의 시력이 0.04 이하인 사람 • 3급 1호: 좋은 눈의 시력이 0.06 이하인 사람 • 3급 2호: 두 눈의 시야가 각각 모든 방향에서 5도 이하로 남은 사람
장애의 정도가 심하지 않은 장애인	• 4급 1호: 좋은 눈의 시력이 0.1 이하인 사람 • 4급 2호: 두 눈의 시야가 각각 모든 방향에서 10도 이하로 남은 사람 • 5급 1호: 좋은 눈의 시력이 0.2 이하인 사람 • 5급 2호: 두 눈의 시야가 각각 정상 시야의 50% 이상 감소한 사람 • 6급: 나쁜 눈의 시력이 0.02 이하인 사람

(4) 스포츠 등급 분류 2015
① B1: 빛을 감지 못하는 상태
② B2: 시력이 2m/60m 이하 혹은 시야가 5° 이하로 물체나 그 윤곽을 인식하는 경우
③ B3: 시력이 2m/60m ~ 6m/60m 또는 시야가 5°에서 20° 사이인 경우

(5) 시기에 따른 분류
① 선천성 시각 장애: 출생부터 또는 출생 직후에 시각 장애를 가진 경우
② 후천성 시각 장애: 출생 후 일반적인 생활을 영위하다가 시각 장애가 발발한 경우

(6) 장애 진행 정도에 따른 분류
① 급성: 사고로 인해 일시에 시력을 상실하였거나 시각 장애의 진행이 급속도로 진행되는 경우
② 만성: 오랜 시간에 걸쳐 서서히 시각 장애가 진행되는 경우

4 시각 장애인의 스포츠 종목 지도 시 고려 사항 2016
① 레슬링: 상대 선수와 떨어지지 않고 붙잡은 상태에서 경기 진행
② 볼링: 핸드 가이드 레일 이용 가능
③ 2인용 자전거: 시각 장애인을 뒤에 앉히고, 비장애인이 앞에 앉아 방향 조정
④ 양궁: 음향 신호, 지시기, 발 위치 등의 용·기구 사용

5 시각 장애인의 영역별 특성 및 지도전략 2015, 2016, 2018, 2019, 2020

신체활동 특징	· 발달 속도가 지체되는 특징을 가짐 · 발을 땅에 끌거나 앞으로 기울인 자세, 움츠린 어깨 등 · 비장애인보다 체력 수준이 낮게 나타남 · 운동 기술 습득이 상대적으로 느리고 질적으로 다른 패턴을 보임 · 시각을 제외한 청각, 촉각 등을 활용해 신체상 형성 · 비장애인에 비해 걷는 속도가 느리고 보행의 자세, 방향성, 정확성이 낮음 · 비장애인보다 보폭이 좁음 · 비장애인에 비해 감각 운동, 협응력 운동 수준이 낮음 · 상동 행동이 나타날 수 있음
체육활동 지도전략	· 언어적 설명: 간단한 용어와 한두 가지를 포함한 피드백을 제공 · 시범: 잔존 시력의 정도를 파악 후 동작을 반복적으로 보여 줌 · 신체 보조: 참여자가 신체 활동을 원활하게 할 수 있도록 곁에서 도움을 주며, 고글 등 눈을 보호할 수 있는 장비 착용 · 시·청각 단서 활용: 소리가 나는 기구를 활용하며 색의 대비나 조도를 조절하여 활용하고, 장비들의 위치가 바뀌지 않게 해야 함 · '언어 지도 → 촉각 탐색 → 직접 지도'의 단계를 따름 · 지도자와 성별이 다른 경우에는 신체 접촉에 대해 주의 · 놀라지 않도록 신체적 가이던스(physical guidance)를 제공하기 전에 미리 공지 · 전맹일 경우 지도자의 시범을 자신의 손으로 확인할 수 있도록 함

02 청각 장애

1 청각 장애의 정의

(1) 「장애인 복지법」에 의한 정의 [2017]
① 두 귀의 청력 손실이 각각 60데시벨(dB) 이상인 사람
② 한 귀의 청력 손실이 80dB 이상, 다른 귀의 청력 손실이 40dB 이상인 사람
③ 두 귀에 들리는 보통 말소리의 명료도가 50% 이하인 사람
④ 평형 기능에 상당한 장애가 있는 사람

(2) 「장애인 등에 대한 특수교육법」에 의한 정의
① 특정 사유에 의한 청력 손실이 심각하여, 보청기와 같은 보조 기구를 사용하여도 정상적인 의사소통이 불가능하거나 차질이 있는 경우를 의미함
② 청력이 존재해도 보청기를 사용해야 청각을 통한 의사표현, 소통이 가능하여 청각을 통한 교육의 성취가 불리한 사람

2 청각 장애의 원인

유전적 요인	• 유전: 선천적으로 지니고 태어난 유전적 이상에 의한 것으로, 50% 이상이 유전을 통해 발발 • 선천성 외이 기형: 중외이, 중이에 발발한 선천적 요인으로 인해 기형을 가지게 된 것을 의미함 • 모자 혈액형 불일치: 산모와 태아의 Rh 혈액형이 불일치하는 것을 의미함 • 이경화증: 중이에 위치한 등골의 크기가 비정상적으로 커 증세가 유발되는 상태를 의미함
환경적 요인	• 감염: 외부에서 침투한 바이러스의 감염으로 인해 나타나는 것을 의미함 • 뇌막염: 뇌척수막에 발생한 염증으로 인해 증상이 나타나는 것을 의미함 • 소음: 계속적으로 소음에 노출되어 청력이 손실되는 경우를 의미함 • 중이염: 감기와 같은 외부에서 발생한 요인으로 인해 체온이 급격하게 상승될 경우 가장 먼저 손상되는 기관으로, 통증이 지속될 경우 염증 발생, 만성 염증으로 인해 청력 손실의 원인이 됨 • 외상: 외부에서 접촉한 이물질, 면봉, 귀이개 등 외적 요인에 의해 고막이 다치는 경우

3 청각 장애의 분류

(1) 「장애인 등에 대한 특수교육법」에 의한 분류
① 농: 보청기와 같은 보조 기구를 사용해도 정상적인 의사소통이 곤란한 상태
② 난청: 보청기와 같은 보조 기구를 사용하여야 의사소통이 가능한 상태

(2) 「장애인 복지법」에 의한 분류(청각 장애 등급 판정 기준)

청각 기능	• 2급: 두 귀 청력 손실이 각 90dB 이상인 경우 • 3급: 두 귀 청력 손실이 각 80dB 이상인 경우 • 4급: 두 귀 청력 손실이 각 70dB 이상인 경우, 두 귀에 들리는 보통 음성 명료도 50% 이하 • 5급: 두 귀 청력 손실이 60dB 이상인 경우 • 6급: 한 귀 청력 손실이 40dB 이상, 다른 한 귀 청력 손실이 80dB 이상인 경우
평형 기능	• 3급: 평형 기능이 상실되어 양쪽으로 두 눈을 뜬 상태에서 10m 거리를 직선으로 걸어갈 수 없는 경우 • 4급: 평형 기능이 상실 또는 감소하여 10m 거리를 직선으로 걸어갈 때 균형을 맞추기가 힘든 경우 • 5급: 평형 기능의 감소로 인해 10m 거리를 직선으로 걸어갈 때 중심부에서 60cm 이상을 벗어나는 상태로, 신체 활동의 복합적 활용이 곤란한 경우

4 청각 장애의 정도와 유형

(1) 청각 장애의 정도

경도 (26~40dB)	낮은 수준의 소리 인지능력과 언어능력 발달 지연, 거리 유지 간격에 따라 언어를 이해할 수 있음
중등도 (41~55dB)	입모양에 따라 문장을 이해하는 연습이 필요하며, 보청기 사용이 필요하며 언어 습득 능력과 발달 능력이 지연됨
중도 (56~70dB)	개별적인 지도를 요하는 수준으로 일반 학교에서의 수업에 어려움을 느끼며, 또래를 동반한 도움 위주의 학습이 요구됨
고도 (71~90dB)	특정 대상을 위해 특수하게 고안된 교육 학습 체계가 필요한 수준으로, 보청기 등 도구를 사용한 의사소통이 불가하며 큰 음량의 소리도 이해할 수 없음
농 (91dB)	그 자체로 특수한 의사전달 수단이 필요하며 발음의 명확함과 변별력이 일반인에 비해 낮은 수준이며 리듬과 같은 음의 이해가 부족함

(2) 청각 장애의 유형 2018, 2023
① 전음성: 소리가 전달되지 못하는 일반적인 청력의 손실 상태
② 감음 신경성: 청각과 관련된 신경 손상에 의한 손실 상태
③ 혼합성: 전음성과 감음 신경성이 혼합된 상태

> **개념 플러스** 청력 손실의 유형
>
> • 수평형: 전 주파수에 걸쳐 비슷한 청력의 손실을 가지며, 소리가 작게 들림
> • 저음 장애형: 저주파수 대의 청력 손실이 큰 편이고, 고주파수 대의 청력 손실이 작은 편으로 전음성 난청인들에게 많이 발생함
> • 고음 점경형: 노인성 난청에 많은 편이며, 저주파에서 고주파로 올라가면서 청력 손실이 커짐

> 기출 핵심 포인트
> - dip형: 극히 제한된 주파수일 때 청력 손실이 크며, 다른 주파수에는 일정
> - 곡형: 저음역과 고음역의 청력 손실이 작은 반면, 중음역에서 청력의 손실이 큼
> - 산형: 저음역과 고음역의 청력 손실이 큰 반면, 중음역에서 청력 손실이 작음
> - 전농: 저음역의 일부 주파수에서만 청력이 측정되며, 다른 주파수에서 청력 측정 불가

5 청각 장애인과 의사소통 시 고려 사항 2016

① 대화할 때 눈을 맞출 것
② 필기구를 사용하고, 청각 장애인의 틀린 어법 및 단어를 교정해 줄 것
③ 청각 장애인이 인지하고 있는 수신호를 사용할 것
④ 대화를 방해할 수 있는 언행은 주의할 것

6 청각 장애인의 영역별 특성 및 지도전략 2015, 2016, 2019, 2020

신체활동 특성	• 선천적인 청각 장애로 인한 체력 또는 운동 기술 부분에서의 문제는 적음 • 출생 이후 기본운동 습득에 따라 심동적 영역의 완성 정도의 차이 발생 • 언어 발달의 미흡으로 학업 성취 수준이 비장애 학생에 비해 낮음 • 의사소통 및 표현 부족 • 어휘력 부족으로 신체활동 이해력 저하 및 운동 경험 부족
체육활동 지도전략	• 신체적: 시각적 자료 적극 활용, 수화 및 구화 사용 유도, 주변 소음 주의 • 인지적: 또래와 함께 참여 권장, 메시지 전달 시에는 필요한 단어 동작 사용, 천천히 말하기, 아동과 가까운 거리 유지, 필기구 사용, 교사의 입모양을 볼 수 있는 대형 선택 • 정의적: 활동 전 시설 및 기구를 충분히 숙지할 수 있게 제공, 넘어지는 방법 지도, 시각 및 촉각 신호 사용, 낙천적이고 긍정적인 모습을 통한 활동을 재미있게 구성 • 기타: 스포츠 참여 시 인공 와우 및 외부 장치를 반드시 제거, 수중 활동 시 외부 장치 습기를 방지하기 위해 방수 처리 필수

> 개념 플러스 **청각 장애인에게 신체 활동 지도 시 유의 사항** 2020
> - 지도자는 청각 장애인이 지도자의 입과 눈을 볼 수 있도록 위치
> - 시범 또는 설명 시에 청각 장애인을 등지지 않도록 함
> - 청각 장애인의 의사소통 능력(수화 또는 구화)을 확인
> - 언어적 설명보다 시각적 설명 위주로 지도
> - 인공 와우를 사용하는 청각 장애인의 안전을 고려하여 지도
> - 청각 장애인이 잘 이해하고 있는지 중간 중간 확인
> - 스키, 스킨스쿠버와 같은 야외 스포츠의 경우 수화 통역사의 참여 범위와 내용에 대해 사전 협의 필요

인공 와우
고도(70dB 이상)의 청각 장애인들에게 수술로 장착하는 청력 보조 장치

장애 유형별 체육지도전략 Ⅲ

01 지체 장애 2015, 2016, 2017, 2023

기출 핵심 포인트

1 지체 장애의 정의

(1) 「장애인 복지법」에 의한 정의
  ① 팔다리와 같은 신체의 일부 또는 전반적인 기능에 영구적인 장애가 있는 사람을 의미
  ② 엄지의 관절 이상의 부위가 절단되었거나 한 손에서 검지를 포함, 두 개 이상의 손가락이 모두 제1지골 관절 이상의 위치에서 손상된 사람을 의미
  ③ 한쪽 다리가 리스프랑 관절 상단으로부터 손상된 사람
  ④ 양발의 발가락이 모두 소실된 사람
  ⑤ 한 손에서 엄지손가락이 제 기능을 하지 못하는 사람과 검지를 포함한 두 개 이상의 손가락이 제 기능을 하지 못하는 사람
  ⑥ 왜소증으로 인해 키가 심각하게 작은 경우, 척추에 기형 또는 변형이 발발한 사람
  ⑦ 팔다리와 몸통 중 위 항목의 하나 이상의 장애 정도가 있다고 인정되는 사람

(2) 「장애인 등에 대한 특수교육법」에 의한 정의
  몸의 균형 유지에 어려움을 겪거나 신체 고유의 기능과 형태에 이상이 있는 상태로, 교육의 구조적 학습에 어려움이 있는 사람을 의미함

2 지체 장애의 유형 2018

(1) 척수 손상 2023

회백수염	소아마비라고도 하며, 바이러스성 감염에 의한 마비 형태
이분 척추	태아가 자라는 처음 4주 동안 신경관이 완전하게 닫히지 않아서 발생하는 선천적인 결함
척추 편위	척추 옆 굽음증 현상으로 구조적·비구조적으로 분류되며, 이는 척추측만증, 척추전만증, 척추후만증으로 구분

(2) 절단 장애 2017, 2020
  ① 사지의 일부 또는 전체가 제거되거나 잃은 상태로 선천성과 후천성으로 구분
  ② 절단 장애는 사지 결손의 부위와 정도에 따라 9등급으로 분류
  ③ 상지 절단 장애인은 일상생활에서의 어려움이 거의 없음

④ 하지 절단 장애인의 경우 근력이 거의 없기 때문에 보조 기구 적극 사용(활동량이 거의 없기 때문에 산소 소비량과 근육량이 적음)
⑤ 하지 절단 장애인이 상지 절단 장애인보다 유산소 능력 수준이 낮게 나타남

(3) 기타 장애
① 매우 다양한 종류의 장애를 포함하며 근육 계통 질병, 골 형성 부전, 소아 류마티스, 다발성 경화, 관절 만곡증, 중증 근무력증, 근이영양증 등이 있음
② 적극적인 근력 운동과 유연성 증진을 위한 운동이 중요함
③ 급격한 운동으로 인한 부하는 근력 증진에 방해가 됨
④ 신체적 체력 증대 및 운동 능력과 기술 습득이 주된 목표일 경우 시작 전 유연성 증가를 위한 준비운동을 사전에 반드시 실시하여야 함
⑤ 가동 범위를 늘릴 수 있는 운동을 포함하여 실시하여야 함

(4) 지체 장애인의 발현 유형별 구분 2020, 2024

회백수염	폴리오바이러스의 감염으로 인한 급성 전염병으로, 입을 통하여 바이러스가 들어가 척수에 침범하여 손발의 마비를 일으키며 어린이에게 잘 발생함(소아마비)
절단 장애	사지의 일부 혹은 전체가 상실된 상태로, 선천성과 후천성으로 구분함
다발성 경화증	몸의 여러 곳에 동시 다발적으로 염증이 발생하여 근육이 굳어지며 전반적인 무력감이 나타나는 증상임
근이영양증	디스트로핀 단백질 결손과 관련된 유전성 질환이며, 듀센형 장애인은 종아리 근육에 가성비대가 나타남. 호흡장애와 심장질환 등의 합병증을 유발함

3 지체 장애인에게 의사 전달 시 유의 사항

① 넘어지거나 일어날 수 없는 상황인 경우, 무조건적인 도움보다는 의사를 먼저 확인한 후 도움에 관한 요청이 있을 경우 도와줄 것
② 지체 장애를 가진 사람은 지속 가능한 운동 상황에서 보조 도구의 활용 의사를 먼저 체크할 것
③ 별도의 요청이 없는 한 무조건적인 물품 활용은 지양하여야 하며, 활동 반경에서 금방 사용할 수 있는 위치에 보관하여야 함
④ 휠체어 탑승 또는 활용 시 요청이 있을 때에는 도움을 제공할 것
⑤ 대상자 모두에게 공평한 시도 기회, 경험, 성취감 등을 전달할 수 있는 교육을 실시함
⑥ 장애인의 능력을 최대한 발휘하기 위해 기능을 제한하는 환경 요소와 진입장벽은 최소화 할 것

4 지체 장애인 스포츠지도 시 고려 사항 2020, 2024, 2025
① 욕창 예방을 위해 체중의 중심을 자주 옮겨야 하며, 수분을 흡수할 수 있는 의복 착용
② 상해 부위에 보호용 커버를 사용
③ 흉추 6번 이상의 척수 손상자는 혈압 증가와 심박수 감소 등의 문제가 나타날 수 있으므로 체온 조절 유의(척수 손상자는 경기 전 방광을 비우도록 함)
④ 기립성 저혈압이 나타날 경우 몸을 앞으로 완전 숙이거나 앞쪽으로 서 있도록 조치
⑤ 유산소 운동 중 젖산이 급격히 생성되므로 긴 휴식시간과 에너지원 보충이 필요
⑥ 땀을 흘리는 피부 면적이 좁아 더위에서 운동 시 체온이 급격히 올라가는 것을 고려

5 지체 장애의 특성화 코칭전략

신체활동 구분 따른 특성	• 신체 부위 중 상체 절단, 하체 절단 구분에 따른 운동 능력의 차이 발생 • 하체 절단으로 인한 장애인은 도보, 러닝 등 대근육을 활용하는 운동 능력 배양에 장시간이 소요됨 • 의지 보조기 활용
체육활동 코칭전략	• 언어적 코칭: 간소한 구조의 언어 사용, 1회 1개 단어 활용 및 지시, 반복적 지시 제공, 적극적 시범 및 구두 설명 후 실 체험 보조 등 • 시범: 정석 동작을 명확히 인지할 수 있도록 천천히 보여주는 것 • 분산 위해 요소 제거: 백색소음, 주변 잡음, 내외부에서 영향을 주는 소음 요인과 유발 대상 제거, 적절한 응답 신호와 적절한 강화 기회 제공 • 난이도 책정: 개인별 수행 가능 수준을 고려한 난이도 조절 • 동기유발 방안: 적극적인 격려, 칭찬, 우수자에 대한 어드밴티지 부여 등 적절한 성취를 위한 동기유발 방안이 제공되어야 함 • 응급상황 조치: 응급상황 조치 방안에 대하여 정확히 숙지하여야 하며, 수시로 안전사항을 면밀히 체크하여야 함

02 뇌병변 장애 2019, 2020

1 뇌병변 장애의 정의(「장애인 복지법」에 의한 정의)
뇌성마비, 외상성 뇌손상, 뇌졸중(腦卒中) 등 뇌의 기질적 병변으로 인하여 발생한 신체적 장애로, 보행이나 일상생활의 동작 등에 상당한 제약을 받는 사람

2 뇌병변의 분류

(1) 뇌성마비
  ① 출생한 직후 짧은 시간 내 뇌 기능의 손상 또는 결함으로 인해 신체 활동에 큰 장애가 발생한 상태
  ② 미성숙한 뇌 혹은 뇌의 손상으로 인한 운동 장애와 자세의 이상을 보이는 비진행성 증후군임
  ③ 분류
      ㉠ 증상별 분류

경증	일상생활의 영위에 일부 문제가 있으나, 운동 기능은 크게 상실하지 않은 수준
중증	신체를 조작하는데 불편함 또는 어려움이 있으며, 특정 과정 수정에 보조 도구가 동반되어야 하는 수준
심증	신체를 조작하는데 보조인과 보조 도구가 반드시 동반되어야 하는 수준

   ㉡ 국소 해부학적 기준에 따른 분류(신체 마비 정도 기준)

단마비	사지의 한 부위가 마비된 상태
편마비	신체에서 한쪽 수족의 마비로 하지보다는 상지에서 주로 심각성이 나타남
대마비	양 팔 또는 양 다리가 마비된 상태
삼지 마비	사지에서 특정 세 부위가 마비된 상태
사지 마비	모든 신체가 마비된 상태
양측 마비	신체의 양측이 마비된 상태
이중 편마비	양측에 마비가 있는 상태이나, 한 쪽에 심각성이 편중된 경우

   ㉢ 임상적 분류(운동 능력의 제한 정도에 따른 분류) `2016, 2017`

경련성	근육의 장력이 증가하는 것에 따라 근육의 움직임이 둔해지고, 과긴장 상태가 되는 것
무정위 운동성	대뇌 중앙에 위치한 기저핵 부분이 손상되면서 사지가 불수의적으로 불규칙하게 움직임
운동 실조성	소뇌에 손상을 입어 몸의 평형성과 협응력에 영향을 미치는 것
강직성	심한 정신 지체를 동반, 수축근과 길항근에서 모두 근육의 강직을 보임
진전성	운동에서 신체의 일부가 불수의적으로 떠는 증상
혼합형	경직성과 무정위 운동증이 함께 나타나는 증상

   ㉣ 기능적 분류 `2016, 2022`
     • 국제뇌성마비 스포츠레크리에이션협회는 뇌성마비인을 8등급 분류
     • 1~4등급은 휠체어 사용, 5~8등급은 보행 가능한 상태

ⓓ 신경 해부학적 분류
- 추체로성 뇌성마비
- 추체외로성 뇌성마비
- 소뇌성 뇌성마비

개념 플러스   뇌성마비 장애인의 체력 프로그램에서 고려할 사항 `2020`

- 훈련 전에 관절 가동 범위, 근장력, 균형, 협응력 등을 반드시 평가해야 함
- 근력 증가보다 신체적인 제어 능력, 협응력 향상에 중점을 둬야 함
- 기능적으로 잡기 능력이 부족한 경우 랩 어라운드 중량을 사용해 대상자가 수동으로 운동을 할 수 있도록 도움을 줘야 함
- 빠른 움직임이나 반동은 근경련을 일으킬 수 있으므로 주의해야 함
- 운동량에 비해 높은 비율의 산소를 소비할 시 피로감을 빨리 느낌

(2) 외상성 뇌손상
외적 요인에 의해 발생하는 뇌손상에 의한 장애를 의미

① 뇌손상의 분류

개방형 뇌손상	특정 사건, 접촉에 의한 충격으로 인해 신체의 외부에 발생한 상처
폐쇄형 뇌손상	갑작스런 무산소증, 뇌출혈 등 내부 요인과 잦은 흔들림에 의해 발생

② 외상성 뇌손상 장애인의 체육 지도 시 유의사항
    ㉠ 특이 행동, 인지, 대중 심리적 요구 반영
    ㉡ 단체 협력, 기능, 흐름 감지를 위한 측면에서 평가 요망
    ㉢ 보조 인력 또는 수단은 점진적으로 감소 필요
    ㉣ 장애인 유관자의 지도 또는 전문가의 참여를 통한 공동 의사결정 필요

(3) 뇌졸중
① 이명으로 중풍이라고도 불리며, 뇌혈관 내벽이 막혀 혈관 손상 또는 혈액 이동 문제로 인해 신경 계통에 문제가 발생하는 것을 의미
② 고혈압, 당뇨 질환, 잘못된 식이 섭취, 약물 오남용, 비만, 흡연, 알코올 중독 등 다양한 원인으로 인해 발생
③ 뇌졸중의 분류

출혈성 뇌졸중	동맥의 파열 또는 탄력성 손실로 인해 일어나는 증상으로 뇌출혈을 동반
허혈성 뇌졸중	뇌에 전달되는 혈액 공급의 문제로, 일시적인 경우 일과성 뇌허혈증이라고 칭하며 뇌졸중 발발 전에 발생

④ 뇌졸중 장애인의 행동 특성
    ㉠ 기억 중추 손상으로 인해 반복 행동이나 충동 행동을 보이며, 언어 이해력이 낮음
    ㉡ 감정 기복이 잦은 편이며, 자신을 과대평가하는 경향이 있음

기출 핵심 포인트

ⓒ 운동 능력의 컨트롤 의지 및 발달 저하의 원인으로 나타나며, 협동심이 적음
ⓔ 신체 컨트롤이 어려워 자주 주저앉거나 넘어지기 때문에 적절한 보호 방안 숙지가 요구됨

> **개념 플러스** 뇌졸중 장애인 체육활동 트레이닝 유의사항
>
> - 장기적으로 적응할 수 있도록 지도 과정을 거쳐야 함
> - 중간에 적절한 휴식 시간 제공 및 배치되어야 함
> - 과도한 운동은 지양하고 본인이 수행 가능한 운동량을 소화할 수 있도록 배려해야 함
> - 근지구력과 근력 기반 유산소 운동으로 점진적 변화를 꾀하는 것이 좋음

3 뇌병변 장애인의 개인별 및 지도전략

신체활동 특성	• 체력 수준이 비장애인에 비해 현저히 낮음 • 복합 지구력(근력, 유연성, 심폐지구력 등)이 현저히 낮으므로 개별적인 동작 수행이 곤란 • 불규칙적 근육 형성 • 신경 훼손으로 인한 근지구력, 평형능력, 협동력 등 신체 동작에 문제가 발생
체육활동 지도전략	• 심동적 영역: 근력 증진을 위한 무게 활동, 튜브의 다양한 사용, 낙법, 계획적인 체육 활동 플랜 제공 등 과제별 목표를 설정, 기초적 운동 유형의 점진적 학습을 목표 • 인지적 영역: 신체 활동에 대한 명확한 인지를 위해 여러 번 반복에 걸친 학습 활동을 제공해야 함 • 정의적 영역: 개인의 성취를 위해 솔로잉 플레이 유도 및 운동에 적합한 환경 구성, 개인의 신체 조건에 적절한 활동 계획을 수립 후 실시하여야 함

PART 08 특수체육론
단원문제

특수체육의 의미

01 통합체육의 단점에 대한 설명으로 옳지 <u>않은</u> 것은?

① 장애학생이 일반체육수업 환경에 통합되려면 별도의 시설 및 특별한 기구가 추가적으로 필요하다.
② 수행능력 정도가 다양한 장애학생들이 모여 있는 수업에서는 스포츠 활동을 진행하는 데 어려움이 있다.
③ 장애학생들은 대규모의 수업보다는 소규모 수업에 좀 더 안정적으로 참여한다.
④ 비장애 학생의 모범행동은 장애가 있는 학생들에게 효과적인 역할모델이 되지만, 통합체육은 비장애 학생에게 효과가 없다.

02 〈보기〉에서 설명하는 장애 모델은?

[보기]
장애는 신체적, 정신적, 감각적 손상으로 기능적 문제에 한계가 있는 것이 아니며 신체적, 사회적 장벽으로 인해 참여의 기회를 제약 받는다고 주장했다.

① 인권 모델   ② 도덕 모델
③ 사회 모델   ④ 의학 모델

03 국제 장애인 스포츠 대회 중 만 8세 이상의 지적, 자폐성 장애인을 위한 대회는?

① 아시아 장애 청소년 경기대회
② 스페셜 올림픽
③ 패럴림픽
④ 데플림픽

04 특수체육과 관련한 내용으로 옳지 <u>않은</u> 것은?

① 스포츠 참여가 가능한 장애유형은 지체장애, 뇌병변장애, 시각장애, 지적장애, 청각장애 등이다.
② 경쟁 스포츠 활동을 할 때 공평한 참여 기회와 대등한 경쟁을 위해 장애의 유형을 따로 구분하지 않는다.
③ 국내에서 특수체육의 대상은 장애가 있는 사람들만의 체육활동과 관련 있는 분야에서 사용되고 있다.
④ 특수체육에서 특수는 장애인 또는 특수교육대상자를 의미한다.

정답해설

01 ④ 통합체육은 장애학생과 비장애학생 모두에게 유익할 수 있다. 비장애학생의 모범행동은 장애가 있는 학생들에게 효과적인 역할모델이 되며, 비장애 학생은 장애학생을 존중하는 법을 배운다.

02 ③ 〈보기〉는 6가지 장애 모델 중 ③ 사회 모델에 대한 설명이다.

03 ② 스페셜 올림픽의 자격요건은 만 8세 이상의 지적, 자폐성 장애인이며, 이 올림픽의 목적은 지속적인 스포츠 훈련 기회 제공을 해주는 목적이 있다. 일반 올림픽과 같이 4년마다 동·하계 대회로 개최한다.

04 ② 경쟁 스포츠 활동을 할 때 공평하고 대등한 경쟁을 위하여 장애의 유형을 구분하고 있다.

| 정답 | 01 ④ 02 ③ 03 ② 04 ②

특수체육에서 사용하는 사정과 측정 도구

05 사정(assessment)에 관한 설명으로 옳은 것은?

① 배치, 프로그램 계획 등에 관한 의사결정을 목적으로 한 자료수집과 해석의 과정이다.
② 체계적인 관찰과 특정 도구 혹은 절차를 이용하여 자료를 수집하는 과정이다.
③ 미리 설정된 표준과 비교하여 측정치의 결과를 해석하는 과정이다.
④ 간단한 평가를 통하여 심화평가 의뢰 여부를 결정하는 과정이다.

06 생태학적 과제분석의 3대 구성 요소가 아닌 것은?

① 수행자
② 수행 과제
③ 수행 환경
④ 수행 평가자

07 비표준화 사정과 관련된 내용끼리 묶인 것 중 잘못된 것은?

① 대안적 사정 – 준거지향검사
② 규준지향검사 – 교육과정 중심사정
③ 준거지향검사 – 관찰사정
④ 교육과정 중심사정 – 대안적 사정

08 휠체어 농구 기술 수행 검사의 타당성과 관련한 내용으로 옳은 것은?

① 여러 사람이 측정해도 그 결과가 똑같은가?
② 최소의 시간과 비용으로 측정할 수 있는가?
③ 휠체어 조작 기술과 농구 기술을 정확하게 측정할 수 있는가?
④ 검사를 두 번 반복하였을 때 그 결과가 일치하는가?

정답해설

05 ① 사정은 평가와 측정의 중간 개념으로 교육적 의사결정에 필요한 자료를 수집하는 과정이다.

06 ④ 생태학적 과제분석은 운동 기술, 움직임과 학생의 특성, 운동 기술이나 움직임의 수행에 영향을 줄 수 있는 환경을 고려한 것을 의미한다.

07 ② 규준지향검사는 표준화 사정에 해당된다.
[심화해설]
- 비표준화 사정: 대안적 사정, 준거지향검사, 교육과정 중심사정, 관찰사정 등
- 표준화 사정: 규준지향검사

08 ③ 측정 검사 도구 선택 시 타당성, 신뢰성, 객관성 등의 검사 기준 요소를 고려해야 한다. 타당성은 신체 능력, 인지적, 정의적 요소의 특성을 충실하게 측정하는 정도를 말한다.

|정답| 05 ① 06 ④ 07 ② 08 ③

특수체육 지도전략

09 기초 움직임 단계로 던지기, 차기, 회전하기, 굽히기 등의 다양한 운동 기술이 가능 발달 시기는?

① 출생 후 1년 이내
② 2~6세
③ 초등학생 시기
④ 청소년기

10 개별화 교육계획에 대한 설명으로 가장 적절한 것은?

① 개별화 교육계획은 쉽게 말해서 집단을 모둠화하여 지도하는 것만을 의미한다.
② 개별화 교육계획은 교육목표를 제시할 뿐 평가도구의 역할은 못한다.
③ 개별화 교육계획 작성 시 학부모의 의견은 포함시키지 않는다.
④ 개별화 프로그램은 필요에 따라 언제든지 수정, 보완할 수 있다.

11 운동발달의 원리가 아닌 것은?

① 머리 → 발 방향의 발달
② 근위 → 원위 협응 발달
③ 발달단계의 동일성
④ 소근육 → 대근육 발달

12 체력 훈련 시 기립성 저혈압의 병력 확인이 필요한 장애 유형은?

① 시각 장애
② 척수 장애
③ 뇌성마비
④ 절단 장애

정답해설

09 ② 기초 움직임 단계는 2~6세 시기해 해당하며, 던지기, 차기, 회전하기, 굽히기 등의 다양한 활동이 가능하다.
[오답해설]
① 출생 후 1년 이내: 반사 움직임 단계
③ 초등학생 시기: 전문화 움직임 단계
④ 청소년기: 성장과 세련 단계

10 ④ 개별화 교육계획(IEP)은 개인의 운동수행 능력에 맞춰 적절한 교육목표와 방법을 수정, 보완할 수 있다.
[오답해설]
① 개별화 교육계획은 개개인의 학습능력에 맞도록 조정된 교육내용을 지도하는 방법으로, 집단을 모둠화하여 지도하는 것만을 의미하지 않는다.
② 개별화 교육계획은 평가도구, 관리도구, 점검도구 등의 역할을 한다.
③ 개별화 교육계획 시 대상자의 인적사항, 학습수준 등과 함께 학부모의 의견도 포함된다.

11 발달의 원리
- 발달은 위에서 아래, 중심부위에서 말초부위, 전체운동에서 특수운동으로 진행됨
- 대근육에서 소근육으로 발달이 진행됨
- 머리가 다른 신체부위에 비해 먼저 발달됨
- 태어나면서 사망할 때까지 연속적으로 이루어짐
- 발달의 순서는 동일성을 가지나 발달의 속도는 개인차가 존재함
- 신경계통의 발달이 있어야 운동기능에 발달을 가져옴
- 인지적, 사회적, 정서적, 신체적 등의 발달은 상호연관성을 가짐
- '양방향 → 일방향 → 교차성' 순으로 발달

12 ② 척수 장애는 혈류 이송 체계가 손상되기 때문에 기립성 저혈압이 발생할 수 있어 병력 확인 필요하다.

|정답| 09 ② 10 ④ 11 ④ 12 ②

장애 유형별 체육지도전략 Ⅰ

13 정서 장애의 행동 특성에 해당하지 <u>않는</u> 것은?

① 소극적 행동
② 사회화된 공격
③ 불안
④ 주의력 문제

14 자폐성 장애인의 문제점과 해결할 수 있는 전략이 바르게 묶인 것은?

문제점	해결 전략
① 부정적인 신체적 자아 개념	불필요한 자극을 줄인다.
② 상동 행동	지도 환경을 구조화하고 지도 방식의 일관성을 유지한다.
③ 의사소통의 어려움	언어적 단서를 줄이고 수업 환경에서 자연스러운 단서를 활용한다.
④ 감각 자극에 대한 비정상적인 반응	개인 활동에서 시작하여 단체 활동으로 발전시킨다.

15 자폐성 장애의 특성이 <u>아닌</u> 것은?

① 언어 발달의 문제
② 수면 및 음식섭취 곤란
③ 낮은 체력수준
④ 품행 장애와 주의력의 문제

16 정서 장애는 장기간에 걸쳐 학습상의 어려움을 겪기 때문에 특별한 교육적 조치가 필요한 사람이다. 다음 중 정서 장애인으로 볼 수 <u>없는</u> 것은?

① 개인문제에 관련된 신체적인 통증이나 공포를 나타내는 사람
② 언어의 수용 및 표현능력이 인지능력에 비하여 현저하게 부족한 사람
③ 일반적인 상황에서 부적절한 행동이나 감정을 나타내는 사람
④ 전반적인 불행감이나 우울증을 나타내는 사람

정답해설

13 ① 장애 정도가 높을수록 기분 조절력이 통제되어 제한적이기 때문에 과잉 행동 빈도가 높다.

14 ③ 의사소통의 어려움을 해결하기 위해 언어 지시와 시각적 단서를 제공한다.

15 ④ 품행 장애와 주의력의 문제는 정서장애의 인지행동 특성에 포함된다.

16 ② 언어의 수용 및 표현능력이 인지능력에 비하여 현저하게 부족한 사람은 지적 장애인이다.

|정답| 13 ① 14 ③ 15 ④ 16 ②

장애 유형별 체육지도전략 II

17 〈보기〉에서 설명하는 청각 장애의 정도는?

[보기]
A학생은 청각 장애인이다. A학생의 청각 장애 정도는 상대방의 입술 모양을 보고 상대방과 의사소통이 가능하며, 보청기를 사용하지만 언어습득과 발달은 지체된 정도의 장애를 갖고 있다.

① 경도(26~40dB)
② 중등도(41~55dB)
③ 중도(56~70dB)
④ 농(91dB)

18 시각 장애의 기능적 분류에서 전방 1m의 움직임 정도만 구분이 가능한 상태를 의미하는 것은?

① 광각
② 수동
③ 지수
④ 저시각

19 청각 장애인이 비장애인에 비해 운동 수행력이 낮은 이유로 적절하지 않은 것은?

① 청각 장애로 언어훈련에 힘쓰느라 운동 경험이 부족하다.
② 어휘력의 발달이 부족하여 신체활동을 바르게 이해하지 못하는 경우가 발생한다.
③ 청각 장애로 의사소통에 어려움이 있기 때문에 신체활동 참여 기회가 적다.
④ 청각 장애는 지적기능의 손상을 동반하기 때문에 운동수행을 정확히 이해하기 힘들다.

20 청각 장애 체육활동 지도 시 특수체육 지도자의 고려사항으로 적절하지 않은 것은?

① 지도자는 태양을 등지고 설명한다.
② 심한 소음이나 시각적 자극이 많은 곳은 가급적 피한다.
③ 정확한 입모양으로 큰 소리로 상황을 설명한다.
④ 프로그램 시작은 익숙한 것부터 시작한다.

정답해설

17 ② 중등도(41~55dB): 사람의 입술 모양을 읽는 훈련이 필요하고, 보청기를 사용하며, 언어습득과 발달 지체의 특성이 있다.
[오답해설]
① 경도(26~40dB): 약간의 소리를 인지할 수 있고, 일정 거리를 유지할 경우 음을 이해하며, 언어발달에 약간 지체를 갖고 있는 정도이다.
③ 중도(56~70dB): 일반학교에서 수업을 받는 것이 어렵고, 개별지도가 필요하며, 또래 도움 학습이 필요한 정도이다.
④ 농(91dB): 보청기 등의 보조기구를 사용해도 의사소통이 불가능한 상태이다.

18 ③ 전방 1m의 움직임 정도만 구분이 가능한 상태는 지수에 해당한다.

19 ④ 청각 장애는 지적기능의 손상 때문에 운동수행을 정확히 이해하기 힘든 것과는 거리가 있고, 체력요인 중 평형성, 협응력 등의 문제가 발생할 수 있다.

20 ① 스포츠지도자가 태양을 등지고 지도 시 학생들이 태양을 직접적으로 바라보고 수업을 받아야 하기 때문에 정확한 커뮤니케이션에 한계가 있다.

|정답| 17 ② 18 ③ 19 ④ 20 ①

장애 유형별 체육지도전략 Ⅲ

21 외상성 뇌손상 구분에 해당하는 것은?

① 개방형, 폐쇄형
② 강직성, 경련성
③ 단마비, 편마비
④ 무정위 운동성, 혼합형

22 체육관에서 장애인이 운동을 하다가 발작을 일으켰을 때의 대응 방법으로 가장 적절한 것은?

① 발작 부위를 잡아서 진정시킨다.
② 발작이 끝난 후에는 곧바로 운동에 참여시킨다.
③ 침이 흐르지 않도록 손수건을 입에 대고 머리를 똑바로 세운다.
④ 몸을 부축해서 천천히 자리에 눕히고 주변에 위험한 물건을 치운다.

23 지체 장애에 대한 설명으로 적절하지 <u>않은</u> 것은?

① 발달 장애는 지체 장애 범주에 포함되지 않는다.
② 지체 장애는 관절 장애, 척수 손상, 절단 장애 등을 포함한다.
③ 뇌병변 장애인의 장애 정도는 뇌의 손상 부위와 크게 관련이 없다.
④ 척수장애인의 장애 정도는 척수 손상 위치에 따라 다르다.

24 뇌병변장애인의 심동적 지도방법에 대한 설명으로 옳지 <u>않은</u> 것은?

① 근력운동을 위한 중량들기 및 유연한 튜브 이용
② 규칙적인 체육활동 계획 제공
③ 한 과제에 하나의 목표를 제시
④ 한 번에 한 가지 단어 사용 및 지시

정답해설

21 ① 개방형은 사고, 물체에 의한 총격 등으로 신체 외관상 상처가 생긴 경우이다. 폐쇄형은 심한 흔들기, 무산소증, 뇌출혈 등에 의해 발생한 경우이다.

22 발작이 일어난 경우 응급처치 요령
- 몸을 부축해서 천천히 자리에 눕히고 주변에 위험한 물건을 치울 것
- 발작이 일어날 전조가 보이면 눕힌 상태에서 쿠션을 허리 아래에 받쳐줄 것
- 발작 시간을 기록할 것
- 물을 흘려서 입에 넣어줄 것

23 ③ 뇌병변 장애는 뇌손상에 원인이 있는 것으로 뇌졸중, 뇌성마비, 외상성 뇌손상 등을 포함한다.

24 ④ 한 번에 한 가지 단어 사용 및 지시는 지체 장애인의 언어적 지도방법에 속하는 내용이다.

|정답| 21 ① 22 ④ 23 ③ 24 ④

MEMO

2025년 기출분석

- TGMD-3 · PDMS-2 · BOT-2 등 발달검사 도구와 모스턴의 교수전략(스테이션 · 협동학습 등)을 실제 수업 상황에 적용하는 응용형 문항이 중심
- 피아제 · 에릭슨 · 하비거스트의 발달이론 및 유아기 신체발달 특성을 다루는 개념형 문항
- 전반적으로 이론 암기보다 프로그램 설계와 교수전략 적용 능력을 평가하는 실천 중심형 출제 경향이 뚜렷

2025년 필기 출제비율

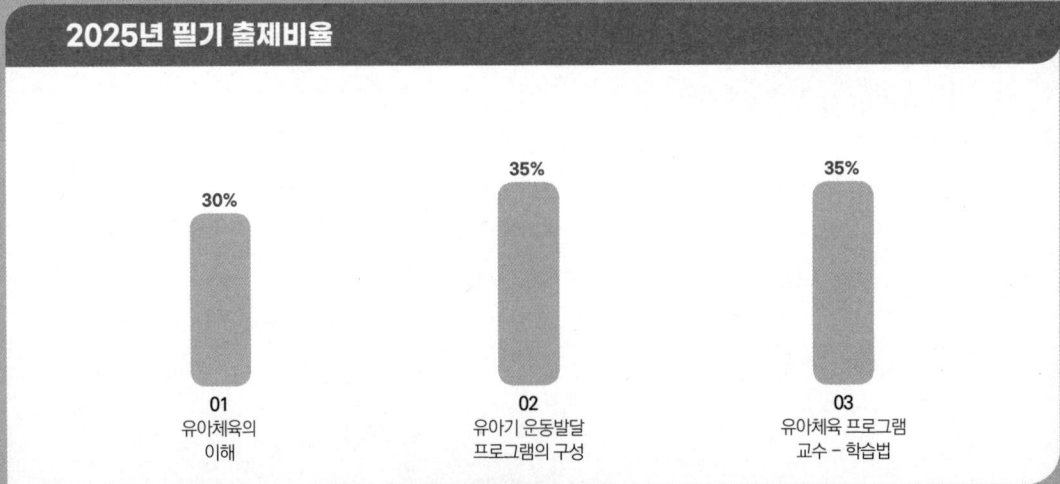

- 01 유아체육의 이해 — 30%
- 02 유아기 운동발달 프로그램의 구성 — 35%
- 03 유아체육 프로그램 교수-학습법 — 35%

PART 09

유아체육론

01 유아체육의 이해
02 유아기 운동발달 프로그램의 구성
03 유아체육 프로그램 교수-학습법

유아체육의 이해

01 유아기의 특징

1 유아의 개념 2020
① 생후 1년부터 6세까지 어린이를 의미함
② 「유아교육법」에서는 유아를 3세부터 초등학교 취학 이전의 어린이를 말함

> **개념 플러스** 유소년스포츠지도사의 정의 2022, 2025
> '유소년스포츠지도사'란 유소년의 행동양식과, 신체발달 등에 대한 지식을 갖추고 제9조의6에 따른 자격 종목에 대하여 유소년을 대상으로 체육을 지도하는 사람을 말한다.

2 영유아의 특징

(1) 영아기 반사 2017, 2019, 2020, 2021, 2022, 2023
① 원시적 반사
  ㉠ 신생아기에 특징적으로 나타나고, 성장 발달과 함께 소실
  ㉡ 비대칭성 목경직 반사, 대칭목경직 반사, 손바닥잡기 반사, 모로 반사, 빨기 반사, 바빈스키 반사, 젖찾기 반사 등이 있음
② 자세 반사
  ㉠ 자세를 유지하기 위하여 나타나는 반사행동
  ㉡ 미로성 몸 가누기 반사, 턱걸이 반사, 낙하산 반사 등이 있음
③ 이동 반사: 기기 반사, 걷기 반사, 수영 반사 등이 있음

(2) 반사 움직임 단계의 특징
① 원시적 반사

쥐기 반사	손바닥에 자극을 주면 움켜쥠. 1세에도 나타나면 신경적인 문제를 의심해야 함
젖찾기 반사	뺨을 건드리거나 치면 자극 방향으로 고개를 돌림. 젖을 찾기 위한 반사행동
젖빨기 반사	입술 근처를 가볍게 자극하면 자동으로 머리를 돌리고 입술을 갖다 대고 빪
모로 반사	큰소리나 갑작스런 위치 변화가 생기면 팔을 벌려서 끌어안을 것 같은 동작을 취함. 출생 시 모로 반사 행동이 없으면 중추신경계통의 장애를 추측하고, 소멸 시기 후에도 남아 있으면 감각 운동 장애를 추측

기출 핵심 포인트

유소년의 개념
유아와 소년을 의미하며, 만 3세에서 중학교 취학 전까지 해당

성장, 발달, 성숙의 개념 2024
- 성장: 자연히 발생되는 양적인 변화 과정
- 발달: 신체, 운동, 심리적 측면에서 체계적이고 연속적인 변화과정
- 성숙: 신체적, 생리적 행동변화가 더 높은 수준으로 발전할 수 있는 질적 변화과정

대칭목경직 반사	목을 뒤로 젖히면 팔의 신전+다리의 수축, 목을 앞으로 굽히면 팔 수축+다리 신전. 대칭목경직 반사가 지속적으로 나타나면 뻗기·잡기·앉기·걷기 등의 발달을 저해	
비대칭목경직 반사	누워 있는 상태에서 머리를 한쪽 방향으로 돌리면 같은 방향의 팔과 다리를 펴고, 반대편 팔과 다리를 굽힘. 6개월 후 지속적으로 나타나면 척추가 휘는 등 기형적으로 발달할 위험이 있음	
발바닥 오므리기 반사	발가락과 발바닥의 연결부위를 손가락으로 자극하면 발가락을 오므림	
바빈스키 반사	발바닥에 뾰족한 것이 닿거나 손가락으로 발바닥을 자극하면 발가락을 짝 폄. 생후 6개월 후에도 지속적으로 나타나면 신경계통 이상을 추측	

② 자세 반사

중력 반사	영아가 머리를 세워서 숨 쉬는 것을 가능하게 함. 앉거나 몸을 뒤집는 행동에 도움이 됨
낙하 반사	영아를 들어 올리고 있다가 예고 없이 아래로 내리면 다리를 펴고 발을 바깥쪽으로 벌리면서 손을 짚음
미로 반사	신체가 기울어지면 반대쪽으로 머리를 움직임. 반사가 잘 나타나지 않으면 안뜰기관 이상을 추측
턱걸이 반사	상체를 세운 상태로 앉아있는 자세에서 손을 잡고 앞뒤로 움직이면 팔을 굽히거나 폄
머리-신체 일치 반사	반듯이 누운 상태에서 머리나 몸통을 한쪽 방향으로 돌리면 몸통이나 머리가 같은 방향으로 돌아감. 구르기 동작의 기초

③ 이동 반사

기기 반사	배를 바닥에 대고 엎드린 상태에서 양쪽 발바닥을 번갈아 건드리면 기기와 같은 형태로 팔과 다리가 반응. 기기행동의 기본
걷기 반사	바로 세운 상태에서 발바닥이 표면에 닿으면 걷기 동작과 유사한 반응을 함. 걷기에 영향을 줌
수영 반사	물속에 몸이 잠기도록 하면 팔과 다리가 수영 동작을 함. 잠수시키면 숨정지 반사에 의해서 호흡을 멈춤

(3) 시기에 따른 특징 `2015, 2023`

시기	기간	특징
신생아기	출생 후 2~4주	• 미성숙 단계 • 머리가 신체의 1/4을 차지하고 뼈가 유연
영아기	출생 후 4주~3세	• 체중과 신체가 급성장하며, 6개월까지 두뇌가 급격히 발달함 • 12개월째에 걸음마를 시작하며, 3세의 뇌 무게는 성인의 75% 정도
유아기	3~6세	• 성장 속도가 줄어들며, 신체의 움직임이 발달함 • 운동은 안정성 및 이동, 조작 운동으로 구분하며, 6세의 뇌 무게는 성인의 90% 정도
아동기 특징	6~12세	꾸준히 성장하고, 체육 실기 기술이 발달하는 시기

기출 핵심 포인트

유아기의 정서 유형
- 공포
- 분노
- 질투
- 기쁨
- 호기심 등

(4) 유아기 인지적 특징
① 유아기에는 인지적 성장과 언어발달이 빠른 속도로 이루어짐
② 유아기에 뇌의 성장은 유아로 하여금 정보를 보다 효율적으로 처리하게 해 줌
③ 유아는 이제 눈앞에 존재하지 않는 대상이나 사건에 대해 정신적 표상에 의한 사고를 할 수 있으며, 상징을 사용할 수 있는 능력을 갖추게 됨
④ 아직 실제와 실제가 아닌 것을 완전히 구분할 수 없으며, 자기중심적인 사고를 하는 특성을 보임
⑤ 어떤 사물이나 사건을 대할 때, 사물의 두드러진 속성에 압도되어 두 개 이상의 차원을 동시에 고려하지 못함
⑥ 보존개념, 유목 포함, 서열화에 관한 개념 습득이 어려움

(5) 유아기 정서적 특징 2016
① 대게 자기중심적이며, 모든 사람이 자기와 같은 방식으로 생각한다고 판단함
② 때때로 상황에 대해 두려움, 부끄러움을 나타내고, 자의식이 강하며 친밀한 사람 곁을 떠나지 않으려 함
③ 옳고 그름을 구분하는 것을 배우며 의식이 발달하기 시작
④ 자아 개념이 발달하여 이 시기 아이들에게 성공지향적인 경험과 긍정성 강화를 제공하는 것이 중요하며, 이는 유아의 자신감을 키우는데 도움이 됨

02 유아기 발달 특성

1 유아기 인지, 정서 및 사회성 발달

(1) 유아기의 인지 발달
① 유아기는 인지 발달에 중요한 시기이며 상징 능력이 발달하고 언어, 기억 발달, 상상력이 풍부해지는 시기
② 자신이 경험한 상황을 이야기하기, 생각이나 느낌을 그림으로 표현하기 등이 가능해짐
③ 자기중심적 사고가 강하고 두 개 이상의 차원을 동시에 고려하지 못함

(2) 정서 발달
① 출생: 출생하면서부터 일차 정서가 나타나고 유아기에 이르면 보다 복잡한 이차 정서가 나타남
② 6개월: 타인의 정서를 인식하기 시작함
③ 7개월: 소리로 제시된 정서의 단서와 적절하게 연결된 얼굴표정을 식별
④ 8~10개월: 애매모호한 상황에서 양육자의 얼굴표정을 살펴 상황을 이해하기 시작

⑤ 12~18개월: 타인의 불편한 정서를 표현하는 단서를 이해하고 이에 공감적 표현과 반응을 보임
⑥ 2세: 정서를 표현하는 어휘를 이해하여 자신이나 타인의 정서를 언어로 나타냄
⑦ 3~6세: 정서 조절을 위한 인지적 책략이 등장하고 세련화가 발생
⑧ 6~12세: 표출 규칙과의 일치 정도가 향상되고, 자기 조절 책략은 보다 다양하고 복잡

> **개념 플러스 유아기의 정서**
> - 일차 정서: 선천적이며 보편적인 정서로 생의 초기에 나타나고, 얼굴표정만으로도 정서 상태를 쉽게 구별할 수 있다. 기쁨, 분노, 공포, 혐오, 슬픔, 놀람 등이 일차 정서에 공통적으로 포함되는 정서
> - 이차 정서: 자기인식과 자신의 행동을 평가할 수 있는 능력이 생기면서 갖는 정서이며, 얼굴 표정뿐만 아니라 독특한 신체의 동작이나 자세를 수반

(3) 사회성 발달
① 영아기: 생후 첫 1년은 자기중심적이고 사회화가 이루어지지 않는 시기이며, 사회적 관계가 급격히 증가하여도 사회적인 상호 작용이 매우 제한적임
② 유아·아동기: 영아기보다 큰 사회적 영향을 받는 시기로 사회성의 발달과 더불어 운동발달에도 많은 변화가 나타남
③ 아동·청소년기: 또래 집단이 사회성 발달에 큰 영향을 주는데, 특히 유치원이나 학교의 또래 집단은 아동 및 청소년의 복장이나 행동, 어휘 등에 큰 영향을 주고 신체 활동의 참여 여부와 같은 행동을 결정하는 데에도 영향을 줌

2 유아기 운동발달

① 유아기에는 골격과 근육이 발달하고 신경과 근육이 증가하며 운동 능력이 발달
② 개인차는 있지만 성장은 유아기를 통해 순차적으로 예상할 수 있는 순서로 나타남
③ 유아기의 운동발달은 다른 발달에도 영향을 주며 신장, 체중, 근육이 꾸준히 증가함

(1) 유아기 성장 단계 운동발달
① 1세: 걷기 시작
② 2세: 신체 움직임이 발달하기 시작
③ 3세: 중심을 잡고 한 발로 서서 균형을 잡을 수 있음
④ 4세: 낮은 높이의 장애물을 뛰어넘고, 앞으로 구르며, 물체를 던질 수 있음
⑤ 5세: 전신 운동이 가능해지고, 방향 전환 등의 균형 감각이 형성됨
⑥ 6세: 달리기 속도가 빨라지고, 신체 기능의 협응력이 좋아짐

기출 핵심 포인트

발달의 일반적 원리 2022
- 발달은 개인차가 있음
- 유아의 발달은 일정한 순서를 따름
- 성숙과 학습이 발달에 상호 영향을 미침
- 발달은 계속적인 과정이지만, 속도는 일정하지 않음
- 유아의 발달에는 최적기가 있음
- 발달은 연속적이며, 점진적으로 이루어짐
- 발달은 분화와 통합으로 이루어짐

> 기출 핵심 포인트

기본 움직임 기술 발달의 단계
2023, 2024

- 시작단계에는 첫 움직임이 나타나는데 비교적 미숙하고 비협응적임
- 초보단계는 성숙과 기초의 과도기적 시기이다. 협응력, 자연스런 수행능력이 발달하고 유아의 통제력도 증가한다. 주로 성숙에 의해 나타나는데 많은 연습과 격려와 지도로 성숙단계에 이르게 됨
- 성숙단계에는 움직임이 통합되고 정확하고 효율적으로 발달하게 됨

(2) 유아기 운동발달의 기본 움직임 단계(갤러휴, D. Gallahue)
2015, 2016, 2019, 2023, 2024, 2025

① 1단계: 반사적 운동 단계(신생아)
② 2단계: 초보적 운동 단계(출생~2세)
③ 3단계: 기초적 운동 단계(2~4세)
④ 4단계: 성숙 단계(4~6세)
⑤ 5단계: 전문적 운동 단계(6~10세) 2023
  ㉠ 전문화된 움직임 단계: 기본 움직임 단계로부터 파생된 결과로 움직임은 일상생활, 기본적인 스포츠 기술이나 여러 복잡한 활동에 응용되어 더 세련되고 복잡한 활동이 가능
  ㉡ 적용 단계
    - 인지 능력이 더욱 정교해지고 경험이 확대되면서 많은 것을 학습
    - 움직임 수행의 형태, 기술, 정확성과 양적 측면이 강조되고 복잡한 기술이 정교해지며, 이를 수준 높은 게임과 간이 게임 활동에 사용

(3) 운동 기술의 발달
① 기술과 관련된 동작이 특정한 목적을 가지며, 수의적인 운동이어야 함
② 운동 기술은 행동의 목적을 달성하기 위하여 신체 또는 사지의 움직임이 있어야 함

(4) 운동 기술의 효과적인 지도방법 2024
① 시범은 추가적 학습단서와 함께 제공될 때 더 효과적임
② 다양한 각도에서 이루어진 시범을 통해 정확한 정보를 제공
③ 자주 실수하는 동작에 대해 반복적인 시범을 보여줌

3 발달과 관련된 이론

(1) 피아제(J. Piaget)의 인지발달이론
2015, 2016, 2017, 2018, 2019, 2020, 2021, 2022, 2024, 2025

① 인간의 인지 발달은 환경과의 상호작용에 의해서 이루어지는 적응 과정이며, 몇 가지 단계를 거쳐 발달한다고 봄
② 아동의 단계 이행에 따라 이미 형성된 인지 구조는 새롭게 통합됨
③ 각 단계는 서로 독립적이지만 전체적으로 상호 의존적이라고 주장함
④ 성숙, 물리적 경험, 사회적 상호작용 등이 필수적이라고 봄
⑤ 인지 발달 단계

단계	구분	특징
1단계	감각 운동기 (0~2세)	• 감각적 반사운동을 하며 주위에 대해 강한 호기심을 보임 • 숨겨진 대상을 찾고, 보이지 않는 위치 이동을 이해할 수 있는 대상 영속성의 개념을 이해

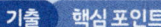

2단계	전조작기 (2~7세)	상징을 사용하고, 사물의 크기·모양·색 등과 같은 지각적 특성에 의존하는 직관적 사고를 보이며, 자기 중심적 태도를 보임
3단계	구체적 조작기 (7~11세)	• 사물 간의 관계를 관찰하고 사물들을 순서화하는 능력이 생김 • 자아 중심적 사고에서 벗어나 자신의 관점과 상대방의 관점을 이해하기 시작
4단계	형식적 조작기 (11세 이후)	논리적인 추론을 하고, 자유·정의·사랑과 같은 추상적인 원리와 이상들을 이해할 수 있게 되는 시기

(2) 게젤(A. Gesell)의 성숙주의이론 2019, 2020
① 유전적 특징이 나이에 따라 정해진 순서로 발달
② 인간은 태어나면서 물려받은 유전적 특징이 나이에 따라 '정해진 순서'로 발달
③ 크게 노력을 기울이지 않아도 일정 시기가 되면 마치 '예정된 시간표'가 있는 것처럼 잠재되어 있던 능력과 발달이 나타남
④ 성장모형(Growth matrix): 유전적 요소에 의해 기본 방향이 결정되며, 성장모형이 유기체의 성장 형태와 방향을 결정
⑤ 인간의 발달은 내적인 힘에 의해 이루어지는 성숙의 결과
⑥ 40년간 영유아의 연령별 행동들을 관찰법으로 연구하여 영유아 발달 규준표 혹은 표준행동 목록표라고도 불리는 결과물을 제작 및 발표함
⑦ 게젤이 제시한 표준행동 목록은 이후 영유아의 행동 발달상 특성을 연령별로 비교하여 발달을 평가하는 발달규준이 되어 여전히 유용하게 활용됨

(3) 콜버그(L. Kohlberg)의 도덕성 발달이론 2020
① 나이가 들어감에 따라 어떻게 도덕성이 변하는지를 관찰함
② 인간의 존엄성과 양심에 따라 자율적이고 독립적인 판단이 가능하다고 주장함
③ 도덕적 사고를 3개의 수준과 6단계로 분류

수준	단계
전인습적 수준(0~7세): 외부적 보상이나 처벌에 근거하여 도덕 판단	• 1단계: 타율적 도덕 단계 • 2단계: 개인주의 단계
인습적 수준(7~12세): 타인이나 관습 등의 외부 요인에 의해 규정된 도덕관을 내면화	• 3단계: 대인간 기대 단계 • 4단계: 사회 시스템 도덕 단계
후인습적 수준(청소년기~성인기): 도덕적 가치를 완전히 내면화하여 외부 기준이 필요 없는 시기	• 5단계: 개인의 권리 및 사회 계약 단계 • 6단계: 보편적 윤리적 원칙 단계

(4) 파튼(M. Parten)의 사회적 놀이 발달 유형 2020
① 비참여 행동: 놀이를 하는 것은 아니며, 순간적 관심과 흥미에 따라 잠시 바라봄

> 기출 핵심 포인트

② 방관자적 행동: 가까운 거리에서 또래가 놀이하는 모습을 지켜보며 말을 걸거나, 제안을 하기는 하지만 놀이에 참여하지는 않음. 우연히 순간적 흥미에 의해 쳐다보는 것이 아니라 특정 놀이집단을 지켜보며 말을 주고 받는다는 점에서 비참여 행동과 다름
③ 혼자(단독) 놀이: 주로 2~3세 영유아들에게서 볼 수 있으며 주변의 또래와 다른 놀잇감을 가지고 혼자 독자적으로 놀이하는 형태. 이 시기의 영유아들은 사회성이 발달되지 않아 자기중심적 사고를 하기에 놀이 중 대화가 거의 없는 것이 특징
④ 병행 놀이: 또래와 같은 놀잇감을 가지고 놀거나 함께 사용하기 때문에 집단 놀이처럼 보이기도 하지만, 실제로는 혼자 놀이하며 거의 상호작용을 하지 않음
⑤ 연합 놀이: 자연스럽게 혹은 우발적으로 함께하는 놀이
⑥ 협동 놀이: 연합 놀이와의 차이는 사전 계획이나 상호 협의가 있다는 점이고 놀이를 주도하는 리더가 존재(역할 분담 및 상호 작용 발생)

(5) 에릭슨(E. Erikson)의 심리 사회 발달 단계 `2018, 2019, 2020, 2023`

단계	연령	과업	설명
1단계	출생~2세 (구강기)	신뢰감 vs 불신감	부모나 주위세계의 일관성 있는 지지를 받으면 신뢰감을 얻을 수 있지만, 주위의 보호가 부적절하면 불신감을 갖게 됨
2단계	2~3세 (항문기)	자부심 vs 수치심	부모나 주위의 분별력 있는 도움과 격려는 자부심을 키우게 되지만, 과잉보호나 부적절한 도움은 자신의 수치심을 느끼게 함
3단계	4~5세 (남근기)	진취성 vs 죄책감	주변세계를 탐색할 수 있는 기회와 자유는 어린이의 진취성을 발달시키지만, 그렇지 않으면 자신의 행동에 죄책감을 가짐
4단계	6~11세 (잠복기)	근면성 vs 열등감	무엇을 성취하도록 기회를 부여받으면 그 결과 근면성을 갖게 되지만, 비난이나 좌절감을 경험하면 열등감을 갖게 됨
5단계	청소년기 (생식기)	자아정체감 vs 자아정체감 혼미	정서적 안정과 좋은 성역할의 모델이 있으면 자신에 대한 통찰과 자아정체감을 갖게 되지만, 그렇지 않으면 직업 선택이나 성역할, 가치관의 확립에 심한 갈등을 야기함
6단계	성인기	친밀감 vs 고립감	부모, 배우자, 동료 등과 좋은 인간관계를 발전시키면 친밀감을 갖게 되지만, 그렇지 못하면 타인에 대한 두려움과 고립감이 생김
7단계	중년기	생산성 vs 침체성	자신에게 몰두하기보다는 자녀와 직업을 통해 생산적인 활동에 참여하는데, 만일 그렇지 못하면 사회 심리적으로 침체됨
8단계	노년기	통합성 vs 절망감	지금까지의 인생에 만족하면 생의 유한성도 수용하지만, 그렇지 않으면 공허함과 초조함을 느끼며 절망감을 느낌

(6) 프로이트(S. Freud)의 정신분석이론 2019
① 인간의 마음은 원초아(Id), 자아(Ego), 초자아(Superego)의 3가지 구조로 되어 있으며, 인간의 행동은 이 3가지 체계 간의 상호작용에 의해 지배된다고 주장
② 성격 발달 단계

구강기	0~1세	구강기 전기에는 빨기, 삼키기에서 구강기 후기에는 깨물기에서 자애적 쾌락을 경험함
항문기	1~3세	배변으로 생기는 항문자극에 의해 쾌감을 얻는 동시에 배변훈련을 통한 사회화의 기대에 직면하는 시기
남근기	3~6세	성기를 자극하고 자신의 몸을 보여주거나 다른 사람의 몸을 보면서 쾌감을 얻음
잠복기	6~11세	억압되어 성적 충동이 잠재되어 있음
생식기	11세 이후	잠복되어 있던 성적 에너지가 되살아나는 시기

(7) 반두라(A. Bandura)의 사회학습이론 2018, 2025
① 학습은 단순히 타인의 행동을 관찰함으로써 이루어질 수 있다고 주장
② 관찰 학습은 타인의 행동을 관찰하여 인지적으로 처리한 후 어떻게 행동할 지를 결정하는 과정이며 4단계로 구성됨

1단계	주의	• 관찰된 행동을 통해 배우려면 먼저 그 행동에 주의를 기울여야 함 • 모델의 중요성, 행동의 참신함, 자신의 각성 수준이나 감정 상태 등 다양한 요인이 주의력에 영향을 미칠 수 있음
2단계	유지	• 어떤 행동에 주의를 기울이고 나면 나중에 그 행동을 재현하려면 그 행동을 기억해야 함 • 관찰된 행동을 정신적 이미지나 언어적 설명의 형태로 기억에 인코딩하는 것이 포함
3단계	재현	• 행동에 대한 표현을 저장한 다음에는 이를 신체적 또는 정신적으로 재현해야 함 • 복잡한 일련의 행동을 재현하는 것이 포함될 수도 있고, 정보 하나를 떠올리는 것만큼 간단할 수도 있음
4단계	동기 부여	• 어떤 행동에 주의를 기울이고, 기억하고, 재현할 수 있다고 해도 동기가 없다면 반드시 그렇게 하지는 않음 • 동기에 영향을 줄 수 있는 요인으로는 모델이 자신의 행동에 대해 보상이나 처벌을 받는 것을 본 적이 있는지 여부(대리 강화 또는 처벌), 자신의 과거 경험 등이 있음

기출 핵심 포인트

유아 신체활동 내적 참여동기 증진 지도방법 `2024`
- 유아의 능력과 과제 난이도를 고려한 프로그램 제공을 통해 몰입을 도움
- 학습과제 범위 내에서 유아에게 자율적 선택권을 부여
- 활동적으로 참여하는 유아는 격려와 칭찬을 함

체육과 교육과정(2022) 신체활동 역량 `2024`
- 움직임 수행 역량
- 건강관리 역량
- 신체활동 문화 향유 역량
- 자기 주도성 역량

03 유아기의 건강과 운동

1 유아기 건강과 신체 건강 요인

(1) 유아기의 건강
  ① 유아기는 모체로부터 받은 면역체가 소실되는 시기로 질병에 쉽게 감염될 수 있음
  ② 건강관리를 위하여 충분한 영양 섭취, 충분한 휴식과 수면, 청결한 위생, 정서적 안정, 전염병 예방, 병력 조사와 질병의 조기 진단 및 치료, 정기적 건강검진, 치아 관리, 간단한 응급처치 등을 해 주어야 함

(2) 유아기의 신체 건강 요인

영양	성장기 영양 섭취는 신체 건강과 관계가 깊어 부모의 영양 지도 및 편식 등 부정적 영향이 없도록 주의가 필요
수면	수면 부족은 성장 장애와 건강에 악영향을 줄 수 있어 최소 6시간 이상의 수면을 확보하고, 밤 10시 이전 잠자리에 드는 것을 권장하며(20시~02시에 많은 성장호르몬 분비), 하루 1회 정도의 낮잠 필요
운동	적절한 신체 활동은 깊은 수면, 정서적 안정, 피부 및 신체의 저항력을 높여 면역 기능을 강화하고, 균형감 있는 신체를 만들어 줌

2 유아기의 신체 기능 `2020, 2022`

신경 기능	• 5세 때 유아는 성인의 85% 정도로 발육하나 그 기능도 85%까지 발달했다고 볼 수 없음 • 대뇌의 기능이 활발하지 않기 때문에 기본적인 운동(걷기, 달리기, 뛰기 등)만 가능하며, 운동의 질이 높다고 볼 수 없음
순환 호흡 기능	맥박수는 100~120회/분 정도(성인은 70~80회/분)
호흡 기능	• 호흡수는 25~45회/분(성인은 16~18회/분) • 유아의 경우 호흡수를 증가시킬 여유가 적음(호흡 한계 40~50회/분)
근 기능	• 근 기능을 보려면 근력의 발달을 보는 방법이 간단하지만, 유아의 경우 근력을 측정하기 어려운 부분이 있어 세밀하게 알아보기 어려움 • 2세에서 3세로 넘어가는 시기의 신체 조절 능력을 보면 근 기능은 작지만 빠르게 성장한다고 예상

> **개념 플러스 영유아의 형태지각** 2023
> - 전체보다는 부분, 정지된 것보다는 움직이는 물체, 흑백보다는 컬러, 직선보다는 곡선을 선호
> - 단순한 도형에서 복잡한 도형으로 선호도가 바뀜
> - 색깔이나 명암보다 형태가 주의를 끄는 데 더 큰 영향을 끼침
> - 물체보다 인간의 얼굴을 더 선호
> - 흑백의 대조를 이루는 눈을 가장 선호하여 양육자와의 사회적 상호작용을 촉진시킴
> - 생후 1개월에는 턱과 머리 부분으로만 시선이 움직이고 윤곽에 집중
> - 생후 2개월에는 입, 눈, 머리 부분 등 좀 더 다각도로 움직이고 윤곽보다 이목구비를 더 오래 응시
> - 생후 6개월경에는 낯익은 얼굴과 낯선 얼굴, 남자와 여자의 얼굴을 구별
> - 생후 8~10개월에는 양육자의 얼굴에 나타난 정서적 표정에 따라 반응

> **개념 플러스 세계보건기구(WHO)가 권장한 청소년 신체 활동 지침** 2023
> - 5~17세의 어린이와 청소년의 신체 활동에는 가정, 학교 및 지역사회에서의 놀이, 게임, 스포츠, 이동, 여가, 체육수업 또는 계획된 운동 등이 포함
> - 심폐체력 및 근력, 뼈 건강, 심혈관 및 대사적 건강의 생물학적 지표를 개선하고 불안 및 우울증 증상을 감소시키기 위해서는 다음과 같이 권장
>   - 5~17세의 어린이와 청소년은 매일 적어도 합계 60분의 중등도 혹은 격렬한 강도의 신체활동을 해야 함
>   - 매일 하는 신체활동 운동의 대부분은 유산소 활동 운동이어야 하며 뼈와 근육을 강화하는 격렬한 강도의 활동을 적어도 주 3회 이상 실시

3 미국스포츠의학회 '어린이와 청소년을 위한 FITT' 2023, 2024

(1) 어린이와 청소년의 운동
① 미취학 연령의 어린이(3~5세)는 성장과 발달을 위해 활동적인 습관을 들이는 것이 중요
② 어린이를 돌보는 성인은 어린이가 다양한 운동을 할 수 있도록 장려해야 하며, 청소년의 경우 즐겁고 다양한 운동에 참여하도록 적합한 운동을 제시하고 적극적인 활동을 하도록 격려하는 것이 중요

(2) 운동 방법
나이에 맞게 즐길 수 있는 다양한 운동에 참여할 기회를 주고 격려하는 것이 중요하며, 6~17세 어린이와 청소년은 매일 60분 이상 중등도 이상의 운동을 해야 함
① 유산소 운동: 하루에 60분 이상 중등도 이상의 운동을 해야 하며, 주 3일 이상은 격렬한 운동을 해야 함
② 근력 강화 운동: 매일 60분 이상 실시하는 운동의 일부로 주 3회 이상 근력 강화 운동을 포함해야 함
③ 뼈 강화 운동: 매일 60분 이상 실시하는 운동의 일부로 주 3회 이상 뼈 강화 운동을 포함해야 함

기출 핵심 포인트

훗트(C. Hutt)의 탐색과 놀이의 특성 2022
- 탐색: '이 물건의 속성은 무엇일까?'라는 의문을 풀기 위한 행동으로 반드시 놀잇감(사물)이 필요하며 물건에 대한 정보를 획득
- 놀이: '이 물건을 가지고 무엇을 할 수 있을까?'라는 의문에 연관되는 행동으로 놀잇감이 없어도 되고 다양한 활동을 함으로써 즐거움과 만족감을 추구

국립중앙의료원(2010)이 제시한 어린이 및 청소년 신체 활동 지침 2022
- 어린이 및 청년은 매일 1시간 이상 운동을 권장
- 일주일에 3일 이상 유산소 운동, 근육 강화 운동, 뼈 강화 운동 실시
- 인터넷, TV 시청이나 게임 등 앉아서 보내는 시간은 하루 2시간 이내로 제한

유아기 운동발달 프로그램의 구성

기출 핵심 포인트

01 유아기 운동발달 프로그램의 기본 원리

2015, 2016, 2017, 2018, 2019, 2020, 2021, 2024

1 적합성의 원리

① 유아기는 발달 단계에 따라 가장 많은 영향을 받는 '민감기'로, 이를 고려한 적절한 운동이 적용되면 효과적이고 긍정적인 운동발달을 유도할 수 있음
② 발달 상태, 움직임의 경험, 기술, 수준, 체력, 연령 등에 따라 적합하게 적용할 수 있음

2 방향성의 원리

성장과 발달은 일련의 방향성을 가지고 발달한다는 원리로, 대근육에서 소근육으로 발달 순서를 보이며, 머리-발가락, 중심-말초 원리로 설명

3 특이성의 원리

유아기 운동발달 프로그램을 구성하는데 공통적이고 일반화된 특성과 개개인의 유전과 환경 요인 등 개인차를 고려해야 함

> **개념 플러스** 할시와 포터의 탐색적 접근법 과정 2023
>
> - 1단계: 문제설정. 교사는 문제를 설정하여 유아들에게 질문을 통해 과제를 소개
> - 2단계: 유아에 의한 실험. 교사의 시범 없이 유아 스스로 실험하여 교사가 제안한 질문을 해결할 수 있는 방법으로 탐색하는 과정
> - 3단계: 교사는 유아들의 실험을 관찰하고 평가하며, 교사는 관찰한 것을 개선하거나 수정하기 위해 질문할 수 있음. 다양한 해결책이 만들어질 수 있는 가능성을 열어두어야 함
> - 4단계: 평가에 얻은 포인트를 사용하는 추가 연습으로, 평가에서 알게 된 내용을 적용하여 다시 해보는 과정으로 탐색법이 지속되도록 교사는 다양한 방법으로 활동을 확장시킬 수 있음. 동작요소를 변화시키거나 추가적인 과제도 제시할 수 있음

4 안전성의 원리

유아기는 호기심이 강하고 주의력과 조심성이 부족하여 위험에 대한 인식과 적응이 어려우므로, 지도자는 안전에 관심을 기울이고 충분히 안전이 확보된 공간에서 활동이 이루어지도록 주의하며, 안전 프로그램 숙지 및 안전 지도에 최선을 다해야 함

5 연계성의 원리
연령 및 성별과 신체 발달 프로그램 특성의 변화와 순서를 조직적으로 연계하며, 신체 발달, 정서적·사회적 발달을 위한 교육 프로그램의 연계성이 필요함

6 다양성의 원리
개인의 기술 능력 차이에 따른 생각과 지도방법을 말하며, 프로그램은 재미있고, 다양한 경험을 제공하며, 지속적이고 체계적인 운동 프로그램이어야 함

02 유아기 운동 프로그램의 구성 요소

1 기초 운동 및 프로그램 구성 2025

(1) 운동 프로그램 구성의 개념
   ① 움직임의 범위: 안정성 운동, 이동 운동, 물체 조작 운동, 복합 움직임
   ② 움직임의 분류

움직임의 근육	움직임의 시간적 영속성	움직임의 환경	움직임의 기능
대근 운동 기술	불연속 운동 기술	개방형 운동 기술	인정 과제
소근 운동 기술	연속 운동 기술	폐쇄형 운동 기술	이동 과제
	지속 운동 기술		조작 과제

   ③ 프로그램의 내용: 게임, 무용, 체조
   ④ 인지의 개념: 움직임 개념 중심, 활동 개념 중심, 기술 개념 중심
   ⑤ 발달 단계: 기본 움직임, 전문화된 움직임
   ⑥ 기술 수준: 초급, 중급, 고급
   ⑦ 체력 요소: 건강 관련, 기술 관련
   ⑧ 교수 방법: 직접 교수법, 간접 교수법, 혼합 교수법

(2) 유아기 운동 프로그램 구성 시 고려 사항 2021, 2022
   ① 연령과 발달에 따른 개인차와 신체적·정서적·사회적·인지적 균형 발달을 고려해야 함
   ② 팀과 개인의 운동의 배합이 적당하고, 활동적이며 흥미롭게 구성되어야 함
   ③ 평가와 피드백을 실시해야 함

2 유아기 운동의 형태

(1) 기초 운동 2016, 2017, 2019, 2020, 2021, 2022, 2023, 2025
   ① 일상생활에서 이루어지는 대근육 기술로 아동기 때 숙달됨
   ② 아동이 스스로 걷고, 환경에서 자유롭게 움직일 수 있는 시점에 발달함

기출 핵심 포인트

안정성 운동		이동 운동		조작 운동	
축 이용 기술	정적, 동적 운동	기초 운동	복합 운동	추진 운동	흡수 운동
• 굽히기 • 늘리기 • 비틀기 • 돌기 • 흔들기	• 직립 균형 • 거꾸로 균형(물구나무서기) • 구르기 • 시작하기 • 멈추기 • 재빨리 피하기	• 걷기 • 달리기 • 리핑 • 호핑 • 점핑	• 기어오르기 • 갤로핑 • 슬라이딩 • 스키핑	• 공 굴리기 • 공 던지기 • 치기 • 차기 • 튀기기 • 되받아치기	• 받기 • 잡기 • 볼 멈추기

(2) 지각 운동 **2024**
① 지각과 운동 능력은 상호 의존 관계에 있으며, 발달을 위해서는 정신과 신체의 조절 능력을 강화하고 결합시키는 것이 매우 중요함
② 다양한 감각 체계로부터 자극 정보를 단순히 획득하는 것부터, 획득된 자극을 뇌로 전달하여 그 정보의 의미를 해석하고 통합하는 능동적인 과정을 의미함
③ 유아기는 지각운동발달의 최적기임
④ 지각운동발달은 아동의 운동능력을 나타내는 중요 요소 중 하나
⑤ 유아기의 지각 운동 학습경험이 많을수록 다양한 운동상황에 반응하는 적응력 발달

개념 플러스 **지각 운동의 과정**

감각 정보 입력	감각 양식(시각, 청각, 촉각, 운동 감각)을 통한 자극 수용
감각 통합	수용된 감각 자극의 조직화, 기존 기억 정보와 통합
운동 해석	현재 정보와 기억 정보를 바탕으로 내적 운동 의사결정
움직임 활성화	움직임 실행
피드백	다양한 감각 양식에 대한 움직임 평가를 통한 새로운 주기의 시작

⑥ 지각운동발달 프로그램 구성 요소
2016, 2017, 2018, 2019, 2020, 2021, 2023

신체지각	신체 명칭, 신체 모양, 신체 표현
공간지각	장소, 높이, 방향, 범위, 바닥 모양
방향지각	방향(앞, 뒤, 옆, 위, 아래, 좌, 우, 비스듬히)
시간지각	속도, 리듬
관계지각	신체 간의 관계, 사람과의 관계, 물체와의 관계
움직임의 질	균형, 시간, 힘, 흐름

동작 요소 2023
• 피카는 동작요소가 공간, 형태, 시간, 힘, 흐름, 리듬으로 구성된다고 함
• 퍼셀은 공간인식, 신체 인식 노력, 관계 같은 동작요소에 대한 이해를 바탕으로 이를 응용영역에 적용시킬 수 있어야 한다고 함

03 체력 운동의 개념

(1) 체력 발달 프로그램
  ① 체력은 일상 활동뿐만 아니라 직업 활동 및 여가 활동을 보다 활기차게 수행할 수 있는 신체적 능력을 의미함
  ② 유아 운동 시 유아들이 운동에 바람직하게 참여할 수 있도록 체력 수준, 건강 상태, 남녀 개인의 특성 등을 고려해야 함
  ③ 체력은 건강 체력과 수행(기술) 체력으로 구분할 수 있음

(2) 체력 요소 `2020, 2021, 2022, 2023, 2025`

건강 체력	• 신체 구성: 몸의 구성 비율 • 근력: 근육의 수축으로 발생하는 힘 • 근지구력: 근력을 일정하고 지속적으로 발휘하는 능력 • 유연성: 관절의 가동 범위 • 심폐지구력: 산소를 이용한 운동 지속 능력
수행(기술/운동) 체력	• 평형성: 신체의 안정성을 유지하는 능력 • 순발력: 짧은 시간 최대의 힘을 발휘하는 능력 • 민첩성: 방향 전환 능력 • 협응성: 운동 조정 능력 • 스피드: 재빠르게 움직이는 능력 • 반응 시간: 순간적으로 반응하는 능력

기출 핵심 포인트

체력 측정 종목(국민체력 100의 유아기 체력 측정) `2020, 2021`
- 성장상태(키, 체중, 체질량 지수)
- 근력(악력)
- 근지구력(윗몸말아올리기)
- 유연성(앉아 윗몸 앞으로 굽히기)
- 심폐지구력(10m 왕복 오래달리기)
- 민첩성(5m 4회 왕복달리기)
- 순발력(제자리 멀리뛰기)
- 협응력(3×3 버튼누르기)

유아체육 프로그램 교수-학습법

기출 핵심 포인트

01 유아체육 지도방법과 원리

1 유아체육 지도방법 2019, 2020, 2021, 2024, 2025

① 일상생활에서 자신의 신체에 대해 자연스럽게 인식하도록 신체 놀이를 계획함
② 교육적으로 풍부한 실내외의 물리적 환경을 준비하여 유아의 활발한 활동을 지원함
③ 신체 활동을 하면서 공간, 시간, 힘, 흐름 등 동작의 기본 요소를 반영함
④ 유아의 안전에 세심한 주의를 기울이고, 놀이 규칙을 이해해야 함
⑤ 일과 중 다양한 신체 활동이 이루어지도록 충분하고 규칙적인 시간을 계획할 것
⑥ 유아의 신체 발달 및 운동 능력을 정확히 파악하고, 개인차를 고려해야 함
⑦ 다양한 영역 활동이 통합적으로 다루어지도록 구성해야 함
⑧ 유아의 신체 활동만큼 휴식도 중요하므로 적당한 휴식 계획도 필요함
⑨ 유아의 건강 상태가 신체 활동을 하기에 건강한지 사전에 파악하고, 계획 시부터 고려해야 함
⑩ 각 유아에게 적합한 수준에서 연습할 수 있도록 개별화된 학습경험을 제공
⑪ 유아의 실제학습시간을 증가시킬 수 있는 환경을 조성
⑫ 유아의 능력 수준을 고려한 학습과제를 제공하고, 연습 시간을 최대한 확보

2 유아체육 지도방법의 종류 2015, 2017, 2019, 2022

직접-교사 주도적 지도방법	• 유아교육기관에서 체육 활동을 지도할 때 사용하는 전통적 지도방법 • 유아가 언제, 무엇을, 어떻게 할지 교사가 결정하는 방법 • 지시적 방법(시범, 연습하기 등)과 과제 제시 방법(어느 정도 유아 의사 허용)으로 나누어짐
간접-유아 주도적 지도방법	• 유아에게 주도권을 주고 유아가 학습의 중심이 되는 지도방법 • 문제해결능력, 실험, 자기계발과 같은 유아 개인의 차이를 인정하여 유아 스스로 활동을 수행해 나아가는 데 초점을 두고 결과보다 과정에 중점을 두는 방법
유아-교사 상호 주도적·통합적 지도방법	• 유아의 적극적인(흥미) 참여와 교사의 체계적인 접근의 지도방법 • 유아에게 적절한 과제를 주어 다양한 학습의 기회를 제공 • 도입 단계 → 동작 습득 단계 → 창의적 표현 단계 → 평가 단계로 구성

3 유아체육 지도원리 2015, 2018, 2019

놀이중심의 원리	유아의 흥미를 고려하여 체육 활동이 지속될 수 있도록 함
생활중심의 원리	일상생활에서 신체 활동 경험을 바탕으로 체육 활동 참여
개별화의 원리	유아 개인의 운동 능력과 발달 속도에 맞추어 체육 활동 참여
탐구학습의 원리	유아가 스스로 움직임을 탐색하고 학습하도록 유도
반복학습의 원리	유아체육은 안정, 이동, 조작 운동의 3가지 기초 운동 반복학습
융통성의 원리	유아가 신체 활동 시간을 스스로 결정하도록 융통성 제공
통합의 원리	유아 대근육 운동 중 기초 운동(안정, 이동), 운동 능력(협응, 균형, 힘, 속도), 지각 운동 능력(공간, 신체, 방향, 시간)이 통합적으로 발달

02 유아 운동발달 프로그램

1 유아 운동발달 프로그램 목표 2017

① 다양한 신체 활동과 감각 경험을 통해 자기 신체와 주변을 인식하는 기초 능력 향상
② 기본적인 운동 능력을 기르고, 기초 체력을 증진하며, 자기감정을 표현할 기회를 제공
③ 지각과 동작의 협응 과정을 통하여 지각 운동 기술 발전
④ 체육 활동에 참여하여 즐겁고 건강한 정신을 유도하며, 안전한 생활 습관 지도

2 유아 운동발달 프로그램 계획

(1) 프로그램 단계별 지도 내용

도입 단계	활동 목표 제시 및 참여 방법 안내, 질서 및 안전에 대한 강조
준비 단계	신체 이상을 확인하고, 적절한 준비 운동 실시
전개 단계	안전하고 질서 있게 전개되도록 조성하고, 개인차를 고려한 활동 영역과 영역별 활동 목표를 인식하며, 흥미를 지속적으로 가지도록 유도
정리 단계	적절한 정리 운동과 생활 지도 및 운동 시 상해 유무 확인

(2) 프로그램 평가의 필요성 2022

유아를 평가하는 이유는 수업의 질 향상, 유아의 발달, 문제를 가진 유아의 변화를 위하여 중요한 부분으로, 효과적인 수업을 운영하기 위한 좋은 자료가 됨

기출 핵심 포인트

평가의 유형 2022
- 준거지향평가
- 규준지향평가
- 결과지향평가
- 과정지향평가
- 성장지향평가
- 능력지향평가
- 노력지향평가

기출 핵심 포인트

03 유아 운동 프로그램 지도

1 유아 운동 지도 교사의 자질

(1) 지도 교사의 개인적 자질과 전문적 자질

개인적 자질	전문적 자질
• 신체적·정신적 건강 • 온정적인 성품 • 인간과 생명에 대한 존엄성 • 성실하고 열정적인 태도	• 전문적 지식 • 교수 기술 • 올바른 교육관과 직업 윤리

(2) 유아 운동 지도자의 역할 〔2018, 2019, 2021〕
① 열정을 가지고, 긍정적인 모습을 보여줌
② 유아들의 반응에 관심을 가지고, 유머 감각을 길러 활용함
③ 수업 내용 및 진도에 대한 지식을 수립함
④ 단계를 낮추어 보는 등 수업 방법을 다양화함
⑤ 좋은 음악을 선택하거나 충분한 시간을 제공함
⑥ 운동 대형, 계절 등을 고려하여 지도함
⑦ 과도한 경쟁의식을 갖지 않도록 지도하며, 칭찬을 자주 함

2 유아체육 프로그램 운영

(1) 유아체육 프로그램 운영 지침 〔2017, 2022〕
① 유아의 일상생활이 반영된 다양한 체육 프로그램 개발 및 운영
② 기초 운동 기술은 스포츠와 관련된 체육 활동에 앞서 가르치고, 학기 초에 질서 놀이 등을 통해 규칙을 가르침
③ 모든 체육 활동은 시작 전 준비 운동으로 심박수를 높이고, 혈액 순환과 호흡 속도를 원활히하여 준비
④ 체육 기능 훈련뿐만 아니라 다양성과 통합성도 함께 지도
⑤ 각 체육 활동에서 2~3가지 새로운 활동을 제시하며, 이전 체육 활동과 연계하여 지도
⑥ 기본적인 운동 형태를 모르는 유아에게 개별 학습의 기회를 주고, 체육 활동의 목표가 달성되도록 강요하지 않음
⑦ 지도 교사는 모든 유아가 도움을 필요로 할 때 이를 즉시 알아차려야 함
⑧ 각 체육 활동에서 유아 개인, 소집단, 대집단으로 나누어 다양한 체육 활동 진행
⑨ 체육 교육 매체를 활용한 교육에서는 매체의 활용을 위한 활동을 우선시 함
⑩ 유아의 체육 능력이 향상되고, 유아의 전인 발달을 도모할 수 있다는 확신으로 지도
⑪ 체육 활동 후 긍정적인 자아 개념을 갖도록 도우며 참여 시간을 늘려감

누리과정 신체운동·건강영역 〔2021, 2022〕
• 신체 인식하기
• 신체 조절과 기본 운동하기
• 신체 활동에 참여하기
• 건강하게 생활하기
• 안전하게 생활하기

(2) 유아체육 참여 증진 전략 2016, 2017, 2018, 2020, 2021

'즐거운 수업 만들기'로 활동의 흐름이 좋고, 흥미(음악, 도구)있는 신체 활동 수업은 유아를 움직이도록 자극

(3) 신체 활동 시간을 증가시키는 전략

① 움직임을 관찰하고, 충분한 신체 활동이 이루어지지 않으면 변형 필요
② 유아가 제외되거나 참여하기 어려운 활동과 게임은 하지 않음
③ 지시는 간결하고 명료하게 함
④ 활동에 참여하는 것에 대한 긍정적인 피드백 제공
⑤ 비과제 참여 유아들을 재감독하고, 훈련이 필요하면 효율적으로 짧게 함
⑥ 대기 시간을 줄임

> **개념 플러스** 초등 체육 교육과정의 3~4학년군 성취 기준 2023
>
> - 자기 인식: 신체활동을 통해 다른 사람과 구별되는 자신의 신체적·정신적 특징 등을 인식
> - 실천 의지: 건강을 유지·증진하기 위한 체력 운동 및 여가 생활을 실천
> - 끈기: 수련을 통해 힘든 상황에서도 포기하지 않고 목표 달성을 위해 정진하며 속도에 도전
> - 자신감: 수련을 통해 동작 수행이 어렵거나 두려운 상황을 극복하며 동작에 도전
> - 규칙 준수: 경쟁의 과정에서 규칙의 필요성을 알고 합의된 규칙을 준수하며 게임을 수행
> - 협동심: 공동의 목표 달성을 위해 협동의 필요성을 알고 팀원과 협력하며 게임을 수행
> - 신체인식: 움직임 표현 활동을 수행하며 움직임 표현에 따른 자신의 신체 움직임과 신체의 변화 등을 인식
> - 민감성: 리듬표현 활동을 수행하며 리듬의 특징과 변화를 빠르게 수용하고 이를 신체 움직임에 반영하여 표현
> - 위험 인지: 신체활동 시 발생할 수 있는 위험 상황을 인지하며 안전하게 신체활동을 수행
> - 조심성: 신체활동 시 행동에 주의를 기울이며 안전하게 활동

기출 핵심 포인트

유아체육 지도 조성 원칙 2023

- 흥미성: 호기심, 모험심 등을 표현할 수 있는 지도환경 조성
- 안전성: 부드러운 마감재나 바닥 재질, 공간 등을 고려한 지도환경 조성
- 경제성: 안전과 직결되는 교재와 교구는 견고함과 반영구적인 재료나 교체 시기를 고려하여 시공함으로써 시간 및 비용 면에서 경제적인 지도환경 조성
- 필요성(효율성): 음향시설, 냉난방시설, 활동공간의 크기 등을 고려한 지도환경 조성

04 안전한 운동 프로그램 지도를 위한 환경

1 유아기 안전 지도 및 환경

(1) 유아기 안전
  ① 유아의 신체적 발달: 신경계의 기능이 미숙하고 경험·학습의 부족으로 힘이나 속도를 제어하는 능력이 부족하며, 발달 단계에 따라 신체 활동이 변화하여 사고의 종류와 부상 빈도, 손상 정도가 달라짐
  ② 유아의 심리적 발달: 판단 능력 부족으로 현실과 공상을 혼동하여 위험한 행동을 흉내 내기도 함
  ③ 유아 안전사고는 주로 추락, 충돌, 넘어짐 등이며 상해 종류는 좌상, 타박상, 골절, 출혈 등으로, 유아 스스로 안전을 보장할 수 없어 안전 관리가 필요함

(2) 유아체육 안전 지도 및 환경 [2020, 2021, 2023]
  ① 인간의 두뇌는 8세 이전에 우뇌가 발달하고, 이후 좌뇌가 발달하므로 유아기 우뇌 발달을 위해서는 에너지를 발산할 수 있는 대근 활동 환경이 필요
  ② 유아체육 지도 환경은 안전성, 경제성, 흥미성, 필요성(효율성)을 고려
  ③ 실외 놀이, 운동 기구에서 안전을 고려하여 재질과 시설의 점검이 필요
  ④ 지도 교사는 수업 실시 전에는 안전 사항을 점검하고, 수업 중에는 안전사고에 항상 유의해야 함

2 교재와 교구

(1) 교재와 교구의 중요성
  ① 교육의 내용과 질을 결정함
  ② 유소년의 신체 활동을 유발시키고 자극함
  ③ 유소년의 신체 활동을 심화, 확대시킴
  ④ 언어를 발달시킴
  ⑤ 신체 및 감각 능력을 발달시키고, 감각 욕구를 충족시킴
  ⑥ 협동심, 이해력, 양보, 사회성을 발달시킴
  ⑦ 표현 활동에 교재·교구를 활용함으로써 창의성, 예술성, 표현 능력을 기를 수 있음

(2) 교재와 교구 보관 시 고려 사항
  ① 독립된 방을 마련하여 교재와 교구를 보관해야 함
  ② 보관할 수 있는 여러 형태의 교재와 교구장을 비치해야 함
  ③ 분류 기준을 정하여 기호나 색깔 등으로 표시해야 함(분류 카드, 레이블 표시)
  ④ 교재와 교구 활용이 끝난 후 뒤처리를 해야 함(손상된 곳, 잃어버린 조각들 정리)
  ⑤ 교재와 교구의 목록을 작성하여 활용해야 함

3 유아 운동 기구 배치 및 응급처치

(1) 운동 기구 배치 `2015, 2022`
① 기구들이 서로 간섭받지 않고, 유아들의 시각을 고려하여 안전에 중점을 두고 배치
② 운동 기구 배치 유형은 병렬식, 순환식, 시각적 효과의 운동 기구 배치가 있음
③ 운동 기구는 안전과 계절에 따라 철저히 관리

> **개념 플러스** **운동 기구 배치의 유형** `2022, 2023`
>
> - 병렬식 배치
>   - 초기에 여러가지 운동 기구를 한꺼번에 접하게 되는 부담을 줄이기 위한 배치 방법
>   - 학기 초에는 유아가 운동 기구에 익숙해질 때까지 팀을 나누어 병렬식 배치로 운동을 진행
>   - 교구 사용을 반복하여 자신감을 갖도록 유도
> - 순환식 배치
>   - 여러 가지 다양한 기구를 한꺼번에 접할 수 있게 하는 배치 방법
>   - 유아가 운동 기구 사용에 자신감이 생기면 다양한 기구를 한꺼번에 접할 수 있으므로 많은 재미와 만족감을 제공
>   - 대기 시간을 줄여 실제 학습 시간을 늘려줌

(2) 유아 응급처치
① 유아기는 위험의 인지와 이해가 부족해 일생 중, 사고 발생 위험이 가장 높은 시기임
② 유아기의 사고는 호기심으로 인한 안전사고가 많아 타박상, 골절, 화상, 중독 등 다양한 응급상황이 발생함
③ 119가 오기 전까지 응급처치가 필요함

> **개념 플러스** **영유아 기도폐쇄 응급처치** `2023`
>
> - 1세 미만의 경우 등 두드리기 및 흉부압박이 권장됨
> - 의식이 없는 경우 혀에 의한 기도폐쇄가 있는지 확인
> - 등 두드리기를 할 때 머리를 가슴보다 낮게 하고, 안은 팔은 허벅지에 고정시킴
> - 흉부를 압박할 때 등을 받치고 머리를 가슴보다 낮게 하여, 안은 팔을 무릎 위에 놓음

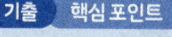

PART 09 유아체육론 단원문제

유아체육의 이해

01 <보기>에서 동일한 유형의 반사(reflex)나 반응(reaction)인 것을 모두 고른 것은?

[보기]
- ㉠ 기기 반사
- ㉡ 걷기 반사
- ㉢ 모로 반사
- ㉣ 수영 반사
- ㉤ 턱걸이 반사
- ㉥ 낙하 반사

① ㉠, ㉡, ㉢
② ㉠, ㉡, ㉣
③ ㉢, ㉤, ㉥
④ ㉣, ㉤, ㉥

02 피아제의 인지 발달 단계에서 전 조작기에 대한 설명으로 옳은 것은?

① 상징을 사용하고, 사물의 크기·모양·색 등과 같은 지각적 특성에 의존하는 직관적 사고를 보이며, 자기중심적 태도를 보임
② 감각적 반사운동을 하며 주위에 대해 강한 호기심을 보임. 숨겨진 대상을 찾고, 보이지 않는 위치 이동을 이해할 수 있는 대상영속성의 개념을 이해
③ 사물 간의 관계를 관찰하고 사물들을 순서화하는 능력이 생기며, 자아중심적 사고에서 벗어나 자신의 관점과 상대방의 관점을 이해하기 시작
④ 논리적인 추론을 하고, 자유·정의·사랑과 같은 추상적인 원리와 이상들을 이해할 수 있게 되는 시기

정답해설

01 ② 기기 반사, 걷기 반사, 수영 반사는 동일한 유형의 반사 또는 반응이다.

영유아의 반사 움직임
- 원시적 반사, 자세 반사, 이동 반사
- 원시적 반사: 비대칭성 목경직 반사, 대칭목경직 반사, 손바닥 잡기 반사, 모로 반사, 빨기 반사, 바빈스키 반사, 젖 찾기 반사
- 자세 반사: 미로성 몸 가누기 반사, 턱걸이 반사, 낙하산 반사
- 이동 반사: 기기 반사, 걷기 반사, 수영 반사

02 ① 인지 발달 단계에서 전 조작기에는 상징을 사용하고, 사물의 크기·모양·색 등과 같은 지각적 특성에 의존하는 직관적 사고를 보이며, 자기중심적 태도를 보인다.

|정답| 01 ② 02 ①

03 에릭슨이 제시한 심리 사회 발달 단계에 대한 내용으로 옳지 <u>않은</u> 것은?

단계	내용
① 출생~2세 (구강기)	부모나 주위세계의 일관성 있는 지지를 받으면 신뢰감을 얻을 수 있지만, 주위의 보호가 부적절하면 불신감을 갖게 됨
② 2~3세 (항문기)	부모나 주위의 분별력 있는 도움과 격려는 자부심을 키우게 되지만, 과잉보호나 부적절한 도움은 자신의 수치심을 느끼게 함
③ 4~5세 (남근기)	정서적 안정과 좋은 성역할의 모델이 있으면 자신에 대한 통찰과 자아정체감을 갖게 되지만, 그렇지 않으면 직업선택이나 성역할, 가치관의 확립에 있어 심한 갈등을 야기시킴
④ 6~11세 (잠복기)	무엇을 성취하도록 기회를 부여받으면 그 결과 근면성을 갖게 되지만, 비난이나 좌절감을 경험하면 열등감을 갖게 됨

04 세계보건기구, 미국스포츠의학회, 국립중앙의료원은 어린이 및 청소년의 유산소 활동을 주 몇 회 이상을 권고하고 있는가?

① 권고하지 않음
② 주 1회 이상
③ 주 2회 이상
④ 주 3회 이상

유아기 운동발달 프로그램의 구성

05 기본움직임기술과 움직임 양식과의 연결이 옳지 <u>않은</u> 것은?

① 안정성 운동: 굽히기, 늘리기, 돌기
② 이동 운동: 걷기, 달리기, 리핑
③ 이동 운동: 기어오르기, 슬라이딩, 잡기
④ 조작 운동: 공 굴리기, 치기, 튀기기

정답해설

03 ③ 남근기는 주변 세계를 탐색할 수 있는 기회와 자유는 어린이의 진취성을 발달시키지만, 그렇지 않으면 자신의 행동에 죄책감을 갖게 되는 시기이다.

04 ④ 어린이 및 청소년에게 주 3회 이상의 체육 활동을 권고하고 있다.

어린이 및 청소년의 유산소 활동
- 국립중앙의료원: 일주일에 3일 이상 유산소 운동, 근육 강화 운동, 뼈 강화 운동을 해야 함
- 세계보건기구: 매일 하는 신체활동 운동의 대부분은 유산소 활동 운동이어야 한다. 뼈와 근육을 강화하는 격렬한 강도의 활동을 적어도 주 3회 이상 한다.
- 미국스포츠의학회: 하루에 60분 이상 중등도 이상의 운동을 해야 하며, 주 3일 이상은 격렬한 운동을 해야 함

05

기초 운동	걷기, 달리기, 리핑, 호핑, 점핑
복합 운동	기어오르기, 겔로핑, 슬라이딩, 스키핑

| 정답 | 03 ③ 04 ④ 05 ③

06 지각운동발달 프로그램 구성 요소의 연결이 옳지 않은 것은?

① 공간지각: 장소, 높이, 방향, 범위, 바닥 모양
② 방향지각: 방향(앞, 뒤, 옆, 위, 아래, 좌, 우, 비스듬히)
③ 시간지각: 균형, 시간, 힘, 흐름
④ 관계지각: 신체 간의 관계, 사람과의 관계, 물체와의 관계

07 체력의 구분 및 체력 요소가 올바르게 연결된 것은?

	구분	체력 요소
①	건강 체력	근력, 유연성
②	건강 체력	심폐지구력, 반응 시간
③	운동 체력	민첩성, 유연성
④	운동 체력	신체 구성, 평형성

08 유아기 운동발달 프로그램의 기본 원리의 설명이 옳지 않은 것은?

① 적합성의 원리: 유아기는 발달 단계에 따라 가장 많은 영향을 받는 '민감기'로, 이를 고려한 적절한 운동이 적용되면 효과적이고 긍정적인 운동발달을 유도할 수 있음
② 방향성의 원리: 성장과 발달은 일련의 방향성을 가지고 발달한다는 원리로, 대근육에서 소근육으로 발달 순서를 보이며, 머리-발가락, 중심-말초 원리로 설명한다.
③ 특이성의 원리: 유아기 운동발달 프로그램을 구성하는데 공통적이고 일반화된 특성과 개개인의 유전과 환경 요인 등 개인차를 고려해야 한다.
④ 연계성의 원리: 개인의 기술 능력 차이에 따른 생각과 지도방법을 말하며, 프로그램은 재미있고, 다양한 경험을 제공해야 한다. 그리고 지속적이고 체계적인 운동 프로그램이어야 한다.

정답해설

06 ③ 균형, 시간, 힘, 흐름은 움직임의 질에 포함되는 요소이다.
지각운동발달 프로그램

신체지각	신체 명칭, 신체 모양, 신체 표현
공간지각	장소, 높이, 방향, 범위, 바닥 모양
방향지각	방향(앞, 뒤, 옆, 위, 아래, 좌, 우, 비스듬히)
시간지각	속도, 리듬
관계지각	신체 간의 관계, 사람과의 관계, 물체와의 관계
움직임의 질	균형, 시간, 힘, 흐름

07 ① 근력과 유연성은 건강 체력에 포함되는 요소이다.
- 건강 체력: 신체 구성, 근력, 근지구력, 유연성, 심폐지구력
- 운동 체력: 평형성, 순발력, 민첩성, 협응성, 스피드, 반응 시간

08
- 안전성의 원리: 유아기는 호기심이 강하고 주의력과 조심성이 부족하여 위험에 대한 인식과 적응이 어려우므로, 지도자는 안전에 관심을 기울이고 충분히 안전이 확보된 공간에서 활동이 이루어지도록 주의하며, 안전 프로그램 숙지 및 안전 지도에 최선을 다해야 한다.
- 연계성의 원리: 연령 및 성별과 신체 발달 프로그램 특성의 변화와 순서를 조직적으로 연계하며, 신체 발달, 정서적·사회적 발달을 위한 교육 프로그램의 연계성이 필요하다.
- 다양성의 원리: 개인의 기술 능력 차이에 따른 생각과 지도방법을 말하며, 프로그램은 재미있고, 다양한 경험을 제공하며, 지속적이고 체계적인 운동 프로그램이어야 한다.

| 정답 | 06 ③ 07 ① 08 ④

유아체육 프로그램 교수-학습법

09 〈보기〉에서 설명하는 유아체육 지도방법의 종류는?

[보기]
- 유아에게 주도권을 주고 유아가 학습의 중심이 되는 지도방법
- 문제해결능력, 실험, 자기계발과 같은 유아 개인의 차이를 인정하여 유아 스스로 활동을 수행해 나아가는데 초점을 두고 결과보다 과정에 중점을 두는 방법

① 직접-교사 주도적 지도방법
② 간접-유아 주도적 지도방법
③ 유아-교사 상호 주도적 지도방법
④ 유아-교사 상호 통합적 지도방법

10 유아 운동 지도자의 역할로 옳지 않은 것은?

① 경쟁의식을 갖도록 지도한다.
② 열정을 가지고, 긍정적인 모습을 보여준다.
③ 좋은 음악을 선택하거나 충분한 시간을 제공한다.
④ 단계를 낮추어 보는 등 수업 방법을 다양화한다.

11 유아체육 지도원리의 설명이 옳지 않은 것은?

① 놀이중심의 원리: 유아의 흥미를 고려하여 체육 활동이 지속될 수 있도록 한다.
② 개별화의 원리: 유아가 신체 활동 시간을 스스로 결정하도록 제공한다.
③ 탐구학습의 원리: 유아가 스스로 움직임을 탐색하고 학습하도록 유도한다.
④ 반복학습의 원리: 유아체육은 안정, 이동, 조작 운동의 3가지 기초 운동 반복학습한다.

12 유아체육 시간 중 신체 활동 시간을 증가시키는 전략으로 옳지 않은 것은?

① 지시는 간결하고 명료하게 한다.
② 움직임을 관찰하고, 충분한 신체 활동이 이루어지지 않으면 변형이 필요하다.
③ 유아가 참여하기 어려운 활동과 게임도 할 수 있도록 한다.
④ 대기 시간을 줄인다.

정답해설

09 ② 〈보기〉에서 설명하는 지도방법은 간접-유아 주도적 지도방법이다.

유아체육 지도방법
- 직접-교사 주도적 지도방법
- 간접-유아 주도적 지도방법
- 유아-교사 상호 주도적·통합적 지도방법

10 ① 과도한 경쟁의식을 갖지 않도록 지도하며, 칭찬을 자주한다.

11 ② 개별화의 원리는 유아 개인의 운동 능력과 발달 속도에 맞추어 체육 활동에 참여하는 것이다.

유아체육 지도원리
- 생활중심의 원리: 일상생활에서 신체 활동 경험을 바탕으로 체육 활동 참여
- 융통성의 원리: 유아가 신체 활동 시간을 스스로 결정하도록 융통성 제공
- 통합의 원리: 유아 대근육 운동 중 기초 운동(안정, 이동), 운동 능력(협응, 균형, 힘, 속도), 지각 운동 능력(공간, 신체, 방향, 시간)이 통합적으로 발달

12 ③ 유아가 제외되거나 참여하기 어려운 활동과 게임은 하지 않는다.

| 정답 | 09 ② 10 ① 11 ② 12 ③

2025년 기출분석

- 전 단원에서 균형 있게 문제 출제
- 노화의 개념과 이론에 관한 문제 매년 출제
- 질환별 프로그램 설계에 대한 심도 있는 학습이 필요

2025년 필기 출제비율

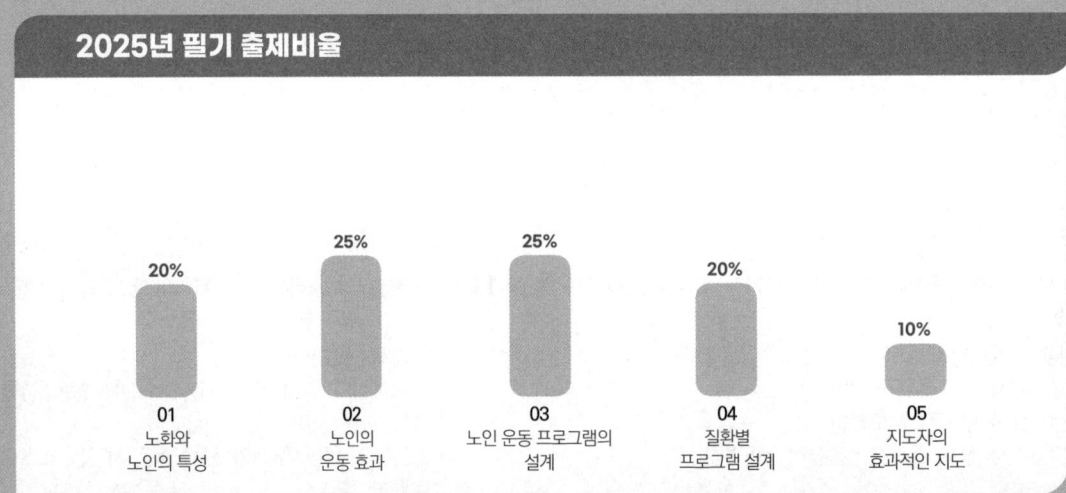

01 노화와 노인의 특성	02 노인의 운동 효과	03 노인 운동 프로그램의 설계	04 질환별 프로그램 설계	05 지도자의 효과적인 지도
20%	25%	25%	20%	10%

PART 10
노인체육론

01 노인의 노화의 특성
02 노인의 운동 효과
03 노인 운동 프로그램의 설계
04 질환별 프로그램 설계
05 지도자의 효과적인 지도

노화와 노화의 특성

01 노화의 개념

1 노화와 노인의 정의 2019
① 노화: 시간이 흐름에 따라 생체 구조와 기능이 쇠퇴하는 현상
② 노인: 통상적으로 생물학적 연령 기준 65세 이상의 노인을 의미하며, 인간의 노화 과정에서 나타나는 생리적·심리적·환경적 행동 변화가 상호작용하는 복합 형태의 과정에 있는 사람

2 노화의 분류 2015, 2016, 2018, 2020, 2022

(1) 역연령(생활연령)에 따른 분류
① 연소 노인(65~74세): 일을 하거나 사회에 적극적으로 참여하며, 그들의 삶의 절정기에 놓여 있는 노인
② 중고령 노인(75~84세): 대다수는 은퇴 시기를 맞이하여 건강 상태가 양호하며, 다양한 취미와 활동에 참여함
③ 고령 노인(85~99세): 신체적으로 노쇠하여 일하는 것이 힘들어지고, 질병에 걸린 경우가 많음
④ 초고령 노인(100세 이상): 신체의 움직임이 없고, 인체의 기관·조직이 더 이상 기능하지 않는 노인

(2) 기능적(신체연령) 연령에 따른 분류
나이와 성별을 기준으로 한 기능적 체력에 따라 노인을 규정하는 연령
예 80세 여성이 60~64세 연령집단의 유산소 지구력을 가지고 있으며 유산소 지구력과 관련한 기능적 연령이기도 함

(3) 고령화 사회의 분류 기준 2016
① 고령화 사회: 65세 이상의 노인 인구가 7% 이상의 비중을 점유
② 고령 사회: 65세 이상의 노인 인구가 14% 이상의 비중을 점유
③ 초고령 사회: 65세 이상의 노인 인구가 20% 이상의 비중을 점유

> **개념 플러스** 우리나라 인구 변화 2020
> • 통계청 자료에 따르면 우리나라는 저출산 시대에 접어들면서 2017년 상반기부터 생산가능인구(15세~64세)가 줄어들기 시작하면서 전체 인구도 감소하기 시작함
> • 우리나라는 현재 고령 사회에서 초고령 사회로 변화하고 있으며, 2060년 중반을 넘기면 인구의 절반이 65세 이상 노인화가 될 것으로 예상함

건강 수명과 기대 수명
• 건강 수명: 질병이나 장애없이 신체적, 심리적, 사회적 기능을 유지하는 기간
• 기대 수명: 성별, 연령에 따라 앞으로 생존할 연수를 통계적으로 추정한 나이, 평균 생존 연수를 의미

3 노화의 유형
① 병적 노화: 특정 질병에 걸리기 쉽게 만드는 유전적 요인이나, 신체적 쇠퇴 및 사망을 초래하는 건강하지 못한 습관으로 인해 발생하는 노화
② 생물적 노화(보편적 노화): 적응력 저하, 신체적 손상, 기능 저하, 신체 장애, 질병, 궁극적으로는 사망으로 이어지는 인체에서 발생하는 다양한 과정과 변화
③ 성공적 노화: 수명이나 생존을 의미하는 것이 아닌 노화의 질적인 측면을 의미하며, 신체적·인지적 기능뿐만 아니라 사회적 역할과 생산 활동 등에 적극적으로 참여하는 것

4 노화의 특징 2017
① 모든 생명체와 세포는 노화됨
② 노화의 속도는 개인과 신체의 계통에 따라 다름
③ 체내의 화학적 조성 변화
④ 신체기능 능력 감소
⑤ 환경변화에 대한 적응력 감소

5 스피르두소(W. Spirduso)의 신체적 능력 5단계 2018

5단계	신체적 엘리트 (아주 잘 단련)	• 스포츠 경쟁, 시니어 올림픽 • 고위험 및 파워스포츠(행글라이더, 웨이트, 리프팅 등)
4단계	신체적 단련	• 중강도 신체 활동 • 모든 지구력 스포츠와 게임 • 대부분의 취미 활동(달리기, 자전거, 등산 등)
3단계	신체적 독립	• 아주 가벼운 신체 활동 • 신체적 부담이 적은 활동 • 모든 일상생활의 도구적 활동(골프, 사교댄스, 수공예, 여행, 운전 등)
2단계	신체적 연약	• 가벼운 집안일, 조리, 식료품 구매 • 집 밖으로의 이동 제한 • 일부 일상생활의 도구적 활동 가능(일상생활의 기본적 활동 등)
1단계	신체적 의존	• 일부 또는 모든 일상생활의 기본적 활동 불가능 • 가정 또는 시설에서의 보호 필요(요양원 및 사회복지 시설에 의존)

기출 핵심 포인트

생물학적 노화의 특성 2024, 2025
- 보편성: 노화에 따른 변화는 누구에게나 동일함
- 내인성: 노화는 질병이나 사고가 아닌 내적 변화에 의존
- 점진성: 노화에 따른 변화는 연령이 증가함에 따라 심해지며 회복이 불가능
- 쇠퇴성: 노화는 궁극적으로 사망을 초래

6 노화의 변화 `2020, 2021, 2022, 2024`

심혈관계 변화	중추적 변화	• 최대 심박출량 감소 • 최대 심박수 감소 • 최대 산소섭취량의 점진적 감소 • 수축기 혈압의 점진적 증가 • 운동 중 분비된 카테콜아민에 대한 심장 근육 반응의 감소
	말초적 변화	• 운동하는 근육으로의 혈액 흐름 감소 • 동정맥 산소 차이 감소 • 근육의 산화 능력 감소 • 근육 미토콘드리아의 숫자와 밀도 감소
호흡계 변화		• 잔기량의 증가, 1회 호흡량의 감소 • 폐의 탄력성 감소 • 흉곽의 경직성 증가 • 호흡기의 근력 감소
근육의 변화		• 근육량의 감소 및 운동 단위의 감소 • 근력, 근지구력 감소 • 유산소 효소 활성 감소
신경계 변화		• 기억, 주의력, 지능 정보 처리 속도, 인지 기능 저하 • 단순 반응 시간, 선택 반응 시간, 신경 전도 속도 감소 • 체성 감각, 고유 수용 감각, 전정계 기능 감소

02 노화와 관련된 이론

1 생물학적 노화 이론 `2015, 2017, 2019, 2021, 2024`
① 유전적 이론: 유전자가 인체 내의 노화 속도에 어떤 영향을 미치는지에 초점을 둠
② 손상 이론: 세포 손상의 누적은 세포 기능 장애 및 괴사를 유발하는 데 결정적 역할을 함
③ 점진적 불균형 이론: 인체의 여러 기관은 각기 다른 속도로 노화되며, 특히 중추 신경계와 내분비계 내에서 생물학적 기능의 불균형을 초래함

2 심리학적 노화 이론 `2016, 2017, 2019, 2021, 2022`
(1) 매슬로(Maslow)의 욕구단계이론
① 생리적 욕구 → 안전 욕구 → 애정과 소속 욕구 → 존경 욕구 → 자아실현 욕구
② 하위 단계의 욕구 충족이 상위 단계 욕구의 발현을 위한 조건
③ 개인은 기본적인 욕구가 충족될 때 더 성공적인 노화 과정을 경험하게 됨

기출 핵심 포인트

교차연결이론 `2024`
신체 내 분자들이 비정상적인 화학적 결합을 형성하여 교차 연결이 일어나고, 이로 인해 세포 기능이 저하되고 조직이 경직된다는 이론

사용마모이론 `2024, 2025`
신체 기관이 지속적인 사용으로 인해 손상되고, 점차적으로 기능이 저하된다는 이론

면역반응이론 `2024`
항체의 이물질에 대한 식별능력이 저하되어 이물질이 계속 체내에 있으면서 부작용을 일으켜 노화를 촉진한다는 이론

(2) 에릭슨(Erikson)의 심리 사회적 단계 이론(자아통합 단계 이론) 2024

성격 발달은 총 8단계로 이루어지며, 각 단계는 심리 사회적 위기를 특징으로 나타냄. 또한, 성공적인 노화를 위해서 이러한 위기의 해결이 필요함

단계	내용
1단계	신뢰 대 불신(0~1세)
2단계	자율 대 수치와 회의(1~3세)
3단계	주도 대 죄책감(3~5세)
4단계	역량 대 열등감(6~12세)
5단계	독자성 대 역할 혼돈(13~18세)
6단계	친분 대 고독(젊은 성인)
7단계	생산적 대 정체(중년 성인)
8단계	자아 주체성 대 절망(노년기)

(3) 발테스(Baltes)의 선택적 적정화 이론 2023, 2025

성공적인 노화는 노화에 따른 신체적, 정신적, 사회적 문제를 조정하고, 대처하는 노인의 적응력과 관련되며, 기능적 독립성 유지를 위한 선택에 초점을 둠

① 선택: 삶의 최우선 영역에 초점
② 적정화: 삶을 풍요롭게 하고 삶의 질을 향상하는 데 도움
③ 보상: 자신 또는 다른 사람의 다양한 개인적 전략과 기술적 자산을 사용하면서 신체적, 정신적 손실을 보상

3 사회학적 노화 이론 2015, 2016, 2018, 2022, 2025

① 활동 이론: 일상생활의 정신적, 신체적 활동을 하는 사람은 건강하고 행복하게 늙는다는 이론
② 연속성 이론: 가장 성공적으로 늙는 사람은 긍정적인 건강습관, 선택, 생활 방식, 인간관계를 중년에서부터 노년까지 유지하는 사람이라고 제시한 이론
③ 분리 이론: 노년기를 부정적으로 보지 않고, 자신의 삶 속의 분리에 대해 깊게 성찰하게 되어 노후 생활에 만족하는 과정을 의미하는 이론
④ 하위문화 이론: 공통된 특성을 가진 노인들이 집단을 형성하고 상호 작용을 통해 그들의 특성에 맞는 행동 양식을 만든다는 이론
⑤ 현대화 이론: 노인의 사회적 지위가 하락하며, 노인 지위의 하락에 비례하여 노인문제가 발생한다는 이론

> 기출 핵심 포인트

노인의 걷기(보행) 특성
- 보행 높이(발과 바닥과의 간격)의 감소
- 더 짧은 보폭, 더 넓은 기저면
- 분당 보폭수의 증가
- 느린 운동(정지 및 시작 보행 패턴)
- 질질 끄는 보행(뒤꿈치 닿기나 발끝 밀기가 없음)
- 보행 주기 중 양발 지지기의 비율 증가
- 발목의 배측 굴곡 감소
- 안정된 걷기를 위한 의식적 관여의 증가

03 노화에 따른 신체적, 심리적, 사회적 변화

1 노화의 신체적 특성 2017, 2018, 2019, 2022
① 신체 구조 및 기능의 저하: 피부와 지방조직의 감소, 세포의 감소, 뼈대와 수의근의 약화, 치아의 감소, 심장 비대와 심장박동의 약화 등
② 외면상의 신체 변화: 흰 머리카락 증가, 머리카락 감소, 주름살 증가, 얼룩 반점 증가, 신장의 감소 등
③ 만성질환의 증가: 퇴행관절염, 골다공증, 동맥경화증, 고혈압, 당뇨병, 심장병, 신장병 등
④ 신경 기능의 저하: 인지 기능 저하, 반응 시간 감소, 고유 수용 감각 감소, 전정계 기능 감소, 시청각 기능 저하 등

2 노화의 심리적 특성 2021
① 우울증 경향과 소극적인 성향 증가
② 의존성이 증가하고 조심성이 많아짐
③ 과거 지향적인 성향이 있게 되고 감정의 기복이 심해짐
④ 소외감과 고독감이 증가하고 이해력이 늦어짐

3 노화의 사회적 특성
① 역할의 변화
② 권력, 권위, 보상 및 선택의 재량 상실
③ 대인관계와 사회 참여도의 감소

노인의 운동 효과

01 운동의 개념과 역할

1 운동의 정의 (2017, 2021)
① 체력, 운동 수행력, 건강 또는 사회적 관계를 개선하기 위한 구체적인 목표를 가지고 레크리에이션, 여가에 참여하는 계획된 신체 활동
② 체력 구성요소를 강화 혹은 보존하기 위해 반복되는 움직임과 계획적이고 구조화된 신체 움직임
③ 체력을 유지하고 강화하는 것을 목표로 하는 계획적이고 의도적인 신체 활동

2 체력
지나치게 피곤함을 느끼지 않고 일, 취미, 일상 업무에 참여할 수 있는 능력
① 방위 체력: 외부 스트레스에도 불구하고 신체 기능을 적극적으로 보호하고 유지하는 능력
② 행동 체력: 적극적으로 활동을 하는 의지 행동을 포함한 신체적 작업 능력

> **개념 플러스** **행동 체력의 구성요소** (2019, 2022)
> - 전신 지구력: 긴 시간 동안 지속해서 전신 활동을 수행할 수 있는 능력
> - 근지구력: 동일한 근수축 운동을 반복적으로 수행할 수 있는 능력
> - 근력: 근의 길이를 바꾸지 않고, 발휘하는 최대 장력으로 나타내는 근육의 힘
> - 순발력: 순간적으로 근육을 수축시키며, 빠르게 큰 힘을 만들어내는 능력
> - 민첩성: 신체를 신속하게 바꾸는 능력
> - 평형성: 신체를 정적 또는 동적 상태에서 몸의 균형을 유지하는 능력
> - 협응성: 신체의 각 부위가 조화를 이루면서 통제하는 능력
> - 유연성: 하나 이상의 관절 가동 범위를 늘리는 능력

02 운동의 효과

1 운동의 신체적(생리적) 효과 2015, 2018, 2019, 2020, 2021, 2022

심장 혈관 계통과 호흡 계통	심장 및 혈관 기능 향상, 유산소 능력 향상 및 유지, 최대산소섭취량 증가, 혈액 산소 운반 능력 향상, 폐활량 증가 등
근육 및 골격 계통	근력 향상, 뼈의 질량 증가, 근육층의 발달, 지방층 감소, 뼈대 및 관절 강화 등
내분비 계통	인슐린 감수성 증가, 인슐린 저항성 감소, 대사증후군 유병률 감소, 당뇨병 예방 및 개선, 콜레스테롤 감소 등
신경 계통	반응 시간 단축, 신경 전달 기능 향상, 신체 제어 능력 및 협응력 향상, 기억력 향상, 치매 예방 등
운동 기술 습득	기존 운동 능력 유지, 새로운 운동 기술 습득 등

2 운동의 심리적 효과 2019, 2022, 2024

① 긴장 이완: 적절한 신체 활동을 통해 스트레스와 긴장 이완을 증대
② 스트레스와 불안 감소: 규칙적인 활동을 통하여 스트레스와 불안 감소
③ 기분 상태의 개선: 신체 활동은 건강의 저하를 방지하고 장기적 고독의 부정적인 결과를 대처하는 데 도움
④ 정신 건강의 향상: 규칙적인 운동은 우울증, 불안, 신경증을 포함한 여러 정신적 질병 치료에 중요한 역할을 제공하여 정신 건강 향상에 기여

3 운동의 사회적 효과 2015, 2016, 2018, 2025

① 사회 통합: 지속적인 신체 활동에 참여하는 사람은 사회적 환경에 적극적으로 참여하려는 경향이 더 큼
② 새로운 인맥: 다양한 사회적 환경에서 신체 활동이 이루어지면 새로운 인간관계와 교류의 폭이 넓어짐
③ 확대된 사회적·문화적 연결망: 신체 활동은 개인에게 사회적 연결망을 넓힐 기회를 제공
④ 역할 유지와 새로운 역할: 신체 활동은 사회에서 적극적인 역할을 유지하는 것과 새로운 긍정적인 역할을 맡는 데 필요한 활력적인 환경을 조성하는 데 도움
⑤ 세대 간 교류 촉진: 신체 활동은 세대 간의 교류 기회를 제공하여 노화와 노인에 대한 고정관념 탈피

노인 운동 프로그램의 설계

01 운동 프로그램의 요소

1 운동 프로그램의 구성 요소 2015, 2016, 2017, 2020, 2022, 2025

(1) 운동 형태
① 신체 구성, 뼈 건강, 신경근 긴장 및 스트레스 관리 개선을 촉진하기 위한 다양한 형태의 운동 훈련을 권장
② 신체 조성의 변화를 위해 체지방 감소, 유산소 운동과 근육 및 뼈를 강화하기 위한 저항 운동을 혼합해서 처방함
③ 체중을 감소하기 위한 유산소 운동과 저항 트레이닝은 모두 뼈의 건강에 도움이 됨

(2) 운동 강도
① 운동 강도에 따라 신체 내에서 특정한 생리적, 대사적 변화를 유발함
② 운동 강도는 노인 프로그램 참가자들의 목표, 연령, 능력, 선호도에 따라 결정되며, 심혈관 및 근골격계를 효과적으로 자극할 수 있을만큼 충분히 설정해야 함

(3) 운동 시간
① 운동 지속 시간과 운동 강도는 반비례 관계
② 유산소 운동의 권장시간은 1회당 최소 10분이며, 저항 운동은 2~3세트 실시하는 것이 적당함
③ 중강도 신체 활동은 주당 150분 정도, 고강도 신체 활동은 주당 75분 정도 하는 것이 적당함
④ 유산소, 저항, 유연성 운동의 지속시간은 60분을 초과하지 않도록 함

(4) 운동 빈도
① 유연성 운동은 동작마다 20~30초 동안 자세를 유지하며 3~4회 반복함
② 유산소 운동은 주에 3~5회 실시함
③ 근력 운동은 주에 3회 정도 실시함
④ 낙상 방지를 위한 평형성 운동은 주에 2~3회 실시함

기출 핵심 포인트

운동 프로그램의 구성 요소
- 운동 형태
- 운동 강도
- 운동 시간
- 운동 빈도

| 기출 | 핵심 포인트 |

운동 프로그램의 기본 원리
- 특정성의 원리
- 과부하의 원리
- 점진성의 원리
- 개별성의 원리
- 특수성의 원리
- 가역성의 원리

2 운동 프로그램의 기본 원리 2015, 2016, 2018, 2019, 2020, 2023

(1) 특정성의 원리

운동 트레이닝에 대한 신체의 생리적 및 대사적 반응이 운동형태가 사용된 근육군에 특정적임

(2) 과부하의 원리
① 체력을 향상하기 위해서는 평소보다 더 높은 수준의 신체 활동을 통해 신체의 생리적 시스템을 자극해야 함
② 과부하는 유산소성 운동의 빈도, 강도, 지속 시간이 증가할 때 발생함

(3) 점진성의 원리

훈련 프로그램을 진행하는 동안 지속적인 향상을 위해서는 훈련량을 점진적 늘려가는 것이 중요함

(4) 개별성의 원리
① 사람들이 훈련에 반응하는 방식은 매우 다양하며, 나이, 초기 체력 수준, 건강 상태 등에 따라 영향을 받음
② 운동 프로그램은 노인들의 뚜렷한 요구사항, 선호도, 능력을 고려하여 만들어져야 하며, 개인차와 성향을 고려하여 맞춤형 운동 요법을 시행해야 함

(5) 특수성의 원리

특정 스포츠 종목과 개인의 특성에 맞는 맞춤형 프로그램을 만들어 최적화된 강화 적응력을 얻도록 하며, 이는 신체 활동의 영향이 운동 중에 관여하는 특정 근육과 신체 부위에서 나타난다는 원리에 기초함

(6) 가역성의 원리

운동을 중단하거나 강도를 높이지 않으면, 운동 능력이 급격히 감소하는 원리

02 지속적인 운동 참여를 위한 동기유발 방법

1 행동 변화 이론 2016, 2017, 2018, 2020, 2021, 2022, 2023, 2024

신체 활동을 참여시킴으로써 행동 변화를 일으키는 방법을 이론적으로 연구

(1) 행동주의 학습 이론

인간 행동의 변화에 초점을 두고, 그 행동 변화를 촉진하는 자극이 계획한 결과로 변화가 나타난다는 이론

(2) 건강 신념 모형

건강을 추구하는 행동이 중요한 역할을 한다는 이론이며, 건강 추구 행동을 예측하기 위해 개연성과 심각성, 이익, 장애, 행동의 계기 및 자기효능감의 총 6가지 요소로 구성됨

(3) 범이론적 모형

행동 변화에 대해 일반적이고, 광범위한 이론 모델로서 새로운 건강 행동에 대한 개인의 준비 상태를 평가하고 지도하기 위한 변화 과정을 제공한 이론

계획 전 단계	변화의 필요성을 인지하지 못하고 있는 단계
계획 단계	변화의 필요성을 인지하기 시작하는 단계
준비 단계	변화하겠다는 동기가 시작하는 단계
행동 단계	변화를 위한 행동이 나타나는 단계
유지 단계	변화를 통해 얻게 된 관계를 만들어가는 단계

(4) 합리적 행위 이론

사람들이 어떠한 행동을 하기 전에 관련된 정보를 합리적이고 체계적으로 사용한다는 이론

(5) 행동변화단계 이론

신체 활동을 행동으로 옮길 수 있다는 자기효능감이 있으면 건강 행동으로 변화가 이루어진다는 이론

(6) 사회인지 이론(상호 결정론)

인간의 행동은 개인의 내적 요인, 행동 요인, 환경 요인의 상호 작용 때문에 변화가 생긴다는 이론

(7) 계획된 행동 이론

합리적 행위 이론에 지각된 행동 통제력이라는 변인을 추가하여 행동 의도와 행동을 예측하는 이론

2 동기유발과 목표설정

(1) 노인 운동의 동기유발 요소

① 신체적 건강: 질병 위험 감소, 건강 증진을 통한 삶의 질 향상
② 정신적 건강: 스트레스와 불안 감소, 기분 상태의 개선, 정신 건강의 향상
③ 사회적 건강: 세대 간 교류 촉진, 새로운 역할과 유지

(2) 목표설정 2015, 2016, 2018, 2019, 2025

① 측정 가능성: 목표 달성의 판단이 가능하도록 설정
② 구체성: 운동 형태, 시간, 강도, 빈도 등을 구체적으로 설정
③ 현실성: 개인이 달성할 수 있는 수준의 현실적 목표설정
④ 행동성: 직접 실행에 옮길 수 있는 수준으로 행동 지향적 목표설정

기출 핵심 포인트

자기효능감의 형성 요인
2016, 2021
자기효능감은 자신이 어떤 일을 잘 해낼 수 있다는 개인적 신념
- 성취 경험
- 대리 경험
- 언어적 설득
- 정서적 각성

기출 핵심 포인트

기능체력 검사(SFT) 항목 `2024`
- 신체질량지수 및 비만도 평가(체성분)
- 신체질량지수(근육량)
- 30초 동안 앉았다 일어서기(하지근지구력)
- 30초 덤벨 횟수(상지근지구력)
- 2분 제자리 걷기(전신지구력)
- 의자에 앉아 체전굴(하체유연성)
- 등 뒤로 손잡기(상체 유연성)
- 2.44m 왕복 걷기(민첩성)
- 눈감고 외발 서기(평형성) 등

6분 걷기 검사 `2024`
6분 동안 걸을 수 있는 최대거리(m)로 심폐지구력을 평가하고, 장거리 보행이나 계단오르기 등의 일상생활 동작과 관련됨

기능팔뻗기검사(FRT) `2024`
균형을 잃지 않고 팔이 닿을 수 있는 최대거리를 측정하여 동적 평형성을 평가하고, 노인의 낙상 위험도 범주 분류에 사용됨

단기신체기능검사(SPPB) `2024`
보행 속도, 균형 능력 및 의자 앉았다 일어나기 시간의 점수를 합산하여 평가하고 점수가 높을수록 더 높은 기능을 의미함

03 운동권고 지침 및 운동방안

1 노인들에게 특별한 운동 원리 `2015, 2016`

(1) 기능 관련성
① 프로그램 참가자(노인)가 경험하는 것과 유사한 환경에서 수행되는 일상 활동을 선택
② 일상생활에서 수행되는 움직임을 재현하는 기능적 활동에 초점을 둠
③ 수업과 일상생활에서 수행하는 활동 간의 연관성을 더욱 잘 인식하게 함

(2) 난이도
① 운동의 난이도 수준은 과제 요구사항이나 환경 요구사항을 바꿔서 조절해야 함
② 긍정적인 효과를 내기 위해 참가자 고유의 능력(근력, 인지, 감각 운동 능력)에 맞게 충분한 난이도를 제공하며, 특히 참가자를 부상 위험에 노출시키는 운동은 제외해야 함
③ 참가자들의 신체적 상태에 관해 많은 정보를 얻어 안전하고 효과적으로 제공할 수 있음

(3) 수용
① 자신의 능력에 최대한 맞게 운동하되 무리하거나 통증이 발생하지 않게 운동하도록 지도해야 함
② 노인들에게 나타나는 건강 및 신체 기능의 변동을 인식하고, 자신의 능력에 맞는 운동을 할 수 있게 하도록 장려

2 노인을 위한 운동 및 운동 지침

(1) 리클리와 존스(Rikli & Jones)의 고령자를 위한 기능체력검사(SFT) `2024`
노인체력검사(Senior Fitness Test; SFT)는 기능적 활동능력의 기초적인 신체 매개변수를 측정할 뿐 아니라 일상생활의 기능상 과제(보행, 손 뻗기, 의자에서 일어서기, 계단오르기 등)를 실행하는 능력을 평가하기 위해 개발됨

(2) 세계보건기구(WHO)가 제시한 65세 이상 노인의 신체 활동 권장지침 `2018`
① 65세 이상의 노인은 일주일에 150분 이상의 중등도 유산소 활동 또는 일주일에 75분 이상의 격렬한 유산소 활동을 하거나, 혹은 동등량의 중등도 활동, 격렬한 활동을 함께 실시
② 유산소 활동은 적어도 10분 이상 지속하도록 실시
③ 건강한 활동을 하기 위해 성인 기준 중등도의 유산소 활동은 일주일에 300분, 또는 격렬한 활동은 일주일에 150분으로 늘리거나, 혹은 동등량의 중등도나 격렬한 활동을 섞어서 해야 함
④ 기동성이 낮은 연령대의 노인은 균형감각을 강화하고 낙상을 방지하는 신체 활동을 1주일에 3일 이상 해야 함

⑤ 근육 강화 활동은 주요 근육을 포함하여 일주일에 2일 이상 해야 함
⑥ 연령그룹에서 노인이 건강 상태로 인한 권장량만큼의 신체 활동을 할 수 없는 경우에는 각자 몸 상태에 맞게 신체 활동을 해야 함

3 미국스포츠의학회(ACSM)에서 제시한 노인의 신체 활동 권고 지침
2019, 2020, 2021, 2022, 2024

(1) 유연성 운동

빈도	주 2일 이상
강도	근육의 긴장감과 약간의 불편함이 느낄 정도의 스트레칭
시간	30~60초
형태	느린 움직임으로 유연성을 수축과 이완시키는 동작 형태로 정적 스트레칭 기법을 사용

(2) 유산소 운동

빈도	• 중강도 신체 활동 주 5일 이상 • 고강도 신체 활동 주 3일 이상
강도	5~6은 중강도, 7~8은 고강도로 설정(RFE 10점 만점 도구 기준)
시간	• 중강도 1일 최소 30~60분, 한 번에 최소 10분 이상으로 주에 총 150~300분 • 고강도 1일 최소 20~30분, 주에 총 75~100분
형태	운동, 걷기, 수중 운동 등 과한 스트레스를 유발하지 않는 운동

(3) 저항 운동

빈도	주 2일 이상
강도	• 저강도(1RM 40~50%)와 중강도(1RM 60~80%) • 5~6은 중강도, 7~8은 고강도로 설정(RFE 10점 만점 도구 기준)
시간	대근육으로 10~15 종류의 운동으로 각 8~12회 반복, 1~3세트 실시
형태	점진적 웨이트 트레이닝 프로그램 또는 대근육군을 이용한 체중 부하 유연체조로 근력

질환별 프로그램 설계

기출 핵심 포인트

말초동맥질환
2024
- 죽상동맥경화 병변이 특징인 질환
- 위험요인: 연령, 흡연, 고혈압, 당뇨병, 이상지질혈증
- 주요증상: 체중부하 움직임 시 하지의 간헐적 파행

운동자각도(RPE)
참가자들에게 심박수를 체크하는 방법을 가르쳐 주고, 준비 운동이 끝난 직후에 운동자 각도로 참가자들이 자신의 운동에 어떻게 반응하는지 인식하게 해주는 방법, 즉 운동자각도는 스스로 운동이 얼마나 힘든지를 주관적으로 측정하는 것을 말함

01 호흡·순환계 질환 운동 프로그램

1 관상 동맥성 심장 질환 2020

관상 동맥 중 하나 이상이 죽상 경화반이나 혈관 경련으로 인하여 좁아진 상태

① 발병률: 80대에는 남성과 여성 모두 약 60%에 해당하고, 65세 이상의 약 1/4 정도가 증상을 보이며, 이 연령대의 노인들이 급성 심근경색 발생의 2/3를 차지함
② 증상: 가슴 통증, 현기증, 부정맥, 호흡곤란

> **개념 플러스** 심장 질환 관련 운동 프로그램
> - 가벼운 걷기, 매우 약한 저항 또는 저항이 없는 실내 자전거 타기 등
> - 준비운동을 포함하여 오랜 시간 동안 할 수 있는 강도가 낮은 운동으로 구성
> - 저항 트레이닝은 관상동맥성 심장질환이 있는 노인들에게 유용

2 고혈압 2018, 2020, 2022

(1) 고혈압의 정의

최고혈압, 최저혈압 평균치(수축기 140mmHg/이완기 90mmHg)보다 높은 경우

1단계	수축기 혈압 140~159mmHg 혹은 이완기 혈압 90~99mmHg
2단계	수축기 혈압 160~179mmHg 혹은 이완기 혈압 100~109mmHg
3단계	수축기 혈압 180mmHg 이상 혹은 이완기 혈압 110mmHg 이상

(2) 운동 프로그램
① 운동 형태
  ㉠ 걷기 운동, 조깅, 자전거 타기 등 유산소성 운동 위주로 권장함
  ㉡ 저항 운동 시 발살바 메뉴버에 의한 혈압 상승에 대한 주의
  ㉢ 운동자각도(RPE)를 측정할 것을 권장함
  ㉣ 운동 후 혈압이 과도하게 감소할 것을 주의
② 운동 시간: 1회에 30~60분이 적당함
③ 운동 강도
  ㉠ 심폐지구력 운동: 40~60% VO_2max
  ㉡ 운동자각적 Borg 지수: 11(편하다) ~ 13(약간 힘들다)
  ㉢ RPE 지수: 6~20
  ㉣ 근력 운동은 피로를 느끼지 않을 정도로 8~12회 반복
④ 운동 빈도: 주 2~3회에서 점차적으로 늘릴 것을 권장함

> **개념 플러스**   **발살바 메뉴버(Valsalva maneuver)**
>
> - 성대문을 닫은 상태에서 복부와 늑골 근육을 강하게 수축하여 배 속 압력을 수의적으로 증가시키는 호흡법으로 공기가 폐를 빠져나가지 못하게 하기 때문에 몸통 전체를 더 단단하게 만들어, 무거운 부하를 더 쉽게 지지할 수 있게 함
> - 저항훈련을 한 숙련된 사람이 무거운 부하로 구조적 운동(척추에 부하를 가하는 운동)을 수행할 경우에는 이 호흡법이 적절히 척추의 정렬을 유지하고 지지하는 데에 도움이 됨
> - 발살바 호흡법으로 형성된 압력은 혈류가 심장으로 돌아오는 것을 어렵게 만들 수 있기 때문에, 일시적으로 혈압을 높은 수치로 올리거나, 기절할 위험성이 있음

3 뇌졸중

(1) 뇌졸중의 정의

혈전이나 출혈로 인해 뇌혈류가 급격히 차단되어 뇌 기능에 이상이 발생하는 질환

(2) 운동 프로그램
① 운동목표: 회복을 최대화하며, 일생 동안 건강과 기동성을 유지하고 개선
② 운동형태: 지구력 운동, 저항력 운동, 유연성 운동, 평형성 및 기동성 운동 등

4 폐질환 2024

(1) 천식

회복될 수 있는 기도폐쇄, 기도 염증, 다양한 자극에 대해 기도의 반응성이 높아지는 특징으로 보이는 질병

① 운동프로그램
    ㉠ 운동형태: 걷기, 자전거, 등산, 에어로빅, 수영 등
    ㉡ 운동시간
       • 20~30분으로 짧게 진행
       • 무리한 운동을 피하고 반드시 중간에 휴식을 취해야 함
    ㉢ 운동강도: 낮은 강도에서 시작하여 점진적으로 강도 증가
    ㉣ 운동 시 주의사항: 운동 지속 시간이 짧으므로 매일 하는 것을 권장함

(2) 만성폐쇄성 폐질환

완전히 회복되지 않고 점차 진행하는 기류제한을 특징으로 하는 만성폐질환

① 운동 프로그램
    ㉠ 운동형태: 걷기, 조깅 등
    ㉡ 운동 시 주의사항: 운동의 주목적은 호흡의 효율을 개선시키고 지구력을 키우는 것으로, 건강상태에 따라 인터벌 트레이닝 기술이 강조되어야 함

기출 핵심 포인트

5 당뇨병 2016, 2018, 2020, 2024, 2025

(1) 당뇨병의 정의

인슐린의 분비량이 부족하거나, 정상적인 기능이 이루어지지 않는 대사 질환의 일종으로 혈중 포도당 농도가 높은 것이 특징

(2) 운동 프로그램
① 운동 형태: 걷기, 조깅, 자전거 타기, 수영 등
② 운동 시간: 식사 후 30~60분 후에 운동 시작, 30분 휴식
③ 운동 강도
  ㉠ 유산소 운동: 저강도~낮은 고강도, 여유 심박수의 30~50%로 유지하면서 운동을 권장함
  ㉡ 무산소 운동: 1RM의 30~50%로 유지하면서 운동을 권장함

(3) 운동 시 주의사항
① 반드시 운동 전 당뇨 검사 필요
② 혈당이 100mg/dl 이하이면 간단한 음식 섭취
③ 혈당이 100~250mg/dl이면 운동이 안전하게 가능함
④ 혈당이 250mg/dl 이상이면 운동을 연기하고 소변 케톤 검사를 해야 함
⑤ 케톤이 검출되면 인슐린을 투여하여 혈당을 250mg/dl 이하로 내린 다음 운동 실시
⑥ 운동은 식후 1~3시간 이후 실시
⑦ 장시간 운동 시에는 30분마다 당분 섭취

(4) 운동 효과
① 체지방 감소
② 혈당량 감소
③ 인슐린 저항성 감소
④ 인슐린 민감성 증가
⑤ 죽상동맥경화 합병증 위험 감소
⑥ 당뇨병 전단계에서 제2형 당뇨병으로의 진행 예방

6 비만 2019, 2020

(1) 비만의 정의

인체에너지의 공급과 소비의 불균형이 생겨 체내 지방량이 비정상적으로 증가하는 질환

(2) 운동 프로그램
① 운동 형태: 걷기, 조깅, 자전거 타기, 수영 등 유산소성 운동
② 운동 시간: 30~60분 정도가 적당함
③ 운동 강도
  ㉠ 최대 심박수보다 운동자각도를 기준으로 하기를 권장함
  ㉡ 낮은 강도 운동으로 시작하여 점차적으로 강도를 높임
④ 운동 빈도: 주 3~5회

7 고지질 혈증 2020

(1) 고지질 혈증의 정의

혈액의 응고에 변화를 일으켜 혈액 점도를 상승시키고, 혈관 염증에 의한 말초 순환 장애를 일으키는 상태

(2) 운동 프로그램

① 운동 형태: 걷기, 조깅, 자전거 타기, 수영 등 유산소성 운동 및 저항 운동

② 운동 시간: 30~60분 정도가 적당함

③ 운동 강도: 최대산소섭취량의 50~60%, 운동자각도 11~13 수준에서 신체 활동을 권장함

④ 운동 빈도: 주 3~6회

02 근골격계 질환 운동 프로그램 2017, 2018, 2020, 2022, 2024, 2025

1 골다공증 2024

(1) 골다공증의 정의

낮은 골밀도와 뼈 조직의 미세구조의 변화에 따라 나타나는 골격계 질환

(2) 운동 프로그램

① 운동 형태
  ㉠ 체중 부하 운동이나 균형감을 증진시키는 운동을 권장함
  ㉡ 걷기, 등산과 같은 유산소성 운동과 저항성 근력 운동 병행
  ㉢ 수중 운동 등 체중이 부하로 작용하지 않기 때문에 뼈에 대한 효과는 없지만 근육에 대한 효과는 있음

② 운동 시간: 30분 이상 운동 지속

③ 운동 강도
  ㉠ 유산소 운동: 최대산소섭취량의 60~80% 유지
  ㉡ 무산소 운동: 최대 근력의 60~80%로 시작해 점차적으로 늘림

④ 운동 빈도
  ㉠ 유산소 운동: 주 3~5회
  ㉡ 무산소 운동: 주 3회가 적당함

(3) 운동 시 주의사항

① 운동에 따르는 위험성 여부를 확인함

② 준비운동과 정리운동을 실시함

③ 척추 골절 환자는 신전 근육이 약화되어 있으므로 가벼운 중량으로 운동을 실시함

④ 심한 골다공증의 노인은 체중 부하 운동 대신 수영, 걷기, 아쿠아로빅을 시행함

⑤ 운동 시 낙상에 주의해야 함

2 관절염 2025

(1) 골관절염과 류머티스성 관절염으로 구분

골관절염	• 가동관절에 있는 뼈 바깥 부분의 연골조직이 얇아지는 현상 • 통증, 조조강직, 환부의 가동범위 축소 등의 증상 발생
류머티스성 관절염	• 여성에게 흔하게 발생 • 환부에 만성적인 염증, 통증, 조조강직, 환부가 붓는 등의 증상 발생

(2) 운동 프로그램
  ① 운동 형태
    ㉠ 가벼운 유산소 운동과 무산소 운동을 권장함
    ㉡ 수영 및 자전거 타기 등 운동 치료 및 물리 치료와 같이 병행
    ㉢ 수중 운동을 할 때는 수온 29~32도가 적정함
  ② 운동 시간: 운동 후 휴식하고 다시 인터벌 트레이닝 방법으로 권장
  ③ 운동 강도
    ㉠ 유산소 운동: 여유 심박수의 40~60%로 유지
    ㉡ 무산소 운동: 1RM의 40~60%로 유지
  ④ 운동 빈도: 주 3회 이상, 총 운동 시간은 주당 150분 정도가 적당함

(3) 운동 시 주의사항
  ① 운동 중이나 직후에 통증을 유발하는 운동은 권장하지 않음
  ② 통증이 있는 관절 주위의 근육을 운동시키는 방법을 모색
  ③ 저항 운동을 하되, 특정한 관절에 통증을 유발하는 운동은 등척성 근력 운동으로 대체
  ④ 불편함을 느끼기 시작하는 강도보다 낮은 강도의 운동을 유지

03 신경계 질환 운동 프로그램

1 파킨슨병 2016, 2017

(1) 정의
  느린 동작, 정지 시 떨림, 근육경직, 질질 끌며 걷거나 굽은 자세와 같은 자세 불안정 증상들을 특징으로 하는 진행형 신경 퇴행성 질환

(2) 운동 프로그램
  ① 모든 범위의 다양한 동작을 통해 실시되는 운동을 포함
  ② 트레드밀보다 실내 자전거 타기, 뒤로 기대어 실시하는 스테핑 운동, 암 사이클 운동처럼 앉은 자세에서 수행하는 유산소 운동을 권장함

치매 환자의 운동 효과
• 수면의 질 향상
• 변비 증상의 완화
• 움직임 능력의 향상
• 기억 능력 향상
• 사회적 기술과 소통 능력의 향상
• 근력 향상으로 낙상 예방
• 스트레스와 우울, 불안의 감소
• 정신 능력의 저하와 관련된 질병의 감소
• 치매 관련 행동의 감소

2 알츠하이머병 2020

(1) 알츠하이머병의 정의

신경 장애로 정신적인 기능을 약화시키는 결과를 가져오며, 노인 치매를 유발하는 가장 흔한 요인

(2) 운동 프로그램

① 운동 형태: 걷기, 조깅, 자전거 타기, 수영 등 유산소 운동
② 운동 시간: 운동 지속 시간은 30분 이상
③ 운동 강도: '약간 가볍다' 수준이면 충분
④ 운동 빈도: 주 4회 이상

(3) 운동 시 주의사항

① 신체 및 정신적 건강이 쇠퇴하면서 생기는 문제에 대한 대처가 필요함
② 운동 프로그램이나 운동 환경에 흥분할 수도 있는 행동 변화를 배려해야 함
③ 병이 진행됨에 따라 보호자가 운동 프로그램에 데려오고 싶지 않아 하는 것에 대처해야 함
④ 꾸준함과 인내심을 가지고 운동 프로그램에 대한 흥미를 계속 유지할 수 있도록 용기를 주어야 함
⑤ 지도자나 보호자를 동반하여 운동 실시
⑥ 복잡하고 새로운 운동 보다는 단순하고 반복적인 운동 실시

CHAPTER 05 지도자의 효과적인 지도

기출 핵심 포인트

01 의사소통 기술

1 노인스포츠지도자의 지도 요소 2019, 2020, 2021, 2022, 2023, 2025

(1) 지도자의 의사소통 기술 및 원칙
① 효과적인 의사소통에는 언어적, 비언어적, 자기주장 기술 등이 있음
② 내용을 명확하고 간결하게 전달하기
③ 전문용어나 어려운 단어 사용하지 않기
④ 참여자와 자주 눈 마주치고 정면에서 쳐다보기
⑤ 참여자의 말에 공감하며 경청하기
⑥ 시각적 도구는 쉽게 읽을 수 있게 제작

(2) 노인 운동 지도 시 주의 사항 2020
① 규칙적인 메디컬 체크 실시
② 개개인에 대한 철저한 운동 처방을 해야 함
③ 탈수 증상에 미리 대비하여 충분한 수분 섭취 권장
④ 상해 예방을 위한 적절한 운동복 착용을 권장해야 함
⑤ 지속적인 컨디션 조절을 시켜야 함
⑥ 준비 운동, 마무리 운동은 항상 진행

> **개념 플러스**
>
> - 시각적 문제가 있는 노인의 운동참여 환경
>   - 운동 지도 시 적절한 조명이나 거울이 배치된 환경을 조성
>   - 눈부심이 많은 환경은 피하고 야외에서 진행 시 모자를 준비
>   - 운동 프로그램 시작 전 시력조절을 위한 충분한 배려
>   - 시각 외의 감각(특히 청각적 요소)을 고려하여 지도
> - 청각적 문제가 있는 노인의 운동참여 환경
>   - 운동 지도 시 잡음이 적은 조용한 장소에서 진행
>   - 눈을 마주치고 목소리를 크고 명확하게 설명
>   - 제스처를 활용하고 입 모양이 잘 보이도록 지도
>   - 청각 외의 감각인 시각적인 보조물을 이용하여 지도

02 노인 운동 시 위험 관리 2022, 2023, 2024

1 시설에 관한 관리
미국스포츠의학회(ACSM; American College of Sports Medicine)의 건강·체력 시설 기준 및 지침
① 어떠한 응급상황에서도 신속하게 반응할 수 있어야 하며, 모든 직원에게 응급 대처 계획을 게시해 놓고, 정기적인 응급 대처 훈련을 실시
② 프로그램의 안전을 위해 신체활동 시작 전에 각 참가자들을 선별
③ 유효한 CPR 및 응급처치 자격증을 포함해서 지도자가 전문 능력을 갖추고 있는지 증명
④ 장비를 어떻게 사용하는 지에 대한 설명을 게시 또는 장비 사용과 관련된 위험에 대한 경고 게시
⑤ 모든 관련된 법률, 규정, 알려져 있는 규범을 준수

2 노인 응급처치 순서
① 현장 확인
② 의식 확인
③ 응급의료서비스기관 119 호출 및 자동제세동기(AED) 요청
④ 심폐소생술(CPR) 실시
⑤ 인공호흡 실시
⑥ 전문의료원 도착 전까지 반복 실시

3 응급처치의 실시 2016, 2019
① 의식과 호흡이 없는 경우 심폐소생술(CPR) 실시
② 완전기도폐쇄 시 복부 밀쳐 올리기 실시
③ 골절이 의심되는 경우 부목을 통해 움직이지 않고 안정을 취하게 함
④ 급성 손상 시 PRICES 처치 실시(Protection: 보호, Rest: 휴식 및 안정, Ice: 냉각, Compression: 압박, Elevation: 거상, Stabilization: 고정)

PRICES 처치 실시
- Protection: 보호
- Rest: 휴식 및 안정
- Ice: 냉각
- Compression: 압박
- Elevation: 거상
- Stabilization: 고정

PART 10 단원문제: 노인체육론

노화와 노화의 특성

01 노화에 따른 신체적 변화 중 사고의 직접적인 원인으로 옳은 것은?

① 전정계 기능의 향상
② 시청각 기능의 향상
③ 고유 수용 감각의 감소
④ 심장 비대와 심장 박동의 약화

02 노인의 정의에 대한 설명으로 옳지 않은 것은?

① 생활상의 적응 능력이 향상되고 있는 사람
② 신체에 대한 자체 통합력이 쇠퇴하고 있는 사람
③ 인체조직의 예비 능력이 감퇴하여 적응력이 떨어지는 사람
④ 환경변화에 적절히 반응할 수 있는 조직기능이 쇠퇴하고 있는 사람

03 〈보기〉에서 생물학적 노화의 특성으로 옳은 것만 모두 고른 것은?

[보기]
㉠ 노화는 치료가 가능하다.
㉡ 모든 사람에게 보편적으로 일어난다.
㉢ 시간의 흐름에 따라 점진적으로 일어난다.
㉣ 환경적 요인을 배제한 내재적 요인에 의해 발생한다.

① ㉠, ㉣
② ㉡, ㉢
③ ㉠, ㉡, ㉢
④ ㉡, ㉢, ㉣

04 〈보기〉에서 설명하는 노화 이론은?

[보기]
통계에 따르면 전문체육인이 일반인에 비해 퇴행성관절염 발병률이 더 높다고 보고되고 있다. 그뿐만 아니라 전문체육 종목 중에서도 상대적으로 몸을 더 많이 사용하는 축구나 미식축구 선수들의 은퇴 시기가 골프, 야구 선수에 비해 빠른 것으로 나타났다.

① 면역반응이론
② 교차결합이론
③ 세포노화이론
④ 사용마모이론

정답해설

01 노화에 따른 신체적 변화 중 노인 사고 원인에 해당하는 것은 고유 수용 감각의 감소이다.

02 생활상의 적응 능력이 향상되는 것이 아니라 감퇴되고 있는 사람이다.

03 생물학적 노화의 특성 중 ㉡은 보편성, ㉢은 점진성, ㉣은 내인성에 해당한다.
[오답해설]
점진성: 노화에 따른 변화는 연령이 증가함에 따라 발생하며 회복이 불가능하다.

04 〈보기〉의 내용은 신체 기관이 지속적인 사용으로 인해 손상되고, 점차적으로 기능이 저하된다는 사용마모이론에 해당한다.

| 정답 | 01 ③ 02 ① 03 ④ 04 ④

노인의 운동 효과

05 체력의 구성 요소 중 행동 체력 요소로 옳지 <u>않은</u> 것은?

① 심폐지구력
② 순발력
③ 협응성
④ 온도 조절

06 노인체육 관련 용어의 의미가 옳지 <u>않은</u> 것은?

① 운동: 관찰 가능한 외현적인 움직임
② 건강: 질병이 없거나 허약하지 않을 뿐만 아니라 신체적, 심리적, 사회적으로 건강한 상태
③ 신체 활동: 골격근에 의해 에너지 소비가 이루어지는 신체의 움직임
④ 체력: 신체 활동을 수행할 수 있는 기능적 특성

07 운동의 사회적 관계 형성에서 노인 운동 참여로 얻을 수 있는 사회적 효과로 옳지 <u>않은</u> 것은?

① 새로운 운동 기술을 습득한다.
② 새로운 친구를 만나 교류를 촉진한다.
③ 역할 유지 및 새로운 역할 부여에 도움이 된다.
④ 세대 간 연결 기회를 제공하여 교류를 확대한다.

08 운동의 신체적 효과에 대한 설명으로 옳지 <u>않은</u> 것은?

① 운동을 통해 호흡이 깊어지고 폐활량도 커져 호흡 효율을 높인다.
② 운동은 우울증, 불안 등을 포함한 질병 치료에 중요한 역할을 제공한다.
③ 운동은 심장이 혈액을 뿜어내는 능력과 근육에서 산소를 소비하는 능력을 향상시킨다.
④ 운동은 근육 조직을 굵어지게 하고 근력 향상과 골 조직의 노화를 예방한다.

노인 운동 프로그램의 설계

09 〈보기〉의 기능을 평가하기 위한 리클리와 존스(Rikli & Jones)의 노인 체력검사 항목은?

[보기]
- 버스 타고 내리기
- 빨리 일어나서 전화 받기
- 욕조에서 들어가고 나오기
- 자동차나 다른 물체로부터 신속하게 몸 피하기

① 2분 제자리 걷기
② 2.44m 왕복걷기
③ 덤벨 들기
④ 의자 앉아 앞으로 굽히기

정답해설

05 온도 조절은 방위 체력의 구성 요소에 해당한다.
06 ① 운동은 구체적인 목표를 가지고 수행된 계획적이고 구조화된 신체 움직임으로 정의한다.
07 새로운 운동 기술을 습득하는 것은 운동의 신체적(생리적) 효과에 해당한다.
08 ②는 신체적 효과가 아닌 심리적 효과에 대한 설명이다.
09 〈보기〉의 내용은 2.44m 왕복 걷기의 검사 항목에 대한 설명으로, 빠른 동작을 필요로 하는 과제에 중요한 민첩성과 동적 균형을 평가한다.

| 정답 | 05 ④ 06 ① 07 ① 08 ② 09 ②

10 노인 운동 프로그램 구성요소에 포함되지 <u>않는</u> 것은?

① 운동 빈도
② 운동 시간
③ 운동 비용
④ 운동 형태

11 미국스포츠의학회(ACSM)가 제시한 노인을 대상으로 한 운동 부하 검사의 고려 사항으로 옳지 <u>않은</u> 것은?

① 트레드밀 부하는 경사도보다는 속도를 증가시킨다.
② 균형감과 근력이 낮고, 신경근육 협응력이 저조하여 검사의 두려움이 있다면 트레드밀의 양측 손잡이를 잡고 검사를 실시한다.
③ 낮은 체력을 가진 노인은 초기 부하가 낮고, 부하 증가량도 작은 노턴 트레드밀 프로토콜을 이용한다.
④ 시력 손상, 보행 실조, 발의 문제가 있는 경우 자전거 에르고미터 검사를 실시한다.

12 노인 운동의 동기유발 요소에 대한 설명으로 옳지 <u>않은</u> 것은?

① 정신 건강을 위한 스트레스와 불안감 해소
② 사회적 건강을 위한 사회적인 접촉과 교류
③ 신체적 건강을 위한 질병 위험 감소 및 건강 증진
④ 외모 개선을 위한 병원 방문

질환별 프로그램 설계

13 만성질환 노인의 운동 효과로 옳지 <u>않은</u> 것은?

① 비만 노인의 체지방량이 감소하고 근육량은 유지되거나 증가된다.
② 골다공증 노인의 골밀도 감소가 개선되고 낙상과 골절이 예방된다.
③ 당뇨 노인의 혈당량이 감소하고 근육의 인슐린 민감성이 감소된다.
④ 퇴행성관절염 노인의 유연성이 향상되고 관절의 가동 범위가 증가된다.

정답해설

10 노인 운동 프로그램 구성요소에는 운동 형태, 강도, 시간, 빈도가 있으며, 운동 비용은 포함되지 않는다.

11 미국스포츠의학회(ACSM)가 제시한 노인을 대상으로 한 운동 부하 검사에서 트레드밀 부하는 속도보다 경사도를 증가시켜 걷기 능력에 따라 적응시키도록 권장함

12 외모 개선을 위한 병원 방문은 노인 운동의 동기유발 요소에 해당하지 않는다.

13 당뇨 노인의 혈당량이 감소하고 근육의 인슐린 민감성이 증가한다.

| 정답 | 10 ③ 11 ① 12 ④ 13 ③

14 고혈압이 있는 고령자의 운동프로그램에 대한 설명으로 옳지 않은 것은?

① 운동 프로그램이 혈압의 비정상적인 변동을 초래하지 않도록 조심하도록 한다.
② 낮은 강도의 운동도 혈압을 낮춰주므로 고강도의 운동과 같은 효과를 얻을 수 있다.
③ 심장 약물인 베타 차단제를 복용 중인 사람에게는 운동의 강도를 정하기 위해 운동자각도(RPE)를 측정할 것을 권장한다.
④ 최대 산소 소비량의 60~80%의 수준의 강도로 운동을 실행한다.

15 〈보기〉에서 관절염 노인을 위한 운동 관련 설명으로 옳은 것만 모두 고른 것은?

[보기]
㉠ 체중부하운동을 실시한다.
㉡ 운동 시 느끼는 통증은 고려하지 않는다.
㉢ 운동 전후에 냉찜질 또는 온찜질을 한다.
㉣ 수중운동 시 물의 온도는 29~32℃를 유지한다.
㉤ 특정 관절의 과사용을 피하기 위해 크로스트레이닝을 실시한다.

① ㉠, ㉡, ㉢
② ㉡, ㉣, ㉤
③ ㉢, ㉣, ㉤
④ ㉠, ㉢, ㉣

16 심장질환이 있는 고령자에 대한 설명으로 옳지 않은 것은?

① 심장질환의 증상에는 가슴 통증, 현기증, 부정맥, 호흡 곤란 등이 있다.
② 운동 프로그램으로 저항이 강한 실내 자전거 타기, 유산소 운동이 적합하다.
③ 65세 이상의 약 1/4 정도가 증상을 보이며, 이 연령대가 급성 심근경색 발생의 2/3를 차지한다.
④ 긴 시간 동안의 준비운동을 포함하여 강도가 낮은 운동으로 구성하는 것이 중요하다.

지도자의 효과적인 지도

17 지도자가 노인의 운동을 중지시켜야 할 조건으로 옳지 않은 것은?

① 급격하게 혈압이 상승할 때
② 참여자가 운동 중단을 요구할 때
③ 호흡 곤란 및 하지 경련이 발생할 때
④ 운동 강도에 따라 심박수가 증가할 때

정답해설

14 최대 산소 소비량의 40~50%의 운동훈련이 강도가 높은 운동만큼이나 혈압을 낮춰주는 것으로 드러났다.

15 ㉢ 운동 전후에 냉찜질 또는 온찜질을 하면 좋다.
㉣ 수중운동 시 물의 수온은 29~32℃가 적정하다.
㉤ 특정 관절의 과사용을 피하기 위해 크로스 트레이닝을 실시한다.
[오답해설]
㉠ 체중과 충격을 적게 받는 운동을 실시한다.
㉡ 운동 시 통증을 유발하는 운동은 피한다.

16 가벼운 걷기나, 매우 약한 저항 또는 저항이 없는 실내 자전거 타기 등의 운동 프로그램이 심장 질환이 있는 고령자에게 적합하다.

17 운동 강도에 따라 심박수가 증가하는 현상은 정상적이므로 지도자는 유심히 옆에서 관찰해야 한다.

|정답| 14 ④　15 ③　16 ②　17 ④

18 <보기>에서 노인의 의사소통 방법을 모두 고른 것은?

[보기]
㉠ 공감하며 경청한다.
㉡ 분명하고 명확하게 말한다.
㉢ 한 번에 많은 정보를 전달한다.
㉣ 신체 접촉을 사용하지 않는다.
㉤ 시각적 도구는 쉽게 읽을 수 있게 만든다.

① ㉠, ㉡, ㉢
② ㉠, ㉡, ㉤
③ ㉡, ㉢, ㉣
④ ㉡, ㉣, ㉤

19 시·청각적 문제가 있는 노인 운동 참가자를 위한 환경으로 옳지 <u>않은</u> 것은?

① 청각적 문제가 심할 경우에 참가자와 서로 마주 보면서 운동에 참여한다.
② 청각적 문제가 있는 참가자에게 시각적 시범 및 보조물을 이용하여 운동 방법을 설명한다.
③ 시각적 문제가 있는 참가자는 시각만을 이용하여 지도한다.
④ 시각적 문제가 있는 참가자에게 장애물이 될 수 있는 시설물은 정리한다.

20 <보기>의 노인 운동 지도 시 손상 방지 및 응급상황에 관한 안전관리 예방 지침 중 옳은 것만 모두 고른 것은?

[보기]
㉠ 운동 중에 적정한 실내 온도가 유지되는지 확인한다.
㉡ 운동 시작 전에 모든 참여자에게 사전 검사를 하여 현재 상태를 파악한다.
㉢ 실외 운동 시작 전에 모든 참여자에게 선글라스와 모자 등을 착용하도록 안내한다.
㉣ 심장질환자의 경우 운동 전후 혈당을 확인하고, 저혈당에 대비해서 당 섭취가 가능한 간식을 준비한다.
㉤ 운동 중 가슴 통증, 불규칙한 심박수, 호흡곤란, 현기증 등이 나타나면 곧바로 운동을 중단하고 병원으로 이동한다.

① ㉠, ㉢, ㉣
② ㉡, ㉣, ㉤
③ ㉠, ㉡, ㉢, ㉤
④ ㉠, ㉡, ㉢, ㉣, ㉤

정답해설

18 지도자의 의사소통 기술 및 원칙
• 효과적인 의사소통에는 언어적, 비언어적, 자기주장 기술 등
• 내용을 명확하고 간결하게 전달
• 전문 용어나 어려운 단어 사용하지 않기
• 참여자와 자주 눈 마주치고 정면에서 쳐다보기

19 시각적 문제가 있는 참가자는 시각만이 아닌 다른 감각, 특히 청각을 이용하면 더 효과적이다.

20 ㉣ 당뇨병환자의 경우 운동 전후 혈당을 확인하고, 저혈당에 대비해서 당 섭취가 가능한 간식을 준비해야 한다.

| 정답 | 18 ② 19 ③ 20 ③

성공의 커다란 비결은
결코 지치지 않는 인간으로 인생을 살아가는 것이다.
(A great secret of success is to go through life as a man who never gets used up.)

알버트 슈바이처(Albert Schweitzer)

박문각 자격증 시리즈
스포츠지도사 2급 필기 기본서 + 무료특강

초판인쇄	2026. 1. 15
초판발행	2026. 1. 20

공 저 자	최승국, 김범, 최지수
발 행 인	박용
출판총괄	김현실
개발책임	이성준
편집개발	김태희, 윤혜진
마 케 팅	김치환, 최지희
일러스트	㈜ 유미지

발 행 처	㈜ 박문각출판
출판등록	등록번호 제2019-000137호
주　　소	06654 서울시 서초구 효령로 283 서경B/D 6층
전　　화	(02) 6466-7202
팩　　스	(02) 584-2927
홈페이지	www.pmgbooks.co.kr

ISBN	979-11-7519-242-3
	979-11-7519-241-6(세트)
정가	32,000원

저자와의
협의 하에
인지 생략

이 책의 무단 전재 또는 복제 행위는 저작권법 제 136조에 의거, 5년 이하의 징역 또는 5,000만원 이하의 벌금에 처하거나 이를 병과할 수 있습니다.